LARRY COLLINS/DOMINIQUE LAPIERRE

Brennt Paris?

W0305546

Larry Collins / Dominique Lapierre

BRENNT PARIS?

BASTEI LÜBBE

Einzig berechtigte Übertragung aus dem Französischen von Dieter Flamm, Gretel Spitzer und Alfred P. Zeller
Titel des Originals: »Paris brule-t-il?«

© Copyright 1964 by Scherz Verlag Bern und München
Lizenzausgabe: Gustav Lübbe Verlag GmbH,
Bergisch-Gladbach
Printed in Western Germany 1978
Einbandgestaltung: Ratschinski & Ratschinski
Titelfoto: Ullstein-Bilderdienst
Gesamtherstellung: Augsburger Druck- und Verlagshaus GmbH
ISBN: 3-404-00857-X

Der Preis dieses Bandes versteht sich einschließlich der gesetzlichen Mehrwertsteuer

Geh. Kommandosache Chefsache
Nur durch Offizier
KR Blitz

OB West Ia
Okdo d. HGr. B Ia
A.O.K. 1
Pz.A.O.K. 5
A.O.K. 15

Die Verteidigung des Brückenkopfes Paris ist von entscheidender militärischer und politischer Bedeutung. Sein Verlust reißt die gesamte Küstenfront nördlich der Seine auf und nimmt uns die Basis für den Fernkampf gegen England.

In der Geschichte bedeutete der Verlust von Paris aber auch bisher immer den Fall von ganz Frankreich.

Der Führer wiederholt daher seinen Befehl, daß Paris im Sperrgürtel vorwärts der Stadt verteidigt werden muß, und verweist dazu auf die für OB West angekündigten Verstärkungen.

Innerhalb der Stadt muß gegen erste Anzeichen von Aufruhr mit schärfsten Mitteln eingeschritten werden, z. B. Sprengung von Häuserblocks, öffentliche Exekutierung der Rädelsführer, Evakuierung des betroffenen Stadtteils, da hierdurch eine weitere Ausbreitung am besten verhindert wird.

Die Seinebrücken sind zur Sprengung vorzubereiten. Paris darf nicht oder nur als Trümmerfeld in die Hand des Feindes fallen.

OKW/WFSt/Op (H)
Nr. 772989/44

23. 8. 1944
11.00 Uhr

ERSTER TEIL

DIE BEDROHUNG

Es kam nie vor, daß er sich verspätete. Jeden Abend, wenn der Deutsche mit seiner alten Mauserpistole, dem abgewetzten Etui, in dem sich der Feldstecher befand, und dem Brotbeutel die Straße heraufmarschierte, sagten die Leute in May-en-Multien zueinander: »Es ist sechs Uhr.« Und wenn er dann über das unebene Kopfsteinpflaster des Kirchplatzes ging, erklang vom romanischen Turm von Notre-Dame de l'Assomption, der von einem Hügelrücken hoch über dem Ourcq auf die grauen Schieferdächer des Städtchens herabblickte, das Angelusläuten.

An der Kirchentür angelangt, nahm der an den Schläfen schon ergraute Luftwaffenfeldwebel die Mütze ab und trat ein. Langsam kletterte er die enge Wendeltreppe hinauf zur Glokkenstube. Dort oben befanden sich ein Tisch, ein Gaskocher und ein Stuhl, den man durch Hochklappen des Sitzes in einen Betschemel verwandeln konnte. Säuberlich ordnete er seine Utensilien: eine Generalstabskarte, ein Notizbuch, einen Kalender und ein graugrünes Feldtelefon. Der Kirchturm von Notre-Dame de l'Assomption war ein Beobachtungspunkt der Luftwaffe. Von hier aus konnte der Deutsche mit seinem Fernglas die ganze Umgebung überblicken, von den Türmen der Kathedrale in Meaux im Süden bis zu den mittelalterlichen Mauern des Schlosses La Ferté-Milon im Norden.

In wenigen Stunden würde die Nacht dieses Bild des Friedens zu Füßen des Feldwebels verdunkeln. Seine Aufgabe war es, seine Augen in das Dunkel zu bohren und auf Motorengeräusche zu lauschen, denn er hatte Nachtwache, zum achtundfünfzigsten Mal seit der Invasion. Wenn dann der Morgen graute, würde er wie immer das Hauptquartier der Luftwaffe in Soissons anrufen und Meldung machen. Seit dem letzten Vollmond vor zwölf Tagen hatten diese Meldungen stets den gleichen Wortlaut: »Keine besonderen Vorkommnisse in meinem Abschnitt.«

Er wußte, daß die Alliierten ihre Fallschirmabwürfe für die Résistance ausschließlich bei Vollmond durchführten. Aber erst in 16 Tagen, für den 18. August, zeigte der Kalender auf seinem Tisch wieder Vollmond an. Es würde also nichts passieren in diesem kleinen Sektor des von Deutschen besetzten Frankreich, der seiner Wachsamkeit anvertraut war. Er würde in dieser Nacht, am 2. August 1944, ungestört dösen können. Aber er täuschte sich.

Während er schlief, bahnten sich drei Kilometer weiter zwei Männer und eine Frau[1] einen Pfad durch ein hohes, taufeuchtes Weizenfeld, einem Wiesendreieck entgegen. Dort warteten sie. Jeder besaß eine Stab-Taschenlampe, die vorn durch eine Hülse verlängert war, damit das Licht nicht breit gestreut wurde. Wenn sie die Lampe hochhielten und an- und ausknipsten, war das Signal nur von oben auszumachen. Kurz nach elf Uhr vernahmen sie das Geräusch, auf das sie gewartet hatten: ein Lancaster-Bomber flog mit gedrosselten Motoren über das Tal auf sie zu. Sie schalteten ihre Lampen ein.

Kurz darauf sichtete der Flugzeugführer die drei Blinkzeichen. Er drückte auf einen Knopf am Armaturenbrett, und hinter ihm sprang im Rumpf des Flugzeuges eine Kontrollampe von rot auf grün. Im gleichen Augenblick stemmte sich ein Mann im offenen Türrahmen dem Fahrtwind entgegen und warf sich hinaus in die Nacht.

Während er geräuschlos der Heimaterde entgegenpendelte, spürte der Medizinstudent Alain Perpezat das Gewicht seiner Gürteltasche, die fünf Millionen Francs enthielt. Aber es war nicht der eigentliche Zweck seines nächtlichen Absprungs, diese runde Summe an den Mann zu bringen. Unter der Brandsohle seines linken Schuhs befand sich ein Streifen von hauchdünnem Seidengewebe, auf das 18 Reihen Codeziffern aufgezeichnet waren. Den Auftraggebern Perpezats erschien die Botschaft so wichtig und dringend, daß sie ihn wider alle Gewohnheit in einer mondlosen Nacht abspringen ließen.

Perpezat selbst hatte keine Ahnung vom Wortlaut der Mitteilung. Er wußte nur, daß er sie so schnell wie möglich dem Chef des britischen Geheimdienstes in Frankreich zu überbrin-

[1] Es waren Jean Laire, heute Leiter der Landwirtschaftlichen Genossenschaft in Lizy-sur-Ourcq, der Getreidehändler René Body und seine Frau Odette.

gen hatte. Dieser Mann nannte sich Jade Amicol und wohnte in Paris.

Es war sieben Uhr morgens, als Alain Perpezat aus dem Heuschober kletterte, in dem er sich die Nacht über verborgen gehalten hatte. Seine Springermontur hatten die drei Widerstandskämpfer in einem Misthaufen verschwinden lassen. Vor sich sah er in einiger Entfernung den dunklen Streifen der Route Nationale 3, und er hielt quer durch die Felder darauf zu. Es gab nur eine Möglichkeit, um nach dem 80 Kilometer entfernten Paris zu gelangen – per Anhalter.

Schon der erste LKW hielt an. Das Nummernschild trug das Kennzeichen der Luftwaffe. Über dem Fahrerhaus war auf eine kreisförmige Schiene ein MG montiert. Auf der offenen Ladefläche standen vier behelmte Soldaten und hielten sich am Gestänge fest. Als sich der Wagenschlag öffnete und der Fahrer ihn zu sich winkte, überfiel Perpezat plötzlich die Angst. Während er sich auf den zerschlissenen Sitz neben dem älteren Landser schob, drückte ihn der prall gefüllte Ledergürtel, und es kam ihm vor, als müßte der andere merken, daß er etwas unter seiner Jacke verborgen hielt. Der Deutsche musterte ihn eine Sekunde lang und fragte dann einfach: »Nach Paris?« Dann legte er den Gang ein, und das schwere Fahrzeug setzte sich wieder in Bewegung.

In der stillen, kühlen Kapelle ihres Klosters an der Rue de la Glacière waren die neun Schwestern vom Orden des Leidens unseres gebenedeiten Herrn gerade beim dritten Rosenkranz, als die Klingel an der Pforte dreimal lang und einmal kurz schrillte. Sofort standen zwei der Nonnen auf, bekreuzigten sich und gingen. Für Schwester Jean, die Superiorin, und Schwester Jean-Marie Vianney, ihre Sekretärin, kündete dieses Glockenzeichen einen »wichtigen Besuch« an.

Seit vier Jahren war die Gestapo verbissen dabei, ausfindig zu machen, was sich hinter diesen Klostermauern verbarg. Das unscheinbare, ungepflegte Gebäude, das auf einer Seite an die Irrenanstalt Sainte-Anne angrenzte, war das Hauptquartier von Jade Amicol, dem Leiter des britischen Geheimdienstes im besetzten Frankreich. Im Schutz der verwitterten Steine und einer Handvoll mutiger Nonnen hatte die Zentrale alle Aktionen der Gestapo gegen die französische Untergrundbewegung überlebt, alle Razzien, Denunziationen und Verhaftungen.

Schwester Jean hob die Klappe vor dem Guckloch in der schweren Eichentür hoch und blickte in das Gesicht eines jungen Mannes.

»Ich heiße Alain«, sagte er, »ich habe eine Botschaft für den Colonel.«

Schwester Jean schob den Riegel zurück und trat auf die Stufen hinaus, um sich zu vergewissern, daß der junge Mann allein war und ihm niemand folgte; dann winkte sie ihn herein.

Im Gemeinschaftsraum, unter dem düsteren Bild des unbekannten Lazaristen, der den Orden gegründet hatte, zog Alain Perpezat den linken Schuh aus. Mit einem Messer, das ihm Schwester Jean brachte, trennte er die Sohle ab und holte den Tuchstreifen heraus, für den er sein Leben aufs Spiel gesetzt hatte. Er überreichte ihn einem Riesen mit blauen Augen und gelichtetem Haar, der schweigend neben ihm saß.

Colonel Claude Ollivier – alias Jade Amicol – warf einen Blick auf die darauf gezeichneten Ziffern und bat Schwester Jean um den Dechiffrier-Schlüssel. Dieser war auf ein hauchdünnes Gewebe aus löslichem Material aufgedruckt, das man im Falle eines Falles verschlucken konnte. Schwester Jean hielt das Tuch in der Kapelle versteckt, unter dem Tabernakel auf dem Altar des Guten Hirten.

Während der Colonel die Botschaft entzifferte, verfinsterte sich sein Gesicht mehr und mehr. Der Leiter des britischen Geheimdienstes teilte ihm mit: »Das alliierte Oberkommando ist entschlossen, an Paris vorbeizustoßen und die Befreiung so lange wie möglich hinauszuziehen. Dieser Plan wird unter keinen Umständen mehr geändert.«

Er blickte auf und seufzte: »Mein Gott – da ist ja eine Katastrophe!«

Im gleichen Augenblick erklang im Refektorium nebenan das Glockenspiel einer Louis-Treize-Uhr. Es war Mittag.

2

Paris erlebte den eintausendfünfhundertunddritten Tag der deutschen Besetzung. Genau mit dem zwölften Glockenschlag setzte sich der Gefreite Fritz Gottschalk mit 249 weiteren Mann des 1. Sicherungsregiments in Marsch, so wie es seit vier Jahren alltäglich geschah: die Champs-Elysées hinunter zur Place de la Concorde. Nur wenige Pariser sahen von den Bürgersteigen der breiten Prachtstraße aus dem Vorbeimarsch zu. Man pflegte sich den Anblick dieses demütigenden Schauspiels zu ersparen. Es war nur eine von vielen Demütigungen, die die stolze Hauptstadt seit dem 15. Juni 1940 hatte hinnehmen müssen. Der einzige Ort, an dem ein Franzose noch öffentlich seine Nationalflagge zu Gesicht bekam, war eine der Glasvitrinen im Armeemuseum des Hôtel des Invalides. Oben auf dem Eiffelturm flatterte die Hakenkreuzflagge, desgleichen von Hunderten von Hotels, öffentlichen Gebäuden und Wohnhäusern, die die Besatzungsmacht beschlagnahmt hatte.

Vor den Gebäuden Avenue Foch 74 und Rue de Saussaies 9, aber auch vor anderen Häusern, an denen zwar nichts Besonderes zu entdecken war, die aber doch eine traurige Berühmtheit erlangt hatten, standen Wachen in schwarzen Uniformen mit Silberlitzen. Hier waren die Dienststellen der Gestapo. Die Bewohner der angrenzenden Häuser wurden oft in ihrem Schlaf gestört: die Schreie der Gefolterten waren auch bei geschlossenem Fenster zu hören.

Die Deutschen hatten sogar das Stadtbild verändert. An die zweihundert Denkmäler waren demontiert worden, darunter auch die Kolossalstatue von Victor Hugo auf dem Platz in der Nähe des Hauses, in dem der revolutionäre Feuergeist gestorben war. Man hatte sie nach Deutschland geschafft und zu Geschoßhülsen umgeschmolzen.

Die Männer der Organisation Todt hatten neue Monumente an die Stelle der alten gesetzt — nicht so ansprechende freilich, aber dafür waren sie zweckentsprechender: auf Straßen und Gehsteigen erhoben sich insgesamt etwa hundert MG-Bunker.

An der Place de l'Opéra, dicht vor den Korbstühlen des Café de la Paix, war ein Gehölz von Schildern und Wegweisern emporgeschossen, die ganz und gar unfranzösische Aufschriften trugen, etwa: »Militärbefehlshaber Frankreich«, »General der Luftwaffe« oder »Hauptverkehrsdirektion Paris«. In diesem Sommer erst war noch ein neues dazugekommen. »Zur Normandiefront« stand darauf . . .

Noch nie waren die breiten Boulevards so menschenleer gewesen. Autobusse gab es nicht mehr, Taxis waren gleich 1940 verschwunden. Einige Fahrer hatten Glück (oder Beziehungen) und besaßen einen von den Militärbehörden ausgestellten Ausweis, der sie berechtigte, einen Wagen mit Holzvergaser zu fahren. Wenn ein solches Vehikel mit seinem zylindrischen »Holzkocher« durch die Straßen ratterte, erfüllte beißender schwarzer Qualm die Luft. Fahrräder und Pferde beherrschten das Straßenbild. Manche Taxichauffeure hatten ihre Wagen querdurch auseinandergeschweißt, so daß der hintere Teil als Rikscha diente, und sie selbst spannten sich als Kulis davor, allerdings auf einem Fahrrad sitzend. Das nannte man »vélo-taxi«. Für den Eildienst gab es sogenannte Supervelos mit einem Gespann von vier Radfahrern.

An Werktagen verkehrte die Métro nur bis elf Uhr vormittags und dann wieder von drei Uhr an, und am Wochenende fuhr sie überhaupt nicht. Abends war ebenfalls um elf Uhr Schluß. Um zwölf war Sperrstunde. Wer danach von den Deutschen erwischt wurde, kam in das Hauptquartier der Feldgendarmerie, wo er für den Rest der Nacht Stiefel wienern oder Knöpfe annähen mußte. Wenn allerdings kurz zuvor ein deutscher Soldat von der Résistance erschossen worden war, konnte es geschehen, daß man für das Verpassen der letzten Bahn teurer bezahlen mußte: wer Pech hatte, endete als Geisel vor einem Erschießungskommando.

An drei Tagen in der Woche gab es in den Promenadencafés keinen Alkohol. Statt dessen bekam man den sogenannten »Café National«, einen widerlich schmeckenden Ersatzkaffee aus Eicheln.

Paris war praktisch ohne Gas und Strom. Die Hausfrauen hatten gelernt, auf leeren Konservendosen zu kochen. Brennstoff waren zerknüllte Papierfetzen, die man befeuchtete, damit sie nicht so schnell verbrannten.

Vor allem aber litt man in Paris Hunger. Die französische Hauptstadt war das größte Dorf der Welt geworden und erwachte morgens durch das Krähen seiner Hähne. Sie krähten in Hinterhöfen, Dachkammern, Lattenverschlägen auf dem Dach, leerstehenden Zimmern und Besenkammern – überall, wo die hungrigen Pariser einen freien Quadratmeter fanden, um Geflügel zu halten. Paris war eine Stadt, in der sich alte Frauen und kleine Jungen in aller Frühe auf die Beine machten, um in einem Park verbotenerweise ein paar Handvoll Gras für das Kaninchen in der Badewanne abzuschneiden.

In diesem Monat August gab es auf Lebensmittelmarken zwei Eier, 100 g Speiseöl, 80 g Margarine. Die Fleischration war so klein, daß man sie nach einem Witz, der damals die Runde machte, in einen Metro-Fahrschein einwickeln konnte. Vorausgesetzt, daß der Schaffner ihn noch nicht geknipst hatte – denn sonst konnte sie durch das Loch herausfallen!

An den Hauswänden klebten Plakate der Vichy-Regierung, auf denen die Arbeiter aufgefordert wurden, gemeinsam mit ihren »deutschen Brüdern« zu kämpfen oder der »Legion gegen den Bolschewismus« beizutreten. Die Titelseiten der kollaborierenden Zeitungen, etwa des »Petit Parisien«, des »Œuvre« oder von »Je Suis Partout«, versicherten, daß »Kriegsdienstverpflichtung nach Deutschland keine Deportation« sei, oder meldeten aus Berlin, die deutsche Heeresleitung habe noch nie so zuversichtlich in die Zukunft geblickt. Im Innern fand man verschämte Anzeigen, in denen zum Beispiel »Möbel-Ferntransporte mit Pferdewagen« angepriesen wurden.

Im Haus Nr. 13 in der Rue Auber nahm die Waffen-SS bis zum 16. August Freiwilligenmeldungen junger Franzosen an.

Und doch hatte sich Paris eine heitere Gelassenheit bewahrt. Die schönen Frauen der Stadt waren schöner denn je. Für viele hatten die vier mageren Jahre eine Schlankheitskur bedeutet, und das viele Gehen und Radfahren schien sie elastischer, ihren Gang federnder gemacht zu haben. In diesem Jahr trug man einen praktischen Turban oder auch breitkrempige blumenbesetzte Hüte, wie sie Renoir in seinen Bildern gemalt hatte.

Im Juli hatten Madeleine de Rauch, Lucien Lelong und Jacques Fath die »Mode Martiale« kreiert: breite Schultern, breite Gürtel und kurze Röcke.

Manche Stoffe im rohstoffarmen Frankreich waren aus Holzfasern hergestellt, und nach einem gängigen Scherz der Pariser konnte man bei Regen Knospen sprießen sehen.

In diesem Sommer war Paris zu Hause geblieben. Diesmal war es nichts mit den traditionellen Ferien auf dem Lande –

c'était la guerre. In vielen Schulen ging der Unterricht weiter. Tausende saßen in langen Reihen an den Seinequais und nahmen ein Sonnenbad, und die trüben Fluten waren in dieser Saison das größte Schwimmbad der Welt.

Für die Deutschen und die Franzosen, die es mit ihnen hielten, auch für die Neureichen vom Schwarzen Markt, gab es noch Sekt und Kaviar im Maxim, im Lido und in einigen Kabaretts wie im Shéhérazade und Suzy Solidor. Der glückliche Franzose, der in der Nationallotterie das Los 174 184 gezogen hatte, gewann in der 28. Ziehung bare sechs Millionen Francs, mehr als Alain Perpezat in seiner beschwerlichen Geldkatze nach Paris hereingeschmuggelt hatte.

Jeden Samstag, Sonntag und Montag fanden in Auteuil und Longchamps Pferderennen statt. Den Pferden konnte man die Rippen zählen, aber die Tribünen waren voll. Der Lunapark lockte mit der Verheißung: »Trauern Sie nicht Ihrem Urlaub nach. Neunundneunzigmal ins Pedal getreten, und Sie finden hier frische Luft und strahlende Sonne!«

Im Moulin Rouge sangen Yves Montand und Edith Piaf; im Rückblick auf die vergangene Ballettsaison stellte Serge Lifar zwei unbekannte Talente heraus: Zizi Jeanmaire und Roland Petit.

In den wenigen Kinos, die noch geöffnet hatten, kam der Strom für die Vorführkameras von einem Generator, der durch zwei aufgebockte Fahrräder angetrieben wurde. In einer Anzeige für eine Veranstaltung im Palais Gaumont, der Rundfunk-Konzerthalle, wurde vermerkt, daß ein Parkplatz für 300 Fahrräder zur Verfügung stehe. Theatervorstellungen begannen um drei Uhr nachmittags und endeten vor Einbruch der Dunkelheit, aber die Häuser waren voll. An den grünen Plakatsäulen waren über dreißig verschiedene Stücke angekündigt. Im Vieux Colombier lief Sartres »Geschlossene Gesellschaft«. Ein paar Häuserblocks weiter saß der Verfasser in einer kleinen Dachkammer und verfaßte Flugblätter für die Widerstandsbewegung.

Aber eine andere, zum Ritual gewordene Tätigkeit hielt die meisten Einwohner der Stadt in diesem denkwürdigen Sommer 1944 allabendlich zu Hause. Wenn für eine halbe Stunde der Strom eingeschaltet wurde, preßten sie das Ohr an die Radios und lauschten den verbotenen Sendungen der BBC, soweit sie nicht durch Störgeräusche überdeckt waren. An diesem Abend, am 3. August 1944, als die untergehende Sonne den Himmel blutrot färbte, erfuhren sie zum erstenmal von einem Ereignis, das von nun an wie ein Alpdruck auf ihnen lastete: In dieser Nacht stand Warschau in Flammen. Während die sowjetischen Befreier wenige Kilometer vor der Stadt haltgemacht hatten, erstickte die deutsche Besatzung einen vorzeitigen Aufstand der Untergrundbewegung im Blut. Als schließlich alles vorüber war, hatten 200 000 Polen den Tod gefunden, und die polnische Hauptstadt war ein einziger rauchgeschwärzter Trümmerhaufen.

Wenn die Pariser an diesem Abend aus dem Fenster sahen, konnten sie sich über eine der Unbegreiflichkeiten des Krieges Gedanken machen: Paris war noch völlig unversehrt. Notre-Dame, die Sainte-Chapelle, der Louvre, Sacré-Cœur, der Arc de Triomphe, all die unvergleichlichen Bauwerke, die die Stadt zum Inbegriff abendländischer Kultur gemacht haben, hatten bis jetzt den zerstörerischsten Krieg der Weltgeschichte heil überstanden. Nun nahte die Stunde der Befreiung; immer drohender erhob sich aber auch die Gefahr, daß der Stadt ein ähnliches Schicksal bevorstand wie Warschau.

Paris war der Mittelpunkt Frankreichs. In diese Metropole mündeten die großen Straßen, Schienenwege und Kanäle des Landes, das von hier aus regiert und verwaltet wurde. Für seine dreieinhalb Millionen Einwohner, für weitere Millionen auf der ganzen Welt war Paris ein Symbol für alle Werte, die im Kampf gegen das Dritte Reich auf dem Spiel standen. Viele dieser Menschen dachten an die Kulturgüter der Stadt. Drei Männer allerdings, durch Tausende von Kilometern voneinander getrennt, dachten an etwas anderes, wenn sie die Karte Frankreichs studierten. Für sie war Paris ein strategisch bedeutsames Objekt, das sie mit leidenschaftlicher Entschlossenheit gewinnen oder halten wollten.

3

Für den Oberkommandierenden der amerikanischen Truppen in Frankreich war Paris zu einem Problem geworden. Nach langen Überlegungen hatte General Dwight Eisenhower in seinem Kommandowagen, der drei Kilometer von der normannischen Küste entfernt in einem regennassen Wäldchen bei Granville stand, schließlich seine Entscheidung getroffen. Es war wahrscheinlich seine folgenschwerste Entscheidung seit der Invasion.

Er hatte beschlossen, die Befreiung von Paris so lange wie möglich hinauszuschieben. Die ihm unterstellten Truppen sollten an der Hauptstadt vorbei zur deutschen Grenze vorstoßen und die deutschen Einheiten in und um Paris einkesseln. Frühestens Mitte September sollte Paris dann befreit werden.

Der Entschluß war dem Oberkommandierenden nicht leichtgefallen. Besser als jeder andere wußte er, welche psychologische Wirkung der Fall von Paris auf die Franzosen, auf seine eigenen Truppen, ja auf die ganze Welt ausüben mußte. Er konnte sich die Ungeduld der dreieinhalb Millionen Pariser ausmalen. Aber für Eisenhower hatte die exakte militärische Logik in dem hektographierten 24-Seiten-Dokument auf seinem Schreibtisch mehr Gewicht gehabt als die magische Lokkung des Wortes »Paris«. Auf dem blauen Aktendeckel standen die Worte »Top Secret — Post Neptune Operations Section II — Crossing of the Seine and Capture of Paris«. Es stammte vom dreiköpfigen Planungsstab der SHAEF, von den Männern, die für den Oberkommandierenden die Empfehlungen ausarbeiteten, auf die er sich bei seinen Entscheidungen stützen konnte.

Schon vor Erhalt des SHAEF-Berichtes war Eisenhower überzeugt gewesen, daß die Deutschen um den Besitz von Paris erbittert kämpfen würden. »Alle strategischen und geographischen Gesichtspunkte legten ihnen das nahe.« Aber gerade diesen Kampf wollte der General vermeiden. An den Gründen, die das vor ihm liegende Dokument aufzählte, war nicht vorbeizukommen.

Wenn sich die Deutschen in Paris festklammerten, mußte man »mit sich lange hinausziehenden und schweren Straßenkämpfen, vergleichbar denen in Stalingrad, rechnen«, Kämpfe, die zur Zerstörung der französischen Hauptstadt führen konnten. Dazu durfte es jedoch nicht kommen. Überdies wollte Eisenhower nicht, daß seine Streitkräfte, die ungehindert durch

Frankreich vorstießen, in verlustreiche Straßenkämpfe verwikkelt wurden.

Ausschlaggebend für seine Entscheidung war aber noch ein anderer Grund gewesen, der in dem Memorandum in einigen Zeilen dargelegt war: »Wird Paris zu einem frühen Zeitpunkt genommen, so bedeutet das eine beträchtliche Minderung unserer Kampfkraft. Die Einnahme von Paris wird uns zu einer Unterstützung der Zivilverwaltung verpflichten und den Einsatz von Versorgungsmaterial bedingen, das für den Unterhalt von acht kampfstarken Divisionen ausreichen würde[1].«

Mit anderen Worten, Eisenhower befürchtete, daß er für die Versorgung der Hauptstadt soviel Kraftstoff abführen müßte, daß fast ein Viertel seiner Armee auf dem Trockenen saß. Dieses Risiko konnte er nicht eingehen. Gerade in diesem Sommer war Benzin für ihn zum kostbarsten Gut geworden. »Es tut mir jedesmal weh, wenn ich eine Gallone abgeben muß«, sagte er. Paris würde ihn Hunderttausende von Gallonen kosten.

Mit der Befreiung übernahm er die moralische Verpflichtung, für die Ernährung der 3,5 Millionen Einwohner zu sorgen und die Zufuhr lebenswichtiger Güter sicherzustellen – ein kaum zu bewältigendes Problem. »Allein an Lebensmitteln und Medikamenten braucht Paris in den ersten zwei Monaten 75 000 Tonnen, und für die öffentliche Versorgung werden zusätzlich noch einmal täglich etwa 15 000 Tonnen Kohle gebraucht«, stellte der SHAEF-Bericht fest. Da bislang nur Cherbourg und die Behelfshäfen zur Verfügung standen und das Eisenbahnnetz noch nicht benützt werden konnte, bedeutete das, daß jede Tonne mit dem Lastwagen über fast 700 Kilometer von der Küste zur Hauptstadt gebracht werden mußte. Daher empfahl das Planungsgremium: die Bindung dieser Kräfte – das heißt, die Befreiung von Paris – ist so lange wie möglich aufzuschieben.

Statt dessen wurde dem Oberkommando ein anderer Vorschlag unterbreitet: in einer Zangenbewegung sollten die Truppen nördlich und südlich an der Stadt vorbeistoßen, durch flaches Land, das sich für Panzeroperationen vorzüglich eignete.

[1] Zu dieser Zeit hatte Eisenhower 37 Divisionen in Frankreich stehen.

Damit konnten die Alliierten gleichzeitig die Abschußbasen der V1 und V2 in Nordfrankreich aufrollen. Diese Aufgabe war nach Meinung des Planungsgremiums so dringend, daß sie außergewöhnliche Risiken rechtfertigte.

Nach dem Plan des Gremiums sollte die englische 21. Armeegruppe unter General Montgomery über die untere Seine zwischen Oise und Küste vorstoßen und Le Havre und die Raketenbasen am Pas de Calais einnehmen. Dann sollten bei Amiens, 138 Kilometer nördlich von Paris, zwei Korps nach Osten einschwenken. Zur gleichen Zeit sollte die amerikanische 12. Armeegruppe bei Melun über die Seine setzen, in nordöstlicher Richtung auf Reims vordringen, dort nach Westen einbiegen und den britischen Streitkräften, die von Amiens herkamen, die Hand reichen. Damit hätten die Alliierten in einem Riesenkessel die Divisionen der 1., 7. und 15. deutschen Armee eingeschlossen. Paris sollte zwischen dem 15. September und 1. Oktober befreit werden.

In Eisenhowers Augen hatte dieser Vorschlag drei Vorteile. Einmal wurde so ein mörderischer Straßenkampf in Paris vermieden; zum zweiten war das vorgesehene Angriffsgebiet für Panzer sehr günstig, zum dritten und vor allem sparte er Treibstoff für seine Hauptaufgabe – den Durchbruch durch die Siegfriedlinie und die Errichtung eines Rheinbrückenkopfes vor Beginn des Winters.

Es war ein regnerischer Tag, als Eisenhower sich in der Normandie für dieses Vorgehen entschied.

Nur ein unvorhergesehenes Ereignis konnte den Plan umwerfen, etwa ein Aufstand in Paris. Aber Eisenhower glaubte sich darüber keine Gedanken machen zu müssen, hatte er Forces Françaises de l'Intérieur doch dem General Pierre Koenig, dem Oberkommandierenden der (FFI), »strikte Anweisung« gegeben, daß weder in Paris noch sonstwo in Frankreich ohne seinen Befehl bewaffnete Erhebungen stattfinden dürften. Es sei unbedingt erforderlich, so hatte er ihm gesagt, »daß nichts in Paris geschieht, was unseren Plänen zuwiderläuft«.

Er wußte, daß das für die ungeduldigen Pariser eine schwere Prüfung war. Aber wenn sie die Deutschen noch ein wenig länger ertragen, so hatte er seinem brillanten Stabschef, dem General Bedell-Smith, erklärt, »wird uns ihr Opfer helfen, den Krieg vielleicht zu verkürzen«.

Um den Franzosen die Notwendigkeit dieses Opfers klarzumachen, hatte der englische Geheimdienst Alain Perpezat in einer mondlosen Nacht über Frankreich abspringen lassen.

4

Für General Charles de Gaulle, der in der drückenden Hitze von Algier ungeduldig auf Nachrichten vom Kriegsschauplatz wartete, stand fest, daß das Schicksal seines Landes, aber auch seine eigene Zukunft von den Ereignissen abhing, die sich in den nächsten Tagen und Wochen in Paris abspielen würden. Besser als sonst jemand in seiner Umgebung wußte er, daß nur in Paris das kühne Spiel, das mit seinem Aufruf an das Vaterland am 18. Juni 1940 begonnen hatte, gewonnen oder verloren wurde. Dort würde sich in den kommenden Wochen entscheiden, wer nach dem Kriege über Frankreich regierte. De Gaulle war überzeugt, daß er dazu berufen war. Allerdings gab es nach seiner Ansicht zwei Gruppen, die ihm diesen Anspruch streitig machen wollten: seine politischen Gegner, die französischen Kommunisten, und seine militärischen Verbündeten, die Amerikaner.

Mit den Beziehungen zwischen den USA und dem General war es nach kurzen Flitterwochen im Jahre 1940 dauernd bergab gegangen. Die Anerkennung von Vichy durch die USA, der Handel mit Darlan[1], die Tatsache, daß de Gaulle vom Plan einer amerikanischen Landung nicht unterrichtet worden war, ein persönliches Mißverhältnis zwischen ihm und Präsident Roosevelt — all das hatte Mißtrauen und Verstimmung ent-

[1] Um sicherzustellen, daß sich den Landungen in Algerien kein Widerstand entgegenstellte, trafen die USA ein vielkritisiertes Abkommen mit dem Admiral Jean-Louis Darlan, dem Algerienminister von Vichy. Als de Gaulle am 8. November 1942 mit der Nachricht von der Landung geweckt wurde, meinte er verärgert: »Hoffentlich wirft Vichy sie ins Meer zurück!«

stehen lassen und belastete die amerikanisch-französischen Beziehungen im Sommer 1944 aufs schwerste.

Was allerdings de Gaulle am meisten ärgerte, war Roosevelts Weigerung, sein Comité Français de Libération Nationale (CFLN) als provisorische Regierung Frankreichs anzuerkennen. Er sah darin eine Weigerung der Amerikaner, seine Führerrolle in Frankreich zu akzeptieren. Roosevelt hatte die Position der Vereinigten Staaten in einem Memorandum an General George Marshall vom 14. Juni 1944 präzisiert: »Wir sollten uns für unsere militärischen Anstrengungen jede Organisation und jeglichen Einfluß, über die de Gaulle verfügt, zunutze machen, aber wir dürfen keinesfalls dem französischen Volk seine Regierung mit Waffengewalt aufzwingen.« Eisenhower wies er an, daß das SHAEF »mit dem CFLN paktieren kann, aber nichts tun darf, was auf die Anerkennung des CFLN als provisorische Regierung Frankreichs hinausläuft«.

Mit Eisenhower kam de Gaulle besser aus, obwohl es dem Amerikaner nicht entging, daß »de Gaulle je nach seinen augenblicklichen politischen Absichten immer wieder versucht, uns zur Änderung dieser oder jener Entscheidungen zu veranlassen«. Sein Stabschef Bedell-Smith hatte im Juni 1944 verärgert geschrieben: »Ich wäre durchaus bereit, ihn (de Gaulle) auf dem laufenden zu halten, wenn mir bloß jemand erklären könnte, welche Stellung er hier im Hauptquartier einnimmt. Meines Wissens überhaupt keine.«

Es gab noch weitere Reibereien. Vor allem brachte es de Gaulle auf, daß seine Nachrichtenverbindungen, die aus technischen Gründen über amerikanische und englische Funkstationen liefen, von den Alliierten überwacht wurden. Ferner protestierte er energisch gegen die Absicht der Alliierten, nach der Landung in Frankreich Militärgeld in Umlauf zu setzen. Entschieden setzte er sich dafür ein, daß kein einziger Angehöriger der AMGOT, der Alliierten Militärverwaltung für besetzte Gebiete, auf französischem Boden tätig werden sollte. In dieser Hinsicht waren seine Befürchtungen während seines ersten offiziellen Aufenthaltes in Washington im Juli 1944 ein wenig gemindert worden. Er hatte mit Roosevelt ausgemacht, daß das befreite Land in zwei Zonen eingeteilt werden sollte, in eine »innere« Zone, in der de Gaulle die Regierung übernehmen sollte, und eine »Operationszone«, die dem SHAEF unterstand. Welche Gebiete Frankreichs der einen oder anderen Zone angehören sollten, war der Entscheidung Eisenhowers anheimgestellt. Es war jedoch ein unbefriedigendes Abkommen. Als de Gaulle das Weiße Haus verließ, sagte er zu Murphy: »Unsere Übereinkunft endet an dem Tag, an dem der Krieg aufhört.«

Paris war in dem Abkommen nicht erwähnt. Washington setzte stillschweigend voraus, daß die Stadt auch nach ihrer Befreiung noch einige Zeit in der Operationszone verbleiben würde. Und Roosevelt wollte dort keine Regierung an die Macht kommen lassen, die er noch nicht anerkannt hatte.

Doch einen wesentlichen Faktor hatte Roosevelt bei seinen Überlegungen außer acht gelassen: die unbeugsame Entschlossenheit de Gaulles, sich selbst und seine Regierung so schnell wie möglich in Paris ans Ruder zu bringen. Der General war überzeugt, daß seine und seines Landes Zukunft von der raschen Verwirklichung dieses Planes abhing. Er glaubte, daß Roosevelt gerade in diesen kritischen Augusttagen einen letzten Versuch machte, seinen Aufstieg zur Macht zu blockieren, indem er ihn in Algerien kaltstellte und ihm durch das State Department in Frankreich entgegenarbeitete[2]. Diese amerikanischen Bemühungen mußten zwar scheitern. Aber sie konnten seine Machtübernahme so lange hinauszögern, daß die eigentlichen Feinde, die Kommunisten, Zeit gewannen, in Paris die Herrschaft zu übernehmen. Und wer Paris in die Hand bekam, hatte ganz Frankreich in seiner Hand.

Auf diesen Wettstreit um die Macht hatte sich de Gaulle schon lange vorbereitet. Bereits im Januar 1943 hatte er dem Colonel André »Passy« Dewavrin, der die Waffenabwürfe organiserte, Anweisung gegeben, den Kommunisten keine Waffen zukommen zu lassen.

Mit Beginn der Invasion hatte er einen weiteren Plan ins Werk gesetzt, der verhindern sollte, daß die Kommunisten ans

[2] Sein Verdacht war nicht unbegründet. Noch im Sommer 1944 war Roosevelt nach den Worten von Robert Murphy »völlig bereit, jede tragbare Alternative zu de Gaulle zu akzeptieren — vorausgesetzt, daß eine gefunden werden konnte«.

Ruder kamen. In den befreiten Gebieten Frankreichs sollte die Zivilgewalt in jedem Bezirk an einen von de Gaulle ernannten Hochkommissar übergehen, der nur seiner Regierung verantwortlich war. Diesen Kommissaren war genau vorgeschrieben, wie sie sich den – nach de Gaulles Meinung kommunistisch gelenkten – örtlichen Widerstandsräten gegenüber zu verhalten hatten. Diese durften auf keinen Fall an die Macht kommen. Aber die Meldungen, die de Gaulle nach der Landung zugingen, waren höchst beunruhigend. Offenbar waren überall die Kommunisten stärker, besser organisiert und politisch zielstrebiger, als er erwartet hatte.

Der entscheidende Testfall aber war Paris, wo es schon mehr als 25 000 bewaffnete Kommunisten gab. De Gaulle wußte, daß sie auf einen Volksaufstand hinarbeiteten, um an die Macht zu kommen, bevor er so weit war. Dann würden sie die Schlüsselpositionen in Regierung und Verwaltung mit ihren Leuten besetzen, so daß er bei seinem Einzug in Paris eine fest eingenistete rote Kommune vorfände.

Danach würde man ihm und seinen Ministern politisch bedeutungslose Ehrenämter übertragen, um ihn schließlich völlig aus dem politischen Leben auszuschalten.

Alexandre Parodi, de Gaulles politischer Repräsentant in Paris, zweifelte nicht daran, daß die Kommunisten mit der Waffe in der Hand dem General die Herrschaft über die Stadt streitig machen würden[3].

Angesichts dieser Lage war de Gaulles Plan einfach: er wollte vor den Kommunisten an die Schalthebel der Macht kommen.

[3] Diese Behauptung wird von der kommunistischen Partei und von vielen Nichtkommunisten bis auf den heutigen Tag bestritten. Wie weit die Kommunisten gehen wollten, wird wahrscheinlich nie ganz klargestellt werden können. Zumindest wollten sie sich die Schlüsselposition sichern, die zu gegebener Zeit als Sprungbrett zur eigentlichen Macht im Staat dienen konnten – so wie es später in Prag geschah. Ihre wahre Einstellung de Gaulle gegenüber offenbarte wahrscheinlich der bulgarische Führer der Widerstandsbewegung in Südfrankreich, Iwan Kaleff: »Im Augenblick ist de Gaulle ein notwendiges Übel«, sagte er. »Aber wer weiß, ob ihn nach dem Krieg Frankreich noch will.«

Einen Bürgerkrieg durfte es unter keinen Umständen geben. Er mußte mit allen Mitteln und um jeden Preis als erster in Paris ans Ruder kommen.

Etwa zur gleichen Zeit, da Eisenhower in Granville beschloß, die Befreiung von Paris möglichst hinauszuschieben, entwarf de Gaulle in Algier eine geheime Denkschrift für General Pierre Koenig, den Chef der FFI. »Ob die Alliierten es wünschen oder nicht«, schrieb er, »wesentlich ist, daß Paris so rasch wie möglich befreit wird.« Gleich danach würde er sich in die Hauptstadt begeben und das ganze Gewicht seiner persönlichen Autorität und der Autorität seiner Regierung zur Geltung bringen.

Seine ersten Verfügungen hatte er bereits getroffen. Wie für Eisenhower bedeutete auch für ihn eine vorzeitige Erhebung der Bevölkerung eine Katastrophe. Wie Eisenhower hatte auch er strikte Befehle erlassen, die das verhindern sollten. In einer Mansarde in Paris wohnte ein Mann, dem es oblag, diese Befehle auszuführen. Sie waren klar genug. »Unter keinen Umständen darf sich Paris ohne die persönliche Einwilligung de Gaulles gegen die deutsche Besatzungsmacht erheben.«

5

Für den Deutschen, der von seinem Stahlbetonbunker bei Rastenburg in Ostpreußen aus die Armeen des Dritten Reichs dirigierte, war Paris vielleicht von noch wesentlich größerer Bedeutung.

Vier Jahre lang, von 1914 bis 1918, hatten sechs Millionen deutsche Soldaten, unter ihnen der Gefreite Hitler, in den Gräben der Westfront ausgeharrt, angefeuert von dem leidenschaftlichen Ruf »Nach Paris!« Zwei Millionen hatten ihr Leben gelassen. Zweiundzwanzig Jahre später hatte Hitler in vier atemberaubenden Wochen vollbracht, was damals in vier Jahren nicht erreicht worden war.

Nun war Paris der letzte Raub, den er nach fünf Jahren Krieg noch in Händen hielt. Seit fünf Tagen schon verfolgte er auf der Karte den Vorstoß der Alliierten nach dem Durchbruch bei Avranches. Die Schlacht um Frankreich war in vollem Gange. Wenn er diese verlor, gab es für ihn nur noch eine Schlacht zu schlagen – die Schlacht um Deutschland.

Wie de Gaulle wußte auch Hitler ganz genau, daß Paris das Zentrum von Frankreich war. Zweimal in seinem Leben war er gegen Paris gestürmt, aber nun zwang ihm das Schicksal eine andere Rolle auf: diesmal hatte er Paris zu verteidigen. Im Planungsstab des SHAEF war man sich darüber klar, daß Hitler sich bis zum letzten an die natürliche Verteidigungsbastion an der Seine, in Paris, klammern würde. Mit Paris würde er seine Raketenabschußplätze verlieren und dem Gegner den Vorstoß an die Reichsgrenzen ermöglichen. Also würde Hitler Paris so verteidigen, wie er Stalingrad und Monte Cassino verteidigt hatte.

6

Zweitausend Kilometer westlich von Rastenburg, in der Nähe des normannischen Dörfchens La Lucerne, lehnte ein deutscher General am Fenster und sah in die Dämmerung hinaus. Sein Blick schweifte über das schmiedeeiserne Parkgitter des Schlosses, in dem sein Stab untergebracht war, über die gotischen Türme der Abtei La Lucerne zu dem dunklen Hügelrücken hinüber, hinter dem der kleine Verkehrsknotenpunkt La Haye-Pesnel lag. Immer wieder blitzte am Horizont Artilleriefeuer auf. Es waren die Geschütze seines 84. Armeekorps, das den amerikanischen Vorstoß hinter La Haye zum Stehen zu bringen versuchte. Amerikanische Panzer hatten die deutsche Front auf einer Breite von 16 Kilometern aufgerissen.

Dietrich von Choltitz war so müde, daß er das Klopfen an der Tür überhörte. Aber der Gefreite Helmut Mayer, der seinen Chef genau kannte, drückte leise die Klinke herunter und trat ein. Als sich der General umwandte, hielt er ihm einen Umschlag hin. Choltitz riß ihn auf, entfaltete das blaßblaue Telegrammformular und trat neben die Petroleumlampe auf seinem Schreibtisch. Dann klemmte er sein Monokel ins Auge und begann zu lesen.

Absender war das Oberkommando West. Choltitz wurde sofort zu einer Besprechung von höchster Dringlichkeit in das Hauptquartier Kluges nach Saint-Germain-en-Laye beordert.

Ohne ein Zeichen der Bewegung faltete er das Blatt wieder zusammen und reichte es Mayer. »Vielleicht muß ich vor dem Brötchengeber erscheinen«, mutmaßte er. Mayer wußte, wer der »Brötchengeber« war: Hitler. Aber welchen Grund konnte Hitler haben, den untersetzten General zu sich zu zitieren? Seit dem Aufstand vom 20. Juli gab es nur noch einen einzigen Umstand, der einem General den Marschbefehl nach Rastenburg einbrachte — Untreue dem Führer gegenüber. Aber niemand in Hitlers Umgebung konnte an der Loyalität des Generals zweifeln. Gerade an diesem Tag sagte ein hoher Offizier in bezug auf Choltitz: »Niemals hat er gezögert, einen Befehl auszuführen, wie hart dieser auch war.«

Der General bemerkte, wie erschöpft Mayer war. Leise sagte er: »Gehen Sie schlafen, Mayer, morgen früh um fünf fahren wir.« Und nach einer Weile fügte er hinzu: »Vielleicht können wir in Paris eine Pause einlegen.«

Aus einem Mansardenfenster im fünften Stock eines Mietshauses in Auteuil schaute ein anderer Mann in die Dunkelheit hinaus. Undeutlich hob sich am Horizont als schwarze Silhouette das Häusermeer von Paris ab. Der Mann hieß Jacques Chaban-Delmas. Obgleich erst 29 Jahre alt, war er schon General. Auch er hatte an diesem Abend eine Nachricht erhalten.

Aber nicht von einer Ordonnanz. Dergleichen gab es für ihn nicht. Ein Mann an einer Straßenecke, der hingebungsvoll mit dem Aufpumpen eines Fahrrades beschäftigt schien, hatte sie ihm zugeraunt. Es war dieselbe Nachricht, die Jade Amicol am Mittag im Kloster vom Leiden unseres gebenedeiten Herrn dechiffriert hatte.

Für Chaban-Delmas war die von Perpezat in seinem Schuh in die Stadt gebrachte Botschaft eine katastrophale Fehlentscheidung. Auf die breiten Schultern des Rugbyspielers hatte de Gaulle eine schwere Last gelegt: ihn hatte er zu seinem militärischen Stellvertreter im besetzten Frankreich erhoben. Der junge General wußte, daß er angesichts der Bedeutung, die Paris für de Gaulle hatte, vor seiner bislang schwersten Aufgabe stand. Die Befehle waren eindeutig. Erstens sollte er sämtliche bewaffnete Widerstandsgruppen unter seiner Kontrolle halten, und zum zweiten hatte er dafür zu sorgen, daß es ohne de Gaulles Einverständnis zu keinem Aufstand in der Hauptstadt kam.

Diese Befehle verlangten zu viel von ihm, denn nicht Chaban kontrollierte die Pariser Widerstandsgruppen – die Kommunisten kontrollierten sie!

Der Stabschef der FFI, der gesamtfranzösischen Untergrundarmee, war der kommunistische General Alfred Malleret-Joinville. Für Paris und Umgebung war ein stämmiger bretonischer Kommunist namens Rol Tanguy zuständig. Auch dessen erster Stellvertreter, Pierre Fabien, war Kommunist. Fabien hatte sich dadurch ausgezeichnet, daß er 1942 in der Métrostation Barbès den Schuß auf den ersten deutschen Soldaten abgab, der in Paris ums Leben kam. Die KP beherrschte die Gewerkschaften und die Untergrundpresse. Zwei der drei politischen Widerstandskomitees waren kommunistisch gelenkt, die dritte Gruppe war nach Unterwanderung durch die KP zu einer belanglosen Debattiergesellschaft herabgesunken[1]. Erst kürzlich hatte eine kommunistische Kampfgruppe ein Flugzeug mit Geldern des FFI-Hauptquartiers in London, die für Chaban bestimmt waren, im Handstreich erbeutet. Seit vier Monaten arbeiteten sie daran, ihre Positionen auszubauen, ihre Leute in alle städtischen Schlüsselstellungen einzuschleusen. Ohnmächtig mußten Chaban und seine Leute zusehen, wie fast von Tag zu Tag die kommunistisch dirigierte Miliz FTP (Franctireurs et Partisans) anwuchs.

Und doch hatte keine Widerstandsgruppe härteren Widerstand geleistet und einen höheren Blutzoll gezahlt als die Kommunisten. Sie stießen zwar erst spät zur Résistance, erst nach dem deutschen Überfall auf die Sowjetunion 1941, aber sie stellten in ihr die bestorganisierten, die diszipliniertesten und

[1] Kommunistisch gelenkt waren das Comité Parisien de Libération (CPL) und das Comité Militaire d' Action (COMAC); indirekt kontrollierten die Kommunisten den Conseil National de la Résistance, in dem sie eine einflußreiche Minderheit darstellten. Der CNR, 1943 von de Gaulle gegründet, war theoretisch die oberste politische Körperschaft der Résistance, in der alle Parteien vertreten waren. Inzwischen war sie aber von den Kommunisten unterwandert und somit für de Gaulle unbrauchbar geworden.

oft auch die mutigsten Verbände[2]. Durch Geheimsender und Agenten in der Schweiz stand die Partei in ständigem Kontakt mit Moskau.

Jetzt aber, im August 1944, waren die Kommunisten entschlossen, den Lohn für den dreijährigen Kampf einzuheimsen. In Paris wollten sie den Anfang machen.

Chaban-Delmas kannte ihre Absichten. Er wußte, daß sie auf einen allgemeinen Aufstand in den Straßen von Paris hinarbeiteten und notfalls bereit waren, auch die Zerstörung der schönsten Stadt der Welt in Kauf zu nehmen. Paris bedeutete für die Kommunisten eine einmalige Gelegenheit, die Macht in die Hände zu bekommen.

Während der vergangenen Wochen hatte er versucht, ihnen diesen Plan auszureden — vergeblich.

Wie die meisten Einwohner der Stadt hatte auch Chaban-Delmas an diesem Abend über BBC von dem Aufstand in Warschau gehört. Wenn der französischen Hauptstadt dieses tragische Schicksal erspart bleiben sollte, gab es nur eine Möglichkeit: die Alliierten mußten direkt auf Paris vorstoßen und die Stadt einnehmen, bevor die Roten ihren Aufstandsplan in die Wirklichkeit umsetzen konnten. Aber nach der von Perpezat überbrachten Botschaft war darauf nicht mehr zu hoffen.

Nunmehr standen zwei Möglichkeiten offen: Entweder warf die Wehrmacht die Erhebung nieder — und verwandelte Paris in einen Trümmerhaufen —, oder die Kommunisten brachten die Hauptstadt in ihre Gewalt, um von Paris aus ihre Macht über ganz Frankreich auszudehnen.

Chaban sah an diesem Abend nur einen einzigen Ausweg aus diesem Dilemma: Er mußte dieselbe Reise machen wie Alain Perpezat, nur in umgekehrter Richtung. Er mußte versuchen, nach London zu kommen, um de Gaulle, Churchill und Roosevelt auf die schreckliche Gefahr hinzuweisen, um Eisen-

[2] Am 6. September schätzte General Koenig Eisenhower gegenüber, daß die Partei über 250 000 bewaffnete Kämpfer verfügte und daß 200 000 weitere darauf warteten, bewaffnet zu werden. Die Stärke der regulären französischen Armee betrug zu jener Zeit keine 500 000 Mann.

hower zu bestürmen, seinen Plan doch noch zu ändern und seine Panzerarmeen nach Paris zu schicken.

7

Mit 120 Stundenkilometern raste der schwarze Horch durch die Champagne. Auf dem lederbezogenen Rücksitz verzehrte Dietrich von Choltitz das Schwarzbrot und die Wurst, die ihm sein Fahrer Alfred Priez eingepackt hatte. Er war am Vormittag nicht dazu gekommen, in Paris Rast zu machen.

Kaum war er in Saint-Germain-en-Laye vor der Villa angelangt, in der der OB West untergebracht war, als ein Offizier auf ihn zueilte. Es war Oberst Heinz Abey, der Personalchef des OB West.

»Gratuliere, Herr General«, hatte er ihm zugerufen, »Sie haben einen neuen Posten! Sie sind gerade zum Kommandanten von Groß-Paris ernannt worden.«

Dann hatte er ihm mitgeteilt, er müsse sich sofort in Berlin melden, um letzte Instruktionen vor Übernahme des neuen Postens entgegenzunehmen. Aus diesem Grunde hatte von Choltitz auf einen Besuch der Stadt verzichtet, deren Geschick bald in seiner Hand liegen sollte. Er hatte nicht viel Zeit. Überdies hatte er Paris schon zweimal besucht. Für ihn war Paris nichts weiter als ein neuer Posten in seinen 28 Dienstjahren. Und für die Pariser war dieser Offizier, als zehn Tage später in den Zeitungen die Nachricht von seiner Ernennung zu lesen war, nur einer von vielen deutschen Generalen.

Für den General Wilhelm Burgdorf war er das freilich nicht. Burgdorf war der Chef des Heerespersonalamts im OKW in Rastenburg und hatte von Choltitz für seine neue Aufgabe ausgewählt. Was ihm an diesem Mann vor allem imponierte, war die Tatsache, daß an seiner Ergebenheit gegenüber dem Dritten Reich nicht zu zweifeln war. Solche Männer gab es nicht mehr allzu viele. Die Fäulnis des Defaitismus und der Treulosigkeit hatte sich bereits in das Offizierskorps eingefressen – der 20. Juli hatte es deutlich genug offenbart.

Besonders schlimm sah es in dieser Hinsicht in Paris aus. Der Militärbefehlshaber von Frankreich, General Karl von Stülpnagel, war eine Schlüsselfigur bei der Verschwörung gewesen; jetzt lag er nach einem Selbstmordversuch blind und halbtot im Gefängnis Plötzensee und erwartete seine Hinrichtung. Ebenso verdächtig war der bisherige Kommandant von Groß-Paris, der alte General Wilhelm von Boineburg. Wahrscheinlich steckte auch er mit den Attentätern unter einer Decke und mußte deshalb abberufen werden.

Die kritischen Wochen, die Paris bevorstanden, verlangten nach einem Mann, dessen Gehorsam und Treue über jeden Zweifel erhaben waren. Von Choltitz schien der richtige Mann zu sein. Also hatte ihn Burgdorf dem Führer als Boineburgs Nachfolger vorgeschlagen. Er hatte Hitler berichtet, daß von Choltitz stets jeden noch so harten Befehl ausgeführt hatte.

Für diesen linientreuen Offizier hatte der Krieg am 10. Mai 1940 um 5.30 Uhr begonnen. Er war es gewesen, der als Oberstleutnant und Kommandeur des 3. Bataillons des 16. Luftlande-Infanterieregiments als erster aus der allerersten Ju 52, die auf dem Flughafen von Rotterdam niederging, heraussprang und damit den ersten Akt des Blitzkrieges im Westen einleitete. Sein Auftrag war gewesen, die Brücke über die Neue Maas unmittelbar vor der Stadt zu erobern und auf dem Nordufer einen Brückenkopf zu bilden[1].

Später fragte ihn einmal ein Freund, ob es nicht sein Gewissen belaste, den Krieg in ein neutrales Land hineingetragen zu haben. »Warum denn?« antwortete er.

Die größten Augenblicke seiner militärischen Laufbahn erlebte er während der Belagerung von Sebastopol. Dort hatte er sich auch die Generalsstreifen geholt. Als die Belagerung des

[1] Die holländischen Truppen unter Oberst Scharrov leisteten erbitterten Widerstand. Übergabeverhandlungen, die am 13. Mai eingeleitet wurden, zogen sich aus verschiedenen Gründen in die Länge, so daß das deutsche Oberkommando einen Luftangriff auf Rotterdam ansetzte, falls bis zum Nachmittag des 14. Mai die Übergabe nicht erfolgte. Der holländische Kommandant zögerte zu lange; Signalraketen der deutschen Truppen wurden infolge des starken Rauches eines brennenden Frachters von den Stukabesatzungen nicht erkannt. Durch den Angriff wurde das Zentrum von Rotterdam in Trümmer gelegt; es gab 718 Tote und 78 000 Verwundete und Obdachlose.

Schwarzmeerhafens begann, zählte sein Regiment 4800 Mann – am 27. Juli 1942 waren noch 347 davon übrig. Aber Dietrich von Choltitz hatte, selbst am Arm verwundet, Sebastopol genommen. Damals hatte er keine Bedenken gehabt, auch russische Kriegsgefangene zum Munitionschleppen und zum Laden der Belagerungsgeschütze einzusetzen. Später, nachdem er zur Armeegruppe Mitte versetzt worden war, hatte seine Division die undankbare Aufgabe gehabt, den Rückzug einer Armee zu decken. Und 1943 hatte der Befehl gelautet, dem Feind nur verbrannte Erde zurückzulassen.

Wer von Choltitz überhaupt je gehört hatte, kannte ihn als den Vernichter von Städten – ein nicht ganz unverdienter Ruf.

»Seit Sebastopol«, so gestand er später einmal einem schwedischen Diplomaten in Paris, »war es mein Schicksal, den Rückzug unserer Armeen zu decken und die Städte zu zerstören, die wir zurücklassen mußten.«

8

Auf dem Bahnsteig des Schlesischen Bahnhofs drängten sich schweigsame, müde Soldaten, die in wenigen Minuten ein Fronturlauberzug zurück zur Ostfront bringen sollte.

Auch von Choltitz hatte oft schon einen dieser Züge bestiegen. Diesmal freilich sollte er mit einem anderen Zug fahren. An dem blauen Schlafwagen, in dem ein Abteil für ihn reserviert war, konnte er noch die verblassenden Buchstaben erkennen, die an eine glanzvollere Vergangenheit erinnerten. Jetzt gehörte der Wagen der ehemaligen »Compagnie Internationale des Wagons-Lits et des Grands Express Européens« zum »Offizierssonderzug D2 Führer« und sollte ihn, von Choltitz, nach Rastenburg bringen, wo er zum erstenmal direkt dem Führer gegenüberstehen würde.

Er stieg ein und begann seinen Waffenrock aufzuknöpfen. Obwohl an lange Reisen gewöhnt, war er völlig erschöpft. Um 5 Uhr morgens war er in der Normandie aufgebrochen, um 9 Uhr abends in Berlin angelangt. Kaum hatte er sich in seinem Zimmer im Adlon eingerichtet, als auch schon das Telefon geklingelt hatte. Burgdorf hatte ihn unverzüglich nach Rastenburg gebeten, um dort sein neues Kommando von Hitler selbst entgegenzunehmen. Die Besprechung war für 11.30 Uhr am folgenden Vormittag angesetzt.

Von Choltitz konnte sich nicht denken, was das zu bedeuten hatte. Nur selten wurde ein Feldmarschall zu Hitler beordert, noch seltener kam es vor, daß der Führer einen seiner Generale kommen ließ. Was verschaffte ausgerechnet ihm diese Ehre?

Aber wozu grübeln? Um sich abzulenken, holte er einen dicken, rotledernen Band aus dem Koffer und begann darin zu lesen. Es war die »Geschichte des Deutsch-Französischen Krieges«.

Während der deutsche General sich in sein Buch vertiefte, wartete 1500 Kilometer weiter westlich ein anderer Reisender auf die Abfahrt seines Zuges. Chaban-Delmas war wahrscheinlich der einzige Mensch im Gare de Lyon, der wußte, daß der Zug Gefahr lief, auf der Strecke zweimal zu entgleisen, war er doch selbst an der Ausarbeitung des Planes zur Störung des deutschen Nachschubs beteiligt gewesen. Zwar hatte er am frühen Morgen die Anweisung erlassen, den Schnellzug diesmal ungeschoren passieren zu lassen, weil er selbst unter den Passagieren war, aber es war keineswegs sicher, daß sein Befehl das irgendwo an der Strecke wartende Sprengkommando rechtzeitig erreichen würde.

Sein Ziel war eine Viehweide in der Nähe von Mâcon, wo in der nächsten Nacht eine Lysander-Maschine auf ihn warten würde. Wie alle alliierten Flugzeuge, die solche Missionen im besetzten Frankreich durchführten, würde die Maschine genau drei Minuten warten und dann mit oder ohne ihn nach England zurückkehren. Chaban-Delmas war davon überzeugt, daß die Rettung von Paris davon abhing, daß er den Landeplatz rechtzeitig erreichte.

9

In den zwölf Jahren, die er dem Dritten Reich nunmehr diente, war Dietrich von Choltitz dem Führer nur einmal begegnet. Das war 1943 gewesen, im Hauptquartier von Mansteins am

Dnjepr, in der Nähe von Dnjepropetrowsk, als Hitler der Ostfront einen Besuch abgestattet hatte.

Damals war er ihm während des Essens gegenübergesessen, so daß er ihn gut hatte beobachten können. Dreierlei war ihm an seinem obersten Vorgesetzten aufgefallen: die ansteckende Zuversicht, die von ihm ausging, die Tatsache, daß er nie lächelte und daß seine Tischmanieren ziemlich zu wünschen übrig ließen.

Und nun, fast ein Jahr später, sollte er ihm wieder gegenübertreten. Inzwischen hatte sich allerdings so manches verändert. Die optimistischen Voraussagen des Führers von damals hatten sich nicht erfüllt. Die Panzerspitzen der Roten Armee standen hundert Kilometer östlich von Rastenburg, und im Westen war, wie jedermann wußte, die Schlacht um die Normandie so gut wie verloren.

Und doch war von Choltitz, wie er später eingestand, in dem Augenblick, als er in der Nähe der Wolfsschanze den Sonderzug verließ, »ehrlich gewillt, sich mit Zuversicht erfüllen zu lassen«. Schließlich war er felsenfest von Deutschlands schicksalhafter Bestimmung überzeugt, glaubte daran, daß der Krieg trotz allem noch gewonnen würde. Er war gekommen, um inzwischen aufgetauchte Zweifel zerstreuen und sich aufs neue vom Führer überzeugen zu lassen. »Mit der Gewißheit, es gebe doch noch irgendwelche Mittel, um dem Kriege eine günstige Wendung zu geben«, wollte er von Rastenburg wieder scheiden.

Hitlers Ordonnanz holte ihn am Bahnhof ab, und die beiden Männer fuhren im Mercedes durch das dichte Tannengehölz in die Wolfsschanze hinein. Am ersten der drei Sperrkreise wurde das Gepäck des Generals aus dem Wagen geholt – wie der Adjutant entschuldigend erklärte, eine durch den 20. Juli notwendig gewordene Vorsichtsmaßnahme. Nacheinander passierten sie die drei aus Stacheldraht, Minenfeldern und MG-Nestern bestehenden Sperrgürtel, bis sie im Nervenzentrum des Großdeutschen Reiches angelangt waren. In den barackenähnlichen Gebäuden um einen Teich herum wohnte Hitler mit seinem Stab, beschützt von sieben Kompanien des Eliteregiments Großdeutschland.

Burgdorf erwartete ihn vor Hitlers Bunker. Als von Choltitz

ihn fragte, warum man gerade ihn mit der Pariser Aufgabe betraut habe, entgegnete Burgdorf: »Weil Sie wissen, worauf es in Paris ankommt.«

Einer der beiden SS-Wachsoldaten gab ihnen einen Wink, und von Choltitz betrat den Bunker. Eine Neonlampe beleuchtete das fensterlose Zimmer, in dem hinter einem schmucklosen Schreibtisch der Mann stand, der Deutschlands Schicksal in seinen Händen hielt. Der General hob die Hand zum Deutschen Gruß, wie es seit dem 20. Juli auch für die Wehrmacht vorgeschrieben war. Hinter ihm trat Burgdorf in den Raum.

Als von Choltitz in die glanzlosen Augen Hitlers blickte, war ihm sofort klar, daß dies ein anderer Mensch war als jener, dem er vor einem Jahr begegnet war. Vor sich sah er »einen alten, gebeugten, aufgeschwemmten Mann . . ., einen zitternden, körperlich erledigten Menschen«. Vor allem erschütterte ihn die Stimme dieses Mannes. Die rauhe, kehlige Stimme, die er so oft am Radio gehört hatte, diese Stimme, die ihm noch vor einem Jahr neue Zuversicht eingeflößt hatte, sie klang jetzt heiser und erschöpft; ja, er verstand erst gar nicht recht, was sie sagte.

Doch Hitler wandte sich nach ein paar Worten an Burgdorf.

»Weiß der General Bescheid?«

»Ja, in großen Zügen.«

Dann begann Hitler zu sprechen. Wie es seine Gewohnheit war, fing er damit an, von der Gründung der NSDAP zu erzählen, die er inzwischen so durchorganisiert habe, daß er mit ihrer Hilfe die Sendung des deutschen Volkes verwirklichen könne. Erst nach einiger Zeit ging er auf den Krieg und die Kämpfe in der Normandie über. Immer lauter wurde seine Stimme, als er auf die ungeahnten neuen Waffen zu sprechen kam, die es ihm ermöglichen würden, den Feind ins Meer zurückzuwerfen. Die Normandie sei nur ein vorübergehender Rückschlag.

Ganz unvermittelt wechselte er das Thema. »Seit dem 20. Juli, Herr General, haben Dutzende von Generalen, jawohl, Dutzende, an einem Strick gebaumelt, weil sie mich, Adolf Hitler, daran hindern wollten, mein Werk fortzusetzen, meine Bestimmung als Führer des deutschen Volkes zu vollenden.« Seine Stimme überschlug sich fast; der Geifer lief ihm buchstäblich aus dem Mund, und auf seiner Stirn erschienen Schweißperlen.

Sein Körper wurde wie von einem Krampf geschüttelt.

Aber nichts, so rief er, nichts könne ihn aufhalten. Er werde unerschütterlich das deutsche Volk zum Endsieg führen. Daran könne ihn auch die »preußische Generalsclique« nicht hindern, die ihn umbringen wolle und die er mit rücksichtsloser Härte ausrotten werde.

Schließlich sank er mit hilflos zuckenden Bewegungen in seinen Sessel zurück.

Erst nach längerer Pause hob er wieder an, aber wie am Anfang der Audienz sprach er jetzt leise und kaum vernehmlich: »General, Sie gehen nun nach Paris. Halten Sie mir diese Stadt als Etappenstadt in Ordnung. Sie werden von hier aus jede Unterstützung haben. Ich ernenne Sie zum Kommandierenden General und Wehrmachtsbefehlshaber. Sie erhalten die höchsten Rechte, die ein General bekommen kann. Sie erhalten die Rechte des Kommandanten einer angegriffenen Festung.«

Damit war das Gespräch offenbar zu Ende. Von Choltitz salutierte und verließ den Raum, wobei er das Gefühl hatte, daß sich der Blick Hitlers in seinen Rücken bohrte.

Draußen blickte er ratlos in das unbewegliche Gesicht Burgdorfs, aber dieser schwieg.

Dietrich von Choltitz war nach Rastenburg gekommen, um sich im Glauben an den Endsieg bestärken zu lassen; aber statt eines Führers hatte er einen kranken Mann angetroffen; statt mit neugestärktem Glauben kehrte er voller Zweifel zurück. Diese Enttäuschung sollte sich bald auswirken.

10

Die beiden Männer, die in einem offenen Horch über die Brücke von Saint-Cloud fuhren, blickten auf die Silhouette von Paris wie auf eine Pforte zum Gelobten Land. Noch konnten der junge und vielversprechende General Walter Warlimont und sein Adjutant Helmut Perponcher die Schrecken der letzten Tage nicht vergessen. Sie kamen von der Normandiefront.

Hitler hatte Warlimont, den Stellvertretenden Chef des Wehrmachtführungsstabes, in die Normandie geschickt, um den Gegenstoß bei Avranches zu leiten, das sogenannte »Unternehmen Lüttich.« Zweck der Operation war es gewesen, den Durchbruch von Pattons Dritter Armee im Südwesten der Halbinsel Cotentin abzuriegeln. Der deutsche Gegenangriff war gescheitert; es war nicht gelungen, die Alliierten ins Meer zurückzuwerfen. Da der Gegner den Luftraum völlig beherrschte, waren Warlimonts Divisionen praktisch in ihren Stellungen festgenagelt gewesen. Nur der dreisten Fahrkunst seines Chauffeurs war es zu verdanken, daß er selbst und sein Adjutant mit dem Leben davongekommen waren.

Wenig später rollte der schmutzverkrustete Wagen in den Innenhof des Palais du Luxembourg, wo Warlimont auf dem Wege zurück nach Ostpreußen Rast machen wollte. Er war von Feldmarschall Hugo Sperrle zum Essen eingeladen, dem Oberbefehlshaber der Luftwaffe Frankreich.

Mit seiner makellos weißen Uniform und den funkelnden Orden auf der Brust erschien der Feldmarschall seinem Gast »wie die Verkörperung der unglaublich gleichmütigen Heiterkeit, die Anfang August in den Offiziersstäben in Paris herrschte«.

In den prächtigen Sälen des Palastes, in denen einst Maria von Medici, Ludwig XVI. und Napoleon ihre Feste gefeiert hatten, mußte der todmüde Warlimont immer wieder an die kuriose Tatsache denken, daß dies wahrscheinlich die einzige Stelle auf der Welt war, wo deutsche Offiziere noch im Galadreß und bei Kerzenschein dinierten. Während des Essens erhob Sperrle sein Sektglas »auf das Wohl von Paris, über dem noch tausend Jahre lang die Hakenkreuzfahne flattern wird«.

Aber nicht nur die Offiziere im Stab des Luftmarschalls hatten alle Ursache, sich noch ein paar weitere ungestörte Dezennien nationalsozialistischer Herrschaft über die Stadt zu wünschen — auch Hunderte von subalternen Offizieren und viele Soldaten hatten die schönsten Jahre ihres Lebens in der Seine-Stadt verbracht. Der Musikenthusiast Alfred Schlenker zum Beispiel, Übersetzer beim Militärgerichtshof, wo alltäglich Pariser zum Tod durch Erschießen verurteilt wurden, hatte sich in den drei vergangenen Jahren keine einzige Vorstellung der Oper entgehen lassen. Wie jeden Dienstagabend wartete er auch heute auf seinen Kameraden Eugen Hommens, der mit seiner französischen Geliebten nach Nogent-sur-Marne zum

Schwimmen gegangen war.

In seiner hübschen Villa in Neuilly blickte Oberst Hans Jay, vor dem Krieg ein Springreiter von internationalem Format, prüfend in den Spiegel. Während er sein Monokel ins Auge klemmte, dachte er an die junge Dame, die er am Abend im Shéhérazade zu verführen gedachte. Seit seiner Ankunft vor einem Jahr war der schneidige, wenn auch etwas zu kurz geratene Mann eine bekannte Figur im Nachtleben der Stadt, und er hatte nicht die Absicht, sich durch Krisenstimmung die Annehmlichkeiten seiner dienstfreien Stunden verderben zu lassen.

In der Avenue Raphaël 26 in Passy, direkt am Bois de Boulogne, war eine vierundzwanzigjährige Blondine eben dabei, die Kerzen auf den silbernen Kandelabern anzuzünden, die wie die ganze Villa einmal dem Parfumkönig François Coty gehört hatten. Annabella Waldner war nun schon seit vier Jahren Wirtschafterin in diesem üppig eingerichteten Haus, in dem der Militärbefehlshaber von Paris residierte. Hier hatte sie die Prominenz des Dritten Reiches, des faschistischen Italiens und von Vichy-Frankreich zu Gast gehabt. Weinkeller und Speisekammern, zu denen sie die Schlüssel führte, beherbergten die besten Weine Frankreichs, russischen Kaviar, Gänseleberpastete aus Périgord, kurz, alle Delikatessen, die das besiegte Europa der Gaumenlust seiner Eroberer anbieten konnte. Für Annabella waren diese vier Jahre ein Traum gewesen. Sie hatte einen eigenen Wagen und einen Fahrer, eine Schneiderin und als Krönung von allem eine Generalsloge in der Oper.

Aber nicht nur Deutsche sprachen zum Augenblick: Verweile doch, du bist so schön. Auch einige Franzosen hatten Ursache, an ein Verschwinden der Deutschen nur mit Schrecken zu denken. So etwa Antoinette Charbonnier, Mitte Zwanzig und Tochter eines honetten Fabrikbesitzers, der vor Verdun einen Arm verloren hatte. Die brünette Antoinette liebte einen deutschen Offizier. Die Sieger von 1940 hatten für sie eine ganz neue, faszinierende Welt verkörpert – »eine Welt der Stärke, der Schönheit, der Männlichkeit«.

Bald hatte sie nähere Bekanntschaft mit dieser Welt gemacht. In den Armen ihres Hans Werner hatte sie alles aufgegeben: ihre Eltern, ihre Freundinnen, die ganze Welt, in der sie aufgewachsen war. Zusammen hatten sie die »belle époque« des Dritten Reiches genossen. Aber seit kurzem erhielt sie Drohbriefe. Dennoch machte sie sich nicht viel daraus, liebte sie doch ihren Hauptmann und konnte sich einfach nicht vorstellen, daß alles ein Ende haben würde.

Keiner freute sich jedoch an diesem Abend mehr auf die Genüsse des besetzten Paris als Helmut Mayer, der Bursche des Generals von Choltitz. Zum erstenmal seit zehn Monaten wollte er wieder ins Kino gehen. Im Kino Vendôme an der Avenue de l'Opéra wurde der erste Teil der »Familie Buchholz« gespielt. Hoffentlich kam sein Chef nicht so bald zurück, denn der zweite Teil würde erst in einer Woche gezeigt, und den wollte er nicht verpassen.

11

Aber Mayers Hoffnung sollte sich nicht erfüllen. Von Choltitz war bereits auf dem Rückweg in die Stadt, deren Geschick ihm nun anvertraut war. Um acht Uhr war er mit Priez in demselben gelb-blauen Schlafwagen, der ihn zum OKW gebracht hatte, aus Rastenburg abgefahren, nachdem ihn derselbe Stabswagen wieder zum Zug gefahren hatte. Nur wurde der General diesmal von einem jungen Leutnant des Regiments Großdeutschland eskortiert, der sich am Bahndamm mit einem festen Händedruck von ihm verabschiedete. »Viel Glück, Herr General – ich wollte, ich könnte mit Ihnen nach Paris fahren!«

Jetzt im Abteil dachte er immer noch an diese Worte. Irgendwie waren sie ja tröstlich. Nach dem unerquicklichen Gespräch mit Hitler hatte er es als unwahrscheinlich angesehen, daß ihn jemand um seine Pariser Berufung beneidete. Am Nachmittag war er noch zu Generaloberst Alfred Jodl gebeten worden, dem Chef des Generalstabs, der ihm einen fünf Punkte umfassenden Befehl überreicht hatte. Er bestätigte nur, was Hitler ihm schon gesagt hatte. Er ging nach Paris mit den umfassendsten Vollmachten, die je einem deutschen General übertragen worden waren.

Während die Nacht hereinbrach, erkannte von Choltitz immer deutlicher, was ihn erwartete. Er hatte das Gefühl, daß sein Name als der des Zerstörers einer Weltstadt in die Geschichte eingehen sollte. Mit trüben Gedanken starrte er auf die Wälder hinaus, die am Fenster vorbeiglitten. Schließlich zog er sein Lederetui aus der Tasche und entnahm ihm die Zigarre, die ihm Keitel nach dem Mittagessen angeboten hatte. Als er feststellte, daß er keine Streichhölzer bei sich hatte, stand er auf und schaute suchend in den Gang hinaus. Zwei Türen weiter stand ein Mann am Fenster und sog an einer Zigarre. Dem Unbekannten mit den grauen Schläfen und der gutsitzenden SS-Uniform war er schon in der Wolfsschanze an der Mittagstafel begegnet.

Rasch kamen die beiden Männer ins Gespräch. Von Choltitz erzählte von der Begegnung mit Hitler und von seinem neuen Auftrag. Sein Gegenüber, dessen Namen er bei der Vorstellung nicht recht verstanden hatte, gratulierte ihm und begann aufgeräumt von seinen eigenen Paris-Aufenthalten während des Krieges zu erzählen. Anscheinend spürte der SS-Offizier, wie unbehaglich dem General zumute war, denn er machte den Vorschlag, einer Flasche Bordeaux den Garaus zu machen, die ihm der Verwalter der Messe im OKW hatte zukommen lassen. Es wäre ihm ein Vergnügen, meinte er, sie auf das Wohl des neuen Kommandanten von Groß-Paris zu leeren.

Als sie im Abteil des Generals saßen, berichtete der SS-Offizier, daß auch er am gleichen Tag ein Gespräch mit Hitler gehabt habe, und zwar habe er dem Führer den Entwurf zu einem neuen Gesetz vorgelegt. Hitler habe ihn jetzt endgültig gebilligt, und sein Text werde demnächst in Berlin veröffentlicht. Es gehe um die »Sippenhaft« – ein Begriff, der von Choltitz völlig unbekannt war. In bedächtigem Hannoveranisch setzte ihm sein Gegenüber Sinn und Absicht des Gesetzes auseinander. Schwere Zeiten stünden bevor, und mehr denn je brauche Deutschland die unerschütterliche Treue aller Soldaten, wenn der Krieg gewonnen werden sollte. Leider hätten gerade einige der höchsten Offiziere, also Männer, auf die es am meisten ankam, in jüngster Zeit versagt, entweder in unverantwortlicher Weise kapituliert oder sich sonstwie als unfähig erwiesen.

Aber das sollte sich jetzt ändern. Nach dem Sippenhaft-Gesetz sollten die Familien von Offizieren, die versagt hatten, zur Verantwortung gezogen werden. Sie seien also gleichsam

Staatsgeiseln, Garanten für die gute Führung der Offiziere. Natürlich sei dies eine harte Maßnahme, aber man müsse hart sein, um dem Gesetz Nachdruck zu verleihen.

Von Choltitz schwieg wie betäubt. Er starrte auf die letzten roten Tropfen im Glas und rang nach Worten. Schließlich sagte er, es sei eine Rückkehr zu mittelalterlichen Zuständen, wenn man in Deutschland seine Zuflucht zu derartigen Praktiken nehmen müsse.

Der andere drückte nachdenklich seinen Zigarrenstummel aus.

»Ja, vielleicht – aber bedenken Sie, wir leben in einer außergewöhnlichen Zeit!«

Die Konversation verrann im Sande, und bald darauf verabschiedete sich der SS-Offizier. Von Choltitz sollte ihm nie mehr begegnen.

Bald mußte der Zug in Berlin sein, aber er wollte sich dort nicht aufhalten, sondern gleich nach Baden-Baden weiterreisen, um sich von seiner Frau, der vierzehnjährigen Maria Angelika, der sieben Jahre alten Anna Barbara und seinem vier Monate alten Sohn Timo zu verabschieden.

Er zog sich aus und legte sich zu Bett. Vorher aber tat er etwas, das er nie zuvor getan hatte: er griff nach dem Röhrchen mit den Schlaftabletten, nahm aber nicht eine wie gewöhnlich, sondern drei. Bald versank er in tiefen Schlaf.

12

Nebelschwaden hingen träge im Murgtal über der nur zögernd zum Leben erwachenden Bäderstadt. Am Ende der Viktoriastraße, hinter den Zwiebeltürmen der russisch-orthodoxen Kirche, öffnete eine ältere Frau ihren Laden. In der guten Zeit, dachte Frau Gerber wehmütig, waren zu dieser Stunde oft schon luxuriöse ausländische Autos vor ihrer Bäckerei vorgefahren. Für die vornehmen Herren und Damen war es eine Tradition gewesen, eine turbulente Nacht mit den großen, schon fast berühmten Frühstücksbrezeln von Frau Gerber zu beenden. Aber die feinen Leute hatte der Krieg schon längst in alle Winde zerstreut, und Baden-Baden zehrte von der Erinnerung.

Das Kurhaus mit seinen weißen Säulen, von dem der Wind nächtens Gläserklang und Walzermusik herübergetragen hatte, war seit langem schon geschlossen. Als erster Kunde würde nur das Dienstmädchen der preußischen Flüchtlingsfamilie von nebenan kommen. Für Dietrich von Choltitz sollten die Brezeln, die Johanna Fischer an diesem Morgen einkaufte, die letzten sein, die er während des Krieges zu essen bekam.

Er hatte in Berlin seine Reise nur unterbrochen, damit Priez in einem Uniformgeschäft in der Potsdamer Straße die beiden Sterne erstehen konnte, die sein Chef von nun an auf den Schulterstücken zu tragen berechtigt war. Als er den OKW-Zug verließ, war ihm nämlich in einem Telegramm mit der Unterschrift Burgdorfs mitgeteilt worden, daß er als Militärbefehlshaber von Groß-Paris auf Sonderbefehl des Führers zum Generalleutnant befördert worden war.

Er fragte sich, womit er diese unerwartete Beförderung verdient hatte. Nie zuvor hatte das OKW einen Stadtkommandanten zum Generalleutnant gemacht. Seine Vorgänger in Paris hatten höchstens den Rang eines Generalmajors innegehabt.

Erst als die Schwarzwaldberge vor ihnen auftauchten, hörte er auf, nachzugrübeln. Hauptsache, daß er seiner Frau Uberta damit eine Freude machte – und dessen konnte er bei ihr, der Tochter eines Offiziers und Enkelin eines Generals, sicher sein.

Aber schon kurz nach 10 Uhr, nachdem die Familie nach freudiger Begrüßung gefrühstückt und der neugebackene Generalleutnant sich rasiert hatte, hieß es Abschied nehmen. Von Choltitz hatte vor, über Vitry-le-François zu fahren, wo er 1914 verwundet worden war, und abends in Paris zu sein, wo ihm sein Vorgänger, von Boineburg, ein Essen geben wollte.

13

Ungefähr zur gleichen Zeit radelte in Paris ein junger Mann vergnüglich pfeifend die Rue Saint-Martin hinunter. Hatte er nicht allen Grund, zufrieden zu sein? Er war jung, er war verliebt, und er diente mit Leidenschaft einer Sache, deren große Stunde bald schlagen würde: der Résistance. Überdies brauchte er keine Gefahr zu fürchten, denn nur drei Menschen wußten, daß er hier und jetzt unterwegs war – die drei jungen Kommunisten, mit denen er verabredet war.

Der sechsundzwanzigjährige Buchdruckersohn Yvon Morandat hatte schon eine Menge erlebt seit jenem Junimorgen im Jahre 1940, als er in Manchesters Trentham-Park mit fünf Kameraden seines Gebirgsjäger-Bataillons vor die Front trat und sich freiwillig zum Dienst unter de Gaulle meldete[1]. Sein spontaner Entschluß von damals hatte sich als richtig erwiesen – er gehörte jetzt mit Chaban-Delmas zu der kleinen Schar in Paris, der der General unbedingt vertraute.

Vor ihm neigte sich die Straße, während der Gehweg zur Rechten von einer schulterhohen Mauer abgelöst wurde. Plötzlich hörte Morandat, wie hinter ihm ein anderer Radfahrer ihn keuchend zu überholen suchte. Als beide auf gleicher Höhe waren, trat der andere unvermittelt mit aller Kraft gegen sein Vorderrad, so daß Morandat zu Boden stürzte. Im gleichen Augenblick vernahm er Motorengeräusch hinter sich, das rasch anschwoll. Mit quietschenden Rädern bog ein Wagen in die Kurve. Krampfhaft preßte sich Morandat an die Mauer. Der Wagen preschte direkt auf die Stelle zu, wo er eben noch gelegen hatte, und schleuderte das Fahrrad zur Seite; fast streiften ihn die Kotflügel. Das Auto hielt jedoch nicht an, sondern raste mit aufheulendem Motor weiter.

Morandat zitterte noch, als die ersten Passanten herbeieilten und ihm auf die Beine halfen. »Mein Gott«, rief ein Mann, »die haben versucht, Sie umzubringen!«

Morandat ließ sein zertrümmertes Fahrrad liegen und setzte den Weg zu Fuß fort. Als er an der vereinbarten Tür klingelte, öffneten die drei Kommunisten. Bei seinem Anblick wurden sie leichenblaß und starrten ihn mit offenem Mund an, »als sei er aus dem Grab auferstanden«. Ihr seltsames Verhalten bestätigte ihm, was er schon geahnt hatte: die Kommunisten hatten auf ihn, den Gaullisten, einen Mordanschlag versucht[2].

[1] Die anderen 144 Mann ihrer Einheit zogen es auf Anraten ihrer Offiziere vor, nach Vichy-Frankreich zurückzukehren.

[2] Morandat glaubte auch den Grund zu kennen. Ein paar Tage zuvor hatte ihn auf dem Pont Mirabeau ein Beauftragter der Partei

In den Bänken kniend, ließen die wenigen schwarz gekleideten Frauen die letzten Perlen des Rosenkranzes durch ihre Finger gleiten. Kurz vorher war in Saint-Germain-l'Auxerrois, von dessen gotischem Turm herab die Glocken einst das blutige Schauspiel der Bartholomäusnacht begleitet hatten, die Morgenmesse zu Ende gegangen. Als in der Sakristei der Geistliche sein weiß-goldenes Meßgewand zusammenfaltete, klopfte es. Ein aufgeregter Fremder trat ein und begehrte ihn zu sprechen. Allein.

Erst Jahre später, als er selbst Dorfgeistlicher in Périgord geworden war, hat der Oberst Henri de Margueritte enthüllt, warum er damals zu dem Priester gekommen war.

Der sechzigjährige Aristokrat, einer der führenden Köpfe der Résistance, wollte die Erlaubnis, jemanden umzubringen, einen Feind Frankreichs, der dem Vaterland unschätzbaren Schaden zufügen konnte. Nein – keinen Deutschen, sondern einen Kommunisten: den Leiter der Widerstandsbewegung in Paris.

Dieser Mann bereitete sich am anderen Ende der Stadt auf das größte Ereignis seines sechsunddreißigjährigen Lebens vor. In seiner schäbigen Arbeiterwohnung in Montrouge traf Rol Tanguy letzte Vorbereitungen für den von de Gaulle so strikt untersagten Aufstand. Wenn es soweit war, würde er, der Sohn eines bretonischen Seemannes, die Erhebung anführen. Seit man ihm vor zwei Monaten das Kommando über die FFI im Bezirk von Paris übertragen hatte, hatte er weder sich selbst noch seinen Leuten Ruhe gegönnt.

Eigentlich hatte er sein ganzes Leben lang auf diesen Tag hingearbeitet. Schon mit dreizehn hatte er arbeiten müssen, hatte aber Abendkurse besucht und war mit einundzwanzig der kommunistischen Partei beigetreten. In den bewegten Tagen der Volksfront war der Gewerkschaftsfunktionär Rol wegen der von ihm organisierten Streiks nacheinander bei Citroën, Renault und Bréguet entlassen worden. Er hatte dann in Spanien gekämpft, und seinen gegenwärtigen Decknamen hatte er von einem Freund übernommen, der in der Sierra Caballos gefallen war. 1940 war er als Angehöriger eines Senegal-

überreden wollen, den Kommunisten Informationen zu liefern, was er brüsk abgelehnt hatte.

Infanterieregiments im Kampf verwundet worden, hatte sich nach seiner Genesung der Résistance angeschlossen und ging seither ganz im Kampf gegen die deutsche Besatzungsmacht auf.

Er war ein gläubiger, linientreuer Kommunist, ein leidenschaftlicher Patriot und ein tapferer Führer. Selbst seine politischen Gegner – und er hatte deren nicht wenige – konnten ihm das nicht streitig machen. Daß der glühende Katholik de Margueritte ihn töten wollte, daß der Sozialist Yvon Morandat die Kommunisten eines Attentatversuchs bezichtigte – das zeigte, daß die Résistance unter dem Druck politischer Gegensätze auseinanderzubrechen drohte, kurz bevor sie ihr Ziel erreicht hatte.

Seit Chaban-Delmas im Juni den Abwurf von Waffen im Pariser Gebiet untersagt hatte, waren die Spannungen täglich größer geworden. Damals hatten sich die Kommunisten gelobt, in Paris auf eigene Faust zu handeln. Sie wußten, daß es nicht von den Gaullisten, sondern von den Massen der Bevölkerung abhing, ob sie die Hauptstadt in die Hand bekamen. Zwar war die Bevölkerung in der Mehrzahl keineswegs kommunistisch eingestellt, aber durch einen geschickten Appell an ihre patriotische Gesinnung konnte es den Kommunisten gelingen, sie für ihre machtpolitischen Ziele einzuspannen. Wenn sie einen Plan ausheckten, der Hand und Fuß hatte, mußte es ihnen ein leichtes sein, einen Volksaufstand zu entfesseln.

Und einen Plan hatten sie. Zunächst einmal sollte durch eine Streikwelle die Stadt lahmgelegt und damit für die bevorstehende Erhebung reif gemacht werden. Sicher, der Plan barg unberechenbare Risiken für die Stadt und ihre Bewohner, ja für ganz Frankreich. Aber die Leute, die ihn entworfen hatten, waren bereit, sich den Sieg etwas kosten zu lassen. Wenige Tage später schlug Rol in einer Versammlung entschlossen auf den Tisch und verkündete: »Paris ist mir 200 000 Tote wert!«

14

Auf den Granitstufen seiner eleganten Stadtwohnung in der Avenue Raphaël wartete General Wilhelm von Boineburg-Lengsfeld in der sommerlichen Dämmerung auf seinen Gast.

Währenddessen plauderte er mit seinem Adjutanten, dem Leutnant Graf Dankwart von Arnim, mit dem ihn eine tiefe Freundschaft verband. In den achtzehn Monaten seines Pariser Aufenthaltes war wohl kein Abschnitt im besetzten Europa leichter zu verwalten gewesen als die sechzig Quadratkilometer von Groß-Paris, die ihm anvertraut waren.

Nur zwei Ereignisse hatten die Ruhe empfindlich gestört. Das erste war die Ankunft eines Generalstabsoffiziers aus Berlin am 14. März 1944 gewesen, der von Boineburg einen Plan verlangte, an den keiner mehr gedacht hatte, seitdem er im Zusammenhang mit dem Landungsversuch der Alliierten bei Dieppe im August 1942 zusammengestellt worden war. Er trug die Aufschrift »Verteidigungsmaßnahmen für die Region Paris im Falle eines feindlichen Luftlandeangriffes auf die Stadt«. Der Offizier hatte ihn mit nach Berlin genommen. Zehn Tage später lag er wieder auf Boineburgs Schreibtisch mit dem Vermerk des OKW: »Völlig unzureichend.« Boineburg erhielt den Befehl, einen neuen, umfassenderen Plan auszuarbeiten und auch »größtmögliche Zerstörungen im Raum Paris im Falle eines feindlichen Angriffs« vorzusehen.

Das andere Ereignis war für ihn noch ernster gewesen – es war die Verschwörung vom 20. Juli. Er gehörte zwar nicht zur eigentlichen Gruppe der Verschwörer, aber er hatte doch, als die Losung »Übung« im Hauptquartier Stülpnagels einlief, durch seine Leute 1200 Mitglieder der SS und der Gestapo in Paris verhaften lassen. Als er wenig später die kehlige Stimme Hitlers am Lautsprecher gehört hatte, hatte er gewußt, daß seine Tage in Paris gezählt waren.

Tatsächlich hatte er am 3. August ein kurzes Telegramm vom OB West mit der Nachricht erhalten, er sei seiner Funktion als Stadtkommandant von Paris enthoben und werde durch Dietrich von Choltitz ersetzt. Boineburg kannte seinen Nachfolger nicht, hatte aber einiges über ihn gehört. Allgemein galt er als »überzeugter Nazi und unerschütterlich gehorsamer Preuße«.

In Boineburgs Augen war der untersetzte Offizier, der eben vorgefahren war und der Schildwache ein heiseres »Heil Hitler!« zurief, nichts anderes als ein hundertprozentiger Nationalsozialist. Während der Neuankömmling in straffer Haltung die Treppen emporstieg, flüsterte Boineburg seinem Adjutanten zu: »Glauben Sie mir, das ist ein ganz Harter!«

Drinnen wartete bereits auf den grünsamtenen Louis-Quinze-Stühlen des Salons ein halbes Dutzend neugieriger Männer auf ihn. Für von Arnim war es »ein bedeutsamer Augenblick«. Zu den Anwesenden gehörten einige hartgekochte Nazis und einige Überlebende des 20. Juli, die ihre Rechnung – ganz gleichgültig, was »der Neue« für ein Mann war – noch zu bezahlen hatten. Von Choltitz gab sich kühl und selbstbewußt. Schließlich hatte er den größten Teil des Krieges im russischen Schlamm durchgemacht; Etappenoffiziere lagen ihm nicht.

Während des Essens berichtete von Choltitz trocken von seinem Besuch in Rastenburg. Schweigend hörte die Tischgesellschaft zu.

Bedrückt erkannte von Arnim, welche Absichten Hitler mit der Stadt hatte. Unklar blieb ihm freilich, wie von Choltitz die Befehle des Führers auszuführen gedachte.

Später saßen von Choltitz, von Boineburg und von Arnim bei Kaffee und Weinbrand zusammen. Von Boineburg, der in Stalingrad verwundet worden war und dem die damalige Katastrophe noch deutlich vor Augen stand, drängte seinen Nachfolger, die Stadt nicht zum Schlachtfeld zu machen und »nichts zu unternehmen, was in Paris nicht wiedergutzumachenden Schaden anrichten könnte«. Von Arnim wartete gespannt auf die Reaktion von Choltitz', der steif auf seinem Stuhl saß, doch das Gesicht des Generals blieb so undurchdringlich wie das des dickbäuchigen Buddha auf dem schwarzmarmornen Kaminsims.

Ein paar Minuten später verabschiedete sich von Choltitz. Im Vestibül wartete schon Gefreiter Mayer auf ihn. Ihm erteilte er seinen ersten Befehl in Paris. »Besorgen Sie mir ein Zimmer im Meurice und richten Sie es ein, Mayer.« Dann wandte er sich an von Boineburg, und aus seinen Worten klang ein gewisser Spott heraus: »Für die kommenden Tage, Herr General, werde ich ein Hauptquartier brauchen, keine Residenz.«

Als von Boineburg dann auf der Freitreppe stand und dem Wagen nachsah, griff er nach dem Arm seines jungen Adjutanten.

»Glauben Sie mir, Arnim, mit den guten Tagen von Paris ist es aus.«

15

Für Pierre Lefaucheux, einen 45jährigen Ingenieur, hatten die guten Tage schon am 7. Juni kurz nach sechs Uhr abends aufgehört, als seine Wohnungstür im vierten Stock in der Rue Lecourbe 88 von Gewehrkolben zerschmettert wurde. Damals war er, der Chef der Widerstandsbewegung in Paris, mit sieben seiner Mitarbeiter verhaftet worden. Das war in vier Jahren der größte Schlag der Gestapo gegen die Résistance gewesen. Rol Tanguy wurde sein Nachfolger, und damit bekamen die Kommunisten die Pariser FFI unter ihre Kontrolle.

Jetzt lag Lefaucheux als zerschundener und gebrochener Mann auf dem Strohsack in seiner Zelle und horchte in die Nacht hinaus. Draußen ratterte der Kaffeekarren mit seinen eisernen Rädern durch die endlosen Gefängniskorridore. Das Rattern dieses Wagens in der Morgenfrühe hatte für die 2981 Insassen der Haftanstalt in Fresnes eine ganz bestimmte Bedeutung. Es war für sie das Zeichen, daß an diesem Tag wieder ein neuer Schub von Häftlingen in die deutschen Konzentrationslager verfrachtet wurde. Pierre lag steif und mit angespannten Muskeln und horchte, wie nacheinander die Zellentüren derer, die es diesmal erwischt hatte, aufflogen. Sie erhielten jetzt von den Aufsehern eine Tasse Kaffee – die letzte auf französischem Boden, wenn nicht die letzte überhaupt. Pierre vermochte erst wieder aufzuatmen, wenn der Wagen an seiner eigenen Tür vorübergerollt war.

Im Osten dämmerte der Morgen herauf. Lefaucheux konnte sich wieder zur Wand drehen. Die Nacht war vorüber. An diesem 10. August war der Kelch noch einmal an ihm vorübergegangen.

Wie Pierre Lefaucheux schwankten an diesen Tagen alle Häftlinge der Gestapo zwischen Todesangst und Hoffnung – die 3230 politischen Gefangenen in Fresnes und dem grauen Fort Romainville, die 1532 Juden in dem Barackenlager von Drancy.

Von seinem Fenster im Block III in Drancy aus konnte Georges Apel die gelbgrünen Omnibusse sehen, die im Morgensonnenschein warteten. Solche Busse hatten ihn einst Morgen für Morgen zur Arbeit gefahren. Heute standen sie bereit, um die letzten Juden in Drancy zum Bahnhof von Bobigny zu bringen, wo sie in Viehwagen gepfercht und auf die lange Reise nach Osten geschickt wurden. Keiner wußte besser als Apel, was sie am Ende dieser Reise erwartete. Die Deportation war ihm bisher erspart geblieben, weil er in der Lagerverwaltung arbeitete, und hier hatten die Deutschen ihm gegenüber keinen Hehl daraus gemacht, was Deportation wirklich bedeutete. Er wußte auch, daß er diesmal mit an der Reihe war, denn am Tag zuvor hatte ihm der Lagerkommandant, der aus Österreich stammende Hauptsturmführer Brünner, eine Liste von fünfzig Personen gezeigt, die unter allen Umständen noch abtransportiert werden mußten. Auch sein eigener Name hatte darauf gestanden.

Auch in Romainville gab es ein untrügliches Zeichen dafür, daß ein Abtransport bevorstand: ein Schulschreibheft unter dem Arm eines SS-Offiziers. Immer wenn es soweit war, kam er mit diesem Heft zum Morgenappell und verlas die Namen der Selektierten.

Yvonne de Bignolles stand in der Lagerküche und entleerte ein Glas Marmelade in eine Blechbüchse. Auf dem Boden des Glases würde sie ein paar zusammengefaltete Blätter Toilettenpapier finden, hineingelegt von der alten Concierge, die jeden zweiten Tag den 257 Gefangenen in Romainville dieses eine Glas Marmelade bringen durfte. Es war die einzige Verbindung zur Außenwelt und gleichzeitig eine Art Lagerzeitung. Heute stand darauf: »Die Amerikaner sind in Alençon.« Ein paar Minuten später umarmte Yvonne ihre Freundin, eine schwindsüchtige polnische Sängerin namens Nora, und flüsterte ihr zu: »Sie sind in Alençon!« Bis zum Frühstück hatte die Freudenbotschaft im Lager die Runde gemacht und die Lagerinsassen wieder mit neuem Mut erfüllt – zumindest für diesen einen Tag.

Es gab jedoch auch Gefangene, die auf ihre Deportation nach Deutschland geradezu warteten, weil sie glaubten, daß die Zurückbleibenden ohnehin an die Wand gestellt würden. Männern wie Philippe Kuen und Louis Armand erschien jedes Schicksal besser als die Angst vor neuen Folterungen in der Rue des Saussaies, dem Hauptquartier der Gestapo. Kuen, Stellvertreter von Jade Amicol im Geheimdienst, und Armand, ein Eisenbahnbeamter, der unter den französischen Eisenbahnern ein Widerstandsnetz aufgebaut hatte, waren vor kurzem erst nach Fresnes gekommen. Die Gestapo hatte es noch nicht aufgegeben, sie zur Preisgabe weiterer Geheimnisse zu zwingen. Jeden Tag konnte wieder das schwarze Polizeiauto anrollen und sie zu den Vernehmungskellern in der Stadt bringen.

Von draußen, von der Straße her, drang ein schwaches Rufen in die Zelle von Armand. Es waren eine Handvoll wagemutiger Pariser, die den Gefangenen zeigen wollten, daß sie nicht vergessen waren. »Ihr kommt nicht weg!« riefen sie. »Ihr bleibt hier!«

Für Armand klang das nicht unbedingt tröstlich – er wäre glücklich gewesen, hier wegzukommen.

Einige Kilometer von Fresnes entfernt stand ein beleibter Mann in einem seidenen Schlafanzug im Salon seiner luxuriösen Wohnung in der Rue Montrosier 1 und ließ vor seinem geistigen Auge alle Deutschen in Paris, die ihm bekannt waren, Revue passieren. Raoul Nordling, der schwedische Generalkonsul, kannte deren nicht wenige. Schließlich war er als Doyen des Diplomatischen Korps zu allen offiziellen Empfängen der Deutschen eingeladen worden. Keinen beliebigen Deutschen suchte er, sondern einen, der ihn mit »Bobby« in Verbindung bringen konnte, einem Deutschen, von dem er nur diesen Spitznamen kannte. Er war ihm einmal begegnet, 1942, vor dem Café Chez Francis an der Place de l'Alma. Ein anderer Deutscher hatte sie miteinander bekannt gemacht, einer der wenigen, denen Nordling über den Weg traute, ein Berliner Geschäftsmann, der, wie der Schwede mutmaßte, zu den Leuten von der Abwehr Beziehungen hatte. Später hatte ihm der Geschäftsmann gesagt: »Wenn Sie einmal jemanden brauchen, um Ihnen eine Tür zu öffnen, wenden Sie sich an Bobby. Bobby kann Ihnen in Paris alle Türen öffnen.«

Und genau das sollte »Bobby« für ihn tun – nämlich die Zellentüren von Pierre Lefaucheux, Georges Apel, Louis Armand und allen anderen politischen Häftlingen in Paris öffnen. Nordling wollte sie unter den Schutz des Roten Kreuzes stellen, denn er wußte, daß in Caen und Rennes die SS-Truppen vor ihrem Abzug die Gefangenen liquidiert hatten, und er befürchtete für die Pariser Häftlinge dasselbe Schicksal. Bislang waren seine Vorstellungen bei der Gestapo fruchtlos gewesen, aber er vermutete, daß nun, da die Alliierten weniger als 80 Kilometer vor der Stadt standen, die Befugnisse der Gestapo bald der Wehrmacht übertragen würden. Er mußte also versuchen, mit dem neuen Stadtkommandanten Kontakt zu bekommen, und dazu brauchte er einen Vermittler.

In diesem Augenblick war Emil »Bobby« Bender dabei, in seiner requirierten Wohnung in der Rue Euler 6 den letzten Koffer zu packen. In wenigen Stunden würde er Paris den Rükken kehren. Sein Vorgesetzter, Oberst Friedrich Garthe, Chef der Abwehr in Frankreich, hatte ihm befohlen, sich gegen Abend in Sainte-Menehould zu melden. Bender hatte allerdings andere Pläne – er wollte mit seinem von der Abwehr ausgestellten Sonderpaß in die Schweiz fahren, sich in Zürich mit seiner Freundin treffen und für seine Person das Kriegshandwerk an den Nagel hängen.

Nur ungern verließ der ergraute fünfundvierzigjährige Kampfflieger des Ersten Weltkriegs die französische Hauptstadt. Als angeblicher Vertreter einer Schweizer Papierfabrik war er seit dem 18. Juni 1940 in Paris als Abwehragent tätig. Sein erster Auftrag war gewesen, Verbindungen zur französischen Geschäftswelt herzustellen und Berichte zu erstatten. Später hatte er den delikaten Auftrag, Wertgegenstände ausfindig zu machen und zu beschlagnahmen, die dann in der Schweiz verkauft wurden und die Devisen brachten, deren die Abwehr für ihre weitreichenden Unternehmungen bedurfte. Aber den aktiven Bender füllte das nicht aus. Seit 1941 war er eine Schlüsselfigur in der Widerstandsgruppe innerhalb der Abwehr.

Wie sich Bender erinnert, erreichte ihn der Anruf Nordlings, kurz bevor er die Wohnung verlassen wollte. Er hatte keine Lust, sich aufhalten zu lassen. Nur auf das hartnäckige Drängen des Schweden hin erklärte er sich bereit, noch »ein paar Tage« zu bleiben, um sich nach besten Kräften für die Freilassung der Häftlinge einzusetzen. In die Schweiz kam er noch früh genug.

Das sollte sich freilich als Fehlspekulation erweisen. Zwei Wochen später war er ein Gefangener der Franzosen. Aber diese zwei Wochen genügten, um einen Teil der Schuld wieder abzutragen, die er durch seine eifrige Jagd nach Preziosen auf sich geladen hatte.

16

Nur einem besonders aufmerksamen Engländer mochte etwas auffallen an dem dunkelgrünen Rover, der sich vom Bryanston Square kommend in den abendlichen Verkehr am Hyde Park einschleuste und dann die Paradestraße der Mall hinunterglitt. Es gab eine ganze Menge von dunkelgrünen Rovers, die alle am Kotflügel dasselbe Metallschild mit den Farben des Empire trugen — eine blau-weiß-rote Kokarde. Aber an diesem Wagen, der jetzt vor der Admiralität anhielt, war eine Kleinigkeit anders: auf dem Blechemblem befand sich der blaue Ring in der Mitte statt am Außenrand.

Zwei französische Generale stiegen aus, von denen der eine Zivil trug. Chaban-Delmas war noch rechtzeitig bei der Lysander-Maschine angekommen, die bei Mâcon auf ihn gewartet hatte. Seit seiner Ankunft in London hatte er jedem alliierten Offizier, der sich bereit gefunden hatte, ihn anzuhören, die Lage der französischen Hauptstadt plastisch zu schildern versucht. Er war allerdings Realist genug, um einzusehen, daß er mit seinen Bemühungen bislang nicht das Geringste erreicht hatte. Jetzt kam er zusammen mit General Pierre Koenig, um dem ranghöchsten Offizier, dessen er in London habhaft werden konnte, seine Argumente vorzutragen: General Sir Hastings Ismay, dem Stabschef von Sir Winston Churchill.

Fünfundzwanzig Meter unter den Straßen von London empfing Ismay die beiden französischen Generale in seinem kleinen Büro neben dem Lagezimmer der Admiralität. Chaban-Delmas setzte sich mit jugendlichem Elan für einen direkten Vorstoß der Alliierten auf Paris ein, und Ismay gab sich verständnisvoll, aber unverbindlich. Er versprach »sofort« mit Churchill über Paris zu sprechen, aber er, Chaban-Delmas, müsse unter allen Umständen versuchen, die Situation in Paris unter Kontrolle zu halten. Es sei allerdings »höchst unwahrscheinlich«, daß die Alliierten ihre Pläne nochmals änderten.

Verständlicherweise war Chaban-Delmas ziemlich niedergeschlagen, als er wieder zur Zentrale der FFI zurückfuhr. Verzweifelt machte er sich daran, zusammen mit Koenig einen Plan für den Fall einer unvorhergesehenen Krisensituation auszuarbeiten. Außerdem beschloß er, unverzüglich de Gaulle zu informieren. Vielleicht war die Absage noch nicht endgültig... Schließlich hatte de Gaulle noch nicht sein letztes Wort gesprochen. Chaban hatte recht – die Würfel waren noch nicht gefallen.

In der unter Fichten und Kiefern verborgenen Wolfsschanze traf ein General die Vorbereitungen für die zweite der täglichen Lagebesprechungen, die meist am Abend stattfand.

General Warlimont erschien an solchen Abenden das verdunkelte Führerhauptquartier immer wie eine Geisterstadt. Schwarz und schweigend stand draußen der Wald. Das Geheul der Wölfe störte nicht mehr wie früher die Nachtruhe – die Minenfelder und elektrischen Stacheldrahtzäune hatten ihnen offenbar die Nachbarschaft verleidet. Neue Geräusche waren an seine Stelle getreten: das Schnurren der Ventilatoren, das Rattern der Fernschreiber und vor allem das unaufhörliche Schrillen der Telefonapparate, das an den Nerven von Walter Warlimont zerrte – und nicht nur an den seinen, sondern an denen aller Männer, die Tag und Nacht in der Umgebung des Herrn und Meisters des Dritten Reiches verbrachten.

Wie gewöhnlich erschien Warlimont eine halbe Stunde vor Konferenzbeginn. Unter dem linken Arm trug er einen Stoß Unterlagen, in der rechten Hand die zusammengerollten Generalstabskarten. Seit dem 20. Juli verzichtete er darauf, die Sachen in seiner Mappe zu befördern, denn es ging ihm gegen den Strich, sie jeden Tag von dem SS-Posten kontrollieren zu lassen.

Zuerst breitete er auf dem Tisch die Allgemeine Lagekarte im Maßstab 1 : 1 000 000 aus und ordnete dann der Reihe nach die 1 : 200 000-Karten, auf deren Schutzfolie die Abteilung Ic. (03) die neueste Frontlage eingetragen hatte.

Warlimont konnte sich schon ausmalen, wie es bei der Besprechung zugehen würde: Nach dem Osten wandte sich Hitler gewöhnlich dem Westen zu, wobei er die Spezialkarten mit hieroglyphischen Bleistiftnotizen versah. Und dann war wohl wieder einer seiner Ausbrüche fällig, dann nämlich, wenn er auf den Geländegewinn der feindlichen Panzerspitzen zu sprechen kam, deren eine zwischen Rouen und Elbeuf auf die Seine vorstieß, während die andere Dreux, Chartres und Orleans erreicht hatte. Schon seit drei Tagen hämmerte er in diesem Augenblick auf die Tischplatte und schrie, daß unter allen Umständen die Seine gehalten werden müsse. Strategisch, das wußte Warlimont, war dagegen nicht viel zu sagen. Waren die Alliierten erst einmal über die Seine, mußten die Deutschen die V1-Rampen räumen, von denen aus sie seit dem 16. Juni England bombardierten, und dazu die im Bau befindlichen V2-Basen. Jeden Tag ließ sich Hitler von seinem zukünftigen Schwager, dem SS-General Hermann Fegelein, Bericht über den Fortgang der Arbeiten erstatten. Erst vor ein paar Tagen hatte der Stab des 5. SS-Raketenkorps, der in Maisons-Laffitte saß, mitgeteilt, daß fünfzig V2-Abschußrampen kurz vor der Fertigstellung standen[1].

Schließlich war die Seine das letzte große Hindernis auf dem Weg zur Ruhr. Hinter ihr erstreckten sich die Ebenen von Flandern und der Champagne, die schon seit Jahrhunderten Walstatt feindlicher Heere waren. Auf diesem für Panzerschlachten hervorragend geeigneten Gelände hätten die Reste der deutschen Panzerarmeen gegen eine zehnfache Übermacht zu kämpfen — ein aussichtsloses Unterfangen.

Aber es ging doch anders zu bei dieser Lagebesprechung, als Warlimont gemutmaßt hatte. Zum erstenmal seit dem 21. Juni schob der Führer die Rußlandkarten ungeduldig beiseite und wandte sich zuerst der Westfront zu. Wie ein »gehetztes Tier« kam er Warlimont vor, als er sich einen Augenblick lang über die Karten beugte und dann eine der Spezialkarten zu sich heranzog.

In ihrem Mittelpunkt befand sich ein dichtes Gewirr schwarzer Linien, das drei Seineschleifen überlagerte. Von ihm aus verbreiteten sich wie die Fäden eines Spinnennetzes die Ausfallstraßen ins Land hinein. Es war eine Karte der Ile de France.

[1] Hitler hatte die Verantwortung für die Langstreckenraketen nicht der Luftwaffe, sondern der SS übertragen.

Hitler nahm wieder seinen Bleistift zur Hand und zog einige dicke Striche um Paris. Dann blickte er auf und verkündete, die Zeit sei gekommen, die Verteidigung der französischen Hauptstadt vorzubereiten.

Wenn man die Seine halten wolle, müsse man Paris halten, rief er mit erhobener Stimme. »Wir werden vor Paris halten, wir werden in Paris halten, wir werden Paris halten!« Der Verlust von Paris werde eine verhängnisvolle Wirkung auf die Truppe haben, mehr noch, auf das deutsche Volk und die ganze Welt.

Daraufhin erließ er die ersten unmittelbaren Anordnungen zur Verteidigung von Paris, die sich Jodl hastig notierte. Alle Seinebrücken im Bereich der Stadt sollten vermint und zur Zerstörung vorbereitet werden. Zweitens seien alle in der Stadt befindlichen Industriewerke zu sprengen. Und drittens sollten alle greifbaren Verstärkungen dem Stadtkommandanten unterstellt werden. »Paris muß bis zum letzten Mann verteidigt werden, ohne Rücksicht auf die Zerstörungen, die sich daraus ergeben können.«

Er schwieg einen Augenblick und fügte dann hinzu: »Warum sollten wir Paris verschonen? In diesem Augenblick zerstören alliierte Bomber viele deutsche Städte.«

17

Es war einer jener traumhaften Sommertage, wie sie Gott Paris und den Dichtern vorbehält. Schon am frühen Morgen saßen die Angler schläfrig an den Seinequais neben ihren in den Kies gesteckten Bambusruten. Selbstvergessen arbeitete ein Maler hinter seiner Staffelei am Vertr-Galant, wo an der Spitze der Ile de la Cité die bugartigen Kaimauern die Seine teilen. In einigen Stunden würde es wohl nicht mehr so ruhig sein – dann strömten Tausende von Parisern mit Sonnenschirmen und Liegestühlen hierher, um etwas von der Augustsonne mitzubekommen. Es war ein friedlicher Sommermorgen, und der Krieg schien fern. Für die Einwohner der Millionenstadt begann an diesem 13. August der dreitägige Himmelfahrt-Urlaub.

Die Studentin Colette Massigny zog in ihrer Wohnung in

der Rue de la Pompe ihr rosa Waschkleid an und packte eine Tomate, zwei halbe Hähnchen und eine Flasche Elsässerwein in ihren Einkaufskorb. Sie mußte durch ganz Paris radeln, um zu ihrem Verlobten – Gilles de Saint-Just – zu gelangen, der sich in einer Dachkammer bei Saint-Germain-des-Prés vor der Gestapo versteckt hielt.

Eugen Hommens steckte im Hotel Crillon ebenfalls einiges Eßbares für einen Ausflug in die Tasche. Wie jeden Sonntag wollte er mit seiner französischen Freundin Annick an den Strand von Nogent-sur-Marne fahren.

In seiner eleganten Stadtwohnung in der Rue de la Manutention hängte der Marquis de Fraguier sein Fernglas um den Hals, steckte sich das grüne Abzeichen eines Rennkommissars an den Aufschlag und vervollständigte sein Äußeres durch weiße Handschuhe und grauen Zylinder. Dann trat er vor die Tür, kletterte in seinen schwarz-roten Einspänner – und ab ging's zu den sonntäglichen Rennen in Auteuil.

In der Nachrichtenabteilung 3, untergebracht in einer Mädchenschule im öden Arbeiterviertel Issy, schnallte sich ein weniger vom Glück begünstigter, doch nicht weniger vom Rennfieber erfaßter Mann die Patronentaschen um und nahm die Flinte vom Haken. Dann, das Gewehr lässig umgehängt, machte sich Funker Alfred Schneider auf den Fußmarsch nach Auteuil.

Aber keiner dieser Menschen freute sich mehr seines Lebens als ein hochaufgeschossener Mann in einem blauen Anton, der ihm kaum bis zu den Knöcheln reichte. Er stand auf dem Pont de Nanterre und schaute hinunter auf die Mannschaft einer Flak-Batterie, die sich auf der grasbewachsenen Uferböschung der Ile de Chatou sonnte. Aber den Haß auf dem Gesicht des Mannes sahen bloß der schmächtige Begleiter des großen Mannes und das Kind, das zwischen ihnen stand. Vor zweieinhalb Monaten, am 28. Mai um 11.15 Uhr, hatte eben diese Batterie die B26 von Leutnant Bob Woodrum aus dem blauen Himmel über Paris heruntergeholt. Heute wagte er sich, als Arbeiter verkleidet, zum erstenmal aus seinem Schlupfwinkel. Begleitet wurde er von Louis Berty, dem mutigen Fleischer von Nanterre, der ihn versteckt hielt, und von dessen sieben Jahre altem Sohn.

Dem neuen Stadtkommandanten von Paris kam dieser Sommertag so friedlich vor, daß er zu der Besprechung mit dem OB West ohne Begleitung in seinem Kabriolett fuhr. Die Fahrt verlief ohne Zwischenfall. Um so weniger erfreulich war die Begegnung mit Feldmarschall von Kluge, der ihn in seinem unterirdischen Befehlsbunker erwartete.

Es sei Hitlers und seine eigene Überzeugung, daß Paris verteidigt werden müsse. Der Vorschlag, Paris zur offenen Stadt zu erklären, sei völlig indiskutabel. »Es wird verteidigt, und Sie werden es verteidigen.«

Die Nachrichtenabteilung habe Informationen, daß der Feind beabsichtige, die Stadt zu umgehen. Durch die Verteidigung von Paris werde man die Streitkräfte des Feindes binden, ihn zum Kampf in einer Stadt zwingen, in der sich seine motorisierten Verbände nicht entfalten könnten. Zwar hatte der Gegenstoß von Mortain, dem sich von Kluge so widersetzt hatte, zur Einschließung der Siebenten Armee im Kessel von Falaise geführt, aber von Kluge hatte fast noch die ganze Fünfzehnte Armee zur Verfügung, die das OKW am Pas de Calais festhielt, da es bis Anfang August noch mit einer zweiten Landung rechnete. Aus diesen Verbänden versprach er von Choltitz Verstärkungen zum gegebenen Zeitpunkt. Man war sich darüber einig, daß mit drei Divisionen die Stadt mindestens drei Wochen lang durch einen wenn auch aufreibenden Straßenkampf gehalten werden konnte. Von Choltitz bat um die sofortige Überstellung der Truppen, aber von Kluge lehnte ab. Die Lage in Paris sei noch nicht so kritisch, daß der Einsatz größerer Truppenteile notwendig sei.

Nach dem Gespräch lud der Oberbefehlshaber seinen Gast zum Mittagessen ein. Die Atmosphäre war, wie sich von Choltitz erinnert, ein wenig frostig. Gegen Schluß wiederholte er, was er dem Stadtkommandanten schon früher gesagt hatte, und fügte hinzu: »Ich fürchte, mein lieber Choltitz, daß Paris ein unerfreulicher Auftrag für Sie wird. Es herrscht Friedhofstimmung hier.«

Von Choltitz schwieg einen Augenblick, dann meinte er: »Ach, Herr Feldmarschall, bisher wäre es ein Begräbnis ohne militärische Ehren gewesen, vielleicht kann es jetzt eines mit militärischen Ehren werden.«

Leutnant Bob Woodrum spürte, wie sich die kleine Hand von Bertys siebenjährigem Sohn in die seine schob. Noch nie hatte Woodrum ein Gemälde so angestarrt wie das Seestück von Vernet im Französischen Marinemuseum an der Place du Trocadéro. Hinter ihm stand ein deutscher Offizier und blickte mißtrauisch auf sein blondes Haar, die blauen Augen, das vierschrötige amerikanische Gesicht und seine kräftige Figur. Das Herz blieb Woodrum beinahe stehen, als der Deutsche plötzlich eine Frage an ihn richtete. Aber sofort wandte sich der kleine Junge um und blickte den Offizier mit unschuldigen Augen an. »Mein Vater ist taubstumm«, sagte er.

Alfred Schneider, der seine Knarre am liebsten schon längst in eine Ecke gestellt hätte, trat an den Wettschalter und setzte zehn Francs auf Fourreur im Prix de Trouville, eigentlich nur, weil ihm der gelbe Seidendress des Jockeys so gut gefiel. Eine Viertelstunde später konnte er am gleichen Schalter vergnügt 200 Francs als Gewinn einstreichen – sein letzter Gewinn auf seine letzte Wette für viele Jahre. Über ihm, in der Schiedsrichtertribüne, ignorierte der Marquis de Fraguier kühl die Verbeugung von Hauptmann Wilhelm Baron von Zigesar-Beines, auf dessen Intervention hin die Rennen weiter durchgeführt werden durften. Sein Glas war auf die wogende Menge unter ihm gerichtet. Plötzlich zuckte er zusammen. Weit weg im Süden grollte dumpfer Geschützdonner.

Von Choltitz hatte es eilig, ins Hotel Meurice zurückzukommen. Er brannte darauf, einen auf ihn wartenden Bericht über ein von ihm am Morgen angeordnetes Unternehmen zu studieren – seine erste Amtshandlung in Paris und zugleich eine ziemlich heikle. Es ging um die Entwaffnung der 20 000 Mann starken Polizei von Paris. Von Kluge hatte befohlen, in ganz Frankreich die gesamte Polizei schlagartig zu entwaffnen.

Von Choltitz hatte Anweisung gegeben, im Polizeikommissariat der Industrie-Vorstadt Saint-Denis mit der Aktion zu beginnen und dann so schnell wie möglich in den übrigen Arrondissements die Entwaffnung durchzuführen.

Dem Bericht zufolge war das Unternehmen ohne Zwischenfall abgelaufen, und über 5000 Schußwaffen waren beschlagnahmt worden. Von Choltitz war zufrieden. Die friedliche Atmosphäre in der Stadt, das glatt verlaufene Unternehmen – das waren günstige Vorzeichen. Erleichtert griff er nach dem zweiten Papier, das ihm Arnim reichte. Es war eine Kopie der Order, die er am Vormittag von Kluge erhalten hatte. Nun hatte er es schwarz auf weiß: »Paris muß um jeden Preis verteidigt werden.«

Es wurde schon empfindlich kühl am Strand von Nogent-sur-Marne, aber Eugen Hommens wollte zum guten Schluß noch einmal hinausschwimmen. Er empfahl vor allem Pistole und Halfter der Obhut seiner Freundin, kraulte bis in die Flußmitte und ließ sich im Wasser treiben. Plötzlich hörte er Annick schreien. Zwei Franzosen hatten sich für die Entwaffnung der Pariser Polizei gerächt und Annick die Pistole entrissen.

18

Feldwebel Werner Nix vom 190. Sicherungsregiment wünschte dem neuen Stadtkommandanten die Pest an den Hals. Statt sich, wie er es montags gewohnt war, zwei angenehme Stunden im Soldatenkino an der Place de Clichy zu machen, fuhr er jetzt schon zum zweitenmal innerhalb einer Stunde mit einem Panzer-Spähwagen über die Place de l'Opéra. In Paris war Parade, und alles, was Uniform trug, hatte mitzumachen.

Die Idee hatte von Choltitz selbst gehabt. Seit Mittag bewegten sich seine Truppen gefechtsmäßig ausgerüstet mit Panzern, armierten Fahrzeugen und Lastkraftwagen durch die Straßen von Paris. Um den geplanten Effekt zu verstärken, hatte er angeordnet, daß jedes Fahrzeug die Strecke zweimal durchlief. Der Demonstrationszug sollte eine möglichst große Truppenmacht vortäuschen.

Weder Nix und seine Kameraden noch irgendeiner der französischen Zuschauer beachteten den fülligen Mann, der vor dem Café de la Paix in eine Zeitung vertieft zu sein schien. Drei in seiner Nähe stehende junge Mädchen kicherten und lachten beim Anblick der vorbeirollenden Truppen. Der unscheinbare Mann biß sich ärgerlich auf die Unterlippe. Das war verständlich, denn es war kein anderer als von Choltitz selbst. Als die Parade begonnen hatte, war er in einem grauen Zivilanzug in der Masse der Zuschauer untergetaucht, um ihre Reaktion zu erkunden. Das höhnische Gelächter der Umstehenden verriet ihm, daß er seine Absicht, den Parisern Angst einzujagen, nicht erreicht hatte. Andere Maßnahmen waren notwendig, um in der Hauptstadt die Ruhe aufrechtzuerhalten.

Von Choltitz konnte nicht wissen, daß Hitler die Unzulänglichkeit der ihm unterstellten Streitmacht erkannt und ihm in diesem Augenblick bereits unerwartete Verstärkungen zugedacht hatte.

Es war etwa 13.30 Uhr an diesem 14. August, als Hitler unvermittelt Jodl in dessen trockenem täglichem Lagebericht unterbrach. Wieder einmal dachte er darüber nach, wie man Paris verteidigen könne. Er wandte sich an den Ordonnanzoffizier des OKW, den General Buhle. Sogar Warlimont war verblüfft über die sonderbare Frage, die er Buhle stellte: »Wo ist der 600-Millimeter-Mörser, den wir für den Angriff auf Brest-Litowsk und Sebastopol gebaut haben? Ich habe beschlossen, ihn dem General von Choltitz zu schicken[1].«

Buhle war völlig überrascht und schaute hilfesuchend zu Keitel, dieser zu Jodl, Jodl zu Warlimont. Keiner von ihnen hatte eine Ahnung, wo sich der Mörser befand; Warlimont hatte noch nicht einmal gehört, daß es ein solches Ungetüm gab. Das verlegene Schweigen machte Hitler wütend. Mit dem Knöchel auf den Tisch hämmernd, beauftragte er Buhle, das Geschütz ausfindig zu machen und es unverzüglich nach Paris zu überstellen. Zweimal täglich wünsche er einen Bericht über den Verlauf des Transports vorgelegt zu bekommen.

Warlimont machte sich eine Notiz und verließ zusammen mit Buhle den Lageraum, um herauszufinden, wo sich des Führers geheimnisvoller Mörser befand – falls es ihn überhaupt noch gab.

Acht Stunden später brachte ihm Perponer die Antwort. Man hatte den Mörser in einem Depot bei Berlin gefunden.

[1] Hitler hatte ein unglaubliches Gedächtnis für waffentechnische Einzelheiten. Er kannte die Bestückung von Kriegsschiffen, die Panzerung und Ausrüstung von Festungen genauer als mancher Fachmann.

Seine großen Tage von Brest-Litowsk, Sebastopol (wo von Choltitz mit seiner Hilfe die Verteidigungsanlagen zerschmettert hatte) und Stalingrad waren vorbei. Er war das mächtigste Geschütz, das bis dahin je gebaut worden war. Er hieß »Karl« nach seinem geistigen Vater, General Karl Becker, wurde von schweren Zugmaschinen geschleppt und konnte eine zweieinhalb Tonnen schwere und 60 cm starke Granate über fast sechs Kilometer ins Ziel schicken. Ein paar gut plazierte Schüsse vermochten ein ganzes Stadtviertel in einen Schutthaufen zu verwandeln.

Bei der zweiten Führerlage an diesem Tage konnte Warlimont melden, daß »Karl« bereits auf dem Wege nach Paris sei, wo er in etwa acht Tagen erwartet werden könne.

Am Ende einer Rollbahn in Süd-England stand der General Chaban-Delmas, neben sich einen Koffer mit Zivilkleidung, die ihm helfen sollte, durch die feindlichen Linien nach Paris zurückzukommen – ein paar ausgetretene Gummischuhe, eine fleckige Hose und ein ausgedienter Tennispullover. Chaban-Delmas hatte zwar mit dem Fallschirm abspringen wollen, aber seinem Vorgesetzten, Koenig, war das zu riskant erschienen. Statt dessen sollte er mit dem Fahrrad zurückfahren, einen Tennisschläger in der Hand und ein Huhn im Gepäckkorb, so daß er bei einer etwaigen Kontrolle glaubhaft machen konnte, er habe eine Hamsterfahrt mit einem erholsamen Tennismatch irgendwo auf dem Lande verbunden.

Nicht weit von ihm wurde die US-Jagdmaschine aufgetankt, die ihn in die Normandie zurückbringen sollte. Unter amerikanischer Bedeckung wollte man ihn dann an die Front schicken und auf die andere Seite schleusen. Immer wieder warf er einen Blick auf den Zettel, den er in der Hand hielt – auf ihm befanden sich die kodifizierten Anweisungen, die er mit nach Paris nahm.

Nach diesen Anweisungen billigte das Londoner FFI-Hauptquartier einen Aufstand in Paris, falls er sich nicht vermeiden ließ, »um der Bevölkerung das Gefühl zu geben, an der eigenen Befreiung mitgewirkt zu haben«; allerdings durfte ein solcher Aufstand frühestens 24 Stunden vor Eintreffen der alliierten Truppen beginnen. Weitere Maßnahmen waren für den Fall vorgesehen, daß die Kommunisten versuchten, die Macht an sich zu reißen. Die letzte Zeile bestand aus einem Satz mit nur fünf Wörtern. Es war das Codesignal für eine letzte, verzweifelte Maßnahme, die Chaban sich selbst ausgedacht hatte. So gewagt war diese Operation, daß Chaban inbrünstig hoffte, das Signal niemals am Lautsprecher zu hören. Es lautete: »As-tu bien déjeuné, Jacquot?«

Chaban prägte sich den Satz noch einmal ein, gab das Papier dann dem Begleitoffizier zurück und ging zu dem wartenden Flugzeug hinüber.

Im Hinterzimmer eines Cafés in der Rue de la Paix im Arbeiterviertel Levallois-Perret saßen sich bei einer Flasche Rotwein zwei Männer gegenüber. Sie hatten sich bis dahin noch nie gesehen. Fünf Minuten früher hatten sie sich aufs Geratewohl angesprochen und sich durch je die Hälfte eines Métro-Fahrscheins als Gesinnungsgenossen ausgewiesen. Rol Tanguy, der kommunistische Führer der Pariser FFI, trank auf das Wohl seines Gegenübers. Der andere nannte sich Pierre, war Leiter eines kommunistischen Widerstandsnetzes innerhalb der Polizei von Paris und hatte den an diesem Tag beginnenden Streik organisiert.

Rol wollte von ihm nur eines wissen: würden die Polizisten seinem Aufruf zur bewaffneten Erhebung Folge leisten? Bald mußten die Alliierten die Seine bei Nantes und Melun erreicht haben – der Ausbruch des Aufstandes in der Hauptstadt war also eine Frage von Tagen, wenn nicht von Stunden. Wenn der Zeitpunkt gekommen war, mußte er der Unterstützung einer Organisation sicher sein – der Pariser Polizei mit ihren 20 000 Mann.

Wie alljährlich setzten die Einwohner des kleinen Dorfes Warlus an der Hauptverkehrsader Paris-London ihren Stolz darein, am Fest Mariä Himmelfahrt in ihrer Kirche den schönsten Blumenschmuck in der ganzen Picardie vorweisen zu können. Unweit des Dorfes, in einem altersgrauen Schloß aus den Tagen Ludwigs XIII., am Vorabend des Festes, holten eine hochgewachsene Frau und ihre sechs Kinder ihre Fahrräder aus dem Schuppen, um zur Kirche zu fahren. Sie hatten mächtige Blumensträuße bei sich, mit denen sie den Altar festlich schmücken wollten.

Thérèse de Hautecloque war eine besonders eifrige Marienverehrerin. Am 3. Juli 1940, also vor mehr als vier Jahren, hatte sie den Menschen, der ihr am nächsten stand, ihren Mann Philippe, der Gottesgebärerin besonders anempfohlen. In aller Herrgottsfrühe hatte er damals ihren Unterschlupf in der Bourgogne, wohin sie sich vor dem Krieg geflüchtet hatten, auf einem Fahrrad verlassen. Er wollte irgendwo Waffen auftreiben, um den Kampf gegen die deutschen Eindringlinge fortzusetzen.

Die sechs Kinder hatten noch geschlafen, als Philippe sich verabschiedete. »Sei tapfer, Thérése«, hatte er gesagt, »es kann lange dauern, bis wir uns wiedersehen!«

Fast vier Jahre lang hatte sie keine Ahnung, was aus ihm geworden war. Dann, in einer Nacht im März 1944, hatte sie wieder einmal den Kopfhörer übergestülpt und am Kristalldetektor gedreht — vorsichtig, denn sie hatte 65 Mann deutsche Einquartierung im Haus —, bis sie die Frankreichwelle von BBC eingefangen hatte. Auf einmal vernahm sie deutlich eine Durchsage, die sie wie ein Blitz durchfuhr. »Philippe, geboren am 22. November 1902, sendet seiner Frau und seinen sechs Kleinen Grüße und Küsse.« Der Mann, mit dem Thérèse de Hautecloque verheiratet war, hatte am 22. November 1902 das Licht der Welt erblickt.

In der Kirche waren Thérèse und ihr Anhang eben damit beschäftigt, ihre Blumen zu ordnen, als jemand am Eingang erschien und rief: »Madame de Hautecloque, kommen Sie schnell, kommen Sie schnell!« Es war Madame Dumont, die Eigentümerin des Cafés de la Place gegenüber der Kirche. Thérèse de Hautecloque lief, so rasch die Füße sie trugen, über den sonnengleißenden Platz hinüber in das Bistro von Madame Dumont. Diese deutete aufgeregt auf ihr altmodisches Radio, aus dessen Lautsprecher eine Männerstimme erklang. Während sie zuhörte, spürte Thérèse Tränen über ihre Wangen laufen. In demselben ruhigen und beruhigenden Ton, in dem er ihr gesagt hatte: »Sei tapfer, Thérèse«, hörte sie aus dem Munde ihres Mannes, der sich jetzt allerdings Leclerc nannte, eine Botschaft an alle Franzosen. An der Spitze einer französischen

Panzerdivision sei er nunmehr nach Frankreich zurückgekehrt, um sich dem Kampf um die Befreiung des Vaterlandes anzuschließen. »Bald«, so versprach er, »wird wieder die Trikolore über Paris wehen!«

Auch Yvonne Baratte schmückte einen Altar zu dem bevorstehenden Fest, aber sie wurde von niemandem gestört. Behutsam steckte sie einige Margeriten in eine kleine Tasse, die sie dann vor ein einfaches zusammengenageltes Kruzifix stellte. Das Kreuz stand auf einem zusammenklappbaren Tisch in einer leeren Zelle, die im Gefängnis Romainville als Kapelle diente. Die kümmerlichen Blümchen hatte sie selbst während des täglichen Spaziergangs im Gefängnishof heimlich gepflückt. Seit ihrer Verhaftung am 11. Juli war diese schmale und große Frau, aus demselben Holz geschnitzt wie Madame Leclerc, eine Stütze für alle Häftlinge, die verzweifelten oder resignierten. Zwar hatte sie die Botschaft Leclercs am Nachmittag nicht hören können, aber auch sie wußte, daß die Alliierten im Anmarsch waren.

Yvonne betrachtete zufrieden ihr Werk und ging in ihre Zelle zurück. Dort schrieb sie beim Licht einer gestohlenen Kerze einen Brief an ihre Eltern.

»Ich bin voller Zuversicht. Sie werden nicht mehr die Zeit haben, um uns hier wegzubringen. Meine herzlichsten Grüße Euch allen – ich bin sicher, daß wir uns bald wiedersehen!« Sie blies ihre Kerze aus und legte sich nieder.

Schon wenige Stunden später befand sie sich in einem Zug, der sie nach Ravensbrück brachte. Dort starb sie an einem eisigen Märzmorgen des Jahres 1945.

In Fresnes lag Louis Armand auf seinem Strohsack und lachte vergnügt in sich hinein. Zum erstenmal seit seiner Verhaftung war er glücklich, kindlich glücklich über die warmen Winterstiefel von zu Hause, die ihm der Gefängnisgeistliche am Abend überreicht hatte. Jetzt fühlte er sich den deutschen Konzentrationslagern gewachsen. An den Füßen würde er bestimmt nicht frieren.

In der Dunkelheit einer anderen Zelle versuchte Pierre Lefaucheux einzuschlafen. Wieder war ein Tag vergangen, und man hatte ihn nicht deportiert. Zudem hatte kurz nach Sonnenuntergang einer der Häftlinge, mit dem Blechlöffel an die Zellentür klopfend, die Nachricht durchgegeben, daß die Alliierten in Chartres standen. Neue Zuversicht erfüllte den Gefangenen. Wenn er in den nächsten Tagen nicht weggebracht würde, würde er bald frei sein.

Pierre hörte, wie sein Zellengenosse sich auf dem Strohsack unruhig hin- und herdrehte und nach einiger Zeit verzweifelt sagte: »Verlaß dich darauf, wir kommen morgen hier weg.«

Pierre Gosset, André Rabache und Fernand Moulier waren wie alle der rund 500 Zeitungsleute, die beim Oberbefehlshaber der Alliierten Expeditionsstreitkräfte in Europa akkreditiert waren, von einer fieberhaften Nervosität gepackt. Wie allabendlich kreisten ihre Gespräche um eine einzige Frage: Wer würde als erster den erregendsten Bericht dieses Feldzugs schreiben können — den Bericht von der Befreiung der französischen Hauptstadt?

Am Tisch der drei Franzosen im Speisesaal des einzigen Hotels in dem normannischen Dorf Montaudin saß auch ein uniformierter Amerikaner — ein breitschultriger, robuster Mann, der unheimlich viel trinken konnte und dem die übrigen mit offensichtlichem Respekt zuhörten. Er war überzeugt davon, daß er als erster die Stadt betreten würde. Ernest Hemingway erklärte rundheraus, daß er schon in der kommenden Nacht versuchen werde, durch die deutschen Linien zu kommen. Auf seinem angestammten Platz in der Bar des Hotels Ritz wolle er seine Kollegen erwarten.

Nun, wenn es ein Wettrennen nach Paris gab, dann wollten Moulier und seine beiden Freunde mit von der Partie sein. Moulier hatte schon mit Larry Leseur von CBS eine Flasche Champagner gewettet, daß er als erster Paris betreten würde. Auf keinen Fall wollten sie hinter dem Amerikaner zurückstehen. Also beschlossen sie, ebenfalls in der kommenden Nacht den Versuch zu wagen, sich nach Paris durchzuschlagen.

Um vier Uhr morgens verließen die drei Männer leise den Speisesaal. In einer Ecke des dunklen Raumes sahen sie Hemingway friedlich schlafen, über einen Tisch gebeugt, eine umgekippte Cognacflasche vor sich. Die drei Franzosen gingen auf die Straße, bestiegen einen Jeep und fuhren los in Richtung Paris.

Mitten in der Nacht schrillte das Telefon in der Wohnung von Marie-Héléne Lefaucheux. Sie fuhr auf, warf sich den Morgenrock um und tastete sich zum Apparat. Am anderen Ende war ein Bekannter ihres Mannes von der Résistance.

»Es tut sich was in Fresnes«, sagte er.

19

Metallisches Kreischen drang in die Zelle von Pierre Lefaucheux. In einem tiefer gelegenen Stock im Gefängnis von Fresnes hatten die Kaffeekarren ihre letzte Runde durch die langen Korridore begonnen. Pierre lauschte, wie der rasselnde Schlüsselbund eine Zellentür nach der andern öffnete. So viele waren es noch nie gewesen. Der scheppernde Karren kam näher, bog um die Ecke und war jetzt auf dem feuchten Gang vor seiner Zelle angelangt. Das Geräusch verstummte. Lefaucheux hörte das Klirren des Schlüsselbundes, das Ächzen, mit dem sich die Tür in den Angeln drehte, und sah in der trüben Helle den Kaffeekarren in der Türöffnung stehen. Niedergeschlagen sagte sein Mithäftling: »Du siehst, ich habe recht gehabt!«

In der Frauenabteilung von Fresnes begann der Tag noch vor Morgengrauen mit dem Erscheinen eines deutschen Offiziers. Die zwanzigjährige Jeannie Rousseau, das hübscheste Mädchen im Gefängnis, schrie erschreckt auf, als eine uniformierte Gestalt ihre Zelle betrat. Aber dann sah sie, daß ein Kruzifix unter seinem Waffenrock hervorsah. Es war Hans Steinert, der Militärgeistliche des Gefängnisses.

»Mesdames«, wandte er sich an die fünf jungen Frauen in der fensterlosen Zelle, »ich bin gekommen, um Ihnen das Altarsakrament zu spenden, damit Sie für das, was Ihnen die nächsten Stunden bringen, besser gerüstet sind.«

Es war vier Uhr früh.

Der Tag, der nunmehr über der noch schlafenden Stadt aufdämmerte, war für Millionen von Parisern ein letzter Feiertag unter deutscher Herrschaft. Das Fest Mariä Himmelfahrt hatte freilich für Pierre Lefaucheux und die anderen Häftlinge in Fresnes, Romainville und Drancy eine andere, eine düstere Bedeutung. Für sie begann mit dieser Dämmerung ein langer Kreuzweg.

In der Küche von Romainville hatte Yvonne de Bignolles eben den Wasserkessel für den Frühstückskaffee auf den Herd geschoben, als sie draußen barsche Rufe vernahm. Sie lief zum Fenster. Im Hof stand der SS-Leutnant mit seinem linierten Schreibheft. Er begann mit der Verlesung der ersten von insgesamt 175 Namen. Es war die längste Liste seit Ivonnes Einlieferung. Als der Offizier seine Kladde schloß und unter den Arm schob, bekreuzigte sie sich zitternd – ihr Name war nicht dabei gewesen.

Dafür war nebenan, im Lager II, Yvonne Baratte gleich als eine der ersten aufgerufen worden. Sie wandte sich schweigend um und ging in die Kapelle zurück, die sie am Abend zuvor geschmückt hatte. Dort kniete sie einen Augenblick nieder. Als sie wieder aufstand, nahm sie die Tasse mit den Margeriten mit in ihren Block und verteilte sie an die Frauen, die wie sie zum Abtransport bestimmt waren.

Im Block III in Drancy duckte sich Georges Apel mit seiner Frau und ihrem zehn Monate alten Adoptivsohn Babichou auf den Boden[1]. Die ganze Nacht hindurch hatten sich die betrunkenen Wachmannschaften damit amüsiert, von Zeit zu Zeit Handgranaten gegen die Außenwand der Baracken rollen zu lassen. Wie alle Insassen hatten die Apels kein Auge zugetan, während rasiermesserscharfe Splitter durch die Luft zischten.

Von draußen hörte man ärgerliches Rufen und Schreien. Abel robbte zum Fenster und warf einen Blick hinaus. Aber da sah ihn auch schon Brünner und winkte ihn zu sich heran.

[1] Babichous jüdische Eltern waren bei einer Razzia in Le Sappey, unweit der Schweizer Grenze, im März 1944 festgenommen worden und hatten das Baby einem ansässigen Hotelier anvertraut. Als die SS-Leute feststellten, daß das Kind beschnitten war, wurde es nach Drancy geschafft. Apel erreichte beim Lagerkommandanten Brünner, daß es seiner Frau zur Pflege übergeben wurde. Der in der Verwaltung arbeitende Apel stellte eines Tages fest, daß man im Personalbogen des Babys als Grund der Festnahme »Terrorist« eingetragen hatte.

Deutsche Soldaten standen um die grün-gelben Busse, mit denen Apel und seine Leidensgefährten zum Bahnhof gebracht werden sollten. Brünner schäumte vor Wut. Kein einziger Bus war einsatzbereit, denn während der Nacht waren bei allen Fahrzeugen die Vergaser ausmontiert worden.

In Fresnes und Romainville jedoch lief alles ohne Störung ab. Zu den 175 Häftlingen in Romainville kamen im letzten Augenblick noch einmal zwei Dutzend dazu. Yvonne de Bignolles sah vom Küchenfenster aus, wie sie zu den grün-gelben Bussen im Lagerhof hinüberschlurften. Unter den letzten war eine blasse junge Frau, ihre Freundin Nora, die polnische Sängerin. Als die Busse das Lager durchfuhren, drang aus dem letzten Wagen klar und hell Noras Stimme. Sie sang:

»Attends-moi dans ce pays de France,
Je serai bientôt de retour, garde confiance . . .«

In Fresnes wurden die 2000 zur Deportation ausgewählten Männer gleich nach dem Abtransport der Frauen aus ihren Zellen getrieben. Hauptmann Philippe Kuen, der Adjutant von Jade Amicol, dankte Gott, daß er diesmal dabei war. Die qualvollen Verhöre waren zu Ende, und was ihn auch erwartete, er konnte mit ruhigem Gewissen gehen. Er hatte nichts preisgegeben.

Auch Louis Armand, der mit der ersten Kolonne im Hof anzutreten hatte, war froh, aus dem Lager wegzukommen. Er hatte jetzt ja warme Winterstiefel, und dazu hatte er in seiner Gruppe einen alten Freund aus seiner Studienzeit wiedergetroffen, Pierre Angot. Angot jedoch war verzweifelt. In einigen wenigen Tagen hätte er entlassen werden sollen. Der Produktionsminister der Vichy-Regierung, Gaston Bichelonne, sei ein guter Freund von ihm und habe sich für seine Freilassung verwandt. Aber wenn man ihn jetzt aus Frankreich wegbrachte, könnte Bichelonne freilich nichts mehr unternehmen. Armand versuchte seinen völlig geknickten Freund ein wenig aufzumuntern. Wer wegkomme, habe die beste Aussicht zu überleben. Wer zurückbleibe, werde umgelegt, sobald die Alliierten vor dem Gefängnis stünden.

Und doch sollte Armand das Lager nicht verlassen. Wenig später wurde er in seine Zelle zurückgeschickt. Im letzten Augenblick hatten die Deutschen seinen Namen aus der Liste gestrichen. Voller Angst und Enttäuschung stolperte er in das übelriechende Loch zurück, das er eine Stunde zuvor verlassen hatte.

Ein anderer Häftling stand am Fenster seine Zelle und schaute grimmig zu, wie die Gefangenen abtransportiert wurden. Der Funker Willy Wagenknecht hatte die letzten zwei Monate in Paris im Gefängnis verbracht, weil er schon zwei Tage nach der Ankunft seiner Einheit in der Nachrichtenzentrale einen Offizier tätlich angegangen hatte. Er schüttelte bekümmert den Kopf. Da unten schloß sich das Gefängnistor hinter den Franzosen, die nach Deutschland gebracht wurden, und er befand sich in einem Pariser Kittchen und schaute ihnen zu.

Draußen klammerte sich Marie-Hélène Lefaucheux erregt an die Lenkstange ihres Fahrrades, als sich die eisernen Torflügel des Gefängnisses knarrend auseinanderschoben. Seit sechs Uhr früh hatte sie auf diesen Augenblick gewartet. Nun starrte sie angespannt in das Gesicht jedes einzelnen Häftlings, der zu den wartenden Bussen ging.

Plötzlich sah sie ihren Mann. Ein unterdrückter Schrei entfuhr ihr, als sie das von Schmerzen und Entbehrungen gezeichnete Gesicht erkannte. »Mein Gott, wie mager ist er geworden«, sagte sie zu sich selbst, aber dann durchströmte sie eine unbändige Freude. »Immerhin – er lebt! Er lebt!« Doch dann wurde ihr mit einem Schlage klar, was hier vor sich ging. Pierre wurde deportiert. Wie in einem Alptraum folgte sie ihm Schritt für Schritt zu dem Bus, der ihn wegbringen sollte. Einen Augenblick lang glaubte sie seinen Augen zu begegnen und die jungenhafte, zärtliche Kopfbewegung zu sehen, mit der er sie immer begrüßt hatte. »Er hat mich gesehen!« flüsterte sie. Nun konnte sie ihre Tränen nicht länger zurückhalten. Sie lief zu dem deutschen Militärgeistlichen, der die Kolonne der Gefangenen heimlich segnete.

»Mein Kind«, flüsterte er ihr zu, »es ist gut, daß er hier wegkommt. Ich fürchte, daß es im Gefängnis ein Blutbad gibt.«

Ein Bus nach dem anderen setzte sich rumpelnd in Bewegung. Marie-Hélène rannte zu ihrem Rad zurück und fuhr, ohne recht zu wissen, warum, hinter den Fahrzeugen her.

Wieder saß von Choltitz in Kluges unterirdischem Bunker. Er lauschte einem Vortrag von Generalmajor Günther Blumentritt, dem Stabschef Kluges, der ihm einen Vorschlag zur »begrenzten Anwendung der ›Verbrannte-Erde-Taktik‹« unterbreitete[1]. Untermalt vom Surren der Ventilatoren referierte der etwas korpulente Blumentritt an Hand eines Schriftsatzes, den er in der linken Hand hielt. Vor ihm lag eine Generalstabskarte, in der jedes Gaswerk, jedes Kraftwerk und jedes Wasserreservoir im Raum Paris rot markiert war.

Blumentritts Vorschlag war wie jede Studie, die aus seiner Führungsabteilung hervorging, sauber und exakt ausgearbeitet. Er teilte sich in zwei Phasen auf. Die erste Phase, die er von Kluge unverzüglich einzuleiten bat, bestand aus der systematischen Zerstörung der städtischen Gas-, Wasser- und Elektrizitätsversorgungs-Anlagen[2], die zweite in einer gezielten Lahmlegung der städtischen Industrie. Man war sich klar darüber, daß man weder die Zeit noch die Leute besaß, um die in einem breiten Gürtel um Paris gelagerte Industrie völlig zu vernichten. Blumentritt befürwortete einen vernünftigen Kompromiß, nämlich die Zerstörung der für einen Betrieb jeweils lebenswichtigen Apparate, die die ganze Fabrik arbeitsunfähig und für den Feind wertlos machen mußte[3].

Diese begrenzten Maßnahmen seien strategisch notwendig.

[1] Bisher hatte man in Frankreich von dieser Taktik Abstand genommen, weil seit Avranches der Rückzug zu überstürzt vor sich ging, als daß man die geräumten Gebiete hätte systematisch verwüsten können.

[2] Um die Wasserversorgung zu stören, wurde vorgeschlagen, größere Abschnitte der vier Aquädukte zu sprengen, durch die 97 Prozent des städtischen Wasserbedarfs laufen. Entgegen mancherlei Gerüchten war jedoch nicht vorgesehen, das Wasser zu vergiften.

Um die Elektrizitätswerke zu vernichten, wurde vorgeschlagen, entweder die Turbinen zu sprengen oder die Kontroll- und Verteilerapparatur zu zerstören. Hätte man alle 25 Turbinen im Bereich von Paris gesprengt, so wäre nach der Aussage eines Ingenieurs von Siemens die Versorgung der Industrie mit Strom auf zwei Jahre hinaus tiefgreifend gestört gewesen. Der zweite Vorschlag war

Wenn man die Industrie im Raum Paris nicht mattsetze, werde sie innerhalb weniger Wochen auf Hochtouren für die Alliierten und gegen die Deutschen arbeiten. Durch die Lahmlegung der Stadt und das daraus für die Bevölkerung sich ergebende Chaos werde man die Gegner zwingen, einen Teil ihres Nachschubs zugunsten von Paris abzuzweigen, und so ihr Vordringen verlangsamen.

Blumentritt unterstrich noch einmal, daß man die erste Phase des Plans unverzüglich ins Werk zu setzen habe. Er überreichte von Choltitz eine Liste von Materiallagern der Marine, in denen er sich zusätzlichen Sprengstoff besorgen konnte. Wenn man nicht sofort anfange, argumentierte er, werde man nicht fertig, bevor die Amerikaner vor der Stadt ständen.

Von Choltitz sah nichts Ungewöhnliches in dem Befehl; die Konzeption schien ihm »völlig vernünftig« zu sein. Schließlich war sie nur eine Abwandlung von Maßnahmen, die an der Ostfront gang und gäbe waren. Und machten nicht in jeder Nacht angloamerikanische Bomber deutsche Städte dem Erdboden gleich? Warum sollte man gegen Paris zartfühlender sein?

Nur eines behagte ihm nicht, nämlich der Zeitplan. Im Augenblick ging es ihm darum, Paris zu verteidigen, nicht, es zu zerstören. Seiner Meinung nach sollte Blumentritts Plan ausgeführt werden, wenn man sich von der Stadt absetzte — und das wollte man ja so bald nicht tun. Fange man zu früh mit den Zerstörungen an, so treibe man nur das Heer der Arbeiter in die Arme der Widerstandsbewegung und putsche die ganze Bevölkerung zum offenen Kampf gegen die Besatzungstruppen auf. Übrigens, fügte er lakonisch hinzu, tränken auch die deutschen Soldaten Wasser.

Ohne eine Miene zu verziehen, hörte sich Feldmarschall von Kluge das Wortgefecht an, aber dann hob er die Hand und un-

schneller und einfacher auszuführen — er hätte bedeutet, daß die Stadt sechs Monate lang ohne Strom gewesen wäre.

[3] Wie von Choltitz sich erinnert, gebrauchte Blumentritt an einer Stelle den Ausdruck »Paris in die Luft jagen«, woraufhin Speidel vor sich hin knurrte: »Paris in die Luft jagen — was soll das denn heißen? Hat er denn in Notre-Dame ein Kraftwerk entdeckt?«

terbrach die Diskussion. Beide, meinte er, hätten überzeugende Argumente vorgebracht, aber er wolle sich die Entscheidung vorbehalten. Die Besprechung war zu Ende.

Choltitz nickte Kluge zu und ging. Sechsundfünfzig Stunden später, nachdem er seines Kommandos enthoben und durch einen draufgängerischen Gefolgsmann Hitlers ersetzt worden war, beging von Kluge auf dem Weg nach Deutschland Selbstmord.

Als Choltitz ins Meurice zurückkehrte, warteten in seinem Vorzimmer bereits vier Herren auf ihn, Zivilisten mittleren Alters. Die Dienstanweisungen, die sie aus Berlin mitgebracht hatten, trugen die Unterschrift von Generaloberst Jodl. Es waren Techniker, und das OKW hatte sie nach Paris geschickt »zur Vorbereitung und Überwachung der Zerstörung aller größeren Industrieanlagen im Raum Paris«. Ihr »Handwerkszeug« hatten sie gleich mitgebracht — ein Dutzend Pappröhren mit den Aufrissen und Lageplänen aller wichtigen Fabriken in und um Paris.

Ihr Chef, ein grauhaariger, bedächtiger Mann, setzte Choltitz auseinander, daß man durch überlegt plazierte Sprengsätze in hinreichender Zahl die Industrie von Paris für mindestens ein halbes Jahr zum Stillstand bringen könne.

Choltitz wies ihnen eine Zimmerflucht im vierten Stock seines Hotels an und stellte ihnen zwei Stabswagen zur Verfügung, damit sie die Fabrikanlagen selbst inspizieren konnten. Als er nach zwei Stunden zu ihnen hereinschaute, fand er sie in einem Wust von Lichtpausen und Karten vergraben. Einer versprach zuversichtlich: »Wenn die Amerikaner kommen, finden sie keine einzige betriebsfähige Fabrik in Paris.«

21

Fast senkrecht brannte die Sonne auf das rostige Blechdach der Viehwagen herunter, die auf einem Nebengleis des Güterbahnhofs Pantin standen. Eng zusammengepfercht, dichter als jemals in der Métro nach Geschäftsschluß, stand hier die von der SS zur Deportation nach Deutschland bestimmte menschliche Fracht und rang in der unerträglichen Hitze nach Luft. Zweitausendzweihundert Männer und vierhundert Frauen, acht von zehn Häftlingen in Fresnes und Romainville, die Elite der Résistance, warteten verzweifelt auf die Abfahrt des Zuges.

Zweiundneunzig Frauen waren mit Jeannie Rousseau in einem Waggon eingekeilt. Die einzige Luke war durch Stacheldraht gesichert und lag so hoch, daß niemand einen Blick nach draußen werfen konnte. Keuchend rangen die Frauen nach Luft und zogen sich bald bis auf ihre Unterwäsche aus. In einer Ecke, neben dem als Toilette dienenden Blecheimer, hatten sie ein Stück frei gehalten, damit wenigstens drei von ihnen sich abwechselnd, die Knie gegen die Schultern der anderen gedrückt, niederhocken konnten. Die übrigen mußten stehen, und ihre verschwitzten Leiber klebten aneinander.

Etwas mehr Platz war im Wagen von Yvonne Pagniez. Dort konnten die Frauen wenigstens mit zum Kinn hochgezogenen Knien auf dem Boden niederkauern. Dennoch wurde eine nach der anderen in der Hitze ohnmächtig. Gegen Abend war die erste der sechs Frauen, die in diesem Wagen sterben sollten, in tiefe Bewußtlosigkeit versunken.

Yvonne schrak auf, als die Tür ratternd aufgeschoben wurde. Ein massiger ukrainischer SS-Posten erschien, rotgesichtig und verschwitzt, den sie von den Verhören in der Avenue Foch her kannte. Er wollte sich von ihnen verabschieden. Als er die halbnackten Frauen sah, hielt er sich im Türrahmen fest und bog sich vor Lachen. Es war, als wollte er eine Ladung Vieh, dem er sein Brandmal aufgedrückt hatte, noch einmal sehen, bevor es zum Schlachthof gebracht wurde.

Bei den Männern sah es noch schlimmer aus. Bis zu hundert waren in einen Waggon gepfercht; auch sie behielten nur das Notwendigste an und flehten die Posten an, »den verdammten Zug doch endlich abfahren zu lassen«.

Dies war auch der einzige Wunsch, den Pierre Lefaucheux, halb ohnmächtig von Hunger, Durst und Hitze, noch hatte. Ein hinter ihm stehender Häftling leckte mit ausgedörrter Zunge den Schweiß auf, der Pierre zwischen den Schulterblättern hinabrann.

Mit hängendem Kopf und mißmutigem Gesicht kam ein Mann aus dem Bahnhof Pantin und ging in ein auf der anderen Straßenseite gelegenes Café. Emil »Bobby« Bender hatte versucht, den SS-Führer zu bluffen, um so die Abfahrt des Gefangenenzuges zumindest hinauszuzögern – aber ohne Erfolg. Vom Café aus rief Bender die schwedische Botschaft an und berichtete dem Generalkonsul Raoul Nordling von seinem Mißerfolg. Er sei bis zum Äußersten gegangen und habe erst aufgegeben, als man ihn mit vorgehaltener Maschinenpistole wegjagte. Jetzt wisse er nicht, wie er das Verhängnis noch aufhalten könne.

Seitdem Nordling Verbindung mit Bender aufgenommen hatte, waren beide Männer unermüdlich bemüht gewesen, die Auslieferung der politischen Gefangenen an das Rote Kreuz zu bewirken. Aber sie hatten nichts erreicht. Nordling hatte mit Pierre Laval gesprochen, mit dem deutschen Botschafter Otto Abetz, mit dem Polizeigeneral Karl Oberg, aber keiner hatte das geringste Interesse für seine Vorschläge an den Tag gelegt. Von Choltitz hatte sich von vornherein entschuldigen lassen – er sei zu sehr beschäftigt.

Aber es gab noch andere Leute, die unter keinen Umständen zulassen wollten, daß der Häftlingszug seinen Bestimmungsort erreichte. Sie versuchten es allerdings mit ganz anderen Mitteln. Während die Gefangenen zu den Wagen getrieben wurden, huschte ein Junge auf seinem Fahrrad durch die Straßen von Paris. Sein Ziel war das kleine Dorf Nanteuil-Saacy, wo er dem Führer der lokalen Widerstandsgruppe eine mündliche Botschaft der Pariser FFI überbringen sollte. Es war eine simple und unmißverständliche Order: »Unterbrecht unter allen Umständen die Bahnlinie Paris-Nancy!«

Gleichzeitig funkte ein Geheimsender in einer Pariser Mansarde einen verschlüsselten Funkspruch nach London. Er lautete: »Dringend – Benachrichtigt alle FFI-Führer – Deutsche vorbereiteten Abtransport Gefangener Paris besonders Fresnes per Bahn über Nancy-Metz – Jedmögliche Maßnahme ergreifen, um Transport zu sabotieren.«

In Drancy hatte der Ausfall der Omnibusse nur einen knappen Zeitgewinn bewirken können. Der Lagerführer entschied, daß die Häftlinge zum Bahnhof von Bobigny zu marschieren hatten. Seinen Adjutanten mit Apel als Dolmetscher schickte er voraus. Bis zum Abend mußte ein 40 Waggons umfassender Zug zusammengestellt werden.

Apel betrat, den SS-Mann hinter sich, das Büro des Bahnhofsvorstehers. Zuerst forderte er mit markiger Stimme und zur offenkundigen Zufriedenheit seines Begleiters: »Drancy braucht bis zum Abend einen Zug von insgesamt 40 Waggons!« Dann fügte er, kaum vernehmlich, leise hinzu: »Aber sorgt um Gottes willen dafür, daß er nicht abfährt!«

22

Kaum ein Pariser ahnte etwas von der Tragödie, die sich auf dem Güterbahnhof Pantin abspielte. Die meisten Leute dachten mit Sorge an die immer bedrohlicher werdende Lebensmittelknappheit und fragten sich ratlos, wo sie noch etwas Eßbares auftreiben könnten. Im »Petit Parisien« schrieb ein Monsieur Chevalier von der Akademie der Wissenschaften: »Für den Fall einer verzweifelten Notlage muß die Bevölkerung wissen, daß Blätter von den Bäumen eßbar sind, besonders die Blätter von Ulmen, Linden und Eschen.«

Als ein großes Ereignis für die jüngsten Bewohner von Paris war eine Wallfahrt aller Schulkinder der Stadt nach Notre-Dame vorgesehen, wo sie die Jungfrau Maria, die Schutzpatronin Frankreichs, an ihrem Festtag beschwören sollten, die Stadt zu schützen. Aber der Stadtkommandant versagte im letzten Augenblick seine Zustimmung.

Ungefähr um die Zeit, da die Wallfahrt der Kinder hätte beginnen sollen, gab der Hauptmann Werner Ebernach dem Fahrer seines Kübelwagens ein Zeichen, mitten auf dem Pont de Neuilly zu halten. Seinem Fahrzeug folgten die Lastwagen der 813. Pionierkompanie. Ebernach schlenderte zur Betonbrüstung, zündete sich mit zwei Fingern der rechten Hand – die anderen hatte er in Rußland verloren, als eine Sprengladung vorzeitig losging – eine Zigarette an und sah sich um. In einiger Entfernung schwangen sich die stolzen Bögen des Pont de Puteaux über den Strom. Auf der anderen Seite verband der Pont de la Jatte eine kleine häuserbestandene Insel mit dem Ufer. Ebernach holte eine Karte aus der Tasche und strich sie auf der Brüstung glatt.

Von Le Pecq im Westen bis Choisy im Südosten verbinden

45 Brücken die beiden Hälften von Paris. Wenn man diese Brücken sprengen würde, wären die langausgezogenen Schleifen der Seine wieder das, was sie zur Zeit der Gründung von Paris vor 2000 Jahren darstellten: ein schwieriges, nur mit Mühe zu überwindendes Hindernis. Die Brücken sind die Lebensadern der Stadt; Fußgänger, Autos, Untergrundbahn, Wasser-, Gas-, Strom- und Telefonleitungen überqueren auf und unter ihnen den Strom.

Hauptmann Ebernach trug in der Brusttasche seines Waffenrockes, den das EK I zierte, ein blaues Papier mit dem Stempel »KR Blitz — eilt sehr!« und der Unterschrift von Jodl, das er dem General von Choltitz zu überreichen hatte. Es war der Befehl zur Zerstörung der 45 Seinebrücken im Raum Paris.

Ebernach machte sich keine Gedanken darüber, warum Hitler die Sprengung wünschte; er sinnierte nicht über die unerforschlichen Beschlüsse des OKW, sondern begnügte sich damit, technisch einwandfrei durchzuführen, was man ihm befohlen hatte. Wie viele Brücken hatte er schon im Laufe der letzten Monate hochgehen lassen!

Bevor er mit dem durch Zweige getarnten Kübelwagen weiterfuhr, wollte er noch einen Blick auf die Widerlager der Brükke werfen. Mit seinem Sprengstoffspezialisten, dem Hauptfeldwebel Hegger, ging er den Damm hinunter und nahm den Unterbau in Augenschein. Mit Hilfe einer Taschenlampe fand er ziemlich bald, was er suchte. Eingelassen in den Betonsockel sah er die verrostete Eisentür einer Sprengkammer. Die französischen Techniker, die auf Grund einer behördlichen Anordnung in jeder Brücke einen Hohlraum für die Anbringung einer Sprengladung vorzusehen hatten, würden ihm also auch hier seine Aufgabe erleichtern.

Nur zaghaft sickerte das Licht durch das Blätterwerk der knorrigen Eichen, in dem einige Vögel zwitscherten — die ersten Vogelstimmen seit Monaten, die General Jacques Chaban-Delmas zu hören bekam. Drei Kilometer hinter ihm lag das wegen seiner Pasteten berühmte Dorf Connerré — 150 Kilometer vor ihm Paris. Die beiden amerikanischen Offiziere, die ihn bis zu diesem Vorposten geleitet hatten, übergaben ihm seinen Pappkoffer; er selbst schob ein Fahrrad, an dessen Lenkstange ein

Einkaufsnetz mit einem gerupften Huhn, einem Ballen Butter und einem Kopf Blumenkohl hing. Chaban holte Tennisschuhe, eine kurze Hose und einen Pullover aus dem Karton und zog sich um. Als er fertig war, verstaute er seine Generalsuniform, die er ganze vier Tage getragen hatte, in dem Koffer und übergab diesen seinem Begleiter. Dann schwang er sich aufs Rad, winkte und schwenkte auf einen Feldweg ein.

Der Befehl, den ihm Ebernach im Meurice vorlegte, barg für von Choltitz natürlich keine Überraschung, da er eine Kopie bereits direkt vom OKW erhalten hatte. Aber den Überbringer zu sehen, überraschte ihn ein wenig, denn er war dem jungen Offizier schon vor dem Kriege einmal begegnet. Im sächsischen Grimma hatte er damals die Fertigkeiten, deretwegen Ebernach jetzt nach Paris geschickt worden war, bewundern können. Damals, 1936 war es gewesen, hatte Ebernach in einem Manöver zwei alte Brücken über die Mulde in die Luft gejagt.

Der kühle und entschlossene Blick des Offiziers überzeugte von Choltitz, daß hier kein Zweifler vor ihm stand, sondern einer, der blindlings zu gehorchen entschlossen war, der sich besser als jeder andere dazu eignete, die Seine durch den Schutt von 45 Brücken über die Kaimauern treten zu lassen. Aber von Choltitz war nicht gesonnen, sich die Initiative entwinden zu lassen. Er befahl Ebernach, mit den Vorbereitungen zu beginnen, aber keinerlei Sprengungen ohne ausdrücklichen Befehl vorzunehmen. »Mein lieber Ebernach, die Seine ist nicht die Mulde, und Paris nicht Grimma. Heute schaut die ganze Welt auf uns, nicht nur ein paar Generale.«

Ebernach war noch keine fünf Minuten weg, als Oberst von Unger hereinkam und dem Kommandanten zwei Meldungen überreichte. Die erste schob dieser gleich beiseite — es war ein Bericht über den Polizeistreik —, aber die zweite studierte er mit bekümmerter Miene. In der Vorstadt Aubervilliers waren bei einem Überfall aus dem Hinterhalt acht deutsche Soldaten ums Leben gekommen. Es war der erste wirklich bedenkliche Vorfall in der Stadt.

Von Choltitz ging mit der Meldung in der Hand zu dem großen, fast die ganze Wand bedeckenden Stadtplan und fuhr suchend mit dem Finger darüber, bis er Aubervilliers gefunden hatte. Dann seufzte er und murmelte: »Heute geht es in den Vororten los, morgen in Paris selbst.«

Ächzend und quietschend setzte sich die lange Reihe der aneinandergekoppelten Waggons auf dem Bahnhof Pantin in Bewegung. Für die 2600 unglücklichen Opfer war die zuvor mit solcher Angst befürchtete Abfahrt nun eine mit Aufatmen begrüßte Erleichterung. Aus einem der Wagen drang leise und zaghaft eine Melodie, die nach und nach von den Insassen aller Waggons aufgenommen wurde, bis sie schließlich stolz und trotzig über die Gleisanlagen dahinwehte. Es war die Marseillaise.

Im letzten Waggon des Zuges, in dem sich Yvonne Pagniez befand, klang ein anderes Lied auf, während die Räder immer schneller rollten: »Ce n'est qu'un au revoir, mes frères . . .«

Die verschnörkelten Zeiger auf der alten Bahnhofsuhr von Pantin rückten auf Mitternacht zu. Ein Eisenbahnarbeiter, dem die hellen Tränen über die Backen liefen, ging auf eine einsame Gestalt zu, die sich vor dem Bahnhofsgebäude auf ihr Fahrrad stützte. »C'est fini«, sagte er leise, »sie sind weggefahren.« Marie-Hélène Lefaucheux setzte sich in den Sattel und fuhr nach Hause. Drei Stunden später machte sie sich erneut auf den Weg. Sie wollte mit dem Fahrrad dem Zug folgen, solange ihre Kräfte reichten.

Ein gespenstisches Schweigen herrschte jetzt in den Gefängnissen von Fresnes und Romainville. Ganz allein lag Yvonne de Bignolles, die Köchin in Romainville, neben dem Strohsack ihrer polnischen Freundin Nora. Sie weinte.

Auch Louis Armand in Fresnes war verzweifelt und fand keinen Schlaf. Vergeblich wartete er darauf, daß jemand mit dem Löffel an die eisernen Gitterstäbe schlug, wodurch in den vorangegangenen Nächten irgendwelche hereingeschmuggelte Nachrichten weitergegeben worden waren. Nichts vernahm er als die Stimme in seinem Inneren, die ihm beharrlich zuflüsterte, daß er und die übrigen Zurückgebliebenen vor dem Abzug der Deutschen liquidiert würden. Im Frauenblock war Geneviève Roberts, eine unscheinbare, schüchterne Sekretärin, die für die Flucht eines FFI-Führers mit ihrer eigenen Freiheit bezahlt hatte, von derselben Angst geschüttelt. Völlig überraschend war kurz nach Mitternacht der Gefängnisgeistliche gekommen und hatte ihr, ohne daß sie darum gebeten hätte, die Kommunion gereicht. Für Geneviève war es keine Frage mehr, ob sie erschossen wurde oder nicht — fraglich war nur das Wann. Kurz nach ein Uhr hörte sie Stimmen und Geräusche. Als sie hinausspähte, sah sie, wie die Wachen eine kleine abgemagerte Frau über den Gang schleiften und wie einen Wäschesack in die benachbarte Zelle stießen. Es war Nora, die schwindsüchtige Sängerin. Ein Hustenanfall hatte sie buchstäblich in letzter Minute vor der Deportation bewahrt.

23

Unteroffizier Hermann Plumpfranck, 43, leerte den Inhalt seiner Schreibtischschubladen in zwei auf dem Bett liegende Pappkoffer und verschnürte diese dann mit einer dicken Schnur. In einem der Koffer befand sich die »harte Währung«, die er in der klugen Voraussicht mitnahm, daß trübe Zeiten im Kommen waren: fünfzig Paar Seidenstrümpfe. Dann stieg er ins Foyer des Hotels Continental hinunter, in dem er vier Jahre seines Lebens zugebracht hatte, rief dem Concierge munter zu, er werde »gegen Weihnachten« wieder zurück sein, und marschierte mit den beiden Koffern los.

Nach langjähriger Gewohnheit hielt er vor dem Zeitungskiosk am Palais-Royal, dem Finanzministerium gegenüber, in dem sein Dienstzimmer war, und verlangte die »Pariser Zeitung«.

»Mon petit Boche«, bedauerte die alte Verkäuferin, »es gibt keine mehr!«

Die Besatzungszeitung hatte ihr Erscheinen eingestellt. Während der Nacht hatte sich die Redaktion nach Brüssel abgesetzt. Plumpfranck hob achselzuckend seine Koffer auf und ging weiter.

Tausende von Etappensoldaten waren an diesem 16. August im Begriff, sich aus dem Staub zu machen. Tags zuvor hatte Warlimont dem OB West mitgeteilt, daß Hitler SS, Gestapo,

SD und die Verwaltungsstäbe ermächtigt habe, die Stadt zu verlassen[1].

Die Lastwagenkolonnen, die in Richtung Osten die Stadt verließen, verursachten die ersten Verkehrsstauungen, die seit Kriegsbeginn in Paris zu beobachten waren. Von den Promenadencafés aus schauten die Pariser ungerührt zu, wie sich wenigstens ein Teil der Besatzungsmacht aus der Stadt zurückzog.

Weniger erfreut waren sie darüber, daß ganze Wagenladungen von »beschlagnahmten« Gegenständen mit nach Osten wanderten, Badewannen, Bidets, Teppiche, Möbelstücke, zahllose Kisten voll Wein, Radios . . . Hauptmann Neuling überraschte im Hotel Majestic einen befreundeten Offizier dabei, wie er mit Schwung die drapierten Stores herunterriß und in die Koffer stopfte – um, wie er erklärte, Stoff mit nach Hause zu bringen, aus dem man später vielleicht einmal Kleider machen konnte. Obergefreiter Werner Hesse beobachtete im Hotel Florida seinen Vorgesetzten, Oberleutnant Thierling, wie er seine Bettlaken mit Telefonkabel verschnürte und dann nach kurzem Überlegen auch gleich das Telefon selbst im Koffer verschwinden ließ.

Hier und da war das Glück auf seiten der Pariser. Oft genug waren einfach keine Lastwagen da, mit denen man das aufgestapelte Gut hätte abtransportieren können. In der Rue Boursault verteilte die Wachmannschaft einer Garage Tausende Flaschen Wein und Cognac, und in der Chaussée-d'Antin hinter der Oper bepackten deutsche Soldaten Zivilisten, die ihren Augen nicht trauten, mit Butterpaketen aus einem Verpflegungslager.

Manche Deutsche verabschiedeten sich gentleman-like. In einer Villa am Boulevard Victor-Hugo in Neuilly dankte ein SS-Oberst in einem Brief »meinem unbekannten Gastgeber für seine unfreiwillige Gastfreundschaft. Ich lasse«, so schrieb er, »die Wohnung so zurück, wie ich sie vorgefunden habe.

[1] Die Verwaltungsstäbe des OB West zogen nach Metz um, die Kriegsmarine nach Saverne und die Luftwaffe nach Reims. Der Oberbefehlshaber ging nach Verzy, das Oberkommando der Armeegruppe B nach Margival bei Soissons.

Gas-, Telefon- und Stromrechnungen sind bezahlt, und die Concierge hat ein Trinkgeld erhalten.« Er habe sich mit Genuß in die drei Bände Voltaire vertieft, die er hiermit wieder in den Bücherschrank zurückstelle. Er fügte eine Abrechnung bei und einen Geldschein mit der Bitte, die beiden Champagnerkelche zu ersetzen, die während seines Aufenthaltes unglücklicherweise zerbrochen seien.

Einige Deutsche stellte dieser Tag vor eine schwere innere Entscheidung; so Hauptmann Hans Werner von der Lagerverwaltung in der Rue Beaujon, der sich vor die Notwendigkeit gestellt sah, zwischen der Wehrmacht und seiner Geliebten Antoinette Charpentier zu wählen. Er entschied sich für Antoinette. Um Mittag verließ er in einem Zivilanzug mit einem kleinen Koffer ihre gemeinsame Behausung in der Avenue Mozart und suchte Zuflucht in einem drittklassigen Hotel in der Rue Henri-Rochefort, wo Antoinette für ihren strahlenden Eroberer vom Jahre 1940 schon einen Unterschlupf vorbereitet hatte. Dort wollten sie sich gemeinsam verborgen halten, bis sich die Verhältnisse wieder normalisiert hatten, um dann zu heiraten.

Auch der Luftwaffen-Unteroffizier Willy Schmitz aus Koblenz beschloß zu desertieren. Er wickelte Uniform und Dienstpistole in eine alte Zeitung, ließ das Bündel unweit der Porte des Lilas in einen Abwasserkanal gleiten und begab sich zu seiner Freundin Marcelle Brasart, um im Hotel Star gemeinsam mit ihr der Dinge zu harren, die da kommen sollten. Eugen Hommens jedoch, den vor drei Tagen die FFI um sein Schießeisen erleichtert hatte, entschied sich im Konflikt zwischen Pflicht und Neigung für erstere. Übrigens hatte der Achtunddreißigjährige keine große Lust, sein Geschick ganz und gar in die Hände einer Französin zu legen, die ihn zudem nicht selten mit ihrer Eifersucht gequält hatte.

Manchem der Abreisenden nahm auch einfach der Zufall die Wahl zwischen Wollen und Müssen ab. Kurz vor der Abfahrt ihres Lastwagens fiel der Sekretärin Maria Fuchs ein, daß sie vor Tagen eine Uhr auf dem Boulevard Haussmann in Reparatur gegeben hatte. Im Geschäft fragte sie der Besitzer erstaunt: »Wie – Sie sind noch nicht weg? Sie müssen sich beeilen, wenn Sie nicht zurückbleiben wollen!« Aber es war bereits zu spät.

Als sie zum Hotel Continental zurückkam, war der Wagen abgefahren.

Sie blieb bei den Tausenden von Soldaten, die sich auf die Verteidigung der französischen Hauptstadt vorbereiteten.

Zweiundzwanzig Jahre alt war der junge Kommunist Jacques Schlosser, der in der Vorstadt Chelles auf einen Lastwagen wartete. Er wollte nach Paris fahren, um dort Waffen abzuholen, die man ihm versprochen hatte, Waffen, die die lokale Widerstandsgruppe brauchte, um das Rathaus von Chelles einzunehmen. Dort sollte nach dem erfolgreichen Aufstand der neue Bürgermeister von Chelles eingesetzt werden. Er hieß gleichfalls Schlosser und war Jacques' Vater.

Ein anderer junger Mann, der am frühen Morgen sein Elternhaus an der Place de la Bastille verließ, war ebenfalls auf der Suche nach Waffen. Bevor sich der Medizinstudent Michel Huchard, nebenberuflich Führer einer katholischen Jugendgruppe, aufs Fahrrad schwang, winkte er noch einmal zu der alten Haushälterin Jeanne hinauf, der er in die Hand hatte versprechen müssen, zu Mittag wieder zurück zu sein. Denn an diesem 16. August war Michels 21. Geburtstag, und Jeanne wollte ihm zum Mittagessen eine Überraschung bereiten.

Aus den verschiedensten Bezirken und Randgemeinden kamen an diesem Tag per Anhalter, zu Fahrrad oder zu Fuß 35 Jugendliche an einem vorausbestimmten Treffpunkt zusammen. Sie gehörten den Jungkommunisten oder der katholischen Jugend an, waren Bauernsöhne oder Städter; sie kannten sich kaum, aber sie gehörten alle demselben lockeren Verband an, den »Forces Unies de la Jeunesse Patriotique«. Sie wollten sich das verschaffen, was im Augenblick noch schwieriger aufzutreiben war als Lebensmittel, nämlich Waffen. Ein gewisser Hauptmann Serge, Verbindungsmann zum alliierten Geheimdienst, hatte ihnen versprochen, sie mit der begehrten heißen Ware zu versorgen.

24

Wie jedermann in Saint-Cloud wußte Thérèse Jarillon, daß der achthundert Meter lange Straßentunnel, dessen Öffnung direkt unterhalb ihres Häuschens gähnte, mit Sprengstoff vollgepackt war. Heute morgen hatte ihr die Putzfrau, Madame Capitaine, eine bestürzende Nachricht überbracht: die Deutschen trafen Anstalten, den ganzen Tunnel zu sprengen. Was das bedeutete, lag auf der Hand. Nach der Sprengung würde von ihrem Häuschen »Mon Rêve« nicht viel übrigbleiben.

Was war zu tun? Sie räumte ihr Buffet aus, wickelte das Geschirr sorgfältig in alte Zeitungen und verbarg die zerbrechliche Ware unter dem Bett. Dann öffnete sie alle Fenster, schaltete Gas, Wasser und Strom ab und machte sich davon, so schnell ihre alten Beine sie trugen.

In Wirklichkeit befand sich in dem Straßentunnel, dessen befürchtete Sprengung Madame Jarillon so sehr aus dem Häuschen gebracht hatte, eine Torpedofabrik mit dem Decknamen »Pilz«. Bis Ende 1943 kam ein großer Teil der Torpedos, die die U-Bootflotte im Atlantik verschoß, aus dieser Fabrik. Als dann der U-Bootkrieg durch die rapide steigenden Verluste an Bedeutung verlor, produzierte »Pilz« unvermindert weiter, so daß sich die gefährlichen Zigarren zu Hunderten in den weitverzweigten Höhlen und Gängen stapelten, in denen auch die Fremdarbeiter dichtgedrängt hausten.

Feindliche Bomben konnten dem Werk nichts anhaben. Alle Ausgänge waren durch Stacheldraht und schwerbewaffnete Posten gesichert. Nur durch eine Sprengung war es zu zerstören.

Und genau dies bereiteten die Leute von der Kriegsmarine vor, als Hauptmann Ebernach, der Sprengexperte von der 813. Pionierkompanie, eintraf. In der Tasche hatte er eine Sondervollmacht des Stadtkommandanten. Er machte große Augen, als er die unterirdischen Gänge inspizierte und dreihundert transportfertige Torpedos zählte. Dazu kamen mehrere hundert Projektile, deren Zünder noch in gesonderten Kisten verpackt waren[1]. Mehrere Male entfuhr ihm ein staunendes »Jun-

[1] Ein Mann, der das Werk »Pilz« gut kannte, weil er die Installie-

ge, Junge!« Zu Hegger sagte er: »Mit dem Zeug hier könnten wir die Hälfte aller Brücken der Welt sprengen!«

Als sie dann zur Verwaltung zurückgekehrt waren — nicht ohne einen anerkennenden Blick auf die lange Reihe rotgestrichener Fässer mit der Aufschrift TNT (Trinitrotoluol) geworfen zu haben —, wandte sich Ebernach an den Marineoffizier, der sie geführt hatte, und sagte kühl und sachlich: »Im Auftrag des Stadtkommandanten von Groß-Paris beschlagnahme ich hiermit die ganze Produktion des Werks.«

Nicht weit vom Eingang des Tunnels schnurrte der schwarze Horch des Stadtkommandanten derweil die Serpentinen zum Hügel hinauf und hielt mit quietschenden Bremsen vor einer stattlichen Villa in der Rue Pozzo-di-Borgo. Hier wartete schon sein ranghöchster Untergebener auf ihn, der Oberstleutnant Hubertus von Aulock, der Mann, der für die Verteidigung der äußeren Linie verantwortlich war[2].

Im holzgetäfelten Studierzimmer der Villa breitete Aulock auf dem dekorativen Bechstein-Flügel eine große Karte aus, an Hand deren man die Verteidigungsmaßnahmen für Groß-Paris erörterte. Nach einiger Zeit kniff Choltitz energisch das Monokel ins Auge und skizzierte mit sicheren Bleistiftstrichen eine Linie auf die Karte. »Hier«, sagte er zu Aulock, »hier werden Sie Paris verteidigen.«

Mit einigem Erstaunen stellte Aulock fest, daß die Linie einen weiten, etwa einhundert Kilometer langen Halbkreis darstellte und der Boineburg-Linie beträchtlich vorgelagert war.

rung des elektrischen Maschinenparks geleitet hatte, war Joachim von Knesebeck, während des Krieges Direktor der Siemens-Werke in Paris und übrigens ein entfernter Verwandter von Choltitz. 1963 sagte er bei einem Gespräch in New York: »Im August 1944 befanden sich im Werk ›Pilz‹ so viele Torpedos, daß man zwei Kriege damit hätte bestreiten können.«

2 Von Aulock war ein überzeugter Nationalsozialist. Zur gleichen Zeit leitete sein Bruder die letzten Verteidigungsanstrengungen der Festung Saint-Malo, die seit Wochen eingeschlossen war. Am nächsten Tag, am 17. August, telegrafierte er Hitler: »Mein Führer, wir haben bis zuletzt gekämpft. Gott schütze Sie. Lange lebe der Führer. Heil Hitler. Aulock.«

Sie begann an der Seine westlich von Poissy, schnitt alle Zugänge zur Stadt vom Westen, Süden und Südosten her, berührte Saint-Germain-en-Laye, Versailles, Palaiseau, Orly und Villeneuve-Saint-Georges und stieß bei La-Varenne-Saint-Hilaire auf die Marne.

Choltitz wußte zwar, daß Aulock diese Linie nicht ohne bedeutende Verstärkungen würde halten können, aber man hatte ihm ja Verstärkungen versprochen. Bis zu ihrer Ankunft sollte Aulock mit seinen 10 000 Mann einen Abwehrring um die Stadt aufbauen. Er akzeptierte auch einen vorteilhaft scheinenden Vorschlag des Obersten Fritz Meise, Kommandeur des 11. Fallschirmjäger-Regiments und Überlebender des berühmten Kampfgeschwaders Richthofen. Meise hielt es für zweckmäßig, die um die Stadt verteilte Flak abzuziehen und zur Panzerabwehr einzusetzen. Zur Fliegerabwehr seien sie überflüssig, denn der Feind werde niemals die Hauptstadt Frankreichs bombardieren.

Nach Beendigung der Konferenz lud Aulock seinen Vorgesetzten zu einem Glas Sekt ein.

Während die drei Männer plaudernd an den großen Flügeltüren standen, erklangen auf einmal die schwermütigen Akkorde einer Melodie von Lützow durch den hohen Raum. Es war Oberst Seidel aus Dresden, Kommandeur einer der drei Kampfgruppen, der sich an den Flügel gesetzt hatte. Das Gespräch verstummte. Mit ihren Gläsern in der Hand standen die Offiziere schweigend beisammen und blickten hinunter auf das im Sonnenglast wogende Meer von Dächern, Kuppeln und Türmen der Stadt Paris.

25

Als Marie-Hélène Lefaucheux in das Marnestädtchen Meaux einbog, war die Turmspitze der Kathedrale Saint-Etienne bereits in rötliches Morgenlicht getaucht. Seit Stunden schon fuhr sie dem hölzernen Viehwagen nach, der ihren Mann die Marne aufwärts in Richtung Osten entführte. Sie war schnell gefahren; sie hatte gut 50 Kilometer zurückgelegt. Aber hier in Meaux verließ sie die Hoffnung, den Zug noch einholen zu können. In jedem Bahnhof, in dem sie sich erkundigt hatte, hatte sie das gleiche hören müssen: der Zug war vor zwei Stunden durchgefahren. Sie hatte sich verzweifelt abgemüht, aber der Abstand hatte sich nicht verkürzt. Es hatte keinen Zweck – sie konnte nicht durch halb Frankreich dem Zug folgen, ohne Hoffnung, ihn jemals zu erreichen.

Sie konnte nicht wissen, daß in diesem Augenblick knappe zwanzig Kilometer entfernt der Zug in einem raucherfüllten Tunnel zu einem unfreiwilligen Aufenthalt gekommen war. Die Meldung jenes Jungen war nicht zu spät gekommen. Hinter einem Tunnel an der Strecke Nanteuil-Saacy hatte ein FFI-Kommando das Gleis auf einer Länge von siebzig Metern in die Luft gejagt. Der Zug kam nicht weiter.

Es würde mindestens 24 Stunden dauern, bis der Schaden behoben war. Da der verantwortliche SS-Offizier einen Überfall befürchtete, ordnete er an, den Zug in den Tunnel zurückzubugsieren. Die fiebernde Hoffnung, die sich der 2453 Häftlinge bemächtigt hatte, als die Lokomotive scharf bremste und sie alle durcheinanderschüttelte, klang bald ab und wich einer zunehmenden Verzweiflung. Seit zwei Stunden schon pumpte die Lokomotive dichte, beißende Rauchwolken in den niedrigen Tunnel. Die Gefangenen schnappten nach Luft, vielen wurde schlecht, eine Panik breitete sich aus. Im Waggon von Yvonne Pagniez erbrachen sich so viele der Frauen, daß der Boden schon völlig von glitschigem, übelriechendem Auswurf bedeckt war. Man sah nichts und vernahm nur mühsames Keuchen und Stöhnen, dazwischen die schrillen Schreie von Frauen, deren Nerven versagten. Hatten die Deutschen vor, sie zu ersticken und zu vergiften? Man hörte die Wachposten aufgeregt am Zug entlang laufen; ihre Stimmen klangen gedämpft, denn sie trugen Gasmasken.

Und doch brachte jede dieser qualvollen Minuten die Gefangenen der Freiheit näher. In einem nahen Pappelgehölz lagen fünf Männer verborgen und schauten auf die Tunnelöffnung hinunter, aus der in Schwaden der Rauch abzog. Sie hatten die Gleise in die Luft gejagt und warteten jetzt auf Verstärkung, um die zweihundert Mann des Begleitkommandos zu überrumpeln und die Gefangenen zu befreien. Ihr Anführer »Gaston«, Lehrer von Beruf, war zuversichtlich. Sie brauchten sich nicht zu beeilen, denn die Deutschen hatten noch nicht mit den Aufräumungsarbeien begonnen.

Aber »Gaston« täuschte sich. Das Glück war auf seiten der schwarzuniformierten Bewacher. Nur fünf Kilometer entfernt machten sie den einzigen Zug ausfindig, der sich im Umkreis von 50 Kilometern befand. Es war ein Viehtransport für die Wehrmacht, der auf einem Nebengleis bei Nanteuil stand. Der Zug dampfte wieder ins Freie, und die Häftlinge mußten aussteigen, um zu Fuß nach Nanteuil zu marschieren. Als die ersten Wagen langsam in die helle Vormittagssonne rollten, radelte eine junge Frau auf einem Feldweg auf die Bahnlinie zu. Es war Marie-Hélène Lefaucheux, die doch nicht aufgegeben und nun endlich den Zug eingeholt hatte. Es gelang ihr, unter den rußgeschwärzten, von Hustenkrämpfen geschüttelten Gestalten, die unsicher über den Schotter der Böschung herunterstolperten, ihren Mann zu erkennen. Jetzt war ihr alles gleich – nichts auf der Welt, nicht einmal ein SS-Posten, sollte sie daran hindern, ein paar Worte mit ihrem Mann zu wechseln. Ohne das Fahrrad loszulassen, stürzte sie auf ihn zu. Als sie bei ihm angelangt war, nahm sie wortlos ihr Taschentuch und wischte ihm vorsichtig den Ruß aus den Augen.

Eigenartigerweise ließen es die Wachmannschaften zu, daß sie ihren bleichen, mühsam dahinschwankenden Mann begleitete. Ihre Hände ruhten fest ineinander, eine wunderbare, bittere Stunde lang. Sie wechselten nur einige wenige im Grund belanglose Sätze, aber Marie-Hélène hat sie nie vergessen. Nein, gebrochen hatten die zurückliegenden Monate ihren Mann nicht, nicht einmal seinen Humor hatten sie ihm nehmen können. Als sie, in Nanteuil angelangt, wieder getrennt wurden, sagte Pierre mit einem leisen Lächeln: »Ich verspreche dir, Marie, wenn wir wieder einmal verreisen, dann werde ich nicht mehr mit dir über die hohen Schlafwagenpreise streiten.«

Von einem Hügel aus sahen fünf Männer dem Zug nach, als er in den Windungen des Tals verschwand. Sie weinten. Die Verstärkungen waren nicht mehr rechtzeitig eingetroffen; sie konnten den Transport jetzt nicht mehr aufhalten.

Vor der Métro-Station Porte Maillot ging ein schlanker, hochgewachsener Mann ungeduldig auf und ab. Genau um 11 Uhr fuhr ein Lastwagen vor und hielt. Der Mann ging auf den Fahrer zu und fragte leise, ob er »wegen der Waffen« komme. Als der Fahrer nickte, fügte er hinzu: »Ich bin Capitaine Serge.« Dann zog er ein Päckchen Zigaretten aus der Tasche und reichte es dem Fahrer mit den Worten: »Da habt ihr was, bis alle da sind.« Wenig später hielten zwei weitere Lastwagen, und bald gingen zwanzig junge Männer auf dem Gehsteig auf und ab und rauchten die Zigaretten des freigebigen Capitaine. Als Jean-Pierre Dudraisil, der auf dem Fahrrad zum vereinbarten Rendezvous unterwegs war, die sorglose Gruppe von fern sah, dachte er: »Was für ein Blödsinn, daß sich alle am gleichen Ort treffen. Wenn wir nur nicht allesamt erwischt werden!« Schließlich waren sie alle versammelt, die jungen Kommunisten aus Chelles und die Widerstandskämpfer aus den Reihen der »Jeunes Chrétiens«, unter ihnen ein Mädchen, Diane Boursier.

Der Capitaine hieß sie die Lastwagen besteigen. Die Planen mußten dicht festgezurrt werden, »damit die Deutschen keinen Verdacht schöpfen«.

Zweimal sollte unterwegs angehalten werden, beim zweiten Mal in der Garage, in der die Waffen versteckt waren. Er selbst wollte zu Fahrrad den Konvoi anführen.

Die drei Lastwagen setzten sich in Bewegung und fuhren langsam hinter Serge her. Schon fünf Minuten später hielten sie an. Diane lüftete einen Zipfel der Plane und schrie entsetzt auf. Mit Maschinenpistolen bewaffnete deutsche Soldaten näherten sich von allen Seiten. Die jungen Franzosen wurden gezwungen, die Wagen zu verlassen. Mit erhobenen Händen wurden sie in den Hof des Gestapogebäudes in der Rue des Saussaies geführt, der schon für viele Franzosen die letzte Station ihres Lebens gewesen war. Man ließ sie stundenlang stehen; dann holte man sie einzeln zum Verhör. Diane wurde in eine im fünften Stock gelegene Zelle gebracht.

Um 8 Uhr abends wurde die Zellentür aufgeschlossen. Man teilte ihr mit, daß sie nach Hause gehen könne. »Was habt ihr mit meinen Kameraden gemacht?« fragte sie. »Auf die passen wir schon auf«, lautete die trockene Antwort.

Am nächsten Morgen suchten in einer Garage in der Rue Chardon-Lagache verzweifelte Eltern nach den Leichen ihrer Kinder. Siebenunddreißig Leichen waren aus dem Bois de Boulogne hierher gebracht worden. Die von Handgranaten zerrissenen jungen Leiber waren kaum mehr zu identifizieren. Alexandre Schlosser, der in Chelles hatte Bürgermeister werden sollen, erkannte seinen Sohn lediglich an den auf seinem Handgelenk eintätowierten Buchstaben J. S. Doch die meisten der Opfer waren so zerfetzt, daß sie von den eigenen Eltern nicht mehr erkannt wurden.

26

Der Leutnant Ernst von Bressendorf, 27 Jahre alt und im Augenblick diensttuender Offizier der 550. Nachrichtenkompanie, fuhr zusammen, als auf der Schalttafel vor ihm die rote Signallampe zu blinken begann. Das bedeutete, daß das Hotel Meurice per Direktleitung von Berlin oder Rastenburg aus angerufen wurde. Acht von 24 Stunden tat Bressendorf hier oben im dritten Stock des Hotels Dienst.

Zwar lag ihm der Dienst nicht besonders, hatte ihm aber doch ein schätzenswertes Vorrecht beschert: er konnte als einziger Fernmelder die Direktleitung nach Berlin benützen. Zwar durfte er sich nicht erwischen lassen, denn er konnte dafür vors Kriegsgericht gestellt werden. Aber gelegentlich riskierte er es. So hatte er sich vor vier Tagen mit seinen Eltern in Leipzig verbinden lassen und von ihnen etwas erfahren, das schon ein Risiko wert war: seine Frau hatte einer kleinen Tochter das Leben geschenkt!

Heute war das OKW selbst am Apparat. Mit schnarrender Stimme verlangte Jodl das Dienstzimmer des Kommandanten. Neugierig beschloß Bressendorf, das Gespräch mitzuhören.

Schon bei den ersten Worten, die Jodl mit von Choltitz wechselte, horchte der Leutnant auf. Jodl wollte wissen, wie weit man mit den für Paris angeordneten Zerstörungen gediehen sei. Hitler wünsche zu der in einer Stunde stattfindenden Lagebesprechung einen Bericht über die bisher getroffenen Maßnahmen. Lange schwieg von Choltitz. Dann antwortete er zögernd, er habe mit den Sprengungen leider noch nicht beginnen können, da die Sprengspezialisten erst vor 24 Stunden eingetroffen seien.

Jodl, so erinnert sich Bressendorf, war »äußerst enttäuscht«. Der Führer, so hielt er dem Stadtkommandanten vor, sei sehr, sehr ungeduldig.

Nun wiederholte von Choltitz, was er schon tags zuvor dem OB West gesagt hatte. Wenn man sofort mit den Zerstörungen beginne, sei ein allgemeiner Aufstand in der Stadt nicht mehr zu unterdrücken. Er schlage vor, mit den Vorbereitungen fortzufahren, aber mit den Sprengungen noch ein paar Tage zu warten. Jodl versprach, dem Führer diesen Vorschlag zu unterbreiten und ihn dann noch einmal anzurufen. Choltitz möge sich aber keine Hoffnungen machen, daß die Anweisungen abgeändert würden; die Vorbereitungen müßten so schnell wie möglich vorangetrieben werden.

Choltitz beendete das Gespräch mit einer erfreulichen Meldung. Die Stadt sei bis jetzt ruhig, und die Widerstandsbewegung habe sich bisher noch nicht hervorgewagt.

Ein nachmittäglicher Gewitterschauer hatte eingesetzt, und vom Fenster des Klubhauses aus sah man, wie sich auf den roten Tennisplätzen flache Pfützen bildeten. Martin, der Platzwart des Tennisklubs Jean Bouin, wandte sich wieder seinen Zeitungen zu. Heute waren keine Spieler mehr zu erwarten. Aber er sollte sich getäuscht haben. Gerade hatte er es sich bequem gemacht, als jemand heftig an die Hintertür klopfte. Draußen stand, tropfnaß und mit einem Einkaufsnetz in der Hand, ein alter Bekannter, Jacques Chaban-Delmas, der noch vor einer Woche draußen auf dem Platz eine glanzvolle Partei gespielt hatte.

»Wo kommen Sie denn her bei diesem Unwetter?« fragte Martin.

»Ich war in Versailles, um dieses mickrige Huhn aufzutreiben!«

In Algier beschloß de Gaulle, nach Frankreich zurückzukehren, nicht zuletzt auf Grund der Informationen, die er von Chaban-Delmas erhalten hatte. Während der Ventilator an der Decke träge in der stickigen Luft rührte, unterzog sich der General dem schwierigsten und peinlichsten Akt des ganzen Unternehmens: Er ersuchte schriftlich den General Sir Henry Maitland

Wilson, den obersten alliierten Militärbefehlshaber in Algier, um die Genehmigung, nach Frankreich fahren zu dürfen. Zur Begründung gab er an, er wolle die befreiten Gebiete inspizieren. In Wirklichkeit waren seine Pläne etwas ehrgeiziger: er hatte nicht vor, wieder zurückzukehren, sondern wollte seine Regierung nachkommen lassen und sich für dauernd in Frankreich, genauer gesagt, in Paris niederlassen. Mochten die Alliierten auch Gesichter machen, mochte sich Roosevelt auch weigern, ihn als Regierungschef anzuerkennen — er gehörte jetzt nach Paris. Aus zwei Gründen hielt er es nicht für angebracht, SHAEF diese Pläne zu offenbaren. Erstens gingen seine Absichten das alliierte Oberkommando überhaupt nichts an. Zweitens würden seine Verbündeten alle Hebel in Bewegung setzen, um ihn hier, in Algier, auf Eis zu legen.

Vor einigen Tagen hatte de Gaulle von einem letzten verzweifelten Schachzug Lavals gehört. Laval bemühte sich mit Erfolg um die Freilassung von Edouard Herriot, dem angesehenen Parlamentspräsidenten, aus deutscher Internierung. Laval hoffte, Herriot werde das Parlament wieder einberufen und eine den Alliierten genehme Regierung bilden — natürlich ohne de Gaulle. Für derlei Winkelzüge hatte de Gaulle nur Verachtung übrig, wenn er auch Wind davon bekommen hatte, daß der Plan die Unterstützung der Alliierten fand[1]. Ein Grund mehr für de Gaulle, schleunigst nach Paris zurückzukehren.

Zufrieden dachte General Eisenhower an diesem Abend, als er in seinem Kommandowagen »Shellburst« die Karte studierte, an die deutschen Truppenmassen, die im Kessel von Falaise eingeschlossen waren. Aber mit seinen Überlegungen war er schon bei der nächsten Phase der Schlacht um Frankreich, bei

[1] In seinen Memoiren (Bd. II, S. 290) erklärte de Gaulle: »Anfang August hatte Laval Grund zu glauben, daß er die notwendige Unterstützung erhalten könne. Durch André Enfière, einen Freund von Herriot, der den Amerikanern als Verbindungsmann zum Kammerpräsidenten diente und Kontakte zu Allan Dulles in Bern hatte, war ihm versichert worden, daß Washington einen Versuch, de Gaulle mattzusetzen oder auszumanövrieren, nicht ungern sähe.« Mr. Dulles hat allerdings den Verfassern gegenüber diese Anschuldigung de Gaulles entschieden zurückgewiesen.

dem Stoß auf und über die Seine. Über die Lage in Paris machte er sich keine Gedanken, denn niemand hatte den Oberkommandierenden darauf hingewiesen, daß die Stadt am Rande eines Aufruhrs stand. Die Warnung von Chaban-Delmas hatte den Mann nicht erreicht, dessen Pläne er ändern wollte.

Auf einem Hügelrücken über den grauen Dächern des Dörfchens Tousson, sechzig Kilometer südlich von Paris, glomm ein nur von oben zu sehender Lichtpunkt auf. Gleich darauf folgte sechshundert Meter weiter östlich ein zweiter, dann, in der gleichen Entfernung nach Süden, ein dritter. Über die Hochfläche verstreut lagen, in hohes Gras geduckt, mehrere Dutzend Männer und beobachteten gespannt das Lichtsignal.

Die Männer gehörten zu einer Kampfgruppe, die einem hünenhaften Dreißiger mit Decknamen Fabri[2] unterstand. Mit Fliegerhemd und Skihose bekleidet, verfolgte Fabri von seinem Zelt im Wald von Darvaux aus zufrieden die Nachtübung seiner Leute. Hier oben auf dem Plateau befanden sich in sorgfältig getarnten Verstecken Waffen für nicht weniger als tausend Mann. Die Männer, die sich in den weiten Wäldern von Fontainebleau, einst die Jagdgründe königlicher Hoheiten, verborgen hielten und von dem Zelt mit den zwei Tischen und dem batteriegespeisten Funkgerät aus befehligt wurden, waren eine vorzüglich ausgebildete, verläßliche Truppe.

Seit Mai übten sie nun schon fast jede Nacht. Bald sollte hier oben ein Flugzeug landen, dessen Passagier sofort in einem der beiden erbeuteten Wehrmachtsautos durch die deutschen Kontrollen nach Paris geschafft werden mußte. Etwaige Verfolger waren unter allen Umständen aufzuhalten.

An diesem Abend war Fabri von einem Treffen mit dem Mann zurückgekehrt, der ihm diesen Auftrag erteilt hatte. Im Dunkel der Kirche Saint-Sulpice hatte Chaban-Delmas seinem Kampfgenossen die Losung mitgeteilt, mit der das Unternehmen anlaufen sollte. Von nun an war höchste Alarmbereitschaft.

Nach der Nachtübung ließ Fabri seine beiden Adjutanten in das Kommandozelt kommen und wies sie an, von jetzt an dau-

[2] Fabri hieß richtig Paul Delouvrier und war Finanzinspektor.

ernd das Radio abzuhören, bis ein bestimmter Satz durchgegeben wurde. Er lautete: »Astu bien déjeuné, Jacquot?« Genau sechs Stunden nach der Durchsage sollte über der benachbarten Hochfläche ein Sportflugzeug einschwenken, zur Landung ansetzen und ihnen die wichtige Person anvertrauen, auf die sie schon seit zweieinhalb Monaten warteten.

Fabri blickte lächelnd in die gespannten Gesichter der beiden Offiziere. »Meine Herren, ich kann es Ihnen jetzt ja sagen: der Mann, der aus dem Flugzeug steigen wird, ist kein anderer als General de Gaulle.«

27

Zur gleichen Vormittagsstunde wie jeden Tag passierte der kleine Mann mit dem schwarzen Homburg die beiden Wachsoldaten und bog in den Gang ein, der unter der achteckigen Kuppel des Palais du Luxembourg endete. Marcel Macary war der Konservator des Palastes und der einzige Franzose, der in dem Gebäude, wo seit dem 25. August 1940 Feldmarschall Sperrle mit seinem Luftwaffenstab residierte, frei ein- und ausgehen konnte. Tags zuvor, am 16. August, hatten die blaugrauen Uniformen das Gebäude geräumt und sich nach Reims verzogen – freilich nur, um einer feldgrauen SS-Kampfgruppe Platz zu machen.

Für Macary kündigte der Wechsel das Ende eines kurzen und bald ganz vergessenen Kapitels in der vierhundertjährigen Geschichte seines geliebten Palastes an und sprach schon deutlich von dem bevorstehenden großen Ereignis, der Befreiung von Paris.

Bald würde er der Hauptstadt das Bauwerk, das er in den vergangenen Jahren wie seinen Augapfel gehütet hatte, unversehrt zurückgeben können.

Wie jeden Morgen begann er mit einem Rundgang, um die Kunstwerke des Gebäudes zu inspizieren. Zuerst kam die dreihunderttausend Bände umfassende Bibliothek an die Reihe, deren Raritäten vor Neugierigen und Marodeuren durch eine zwei Meter hohe Bretterwand geschützt waren, die er 1941 hatte aufziehen lassen. Dann warf er einen Blick auf das Gemälde über dem Haupteingang, »Alexander, der die Werke Homers in der goldenen Kassette des Darius einschließt« von Delacroix. Dieser Anblick war ihm eine besondere Genugtuung, hatte er doch durch List und Beharrlichkeit erreichen können, daß das Bild nicht den Sammlungen Hermann Görings einverleibt wurde.

Er schritt durch den Goldenen Saal, von dem aus Maria von Medici regiert und intrigiert hatte, und durch den Großen Salon, von dessen Wand ein überlebensgroßer Napoleon grollend auf die Preußen hinabsah, die an derselben Tafel ihre Feste feierten, an der er einst mit Josephine diniert hatte. Zuletzt wollte er in den Ehrenhof schauen, wo die Deutschen dabei waren, einen dritten Luftschutz-Unterstand auszuheben.

Aber zu seiner Verblüffung versperrte ihm ein junger SS-Soldat mit vorgehaltener Maschinenpistole den Weg. Ehe er sich achselzuckend abwandte, erkannte Macary den Grund hierfür. Im Innenhof standen mehrere LKW, aus denen Angehörige der Organisation Todt schwere Holzkisten ausluden. Jede Kiste trug die Aufschrift »Achtung – Ekrasit!«, dazu einen Totenkopf mit gekreuztem Gebein. Auf dem Pflaster lagen Preßluftbohrer, die an die Kompressoren der Lastwagen angeschlossen waren.

Kein Zweifel – die Deutschen wollten das Palais zur Sprengung vorbereiten, in den letzten Tagen die Arbeit von Jahren zunichte machen! Erschrocken zerbrach sich Macary den Kopf, ob er dagegen etwas tun konnte. Plötzlich hatte er einen Einfall: vielleicht konnte François das Äußerste verhindern, François Dalby, der Elektriker.

Nicht nur im Palais du Luxembourg begann man an diesem Morgen, den Führerbefehl zügig und unauffällig in die Tat umzusetzen. Man beschränkte sich keineswegs auf Fabriken und Kraftwerke. Am Tor des Ehrenhofs im Palais-Bourbon, zu dessen Komplex auch die Abgeordnetenkammer gehört, stand der Obergefreite Otto Dunst von der 813. Pionierkompanie und überwachte die An- und Abfahrt der mit Sprengstoff beladenen Lastwagen. Er hatte Anweisung, eine Tonne Sprengstoff bereitzustellen, die für die Sprengung des Palais-Bourbon und des französischen Außenministeriums am Quai d'Orsay gebraucht wurde.

In den Panhard-Werken an der Avenue d'Ivry, die Einzelteile für die V 2 herstellten, wartete Feldwebel Walter Hoffmann von der 511. Zugwachabteilung auf zwei Lastwagen mit TNT. Sein Vorgesetzter, Major Steen, hatte ihm den Befehl erteilt, die Lastwagen in Empfang zu nehmen, mit deren Fracht die Fabrik in die Luft gejagt werden sollte, vor allem aber – und dies machte ihm ein wenig Kopfzerbrechen – die Sprengsätze anzubringen, ohne daß die französischen Arbeiter etwas davon merkten.

In der Avenue de Suresnes 10 klingelte um 10 Uhr vormittags das Telefon auf dem Schreibtisch von Joachim von Knesebeck, dem Siemens-Direktor für Frankreich. Das Hotel Meurice wünschte ihn zu sprechen. Ein unbekannter Offizier gab Knesebeck die Anweisung, die Maschinen der großen Schneider-Westinghouse-Werke in Fontainebleau zu zerstören.

In der Rue Saint-Amand, nicht weit vom Städtischen Schlachthof, begannen die Feldwebel Bernhard Blache und Max Schneider vom 112. Nachrichtenregiment mit der Verteilung einer Tonne Dynamit und von 200 Sprengkapseln, mit denen das Fernmeldeamt von Paris außer Betrieb gesetzt werden sollte. Mit seinen unzähligen Fernsprechkabeln und seinen 232 Fernschreibern war es das militärische Nachrichtenzentrum im besetzten Frankreich, über das die Meldungen von und nach ganz Westeuropa liefen, von Spanien bis hinauf nach Norwegen. Blaches Chef, der Oberleutnant von Berlipsch, wollte die Sprengladungen von einem in der Nähe geparkten Auto aus zünden, während gleichzeitig Oberleutnant Daub ein zweites Fernmeldeamt in Les Invalides in die Luft jagen sollte.

Der Mann, der diese Unternehmungen angeordnet hatte, inspizierte an diesem Vormittag zum zweitenmal die Büros im vierten Stock des Hotels Meurice, in dem er die Sprengexperten aus Berlin einquartiert hatte. Sie waren nicht untätig gewesen. Im Laufe des Vormittags hatten sie fünf Fabriken inspiziert, darunter die Renault-Werke und die Flugzeugfabrik Louis Blériot. Auf ihren Lichtpausen hatten sie überall da, wo ein Sprengsatz plaziert werden sollte, ein rotes Kreuz eingetragen. »Es wimmelte nur so von roten Kreuzen«, wie von Choltitz sich später erinnerte.

In seinem Dienstzimmer erwartete ihn wieder sein Stabschef von Unger und überreichte ihm wortlos ein Fernschreiben des OB West. Es trug den Vermerk »Dringend und streng geheim!« sowie die Unterschrift Kluges. Es war vor allem der letzte Satz des vierten Abschnittes, der die Aufmerksamkeit von Choltitz' gefangennahm: »Ich befehle die Durchführung der für Paris vorgesehenen Lahmlegungs- und Zerstörungsmaßnahmen.«

Die beiden Männer, die im chaotischen Durcheinander, das im Hotel Majestic herrschte, treppauf und treppab hasteten, waren auf der Suche nach einer Unterschrift. Aber allem Anschein nach umsonst. Der Militärbefehlshaber Frankreich hatte sich in eine andere Ecke seines unaufhaltsam schrumpfenden Herrschaftsbereichs zurückgezogen. Raoul Nordling und sein Verbündeter »Bobby« Bender waren zu spät gekommen.

Sie hatten gehofft, endlich die Frucht ihrer viertägigen unablässigen Bemühungen ernten zu können, hatten gehofft, daß die 3893 noch in Paris befindlichen politischen Gefangenen dem Roten Kreuz unterstellt und damit vor einer Hinrichtung im letzten Augenblick gesichert würden. Vor einer halben Stunde hatten sie mit dem Stadtkommandanten gesprochen. Dieser hatte ihnen versichert, er habe nicht das geringste Interesse an den Häftlingen und werde sie freigeben — vorausgesetzt, daß er durch die Unterschrift eines vom Militärbefehlshaber Frankreich bevollmächtigten Offiziers gedeckt sei. Zum erstenmal hatten die beiden Männer einen Silberstreifen am Horizont gesehen.

Die beiden blieben wie angewurzelt stehen, als sie ein kurzes, metallisches Geräusch vernahmen. Es kam aus dem Zimmer von Major Joseph Huhm, dem Stabschef des Militärbefehlshabers, der verdrossen die Blechtür seines Aktenschrankes zuschlug. Die Papiere, die er enthalten hatte, brannten im Kamin. Huhm war der letzte Offizier im ganzen Hotel, aber nun wollte auch er zu dem Stabswagen hinübergehen, der in der Avenue Kléber auf ihn wartete, und sich dem allgemeinen Auszug nach Osten anschließen.

Nordling und Bender stürzten in das Zimmer. Huhm hörte sie an, wenn auch mit allen Zeichen der Ungeduld. Schließlich erklärte er bedauernd, ohne die Genehmigung seines Vorgesetzten, des Generals Kitzinger, könne er nichts unternehmen, aber der sei bereits in Nancy. Der Schwede zog zwar enttäuscht die Mundwinkel nach unten, wodurch er das Aussehen einer alternden Bulldogge erhielt, aber so leicht war er nicht abzuwimmeln. Einen Trumpf hatte er noch in der Hand: er könne dem Major zusichern, daß für jeden französischen politischen Gefangenen, den der Militärbefehlshaber entlasse, fünf deutsche Kriegsgefangene freikämen. Huhm zeigte auf einmal Interesse. Wer garantiere, daß die Bedingungen eines solchen Austauschs eingehalten würden? Der Schwede versicherte feierlich, daß ihn höchste alliierte Instanzen zu diesem Angebot ermächtigt hätten. Huhm war nicht abgeneigt; er werde eine solche Übereinkunft in Erwägung ziehen, vorausgesetzt, daß sie in juristisch einwandfreier Form beurkundet werde. »Es ist jetzt Mittag«, sagte er, auf die Uhr blickend, »in einer Stunde muß ich weg sein.«

Nordling und Bender setzten sich wieder in Trab und holten einen Notar herbei, der den Menschenhandel in juristisch einwandfreier Form beurkundete. Zum Schluß setzte der Major seinen Namen unter den zwölf Punkte umfassenden Vertrag, zufrieden schmunzelnd in dem Bewußtsein, dem Reich 15 000 Soldaten zurückgewonnen zu haben. Er wies die Kommandanten der Haftanstalten an, die politischen Häftlinge in fünf Gefängnissen, drei Lagern und drei Krankenhäusern dem Schutz des schwedischen Generalkonsuls zu unterstellen. Aufatmend schaute dieser auf die Uhr – es war genau ein Uhr. In den letzten fünfeinviertel Stunden hatte er mit beträchtlichem Verhandlungsgeschick ein Abkommen mit den Deutschen zuwege gebracht, durch welches das Leben von Hunderten von Franzosen gerettet wurde.

Auch Hauptsturmführer Brünner, der Kommandant des jüdischen Internierungslagers in Drancy, blickte auf die Uhr, allerdings nicht erleichtert, sondern ungeduldig, denn es war höchste Zeit, daß der Zug mit den Deportierten endlich den Bahnhof von Bobigny verließ. Von allen Zügen, die Brünner in den letzten Jahren für die Gaskammern von Auschwitz zusammengestellt hatte, war dies der kürzeste – er bestand aus einem einzigen, freilich überfüllten Viehwagen. Die vierzig Waggons, die er durch Georges Apel bestellt hatte, waren ausgeblieben; er mußte mit diesem einen zufrieden sein, den er auf einem Nebengleis aufgetrieben hatte. In ihm befanden sich Georges Apel und neunundvierzig andere Juden, die Brünner selbst zur Deportation ausgesucht hatte. Im gleichen Augenblick, da einige Kilometer entfernt Major Huhm durch einen Federstrich das Leben der 1482 in Drancy verbliebenen Häftlinge rettete, gab Brünner durch ein Handzeichen für die fünfzig den Weg nach Auschwitz frei.

Aber noch ehe der Zug anruckte, eilte Brünners Adjutant, Leutnant Hans Kopel, auf ihn zu. Er habe telefonische Anweisung erhalten, sich in der Avenue Foch, im Dienstgebäude der Gestapo, zu vergewissern, ob alle Akten vernichtet worden seien, und dazu brauche er eine Hilfskraft.

»Holen Sie den Apel raus«, erwiderte Brünner gleichmütig. »Er wird mit Ihnen gehen.«

»Angenommen, daß an dieser Stelle« – der Zeigefinger des Stadtkommandanten fuhr über die auf seinem Schreibtisch ausgebreitete Karte und hielt irgendwo inne – »daß hier, auf der Place de l'Opéra, auf einen meiner Soldaten geschossen wird. Wissen Sie, was ich dann tue? Ich lasse den Häuserblock an allen vier Ecken anzünden und alle Bewohner erschießen!« Die erforderlichen Truppen habe er für eine solche Maßnahme; er verfüge über 22 000 Soldaten, vorwiegend SS-Verbände, über 100 Tiger-Panzer und 90 Flakgeschütze.

Pierre Charles Taittinger, dem Vichy-Bürgermeister von Paris, lief es eiskalt über den Rücken hinunter. Ein anonymer Anrufer hatte ihm mitgeteilt, die Deutschen ließen die in der Nähe der Brücken gelegenen Häuser räumen, und diese Nachricht hatte ihn so erschreckt, daß er sofort um ein Gespräch mit von Choltitz nachgesucht hatte. Für Taittinger war dieser General, der so eiskalt vom Niederbrennen ganzer Häuserblocks sprach, ein Mann von »finsterer Entschlossenheit«. Er hatte gehofft, daß von Choltitz mit sich reden lassen würde – aber dazu war der General offensichtlich nicht bereit.

Von Choltitz fuhr mit dem Finger auf der Karte dem blauen Band der Seine nach. »Als Offizier werden Sie verstehen, M. Taittinger, daß ich in Paris bestimmte Maßnahmen ergreifen muß. Es ist meine Pflicht, das Vordringen der Alliierten so lange wie möglich aufzuhalten.«

Dann zählte er auf, welche Maßnahmen er in Erwägung gezogen hatte: die Zerstörung der Brücken, der Energieversorgungsanlagen und der Eisenbahnlinien.

Taittinger war entsetzt – dieser Mann war offensichtlich entschlossen, die französische Hauptstadt kaltblütig dem Erdboden gleichzumachen. Daran hindern konnte er ihn nicht. Er konnte allenfalls den Versuch machen, den trockenen, kühlen Preußen vom Gefühl her anzusprechen. Ein unerwarteter Zwischenfall gab ihm dazu Gelegenheit. Der kleine General, der sich allmählich in Erregung geredet hatte, wurde unversehens von einem Asthma-Anfall geschüttelt, und Taittinger schlug vor, auf einen der Balkons hinauszutreten, von dem man auf die Gärten der Tuilerien hinabsah.

Taittinger brauchte nicht nach Argumenten zu suchen – sie lagen vor ihren Augen. Unter ihnen radelte ein junges Mädchen im hellen Sommerkleid, und der Wind blähte fröhlich ihren Rock auf. Weiter vorn ließen zwischen rotglühenden Tulpenfeldern und teppichgleichen Rasenflächen kleine Jungen ihre Segelboote in dem von Le Nôtre entworfenen Teich schwimmen und träumten davon, Kapitän und Admiral zu sein. Auf der anderen Seite des Flusses schimmerte in der Mittagssonne bleiern die Kuppel des Invalidendomes, und nicht weit davon ragte der Eiffelturm in den wolkenlosen Himmel.

Tief bewegt wies Taittinger auf die Stadt, die ihnen zu Füßen lag. »Oft«, sagte er leise, »oft muß ein General zerstören, und nur selten ist es in seine Macht gegeben, etwas zu beschützen und zu bewahren. Eines Tages könnten Sie als friedlicher Besucher wieder hier auf diesem Balkon stehen und den Blick über die Denkmäler unserer Freuden und Leiden schweifen lassen, und dann könnten Sie sich sagen: ›Einst hat es in meiner Macht gestanden, all dies zu zerstören, aber ich habe es bewahrt, um es der Menschheit neu zu schenken.‹«

»Herr General«, fügte er hinzu, »ist das nicht mehr wert als der Ruhm des Eroberers?«

Von Choltitz schwieg lange. Als er dann Taittinger ansah, hatte seine Stimme einen wärmeren Klang. »Sie sind ein guter Anwalt für Paris, M. Taittinger. Sie haben Ihre Pflicht erfüllt.

Und ebenso muß ich als ein deutscher General meine Pflicht erfüllen.«

Seit der Abfahrt des letzten Transports hatte Louis Armand kaum etwas zu essen bekommen – nur ein Stück Roquefort schob man ihm hin, das er aber unberührt stehen ließ, denn schon als Kind hatte er keinen Käse gemocht. Hunger wühlte in seinen Gedärmen und machte ihn schwindlig, so daß er zuerst an Halluzinationen glaubte, als er den Lärm hörte. Eiserne Zellentüren wurden rasselnd aufgeschlossen und öffneten sich hallend – er hörte aber nicht, daß sie wieder geschlossen wurden. War es so weit? Wurden jetzt die Zurückgebliebenen erschossen?

Dasselbe Geräusch vernahm Geneviève Roberts, die schüchterne Sekretärin, im Frauenblock. Es dauerte nicht lange, da flog die Tür ihrer eigenen Zelle auf, und ein blonder Wachsoldat streckte den Kopf herein. »Raus!« Geneviève bekreuzigte sich und stand auf.

Unten im Hof wartete der schwedische Generalkonsul Raoul Nordling, bis die Häftlinge zum Zählen angetreten waren – es waren insgesamt 532, einschließlich dreier zum Tode Verurteilter[1].

Dies war sein erster Sieg, aber noch war die Schlacht nicht gewonnen. Der Kommandant, dem die ganze Sache etwas bedenklich vorkam, erklärte, er könne die Gefangenen nicht vor dem nächsten Morgen freigeben, sei jedoch bereit, schon für die Nacht dem Roten Kreuz die Aufsicht zu überlassen.

Ungeduldig beobachtete Nordling, wie die Häftlinge sich langsam aufstellten – er hatte noch viel vor. Vor dem Gefängnistor stand sein Citroën mit laufendem Motor. Er wollte zuerst nach Drancy und dann nach Romainville und Compiègne fahren. Und immer noch hatte er die Hoffnung nicht aufgegeben, auch den Transportzug mit Pierre Lefaucheux, Yvonne Pagniez und 2451 anderen noch vor der deutschen Grenze aufhalten zu können.

[1] Ganz zuletzt noch hatte Nordling Huhm bewegen können, durch einen Zusatzparagraphen auch die Freilassung der zum Tode Verurteilten zu bewilligen.

Brigadegeneral Julius Holmes vom SHAEF-Hauptquartier in London mußte in den Hörer hineinschreien, um sich durch das Rauschen und Knacken in der Leitung hindurch verständlich zu machen. Das war kein Wunder, denn das andere Ende der Leitung befand sich 5700 Kilometer weiter westlich im Büro von John J. McCloy im State Department. Holmes, der Leiter der Abteilung Zivilverwaltung beim SHAEF, hatte mit Washington eine heikle Angelegenheit zu besprechen — die geplante Rückkehr de Gaulles nach Frankreich.

»Wie steht es nun mit der Rückkehr de Gaulles«, fragte er, »bestehen seitens der Regierung irgendwelche Einwände dagegen? Wir wollen in dieser Sache ganz sichergehen.«

»Wohin will er denn gehen, und welche Gründe gibt er an?«

Holmes erklärte, der General wolle die befreiten Gebiete aufsuchen.

»Wie lange will er bleiben?« erkundigte sich McCloy. Darauf konnte ihm Holmes keine Antwort geben.

McCloy war sofort im Bilde. »Er will also höchstwahrscheinlich drüben bleiben. Wenn es sich nicht nur um einen Besuch handelt, ist die Angelegenheit problematisch. Ist es nicht besser, Sie fragen ihn noch einmal, was er wirklich vorhat, und machen ihm klar, daß davon die Entscheidung abhängt?[2]«

Wenn es sich tatsächlich nur um einen einfachen Besuch handle, könne Holmes von sich aus die Erlaubnis erteilen. Andernfalls müsse er unverzüglich sich mit Washington in Verbindung setzen.

Holmes legte den Hörer auf und bat telegrafisch Maitland Wilson um die erwünschte Auskunft. Nach wenigen Stunden erhielt er aus Algier die Zusicherung, daß de Gaulle nur einen kurzfristigen Besuch plane und nicht die Absicht habe, endgültig in Frankreich zu bleiben. Holmes telegrafierte zurück, daß er in diesem Fall keine Einwände habe.

[2] Die Frage, wie sich Roosevelt entschieden hätte, wenn ihm die wirklichen Absichten de Gaulles bekannt gewesen wären, kann natürlich nicht bündig beantwortet werden. Jedoch haben drei leitende Beamte des Außenministeriums, die damals in der Frankreich-Abteilung arbeiteten, dem Verfasser gegenüber erklärt, Roosevelt hätte zumindest alles versucht, um die Rückkehr de Gaulles noch aufzuschieben.

Der Aufenthalt sollte freilich länger dauern, als Holmes ahnte und Washington wünschte.

28

Ein lauer Sommerwind trug helles Kinderlachen von den Tuileriengärten zu dem Balkon hinauf, wo General von Choltitz, nunmehr allein, noch an die Worte dachte, die er vor einer Viertelstunde von Taittinger vernommen hatte. Aber bald schon hörte er, wie Unger nach ihm rief, und ehe er antworten konnte, trat ein Offizier in langem Ledermantel in sein Dienstzimmer.

»Feldmarschall Model!« meldete Unger nachträglich. Von Choltitz schaute verwundert auf den Besucher, dessen mokantes Lächeln er gut kannte und der noch keine Zeit gefunden hatte, Mantel und Stiefel vom Reisestaub zu säubern. Was suchte Model, der Befehlshaber der Heeresgruppe Ukraine, hier in Paris? Model beantwortete seine Frage, bevor sie ausgesprochen war. Er habe von Kluge als Oberbefehlshaber im Westen abzulösen und unter allen Umständen Paris und die Seinelinie zu halten[1]. Im übrigen halte er es für notwendig, mit den chaotischen Zuständen an der Westfront aufzuräumen; die versprengten Haufen, die er auf der Straße von Metz nach Paris gesehen habe, seien ein Skandal.

Von Choltitz wußte, daß angesichts des Rufs, in dem Model stand, diese Worte für bare Münze zu nehmen waren. Model war ein überzeugter Nationalsozialist, ein Soldat von unbeugsamem Willen und großem Mut. Er war sehr temperamentvoll und fällte seine Entscheidungen, ohne zu zögern, aber mit großer Sicherheit. In der Akte, die der US-Geheimdienst von ihm angelegt hatte, hieß es: »Er ist Hitler mit Leib und Seele ergeben. Für ihn gibt es kein Unmöglich.«

So unangenehm von Choltitz über Models Ankunft überrascht war, war es ihm dadurch doch möglich, das von Kluge

[1] Bekanntlich beging von Kluge am nächsten Tag in der Nähe von Metz Selbstmord, nachdem er in einem letzten Brief Hitler noch beschworen hatte, im Westen Frieden zu machen.

angeordnete und militärisch so sinnlose Zerstörungswerk noch eine Zeitlang aufzuschieben, denn Model wies ihn an, nichts zu unternehmen, bevor er sich in seinem neuen Kommando umgesehen habe.

Daß er allerdings von diesem Aufschub nicht viel erwarten durfte, wurde ihm klar, als er den Feldmarschall zum Wagen geleitete und Model sich noch einmal zu ihm wandte. Seine Worte vertraute Arnim am Abend getreulich seinem grünledernen Tagebuch an: »Glauben Sie mir, Choltitz, was wir in Kowel in vierzig Minuten geschafft haben, dazu brauchen wir in Paris vierzig Stunden. Aber wenn wir damit fertig sind, dann ist Paris ausradiert.«

Auf dem ausladenden Louis-Quatorze-Schreibtisch des Hauptsturmführers Brünner – einer »Leihgabe« des Jüdischen Wohltätigkeitsrates – fand Raoul Nordling eine halbgeleerte Schüssel Suppe und ein Schälchen Schokoladepudding, die Reste der letzten Mahlzeit des Lagerkommandanten von Drancy. Kurz vor der Ankunft des Schweden war Brünner mit seinem Stab nach Nancy zurückgefahren.

Nordling trat auf den Hof hinaus, auf dem sich die 1482 Häftlinge versammelt hatten, und rief: »Ihr seid frei, ihr seid alle frei.« Nun waren sie nicht mehr zu halten. Außer sich vor Freude und Dankbarkeit stürmten sie auf den kleinen Konsul zu, der bald im Wirbel der jubelnden, tanzenden Menge verschwand.

»Die Sterne«, rief jemand, »die Sterne!« Wie auf Befehl rissen alle Gefangenen die gelben Judensterne von den Jacken – die Symbole jahrelang erduldeter Schmach und Leiden. Als Nordling ging, lagen überall auf dem Hof die gelben Sterne herum »wie ein Teppich von Herbstblättern«.

Nur einen einzigen Insassen des Lagers von Drancy, das für so viele Juden die vorletzte Station vor Auschwitz gewesen war, gelang es, sich selbst zu befreien. Georges Apel wurde in einem Citroën der SS zur Gestapo-Dienststelle in der Avenue Foch gefahren. Unterwegs entwich auf einmal fauchend die Luft aus einem Vorderrad, ausgerechnet inmitten des Gewühls der nach Norden abziehenden Fahrzeugkolonnen. Als der Wagen hielt und die SS-Leute ärgerlich darangingen, das Rad zu wechseln,

VON DER NORMANDIE NACH PARIS

25. JULI – 25. AUGUST 1944

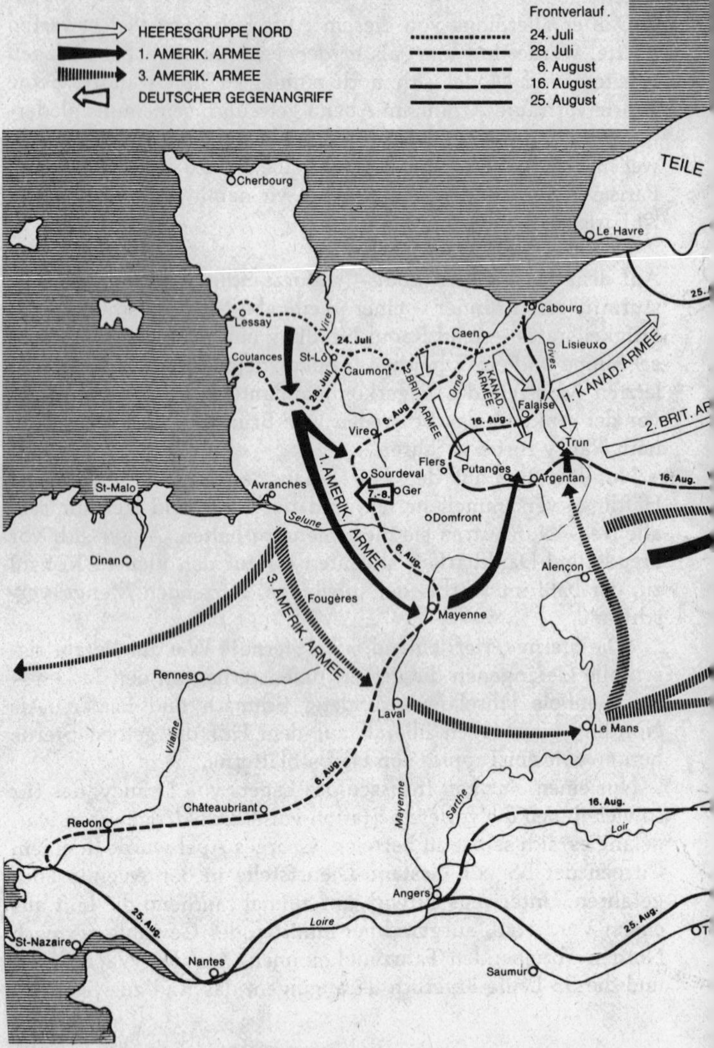

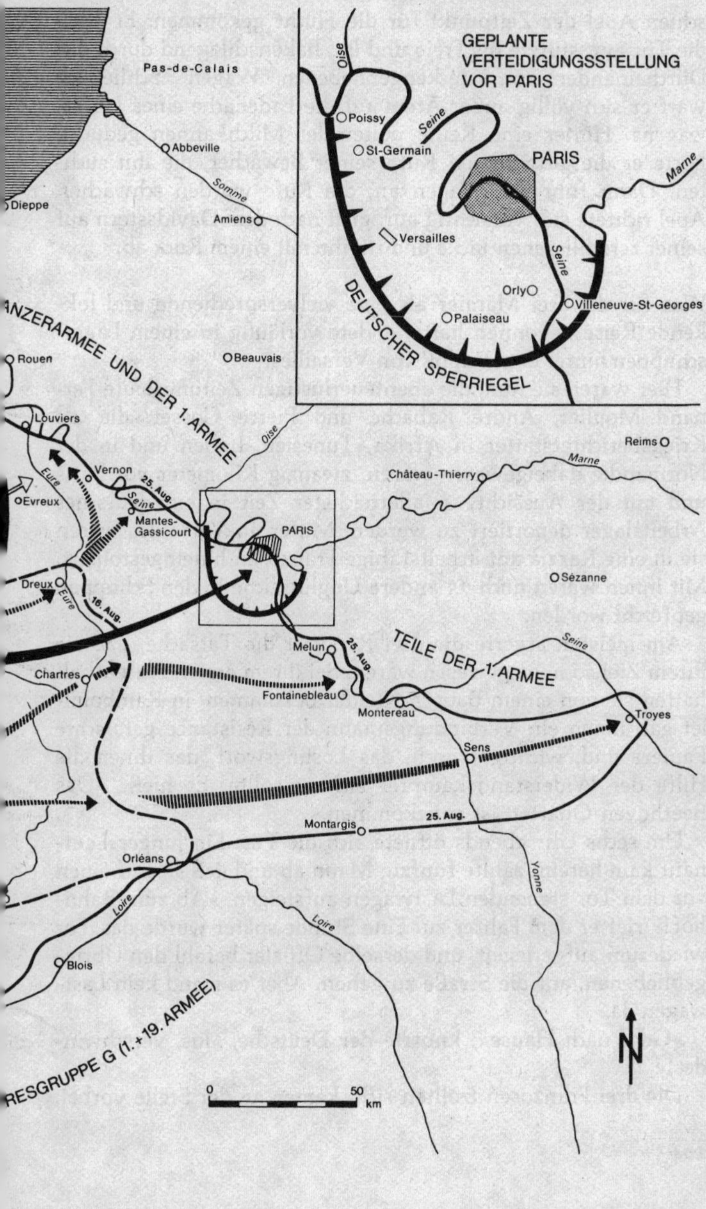
GEPLANTE
VERTEIDIGUNGSSTELLUNG
VOR PARIS
Oise
Poissy
Seine
St-Germain
PARIS
Marne
Versailles
Seine
Orly
Villeneuve-St-Georges
Palaiseau
DEUTSCHER SPERRIEGEL
Pas-de-Calais
Abbeville
Somme
Dieppe
Amiens
ANZERARMEE UND DER 1. ARMEE
Rouen
Beauvais
Louviers
Oise
Reims
Vernon
25. Aug.
Marne
Château-Thierry
Eure
Evreux
Seine
Mantes-Gassicourt
PARIS
Dreux
Eure
Sézanne
16. Aug.
TEILE DER 1. ARMEE
Melun
25. Aug.
Seine
Chartres
Fontainebleau
Montereau
Troyes
Sens
25. Aug.
Montargis
Orléans
Yonne
Loire
Loire
Blois
RESGRUPPE G (1.+19. ARMEE)
0
50
km
N

schien Apel der Zeitpunkt für die Flucht gekommen. Er stieß die Tür auf, stürzte ins Freie und lief hakenschlagend durch das Durcheinander von steckengebliebenen Wagen. Schließlich warf er sich völlig außer Atem auf die Ladefläche eines Lieferwagens. Hinter eine Reihe polternder Milchkannen geduckt, hörte er die aufgeregten Rufe seiner Bewacher, die ihn suchten. Dann fuhr der Wagen an, die Rufe wurden schwächer. Apel richtete sich vorsichtig auf, griff nach dem Davidsstern auf seiner zerschlissenen Jacke und riß ihn mit einem Ruck ab.

Was für die drei Männer als eine vielversprechende und lokkende Reise begonnen hatte, endete vorläufig in einem Lagerschuppen hinter dem Schloß von Versailles.

Hier waren sie nun, die abenteuerlustigen Zeitungsleute Fernand Moulier, André Rabache und Pierre Gosset, die als Kriegsberichterstatter in Afrika, Tunesien, Italien und in der Normandie dabeigewesen waren, zwanzig Kilometer vor Paris und mit der Aussicht, in allernächster Zeit in ein deutsches Arbeitslager deportiert zu werden. Mitten in Versailles waren sie in eine Razzia auf arbeitsfähige Franzosen hineingestolpert. Mit ihnen waren noch 75 andere Unglückliche in den Schuppen gepfercht worden.

Am meisten ärgerte die drei Reporter die Tatsache, daß sie ihrem Ziel so nahe gewesen waren. Bei ihrem ersten Aufenthalt hatten sie von einem Bauern Kleider bekommen, in Rambouillet gab ihnen ein Verbindungsmann der Résistance gefälschte Papiere und, wichtiger noch, das Losungswort, das ihnen die Hilfe der Widerstandskämpfer sichern sollte. Es hieß: »Das Beethoven-Quartett ist angekommen.«

Um sechs Uhr abends öffnete sich die Tür. Ein junger Leutnant kam herein, zählte fünfzig Mann ab und ließ sie auf einen vor dem Tor stehenden Lastwagen aufsteigen. »Ab zum Bahnhof!« rief er dem Fahrer zu. Eine Stunde später wurde das Tor wiederum aufgeriegelt, und derselbe Offizier befahl den Übriggebliebenen, auf die Straße zu gehen. Aber es stand kein Lastwagen da.

»Geht nach Hause«, knurrte der Deutsche, »los, verschwindet!«

Die drei Franzosen trollten sich, kamen an der Stelle vorbei, wo sie geschnappt worden waren, bogen links ein und klopften fünf Häuserblocks weiter an die Wohnungstür eines protestantischen Pastors.

»Das Beethoven-Quartett ist angekommen«, meldeten sie.

»Kommt herein«, sagte der Geistliche. Sie traten ein und warfen sich im Wohnzimmer aufatmend auf das Sofa.

Das Gesicht des blonden Mädchens mit dem breitrandigen weißen Strohhut, das an dem sich lächelnd verbeugenden Oberkellner vorbeistöckelte, wirkte abgespannt und müde. Sie war von einem Ende der Stadt zum anderen geradelt, mit einem Einkaufsnetz voller Pakete, die in Zeitungspapier verschnürt waren. In dem Netz befand sich Geld, mehr Geld, als die junge Dame wahrscheinlich je wieder zu sehen bekommen würde, nämlich acht Millionen Francs, die sie dem Schatzmeister der gaullistischen Résistance in Paris abzuliefern hatte.

In einem Hinterzimmer des Restaurants fingerte der junge Mann, der das Geld in Empfang nehmen sollte, in seinem Portemonnaie, um festzustellen, ob es noch für ein Abendessen für zwei reichte. Er stand auf, als sie eintrat. Acht Monate arbeitete er mit dem Mädchen zusammen, aber immer noch kannte er ihren Namen nicht. Sie nannte sich Claire, aber das war natürlich ein Deckname, wie auch er sich Pierrelot nannte. Ein ebenfalls »namenloser« Mann hatte die beiden auf den Stufen des Invalidendomes miteinander bekannt gemacht.

Während sie sich dem Menu widmeten, faßte der junge Mann den Entschluß, seinem Herzen Luft zu machen. Seit Monaten schon war er in Claire verliebt. Damit verletzte er ein strenges Gebot der Résistance: Liebe zwischen Angehörigen der Widerstandsbewegung war verpönt. Nun verstieß er auch noch gegen eine zweite Regel: Keiner durfte seinen richtigen Namen verraten.

Pierrelot beugte sich ein wenig vor: »Ich heiße Yvon – Yvon Morandat.« Claire lächelte lieblich und wiederholte leise den Namen. Ein Jahr später trug auch sie den Namen Morandat.

Im prunkvollen Hotel Matignon, der Residenz der französischen Ministerpräsidenten, stieg ein einsamer, gebrochener Mann in seine Marmorbadewanne.

Pierre Laval hatte soeben auch sein letztes Spiel verloren. Herriot war von der Gestapo wieder verhaftet worden. Damit war Lavals Plan, durch ihn die Abgeordnetenkammer einberufen zu lassen, gescheitert.

Nun gab es keine Rettung mehr. Seine Welt fiel in Trümmer, und er sah nur noch einen Ausweg – die Flucht. Unten, auf dem kiesbestreuten Hof des Gebäudes, stand schon der Wagen, der ihn nach Deutschland bringen sollte.

Noch vor einer halben Stunde hatte er – zum letztenmal – an dem Schreibtisch gesessen, von dem aus er Frankreich regiert hatte, und bei Kerzenlicht die Schubfächer geleert. Was war noch zu tun? Die weiße Schleife binden, Hut und Stock nehmen und sich unten in der Bibliothek von den wenigen Getreuen verabschieden. Es war der klägliche Rest einer Legion von Anhängern einer Politik der Zusammenarbeit mit Frankreichs Feinden, eine Handvoll Männer, die sich bei gespenstisch flakkerndem Kerzenlicht in dem hohen Raum versammelt hatten.

Danach verabschiedete er sich auf den Stufen der Residenz mit einem Kuß von seiner Tochter José und bestieg den wartenden Wagen. José sollte ihren Vater erst wiedersehen, als er, vor Gericht gestellt, vergeblich um seinen Kopf kämpfte.

29

Für die wenigen Passanten, die in der Rue de Sèvres an den leeren Schaufenstern des Kaufhauses Bon Marché vorbeieilten, waren die beiden ein Liebespaar. Sie lehnten sich am Bordstein auf ihre Fahrräder und flüsterten sich, die Stirnen fest aneinandergepreßt, zärtliche Worte zu. Nach einiger Zeit umfaßte die junge Frau den Hals ihres Freundes, zog ihn zu sich und fuhr mit der Hand durch sein Haar. Zum Abschied küßte sie ihn auf die Wange und lächelte ihm noch einmal zu. Dann schwang sie sich auf ihr Rad und fuhr weg.

Niemand war aufgefallen, daß der junge Mann, ohne hinzusehen, die Fahrradpumpe von seinem Rad wegnahm und an dem ihren befestigte. Die junge Frau fuhr gemächlich nach Hause und stieg die drei Treppen zu ihrer Wohnung in der Rue Sédillot hinauf. Nachdem sie die Tür hinter sich verriegelt hatte, holte sie einen rotledernen Bildband über flämische Malerei aus dem Regal, blätterte, bis sie eine bestimmte eingeklebte Bildtafel gefunden hatte, und zog unter der Tafel ein Stück Seidenpapier hervor. Darauf schraubte sie den Deckel der Fahrradpumpe ab und holte aus dem Inneren ein ähnliches Stück Papier. Sie glättete die beiden Blätter und machte sich an die Arbeit.

Das Mädchen hieß Jocelyne und war eine der beiden weiblichen Chiffrierkräfte in der Résistance. Auf dem unscheinbaren Blatt aus dem Bildband befand sich eine Information, für die die Gestapo jeden Preis bezahlt hätte: der Code für den Nachrichtenaustausch zwischen der gaullistischen Untergrundbewegung in Frankreich und dem Hauptquartier der France Libre in London. Es gab drei Sender in Paris – Pleyel Violet, Montparnasse Noir und Apollo Noir – und drei weitere in den Außenbezirken, nämlich in Chilly-Mazarin, Chevilly-Larue und Savigny-sur-Orge. Die Sender in Paris arbeiteten an den geraden Tagen des Monats, die in den Vororten an den ungeraden. Noch am Nachmittag hatte Jocelyne die chiffrierte Mitteilung an einen anderen Radfahrer am Quai Voltaire weiterzugeben, der sie seinerseits in die Dienstbotenmansarde des Hauses Rue Vaneau Nr. 8 bringen mußte.

Dort oben befand sich über einer alten Wasserspülung, hinter Bücherreihen verborgen, Apollo Noir[1].

Jocelyne wußte, daß der Inhalt der verschlüsselten Nachricht sie nichts anging, und chiffrierte deshalb ganz mechanisch. Es war Chabans erste Meldung seit seiner Rückkehr aus London. Aber bei den letzten Wörtern stutzte sie doch, lehnte sich zurück und begann zu lesen.

»Gespannte Lage in Paris – Streiks bei Polizei, Eisenbahn und Post – Wachsende Gefahr des Generalstreiks – Alle Be-

[1] Die Antenne wurde zum Senden in die Dachrinne gelegt. Während ein Mann funkte, stand ein anderer mit zwei Handgranaten oben am Treppengeländer Wache. Im allgemeinen wurde nur immer 20 Minuten lang gesendet, um nicht durch den fahrenden Funk-Spürtrupp ausgemacht zu werden. Normalerweise wurde auf dem 19-Meter-Band gesendet, aber der Funker konnte auf vier andere Frequenzen ausweichen.

dingungen für Aufstand erfüllt – Lokale spontane, vom Feind oder von ungeduldigen Widerstandsgruppen provozierte Zwischenfälle können zu schweren Zusammenstößen und darauffolgenden blutigen Vergeltungsmaßnahmen führen, für die die Deutschen anscheinend Maßnahmen ergriffen und Mittel bereitgestellt haben – Situation verschärft durch Lähmung der Versorgungsbetriebe: kein Gas, eineinhalb Stunden Strom täglich, manche Stadtviertel ohne Wasser – Lebensmittelversorgung hoffnungslos – Unbedingt bei Alliierten vorstellig werden und auf schnellstmögliche Besetzung von Paris dringen – Bevölkerung muß von offizieller Seite in schärfster und entschiedenster Form aufgefordert werden, ein neues Warschau zu verhindern.«

»Warschau«, dachte Jocelyne, »man muß also mit einem zweiten Warschau rechnen!« Vor ihrem Fenster sah sie das grüne Filigran der Baumwipfel auf dem Champ de Mars, das bis zum Eiffelturm reichte. Sollte das alles tatsächlich eine Wüste werden?

Dann aber nahmen ihre Gedanken eine andere Richtung. Im Zimmer nebenan spielte ihr dreijähriges Söhnchen und machte sich jetzt bemerkbar. Wenn sie sich mit der Arbeit beeilte, konnte sie ihn noch am Nachmittag zu seiner Großmutter bringen, die in einem Vorort wohnte.

Die Warnzeichen, die Chaban-Delmas zu so pessimistischen Voraussagen veranlaßt hatten, waren freilich deutlich genug. Die Minister der Vichy-Regierung hatten sich aus dem Staub gemacht und ein verlockendes politisches Vakuum zurückgelassen. Die deutschfreundliche Presse war wie vom Erdboden verschluckt. Die Arbeiter und Angestellten von Eisenbahn, Métro, Post, Fernmeldedienst, Polizei und sogar von der Bank von Frankreich waren in den Ausstand getreten. Vor allem aber war die Bevölkerung für einen Aufstand reif. Jetzt, da man die ganze Schmach der vierjährigen Besetzung stärker empfand denn je, da der Hunger die Unzufriedenheit anstachelte, da die Arbeitslosigkeit die Leute auf die Straße trieb und keine Ordnungshüter sie mehr bändigen konnten, hielt man den Tag der Rache für gekommen. Ja – alles deutete auf den Ausbruch hin, den Chaban unbedingt vermeiden sollte. Bis jetzt fehlte nur eines – die leidenschaftliche Stimme, die den Schlachtruf »Auf die Barrikaden!« ausstieß. Aber dies zu tun war die Kommunistische Partei fest entschlossen.

Die große Straßenkreuzung von Petit-Clamart, zehn Kilometer südlich des Stadtzentrums, lag menschenleer in der brütenden Mittagsglut; leer – wenn man von dem Mann absah, der sich unter einem rostigen Reklameschild für Cadum-Seife mit seinem defekten Fahrrad abmühte. Ein zweiter Mann tauchte auf: Rol Tanguy. Er bog in die Kreuzung ein und brachte sein Fahrrad an der Verkehrsinsel neben dem gestrandeten Radfahrer zum Stehen. Der andere blickte grüßend auf, und Rol fragte, ob er behilflich sein könne. Dann unterhielten sie sich eine Zeitlang. Schließlich richtete sich der Mann mit der vorgetäuschten Panne auf und fuhr davon. Wenig später folgte ihm Rol nach.

Zum fünften Mal spielte damit Raymond Bocquet, ein Zechenarbeiter aus Lille, innerhalb von drei Stunden die kleine Szene unter dem Bild des Cadum-Babys. Jedesmal hatte er einen anderen Passanten ins Schlepptau genommen und in der Rue d'Alsace in einer Wellblechbaracke abgeliefert. Mit Rol waren nunmehr in dem Raum von der Größe einer Mönchszelle fünf der sechs Mitglieder des Pariser Befreiungskomitees versammelt. Es fehlte lediglich Marie-Hélène Lefaucheux.

Die Sonne brannte auf das Blechdach; den Männern klebte das Hemd am Leibe. André Tollet, der temperamentvolle kleine Kommunist, der dem Komitee vorstand, verkündete den ersten Beschluß des heutigen Tages: es durfte nicht geraucht werden, um keine unwillkommenen Besucher anzulocken.

Die Sitzung war dringend und konnte nicht vertagt werden. Es sollte die wichtigste Entscheidung gefällt werden, die das Komitee bislang getroffen hatte, eine Entscheidung, die, wie Tollet sehr wohl wußte, zur Zerstörung der schönsten Stadt der Welt und möglicherweise zum Tod Tausender von Einwohnern führen konnte. Hier draußen in dem alten Schuppen ersuchte André Tollet seine Genossen um ihre Zustimmung zu einem bewaffneten Aufstand in den Straßen von Paris.

Natürlich war, wie selbst der hartgesottene Tollet zugeben mußte, das geplante Unternehmen äußerst riskant, würde doch dadurch die Stadt der Gefahr schwerster Vergeltungsmaßnahmen ausgesetzt. Aber schon 48 Stunden früher war ihm von der Parteileitung mitgeteilt worden, daß der Aufstand beschlossene Sache sei und er den übrigen Mitgliedern des Befreiungskomitees unter allen Umständen ihre formelle Billigung abzuringen habe. Damit sollte der Aufstand gewissermaßen legitimiert werden. Für den Aufstand selbst waren schon alle Vorbereitungen getroffen — sogar die Plakate waren bereits gedruckt und lagen sorgfältig gestapelt in einem Fabrikspeicher in Montrouge.

Der Aktionsplan der Kommunisten war einfach. Sie waren überzeugt, daß der Aufstand, hätte er erst einmal begonnen, mit Windeseile um sich greifen würde. Allerdings brauchten sie die Zustimmung des Komitees, das ohnehin unter ihrem Einfluß stand, um sich der Unterstützung der vielen Tausenden nichtkommunistischer Patrioten zu versichern, die bereit waren, gegen die Deutschen auf die Barrikaden zu steigen. Bevor die Gaullisten merkten, was vorging, mußten schon vollendete Tatsachen geschaffen sein, mußte die Bewegung bereits unter der Führung der Kommunisten stehen. Vor allem durften Chaban-Delmas, Parodi und die übrigen Gaullistenchefs so lange von den Plänen keinen Wind bekommen, bis es für sie zu spät war, um noch etwas dagegen zu unternehmen[2].

Tollet war sicher, die gewünschte Zustimmung zu erhalten, waren doch im Komitee die Kommunisten in der Überzahl. Nur der streitbare Jurist Léo Hamon konnte Schwierigkeiten machen; für Tollets Geschmack stand dieser resolute und wortgewandte Gelehrte den Gaullisten zu nahe.

Zwei Stunden später verließen die Männer nacheinander den Schuppen. Tollet ging als letzter. Er war zufrieden mit dem Ergebnis — der Aufstand konnte am folgenden Morgen beginnen.

An diesem Morgen hatte von Choltitz eine Unterredung mit dem Obersten Militärrichter in Frankreich, dem General Hans

[2] Wäre z. B. Chabans Funkspruch 48 Stunden früher in London eingetroffen und hätte BBC sofort die Pariser gewarnt, daß ein Aufstand zu einem zweiten Warschau führen könnte, so wäre möglicherweise die Bevölkerung nicht bereit gewesen, dem kommunistischen Aufruf zu folgen.

Richter — nicht die erste, aber die letzte, wie er hoffte, denn ihm lag die unmilitärische und verzwickte Materie nicht sehr. Das dicke rote Buch in der Hand des Richters war das Militärreichsgesetzbuch, und von Choltitz hatte ihn gebeten, ihm die Artikel zu explizieren, die sich auf die Rechtsstellung des Kommandanten einer belagerten Festung bezogen.

Jeden Tag hatte Richter eine halbe Stunde Repetitor gespielt und mit dem Stadtkommandanten dessen neue Rechte und Pflichten, vor allem die Vollmacht gegenüber der Zivilbevölkerung, durchgesprochen. Sie war, wie Richter explizierte, schlechthin uneingeschränkt. Im Falle eines Aufstandes war er befugt, alle Maßnahmen zu ergreifen, die er für notwendig hielt: massive Repressalien wie die Vernichtung von Hab und Gut, die Verhaftung und öffentliche Erschießung von Geiseln und dergleichen.

Von Choltitz war nicht so ganz bei der Sache, denn er dachte noch an den Anruf Jodls aus Rastenburg, den er an diesem Morgen erhalten hatte — den zweiten seit seiner Ankunft in Paris. Der Führer sei damit einverstanden, die Sprengung der Seinebrücken noch etwas hinauszuschieben. Er wünsche aber, daß die restlichen Zerstörungsmaßnahmen ohne weiteren Verzug in Angriff genommen würden.

30

Nervös ging Bender im Vorzimmer des Stadtkommandanten auf und ab. Seit dreißig Minuten wartete er auf das Klingeln des Telefons auf dem Schreibtisch des Grafen Dankwart von Arnim. Er hatte ein Gespräch mit dem Bahnhofsvorsteher von Nancy angemeldet. Durch einen letzten Bluff wollte er versuchen, den verantwortlichen Offizier des von Fresnes abgegangenen Gefangenenzuges zur Freigabe der Häftlinge zu bewegen.

Immerhin hatte er bereits etwas zustande gebracht, was ihnen am Tag zuvor noch nicht geglückt war: Mit der Hilfe des Stadtkommandanten hatte er die Freilassung von Yvonne de Bignolles und der 56 anderen Insassen von Romainville erwirkt. Dagegen war es ihm und Nordling nicht gelungen, die

1772 Gefangenen freizubekommen, die sich in Compiègne noch in den Händen der SS befanden.

Als es endlich klingelte, nahm Arnim den Hörer ab, meldete sich und übergab ihn Bender. Trotz der starken Geräusche in der Leitung merkte Bender sofort an der Stimme Hagens, wie wütend der Obersturmführer war. Zweimal habe das Rote Kreuz mitten in der Nacht den Versuch gemacht, unter Berufung auf ein angebliches Abkommen zwischen von Choltitz und dem schwedischen Generalkonsul den Transport zu stoppen.

Bender verbat sich kühl diesen Ton. Dann hielt er Hagen vor, daß seine Haltung eine flagrante Mißachtung eines förmlichen Abkommens mit der Unterschrift des Militärbefehlshabers Frankreich und des Französischen Roten Kreuzes darstelle. Er habe die Häftlinge unverzüglich freizusetzen und den Zug der Wehrmacht zu überstellen, denn der OB West habe alle Eisenbahnwagen für Truppen- und Verwundetentransporte requirieren lassen.

Der Obersturmführer schien zu zögern, wandte jedoch ein, daß er die Gefangenen ohne Vollmacht von höherer Stelle nicht freilassen könne. Er werde sich sofort mit Berlin in Verbindung setzen und sich, sobald er im Besitz einer Antwort sei, wieder bei Bender melden.

Durch die trüben Fenster im Büro des Bahnhofsvorstehers in Nancy blickte Hagen hinunter auf die lange Reihe der Viehwagen. Am Ende der Plattform stand die besonders stark bewachte Lokomotive und stieß in dichten Schwaden bräunlichen Rauch aus. Hagen nahm noch einmal den Hörer auf und ließ sich mit dem SS-Sicherheitshauptamt in der Prinz-Albrecht-Straße verbinden.

Im Hof des Gefängnisses von Fresnes schritt der Wachsoldat auf die 21 Gefangenen zu, unter denen sich auch Louis Armand befand, der so niedergeschlagen war, weil der Transport ohne ihn abgegangen war, und sagte nur: »Raus!« Wie benommen passierte Armand das Gefängnistor als freier Mann — als der letzte der 532 politischen Häftlinge, denen an diesem Morgen die Freiheit wiedergegeben wurde[1].

[1] Eine unerwartete Schwierigkeit tauchte noch vor Nordling auf, als der deutsche Gefängnisdirektor erklärte, er könne die Häftlinge

Den Kopf an die Gitterstäbe gelehnt, sah Willy Wagenknecht den Franzosen nach, so wie er vor drei Tagen dem Abmarsch der anderen Häftlinge nachgeschaut hatte. Was für ein Irrsinn, dachte er. Bald wird es so weit kommen, daß in Fresnes nur noch deutsche Gefangene sind!

Als die drei französischen Korrespondenten an diesem Morgen an die Türe des Hauses Rue des Petits-Champs 20 klopften, standen sie kurz vor dem Ende ihrer langen Reise. Aber niemand öffnete. Erst nachdem sie das dritte Mal gegen die Tür gehämmert hatten, ging diese schließlich knarrend auf. Niemand war zu sehen. Vorsichtig traten sie ein. Sie befanden sich in einem dunklen, langgestreckten Raum. Moulier hatte das Gefühl, als ob sich jemand hinter der Tür verborgen hielte. Er sprach in die Dunkelheit hinein: »Das Beethoven-Quartett ist eingetroffen.« Hinter ihnen fiel die Tür ins Schloß.

Eine hübsche junge Frau in zerschlissener Schlafanzug-Jacke und Khakihosen tauchte auf und richtete ihre attraktiven grünen Augen sowie den Lauf einer Pistole auf sie. Waren sie in eine Falle der Deutschen geraten?

Die junge Frau warf die Haare aus der Stirn und musterte sie schweigend. Schließlich schob sie einen Teil der Wandverkleidung zurück und winkte ihnen. Sie gelangten in einen Raum, in dem in Hängematten die anderen Gäste von Lili d'Acosta saßen: sieben abgeschossene amerikanische Flieger. Die drei hatten also ihre Wette gewonnen — sie waren als erste der bei den Alliierten akkredierten Zeitungsleute in Paris angelangt. Moulier lachte, als er an die Gesichter seiner Freunde dachte, wenn sie ihm den Champagner bezahlen mußten.

In einer Ecke des Wartesaals in Nancy, die ein hilfsbereiter Eisenbahner für sie reserviert hatte, wartete Marie-Hélène

nicht freilassen, ohne ihnen das Geld, das sie bei ihrer Verhaftung bei sich trugen, zurückzuerstatten. Dem Konsul verschlug dieser Ausbruch deutscher Ordnungsliebe zunächst die Sprache, aber dann rief er kurz entschlossen seinen Bruder an und bat ihn, vom Konto des Konsulats dem Gefängnis 8 000 Francs »vorzustrecken«. Noch verblüffter war er, als drei Wochen später über einen Vermittler in Nancy ihm die Deutschen das Geld wieder überwiesen.

Lefaucheux auf den Schlaf, auf den sie in den letzten zweieinhalb Tagen verzichtet hatte. Es war sinnlos weiterzufahren. Sie mußte umkehren. Kurz vorher war sie im Hotel Excelsior und im Angleterre gewesen, wo sie einen Angehörigen des Kabinetts Laval beschworen hatte, die Weiterfahrt des Transports zu verhindern. Aber er hatte geantwortet, daß er keine Möglichkeit zum Eingreifen habe.

Wie am Fest Mariä Himmelfahrt brannte die Sonne unbarmherzig auf die Viehwagen herunter, die auf einem Nebengleis standen. Marie-Hélène konnte die kläglichen, verzweifelten Stimmen der Männer hören, die um einen Schluck Wasser baten. Von Zeit zu Zeit vernahm sie noch erschütterndere Laute – das unmenschliche Schreien von Gefangenen, die den Verstand verloren hatten.

Nach einiger Zeit gerieten die längs des Zuges postierten Wachmannschaften und das Zugpersonal in Bewegung. Benders verzweifeltes Manöver war gescheitert. Berlin hatte Anweisung gegeben, die Gefangenen nicht auszuliefern. Der Zug rückte an; langsam glitt die lange Wagenschlange aus dem Bahnhof. Und wieder hörte Marie-Hélène, wenn auch schwächer als in Paris, die stolzen, trotzigen Töne der Marseillaise. Schneller ratterten die Räder über die Schienen, die Waggons tauchten aus dem Zwielicht der Halle in den Sonnenschein, bogen in eine Kurve und verschwanden.

Als Marie-Hélène den Bahnhof verließ, rollte der Transport schon dem wogenden Hügelland des Elsaß entgegen. Er hielt erst wieder, als seine menschliche Fracht vor den Lagertoren von Ravensbrück und Buchenwald ausgeladen wurde, 2453 Männer und Frauen, von denen nur 300 den Boden Frankreichs wieder betreten sollten[2].

[2] Pierre Angot kam in einem Salzbergwerk um, Philippe Kuen, der Adjutant von Jade Amicol, wurde gehängt, Yvonne Baratte starb im März 1945 an der Ruhr. Yvonne Pagniez und Jeannie Rousseau überlebten das Grauen, aber ihre Gesundheit war untergraben. Außergewöhnlich war das Schicksal von Pierre Lefaucheux. Nach der Befreiung von Paris kehrte seine Frau in einem Krankenwagen des Roten Kreuzes durch die amerikanischen und deutschen Stellungen nach Nancy zurück. Dort trat sie mit einem Gestapo-Offizier in Ver-

Der Mann wartete auf dem Balkon, bis das Mädchen um die Ecke der Rue Montmartre verschwunden war. Dann holte der 34jährige Yves Bayet eine Zigarette aus der Tasche, zündete sie an und sog tief und erleichtert den scharfen Rauch ein. Diesmal wird es wohl klappen, dachte er. Claire war die Verbindungsagentin des ehemaligen Polizeikommissars. Während sie auf ihrem alten Peugeot-Velo zur Porte de Chatillon radelte, trug sie drei Briefumschläge im Futter ihrer Handtasche.

Es ging auf acht Uhr. In einer Stunde würde wegen der vom Stadtkommandanten angeordneten Sperrstunde jeder Verkehr auf den Straßen unterbunden sein. Bayet wußte, daß seine junge Agentin gerade Zeit genug hatte, um die drei Umschläge am Bestimmungsort abzugeben, im Café des alten Papa Lacamp, das als »Umschlagplatz« diente, und wieder zurückzukehren. Mit einem boshaften Lächeln dachte er daran, daß in diesem Falle die Ausgehsperre der Sache des Generals de Gaulle zugute kam. Sie würde verhindern, daß einer der drei Briefe vor dem nächsten Morgen sein Ziel erreichte. Bayet war Leiter der Widerstandsgruppe der Polizei von Paris. Die Nachricht in dem einen Umschlag, der seinen Empfänger heute nicht mehr erreichen würde, war an den größten und stärksten Untergrund-Verband innerhalb der Polizei gerichtet, der von den Kommunisten beherrscht war. In dieser Nacht wurden die Kommunisten Opfer ihrer eigenen pedantischen Sicherheitsvorkehrungen: anders als bei den anderen beiden Verbänden mußte die an sie gerichtete Nachricht über zwei »Briefkästen« laufen, bevor sie der Adressat erhielt — und im zweiten »Briefkasten« würde der Brief bis morgen festhängen.

Als Claire noch etwa eine halbe Stunde zu fahren hatte, zischte plötzlich die Luft aus dem Vorderreifen. Auch das noch!

bindung, auf den sie Freunde in Paris hingewiesen hatten. Durch die Mithilfe einiger Franzosen, mit denen er in Paris Schiebereien getätigt hatte und die ihn nunmehr unter Druck setzten, gelang es ihr, ihn dazu zu überreden, sie in einem deutschen Dienstwagen quer durch Deutschland nach Buchenwald zu fahren, wo er Pierres Freilassung erwirkte. Dann fuhren die drei wieder nach Nancy zurück, und so brachte Marie-Hélène schließlich ihren Mann nach Paris.

Sie sprang vom Rad und begann zu pumpen, aber die Luft entwich ebenso schnell, wie sie hineingepreßt wurde. Als sie sich ratlos wieder aufrichtete, hörte sie hinter sich einen Wagen halten. Ein jüngerer Wehrmachtsoffizier kam auf sie zu und bot ihr in tadellosem Französisch seine Hilfe an. Achselzuckend reichte sie ihm die Pumpe und sah zu, wie er sich abmühte, freilich ebenfalls vergeblich. Ob er sie wenigstens ein Stück mitnehmen könne, fragte er, und nach einem kurzen Zögern nickte sie und stieg neben ihm in den BMW.

Selten wurde die Galanterie eines deutschen Offiziers so schlecht belohnt. In Claires Handtasche befand sich nichts weniger als eine Kriegserklärung an die Besatzungsmacht.

Das ungute Gefühl von André Tollet war nicht unbegründet gewesen. Léo Hamon machte in der Tat Alexandre Parodi, den politischen Führer der Gaullisten in Frankreich, auf die Absicht der Kommunisten aufmerksam, am nächsten Tag loszuschlagen. Angesichts der plötzlich gewandelten Lage hatte Parodi eine kühne Entscheidung getroffen. Wenn die Kommunisten zuschlagen wollten – seinetwegen, aber er wollte noch vor ihnen handeln. Er war entschlossen, die Polizeipräfektur, eine Stadt innerhalb der Stadt und das wichtigste öffentliche Gebäude in Paris, nicht in ihre Hände fallen zu lassen. Durch die drei Schreiben in Claires Handtasche wurden alle Polizisten aufgerufen, sich am nächsten Tag, dem 19. August, um sieben Uhr morgens in den Straßen um die braune Festung bei Notre-Dame einzufinden. Sie sollten dann unter Bayets Führung die Polizeipräfektur einnehmen.

Claire schenkte dem Deutschen ein freundliches Lächeln, schlug die Wagentür zu und ging hinüber in das Café von Papa Lacamp. In der Toilette trennte sie das Futter der Handtasche auf und schob wenige Minuten später die Briefe auf das runde Tablett, auf dem ihr der Sohn des alten Lacamp eine fade Ersatz-Limonade servierte. Es war genau 8.30 Uhr – Bayets Zeitplan war also eingehalten worden. Am nächsten Morgen würde die Pariser Polizei im Schatten der achthundert Jahre alten Türme der Kathedrale mit dem Aufstand beginnen, den die Kommunisten so sorgfältig vorbereitet hatten. Und ausgerechnet die Kommunisten sollten dabei fehlen.

Dreitausend Meter unter sich sah Hauptmann Claude Guy die im Abendlicht rotglühenden Gebirgsketten des Atlas unter den Tragflächen der Lodestar Lockheed »France« hinweggleiten. Ihm gegenüber saß, fest angeschnallt, eine Zigarette im Mundwinkel, General de Gaulle und sah unbeweglich geradeaus. Der General flog nicht gern, das wußte Guy, und meistens war er während des Fluges sehr wortkarg. Seit sie vor drei Stunden in Algier den für de Gaulle wahrscheinlich wichtigsten Flug seit Juni 1940 angetreten hatten, war kein Wort über seine Lippen gekommen. Er hing seinen eigenen Gedanken nach.

Bereits vor dem Abflug aus Algier hatte es eine Panne gegeben, die eine mehrstündige Verzögerung zur Folge gehabt hatte. Da de Gaulles Lodestar nicht ohne Zwischenlandung von Gibraltar nach Cherbourg fliegen konnte, hatte ihm das amerikanische Oberkommando in Algier eine B 17 mit amerikanischer Besatzung zur Verfügung gestellt. De Gaulle hatte dieser Änderung nur sehr widerwillig zugestimmt. Als die Maschine dann auf dem Flugplatz Maison-Blanche in Algier aufsetzte, war sie über die Landepiste hinausgerast und mit herausgerissenem Fahrwerk liegengeblieben. Der General war nicht davon abzubringen, daß die Amerikaner diesen Unfall absichtlich arrangiert hatten, um seine Rückkehr hinauszuzögern. Mit einem Blick auf die beschädigte Fliegende Festung hatte er zu Guy gesagt: »Sie glauben doch nicht etwa, daß die uns aus reiner Menschenfreundlichkeit ihr Flugzeug zur Verfügung stellen wollten?«

Daraufhin hatte der General beschlossen, mit seiner eigenen Maschine zu fliegen. Und jetzt beschäftigten ihn die viel heikleren Probleme der Zukunft. De Gaulle sah sich am Beginn der letzten Etappe einer langen Reise, die mit seinem wagemutigen Schritt vom 18. Juni 1940 begonnen hatte und an deren Ende Paris lag, dem er vor vier Jahren als unbekannter Brigadegeneral den Rücken gekehrt hatte.

Kein Konflikt mit seinen Verbündeten, kein innenpolitischer Gegner, keine Gefahr für sein eigenes Leben konnten ihn in seinem geraden Weg beirren. In Paris mußte sich erweisen, wie die Franzosen auf seinen damaligen Aufruf antworten würden. Noch quälten den General Sorgen, Fragen und Zweifel, während das Flugzeug unter dem rotglühenden afrikanischen Himmel seine Bahn zog. Würde das französische Volk ihn als seinen Führer anerkennen? Nur an einem Ort der Welt konnte er darüber Gewißheit erhalten – in den Straßen von Paris.

Dort sollte der melancholische General in einer Entscheidungsstunde der französischen Geschichte das Gesetz des Handelns an sich reißen.

ZWEITER TEIL

DER AUFSTAND

Die Luft war schwül und feucht. Dicke, regenschwere Wolken trieben, vom Norden kommend, über die Butte Montmartre hin. In den stillen Straßen von Paris eilten die letzten deutschen Patrouillen ihren Kasernen zu. Langsam dämmerte der Morgen herauf; die nächtliche Sperrzeit ging zu Ende. Bald würden sie vor den Türen der Bäckereien lange, resignierende Schlangen bilden. Der 1518. Tag der Besetzung begann. Für den größten Teil der 20 000 Soldaten der deutschen Garnison deutete nichts an diesem fahlgrauen Morgen darauf hin, daß dieser Sonnabend, der 19. August 1944, anders sein würde als die vorangegangenen Tage. Und doch sollten die Straßen von Paris einige Stunden später nicht mehr völlig der Wehrmacht gehören.

Im Hotel Meurice war der Feldwebel Werner Nix, den die Parade des Herrn von Choltitz um den Urlaub gebracht hatte, wieder einmal wütend. Um einem alten, verzweifelten Mütterchen eine Freude zu machen, hatten drei Soldaten das Wachlokal des Hotels verlassen und in den Büschen der Tuilerien auf der Suche nach einer entlaufenen Katze herumgestöbert.

Ein Stockwerk höher räkelte sich deprimiert und müde Graf Dankwart von Arnim auf seinem Balkon. Drei Stunden zuvor hatte ihn sein bester Freund vom Lazarett aus angerufen, um ihm mitzuteilen, daß er in der Normandie verwundet worden sei und die Chirurgen ihm eben das rechte Bein amputiert hätten. Arnim hatte nur eine nichtssagende Phrase gefunden, um seinen Freund aufzurichten. »Damit ist wenigstens für dich der Krieg zu Ende«, hatte er ihm gesagt. Der junge Leutnant ahnte nicht, daß für ihn der Krieg an diesem Morgen beginnen würde.

Im Hof der Kaserne »Prinz Eugen« an der Place de la République wurde der Unteroffizier Gustav Winkelmann aus Köln aufgerufen. Der Offizier vom Dienst beauftragte ihn, die Mittagspatrouille anzuführen. Winkelmann war entsetzt. Von allen Deutschen in Paris war er vielleicht der einzige, der wußte, daß sich etwas vorbereitete. Vor zwei Tagen hatte ihn seine

Freundin Simone, Verkäuferin in einem Warenhaus, gewarnt: »Paß auf«, hatte sie gesagt, »vom 19. an wird es Schwierigkeiten geben.«

Vereinzelt oder in kleinen Gruppen verließen jetzt überall in Paris zu Fuß oder mit dem Fahrrad Hunderte von streikenden Polizisten die Wohnungen oder Hotels, in denen sie sich versteckt gehalten hatten. Sie hatten im Laufe der Nacht jene Botschaft ihrer Anführer erhalten, die Claire, die Sekretärin von Yves Bayet, überbracht hatte. Danach sollten sie sich möglichst unauffällig zum Platz vor Notre-Dame begeben.

Auf dem Treppenabsatz ihrer Wohnung hinter dem Friedhof Père-Lachaise schaute die 21jährige Gilberte Raphanel zu, wie ihr Mann, der Polizeisergeant René Raphanel, 32 Jahre alt, mühsam die Treppe hinunterstieg. René litt an Gelenkwassersucht. Trotz der Vorhaltungen seiner Frau hatte er beschlossen, beim Appell zur Stelle zu sein. Gilberte beugte sich über das Geländer und rief: »Lauf nicht zu viel!« Sie konnte nicht wissen, daß es die letzten Worte sein würden, die sie jemals an ihren Mann richten sollte.

Ehe Georges Dubret in Nogent-sur-Marne die Haustür hinter sich zuzog, versprach er seiner Frau, zum Abendessen zurück zu sein. Am Vorabend hatte seine Mutter ihnen ein Kaninchen gebracht. Colette hatte eben begonnen, das Kaninchen zuzubereiten, als Georges zum Einsatz abberufen wurde.

In der Nähe des Invalidendoms zog sich in einem Zimmer des Hotels Moderne, wo er sich seit Beginn des Streiks versteckt hielt, einer der zwanzigtausend Polizisten von Paris seinen schönsten Anzug an, steckte seine Pistole in die Tasche, umarmte Jeanne, seine Frau, und ging in Richtung des Square Sainte-Clotilde fort. Er hieß Armand Bacquer. Nichts unterschied diesen stämmigen 23jährigen Bretonen von seinen Kollegen. Wie sie war er Mitglied eines Résistance-Netzes und wußte genausowenig, warum man ihn so plötzlich einberufen hatte.

Als sie vor der Kirche Sainte-Clothilde ankamen, erhielten Bacquer und seine Kameraden den Befehl, sich nach dem Platz vor Notre-Dame zu begeben; sie sollten dabei verschiedene Straßen benutzen. Bacquer wählte die Rue de Grenelle. Nach einigen Metern hielt er an, um das Plakat zu lesen, das zwei

Männer gerade angeklebt hatten.

Es war der Befehl zur »Generalmobilmachung«. Da dröhnte eine rauhe Stimme durch die verlassene Straße. Bacquer drehte sich um und sah sich einem deutschen Soldaten gegenüber. Weitere Soldaten tauchten auf. Nach einigen Minuten fand sich Bacquer, den kalten Lauf einer Luger-Pistole im Nacken, in einer Wachstube wieder. Sein Polizeiausweis und seine Pistole hatten ihn verraten. Für den sorglosen Bretonen, der nicht einmal wußte, wohin er an diesem Morgen ging, begann ein außergewöhnliches Abenteuer.

Auch viele andere Pariser sollten diesen Sonnabend zeitlebens nicht mehr vergessen.

Vor seinen leeren Ladenregalen in Nanterre erwartete Louis Berty, der Metzger, der den amerikanischen Flieger Bob Woodrum verborgen hielt, seine üblichen Sonnabend-Besucher. Jeden Samstag pflegte die Bewachungsmannschaft des Forts Mont-Valérien auf seiner Maschine ihre wöchentlichen Wurstrationen aufzuschneiden. Louis Berty haßte diese Männer. In seinem Laden konnte er alltäglich das dumpfe Geräusch ihrer Salven hören, die seine Landsleute im Hof des Forts niedermähten[1].

Einige Minuten vor Ankunft der Wachmannschaft tauchte überraschend ein Mann bei Berty auf. »Ich komme von Zadig«, stellte er sich vor. Es war das Kennwort, das besagte, daß die Widerstandsgruppe, der der Fleischer angehörte, zum Einsatz kam.

Berty steckte den Colt ein, den sein amerikanischer Besucher bei fünfunddreißig Flügen über Deutschland getragen hatte. Dann rief er Pierre Le Guen, einen jungen Nachbarn, der darauf brannte, sich zusammen mit den Männern von »Zadig« zu schlagen, und gab ihm eine kleine 6.35 Pistole, die seine Frau in der Registrierkasse der Metzgerei verborgen hielt. An seinem Ärmel befestigte er das blau-weiß-rote Band mit der Aufschrift »Frei leben oder sterben« und trat auf die Straße.

[1] Von 1941 bis 1944 wurden 4 500 Franzosen in Mont-Valérien hingerichtet.

Am anderen Ende von Paris genehmigte sich ein kleiner, untersetzter Mann mit einer Baskenmütze auf dem Kopf den ersten Cognac des Tages und bestieg seinen Zwei-Tonner-Holzvergaser. Seit achtzehn Tagen räumte Paul Pardou im Auftrag der Résistance die geheimen Lebensmittellager aus, die von der Vichy-Miliz für den Fall eines Aufstandes angelegt worden waren. Mit Hilfe falscher Auslieferungsbefehle mit dem Briefkopf der Miliz hatte Pardou schon 180 Tonnen Lebensmittel herausholen können.

Aber vor zwei Tagen war die Sache geplatzt. Ein übereifriger Funktionär hatte der Direktion der Miliz mitgeteilt, daß eine Ladung verschwunden sei. Seitdem suchten alle Milizpatrouillen den geheimnisvollen grünen Lastwagen.

Dennoch wollte Pardou an diesem Tag versuchen, sich eine letzte Beute zu sichern. Er wollte Waffen aus einem Depot an der Place de la Villette holen und sie zur FFI im Vorort Perreux bringen, wo man sich auf die Erstürmung des Rathauses vorbereitete.

Als er seinen Lastwagen in Gang setzte, schwor sich Pardou, daß dies seine letzte Mission sein würde.

Für zwei bescheidene Pariser Bürger, die nicht in die Geheimnisse der Résistance eingeweiht waren, sollte dieser Sonnabend, der 19. August, in jeder Beziehung ein großer Tag werden. Es war der Tag ihrer Hochzeit.

Nach Beendigung des Ausgehverbotes war der 43jährige Laborant Pierre Bourgin in den botanischen Garten des Museums für Naturgeschichte geschlichen und hatte von einem Beet, das er vor Wochen heimlich angelegt hatte, vorsichtig die Früchte gepflückt, die das schmackhafte Vorgericht seines Hochzeitsmahls bilden sollten: fast reife Tomaten.

Die Stenotypistin Lysiane Thill sprengte in ihrer kleinen Wohnung hinter den Markthallen das weiße kunstseidene Kleid ein, das sie zu ihrer Trauung im Rathaus des 1. Arrondissements tragen würde. Dann bügelte sie sorgfältig die Falten ein.

Der Mann, den Lysiane Thill heiratete, der Kolonialbeamte Narcisse Fétiveau, würde dieses Kleid nie sehen. Er war

Kriegsgefangener in einem deutschen Stalag. Es war eine Ferntrauung.

Wie an jedem Morgen überquerte der 35jährige Abbé Robert Lepoutre, in sein Brevier vertieft, den Pont au Double. Alltäglich richtete er es genau so ein, daß er beim letzten Vers des Breviers vor dem Eisengitter des St.-Annen-Portals anlangte. Dann pflegte er in Notre-Dame die Messe zu lesen. Die Messe begann stets um 7 Uhr. Aber an diesem Morgen sollte der Abbé sein Brevier nicht zu Ende lesen.

Als er den um diese Zeit gewöhnlich menschenleeren Platz vor der Kathedrale erreichte, sah er ein Schauspiel, das er nicht vergessen sollte. Schweigend eilten Hunderte von Männern mit Baskenmützen oder Schirmkappen, in Jacken, Pullovern oder in Hemdsärmeln auf die hohen Türen der Polizeipräfektur am anderen Ende des Platzes zu.

Bald sah Abbé Lepoutre über der langen grauen Fassade ein Stück Stoff gen Himmel steigen, das sich mit einem Ruck entfaltete. Zum ersten Mal seit vier Jahren, zwei Monaten und vier Tagen flatterten wieder eine Trikolore über der französischen Hauptstadt.

Beim Anblick dieser Fahne steckte der Abbé sein Brevier in die Tasche und ließ sich von der Flut mitreißen, die sich zur Präfektur hin ergoß. Die Männer in dem Gebäude, von dem aus sich der Aufstand in Paris verbreiten sollte, hatten für die kommenden Tage einen Geistlichen in ihrer Mitte.

Amédée Bussière, der Polizeipräfekt, war soeben aufgewacht. Seit vier Tagen war er nur noch der einsame Kapitän eines verlassenen Schiffes. Als der Streik ausgerufen wurde, waren seine Polizisten abgezogen.

Der Präfekt streckte die Hand zum Nachttisch aus und läutete dem Kammerdiener. Steif und würdig wie ein englischer Butler trat der Bedienstete fünf Minuten später mit dem Frühstück ein.

»Nichts Neues, Georges?« fragte der Präfekt, während er in den Morgenmantel schlüpfte.

»Doch, Herr Präfekt«, antwortete der Diener mit unbewegter Stimme, »es gibt etwas Neues: sie sind zurückgekommen.«

Amédée Bussière zog seine Hausschuhe an, stürzte auf den Gang und blieb vor dem ersten Fenster stehen. Beim Anblick des Schauspieles, das sich ihm bot, krampfte sich seine Hand nervös um den Rockaufschlag. Hunderte von Männern, unter ihnen viele mit Gewehren, Revolvern und Handgranaten bewaffnet, hatten sich im Hof um einen schwarzen Citroën geschart.

»Das bedeutet Revolution«, murmelte der Präfekt bedrückt.

Vom Dach des Wagens sprach ein großer Bursche in kariertem Anzug, eine blau-weiß-rote Binde um den Arm, zu der Menge. Das war Yves Bayet. »Im Namen der Republik«, schrie er, »im Namen General de Gaulles ergreife ich Besitz von der Polizeipräfektur!«

Langanhaltender Beifall begrüßte seine Worte. Dann ließ ein Horn eine Melodie anklingen, die die Menge aufgriff. Unwillkürlich nahm Amédée Bussière Haltung an. Mächtig und inbrünstig klang die Marseillaise zum Sommerhimmel auf.

Ein einsamer Radfahrer, der zufällig an den Fenstern der Präfektur vorbeifuhr, hielt an und lauschte ebenfalls. Nichts konnte den Kommunisten Rol mehr überraschen als diese Marseillaise. Im Rucksack an seiner Lenkstange befand sich eine Kopie des ersten Aufstandsbefehls, den er seinem Stab erteilt hatte[2]. Und in der Tiefe seines Rucksackes hatte er, sorgfältig eingewickelt, die Uniform, die er zuletzt vor sieben Jahren getragen hatte – in dem Zug, mit dem die Internationalen Brigaden aus Barcelona evakuiert wurden. Im Hauptquartier des Aufstands, das er in der Rue Schoelcher eingerichtet hatte, wollte er die alte Tuchhose anziehen und den Rock mit den goldenen Knöpfen, auf den er die Colonel-Streifen genäht hatte.

Rol war bestürzt. Die Einnahme der Präfektur, dieser Festung, war in seinem Plan nicht vorgesehen. Er war überspielt worden! Er beschloß, sich sofort in seine Uniform zu werfen und in die Präfektur zu gehen, um seine Autorität gegenüber diesen Rebellen geltend zu machen, die ohne seine Befehle ge-

[2] Dieser Befehl schrieb den FFI die Aufstellung von Patrouillen, die Beschlagnahme von Fahrzeugen, die Besetzung verschiedener Gebäude und das Tragen von Armbinden vor.

handelt hatten und unter Umständen seinen gesamten Plan gefährden konnten.

Aber der Gaullist Yves Bayet hatte für den Obersten der FFI schon eine neue Überraschung vor. Nicht weit von der Präfektur, am Boulevard St-Germain, war er kurz zuvor mit seinem Wagen vor dem Café Deux Magots vorgefahren und hatte einen Mann mit einem ausgezehrten Gesicht angesprochen, der auf der Terrasse Zeitung las.

»Herr Präfekt, die Präfektur ist eingenommen. Sie gehört Ihnen.«

Der Mann lächelte zufrieden. Er erhob sich, zog die Krempe seines weichen Hutes ins Gesicht und stieg in das Fahrzeug.

Er nannte sich Charles Luizet. Dieser alte Militär, vor sieben Tagen im Süden Frankreichs mit dem Fallschirm abgesprungen, war der erste hohe Funktionär, der in Paris im Namen des Generals de Gaulle einen Posten einnahm.

Mit der Besetzung der Polizeipräfektur hatten die Gaullisten einen großen Coup gelandet. Von nun an verfügten sie über einen Stützpunkt, von dem aus sie operieren und ihre politischen Gegner in Schach halten konnten.

Rol war eine Stunde zu spät gekommen.

Zur gleichen Zeit wie der neue Präfekt betrat ein unbekannter, schüchterner Mann, die Präfektur. Mit zwei schweren Koffern beladen, wandte er sich dem Laboratorium der städtischen Polizei zu. In seinen Koffern befand sich ein seltsames Arsenal: acht Flaschen Schwefelsäure und mehrere Kilo Salmiak. Im Labor für Kernchemie, wo seine Schwiegermutter das Radium entdeckt hatte, hatte der schüchterne Unbekannte eine Explosivmischung für Wurfflaschen entwickelt, die in den Händen der Aufständischen von Paris eine furchtbare Waffe werden sollten.

Er hieß Frédéric Joliot-Curie.

2

Der von Rol vorbereitete Aufstand griff rasch auf die ganze Stadt über. Während der vorangegangen vier Tage waren die Befehle sorgfältig redigiert und dann verteilt worden. In einem

Zimmer in der Nähe der Avenue Foch, in dem er die dumpfen Schritte der deutschen Posten hörte, hatte der Adjutant Rols für Paris, ein gebrechlicher Lehrer namens Dufresne, die Nacht damit zugebracht, die letzten Exemplare zu korrigieren. Um 7 Uhr morgens hatte er am Quai Conti unter den Augen der Deutschen diese Befehle an seine Verbindungsleute verteilt. Seit dem Morgengrauen klebten die Kommunisten an allen Mauern der Stadt Plakate, die eine »Generalmobilmachung« anordneten.

Die Probleme, die Rol und sein Stab an diesem Morgen zu lösen hatten, waren sehr verschiedenartig. Man mußte die Verbindungen und die Kontakte herstellen, ein Hauptquartier errichten, die Waffen aus ihren Verstecken holen und sie an die Einsatztrupps der FFI verteilen. In der Telefonzentrale der Stadt führten die Agenten der Résistance zunächst eine Aufgabe durch, die sich als entscheidend wichtig für den weiteren Ablauf der Operationen erweisen sollte: die Sabotage der deutschen Abhöranlagen.

In diesem ersten Stadium, einer Art Guerillakrieg, war die Aufgabe der Bewaffneten Rols verhältnismäßig einfach. Rol selbst hatte sie in einem Satz ausgedrückt, der das Leitmotiv des Aufstandes werden sollte: »Jedem seinen Boche.« Seit 7 Uhr morgens waren die FFI in ganz Paris dabei, diesen Befehl auszuführen. In kleinen Gruppen hatten sie begonnen, einzelne deutsche Soldaten und ihre Fahrzeuge zu überfallen. Dadurch wollten sie sich vor allem Waffen beschaffen.

Als die ersten Meldungen vom Aufstand im Hotel Meurice eintrafen, war General von Choltitz ebenso bestürzt wie erbost. Mit einer allgemeinen Erhebung hatte er keinesfalls gerechnet. Abgesehen von einigen nichtssagenden Gemeinplätzen über ein bei der Bevölkerung festzustellendes »gewisses Unbehagen«, hatten ihm seine Nachrichtendienste keinerlei Warnung zukommen lassen. Auch er selbst hatte in seinen Tagesmeldungen an die Armeegruppe B und an das Oberkommando West versichert, daß es in der Stadt »völlig ruhig« sei. Doch nun zeigten ihm die in allen Stadtteilen zur gleichen Zeit und nach demselben Schema erfolgenden Überfälle, daß die Erhebung im voraus genau geplant war.

Schon zwei Stunden nach Beginn der Feindseligkeiten hatte

sich das Gesicht der Stadt gewandelt. Die Straßen waren menschenleer; nur wenige Passanten schlichen vorsichtig an den Mauern entlang. Von Zeit zu Zeit raste ein Auto mit der weißen Aufschrift »FFI« vorüber. Und überall peitschten Schüsse auf – ein Geräusch, das man in den Straßen von Paris seit 1871 nicht mehr gehört hatte.

Im Empire-Salon einer Wohnung in der Rue Bellechasse, wenige hundert Meter von der Seine entfernt, hatte sich eine Handvoll Männer eingefunden, die Mitglieder des Conseil National de la Résistance. Auf Betreiben der Kommunisten waren sie zusammengekommen, um den geplanten Aufstand zu billigen. Aber kaum hatte der Geschichtsprofessor Georges Bidault das Wort ergriffen, da knatterten auf den Straßen die Gewehre los. Damit waren die Männer des Widerstandsrats vor vollendete Tatsachen gestellt. André Tollet, der energische Kommunistenchef, teilte den Versammelten mit, daß der Aufstand begonnen habe und um sich greifen werde, ob mit oder ohne Billigung seiner Kollegen.

Der politische Repräsentant de Gaulles in Paris, Alexandre Parodi, sah sich nunmehr vor einer schwierigen Entscheidung. Er war davon überzeugt, daß »der Aufstand mindestens ebensosehr eine politische Geste der Kommunisten wie ein Versuch, die Deutschen zu schlagen«, sei. Allerdings hatte er seinerseits durch die Anordnung, die Polizeipräfektur zu besetzen, im Prinzip den Aufstand gebilligt. Wenn er jetzt einen Rückzieher machte, würden die Kommunisten das Heft in die Hand bekommen, und es bestand die Gefahr, daß die Meinungsverschiedenheiten innerhalb der Widerstandsbewegung zu deren Auseinanderfallen führten. Aber konnte nicht andererseits eine Ausweitung des Aufstands die Zerstörung der Hauptstadt zur Folge haben?

Im Grunde genommen hatte er gar keine Wahl mehr. Schon hatten die Feindseligkeiten auf alle Stadtteile übergegriffen. Parodi konnte lediglich versuchen, den Aufstand unter Kontrolle zu halten. Also billigte er auf eigene Verantwortung im Namen des Generals de Gaulle jene Entwicklung, die zu verhindern ihm ausdrücklich befohlen worden war.

Inzwischen war in ganz Paris der Aufstand in seine zweite Phase eingetreten. Gruppen der FFI führten den von Rol bis ins kleinste genau vorbereiteten Plan aus: sie besetzten die Rathäuser der zwanzig Arrondissements, die Polizeikommissariate, die öffentlichen Gebäude, die Postämter und sogar die Schlachthäuser, das Leichenschauhaus und die Comédie-Française. Überall tauchten die verbotenen Trikoloren auf, die man aus den Verstecken hervorgeholt oder in Eile zusammengenäht hatte. Aber noch wehten auf zahlreichen Gebäuden die Hakenkreuzfahnen der Besatzungsmacht.

Sorgfältig bürstete der Colonel Massebiau seine alte Uniform aus und zog sie an. Mit einem zufriedenen Lächeln betrachtete er lange die fünf goldenen Streifen, die er auf dem Ärmel trug, und die Ordensspangen, die in drei Reihen auf seine Brust geheftet waren. Wie Tausende anderer Reserveoffiziere nahm der Colonel Massebiau, Mitglied einer militärischen Widerstandsgruppe, an diesem Morgen wieder den Dienst auf.

Wenig später standen Massebiau und seine Männer unter dem Renaissanceportal der Kirche St-Germain-l'Auxerrois und beobachteten ihr Ziel. Dicht neben den hohen Gittern des Louvre befand sich das Rathaus des 1. Arrondissements, das sie laut Befehl zu besetzen hatten. Die einzige Waffe, über die die Gruppe verfügte, nämlich einen alten Trommelrevolver, trug Massebiaus Adjutant, ein Souffleur der Comédie-Française namens Marcel Dupuy. Außerdem trug Dupuy in seiner Tasche ein mit dem Siegel des Befreiungskomitees des 1. Arrondissements versehenes Dokument, das ihn zum neuen Bürgermeister dieses Stadtbezirks machte.

Inzwischen hatte im Rathaus eine Zeremonie begonnen, die gewöhnlich an Samstagvormittagen stattzufinden pflegte: eine Trauung. Lysiane Thill, die junge Braut im weißen Kleid, betrachtete den roten Samtsessel an ihrer Seite. Er war leer. Narcisse Fétiveau, der Mann, dem sie vermählt werden sollte, war als Kriegsgefangener in Deutschland. Seit drei Jahren hatte sie auf diesen Augenblick gewartet. Der Bürgermeister, ein Metzger mit Namen Chedeville, hatte seine dreifarbige Schärpe umgelegt und begann eben unter den väterlichen Augen des Marschalls Pétain mit den vorgeschriebenen Worten, durch die Lysiane mit dem Abwesenden getraut werden sollte.

Doch plötzlich tauchten im Türrahmen sechs Männer auf, die wie Gangster aus einem Film aussahen. Dann erschien, den Revolver im Anschlag, Marcel, der wackere Souffleur, und hinter ihm, würdig und entschlossen, der Colonel Massebiau. Sie bedeuteten dem Bürgermeister, daß er seines Amtes enthoben und verhaftet sei.

Die junge Braut, die zuerst wie versteinert auf ihrem Stuhl gesessen hatte, begann zu schluchzen. Doch Massebiau verkündete sofort mit martialischer Stimme, daß die Zeremonie fortgesetzt werde. Marcel, der Souffleur, gürtete sich mit der Schärpe seines Vorgängers, nahm das Pétain-Bild von der Wand und hielt aus dem Stegreif seine erste Ansprache als frischgebackener Bürgermeister. Dann erklärte er, daß er hiermit »kraft der von der Résistance erteilten Vollmacht« Lysiane Thill und Narcisse Fétiveau »durch das Band der Ehe« vereine.

Im Rathaus von Neuilly fand an diesem Vormittag keine Trauung statt. Vier Jahre lang war das elegante Wohnviertel eines der ruhigsten in ganz Paris gewesen. Seine Stadtpaläste aus dem 19. Jahrhundert und seine prunkvollen Villen beherbergten wohl mehr Kollaborateure, Vichy-Anhänger, deutsche Agenten und Wehrmachtsoffiziere als jedes andere Viertel der Hauptstadt. Unmittelbar am Bois de Boulogne gelegen, lebte Neuilly mit seinen ruhigen Straßen und Gärten an diesem Morgen weit abseits vom Kriege.

Wie jeder der fünftausend Deutschen, die in Neuilly einquartiert waren, fühlten sich die beiden Soldaten, die in einem Café an der Rue de Chézy ihren Cognac schlürften, völlig zu Hause. Als hinter ihnen die Tür aufging, zwinkerten sie sich erwartungsvoll zu. Aber nicht Jeannine, das kleine Dienstmädchen, erschien, sondern ein Mann, der eine Pistole auf sie richtete. Es war Louis Berty, der Metzger aus Naterre. Er nahm den beiden Deutschen ihre Waffen ab und führte sie zum Rathaus. Als die Einwohner von Neuilly plötzlich zwei deutsche Soldaten sahen, die mit erhobenen Händen abgeführt wurden, brach der jahrelang gespeicherte Haß durch: wütend stürzten sie sich auf die Gefangenen und spuckten sie an. Berty hatte alle Mühe, die Deutschen unverletzt ins Rathaus zu bringen.

Verblüfft beobachtete der städtische Angestellte Emile Marion die Szene, die sich vor dem Fenster seiner Wohnung abspielte. Kaum war der Metzger mit seinen Gefangenen verschwunden, als auch schon auf dem Balkon des Rathauses die Trikolore entfaltet wurde. Mit den Worten: »Die Republik ist gerettet!« nahm er seinen Hut und begab sich zum Rathaus.

Doch auch andere Augen hatten mit derselben Bestürzung die Gefangenen und die Trikolore gesehen. Jeannine, das kleine Dienstmädchen, auf das die beiden Deutschen gewartet hatten, schwang sich auf ihr Fahrrad und fuhr zur Kommandantur.

Inzwischen versammelte sich im Rathaus von Neuilly, das er ohne Blutvergießen hatte besetzen können, der grauhaarige Industrielle André Caillette Louis Berty und die 65 Männer der Widerstandsgruppe »Zadig« und wies sie an, hinter den Fenstern Aufstellung zu nehmen und das Weitere abzuwarten. Sie brauchten allerdings nicht lange zu warten.

Schon wenige Minuten später fuhr ein mit deutschen Soldaten vollgepackter Lastwagen vor dem Gebäude vor. Ein Offizier sprang heraus, stemmte die behandschuhten Fäuste in die Hüften und blickte geringschätzig zur Fassade empor. Dann rief er auf französisch: »Ergebt euch und kommt heraus!«

André Caillette, der von einem Fenster im obersten Stockwerk aus die Ankunft der Deutschen beobachtet hatte, lehnte sich vor und entgegnete mit ruhiger, kräftiger Stimme: »Ergebt ihr euch! Wir sind Angehörige der Befreiungsarmee!«

Mit einer raschen Handbewegung riß der Offizier seine Pistole aus der Tasche, entsicherte sie und feuerte.

Das war das Signal zum Kampf. Aus allen Fenstern ging ein Geschoßhagel auf die Deutschen nieder. Caillette sah, wie der arrogante Offizier wankte und dann auf dem Bürgersteig zusammenbrach. Als die Widerstandskämpfer das Feuer einstellten, waren alle Deutschen tot. Entsetzt schauten die Zadig-Leute aus ihren Fenstern auf das Blutbad herab, das sie angerichtet hatten. Fast im gleichen Augenblick hörten sie, wie auf den zum Rathaus führenden Straßen deutsche Militärlastwagen anrollten, um sie einzukreisen.

Langsam fuhr ein grauer Mercedes an den Platanen vorbei, deren Blätter sich schon herbstlich verfärbten. Neben dem Chauffeur saß Leutnant von Arnim und bewunderte die schöne Fassade des Louvre. Kaum ein Mensch war zu sehen; an den Krieg erinnerten den jungen Leutnant nur die beiden Feldwebel auf dem Rücksitz seines Wagens, die mit schußbereiten Maschinenpistolen die Fenster der Häuser beobachteten.

Nun bog der Wagen zur Ile de la Cité und zur Polizeipräfektur ein. Wie ein Degen stach die Turmspitze der Sainte-Chapelle gen Himmel. Die vergoldeten Zeiger auf dem riesigen Zifferblatt der Tour de l'Horloge wiesen auf elf Uhr.

Plötzlich fiel ein Schuß, der auf dem verlassenen Boulevard »wie ein Paukenschlag« widerhallte. Ein Geschoßhagel ging auf den Mercedes nieder. Einer der beiden Feldwebel im Fonds ließ die Maschinenpistole fallen und stürzte vornüber. Entsetzt rief von Arnim dem Fahrer zu: »Schneller, schneller!« Aber mit zerschossenen Reifen kam der Wagen nur langsam voran. Der Helm des zweiten Feldwebels rollte zu Boden; als von Arnim sich umblickte, sah er, daß das Gesicht des Unglücklichen von einer Kugel zerschmettert war. Erst als der Wagen in eine Nebenstraße fuhr, hörte das Schießen auf.

Am Abend konnte von Arnim durch Vermittlung seines Freundes Ernst von Bressendorf, des Chefs der Fernsprechzentrale im Hotel Meurice, mit seinen Angehörigen auf Schloß Groß-Sperrenwalde bei Prenzlau telefonieren. »Ach, Mama«, sagte er zu seiner Mutter, »in Paris ist die Hölle los!«

In der Polizeipräfektur saß Edgar Pisani hinter seinem Schreibtisch und strich sich nervös durch den schwarzen Bart. Zu seiner Linken leuchteten auf einem Schaltpult achtundvierzig Lämpchen gleichzeitig auf. Sämtliche Polizeikommissariate von Paris riefen die Präfektur an. Doch der neue Kanzleichef des Präfekten hatte keine Ahnung, wie die Apparatur zu bedienen war. Schließlich drückte er auf gut Glück auf einen Knopf und hob einen Telefonhörer ans Ohr. Eine aufgeregte Stimme erklang: »Starke deutsche Kräfte greifen das Rathaus von Neuilly an . . .« Der Rest des Satzes ging in Getöse explodierender Granaten unter. Inzwischen peitschten auf dem Boulevard du Palais vor der Präfektur wieder Schüsse auf. Pisani legte den Hörer auf den Schreibtisch und trat ans Fenster. Mitten auf der Straße brannte ein deutscher Lastwagen lichterloh. Ein Molotow-Cocktail hatte ihn getroffen. »Die Kugeln«, so berichtete er später, »erwischten die Soldaten, die der Glut entkamen, und ließen sie wie Kegel durcheinanderpurzeln.«

Unter den Deutschen, die an diesem Vormittag in das Wespennest auf der Ile de la Cité gerieten, war auch der Feldwebel Bernhard Blache vom 112. Nachrichtenregiment. Als sein Lastwagen in das von der Präfektur und dem Justizpalast kommende Kreuzfeuer geriet, beschloß er grimmig, sein Leben so teuer wie möglich zu verkaufen. Die beiden Soldaten, die mit entsichertem Gewehr auf den Kotflügeln saßen, fielen schon zu Beginn des Feuerüberfalls mit durchsiebten Leibern auf den Asphalt. Obwohl eine Kugel sein Bein durchschlagen hatte, trat der Fahrer mit aller Macht auf das Gaspedal, aber an der Ecke der Rue de Lutèce raste der schwer beschädigte Wagen gegen einen Baum. Rasch brüllte Blache: »Alles runter!« und warf sich hinter dem Fahrzeug auf den Boden. Auf der Ladefläche lag ein Kamerad Blaches mit aufgeschlitztem Bauch und wimmerte mit schmerzverzerrtem Gesicht: »Bernhard, Bernhard, hilf mir . . .« Im gleichen Augenblick stürzte ein deutscher Offizier mit weit aufgerissenen Augen aus der Rue de Lutèce, wandte sich um und schoß mit seiner Pistole auf einen unsichtbaren Feind. Ein Explosivgeschoß zerfetzte ihm den Kopf; sein Körper rollte in den Straßengraben.

Schon waren die Verfolger so nahe, daß Blache ihre Stimmen hören konnte. Vorsichtig robbte er am Lastwagen entlang und kauerte sich hinter der Fahrerkabine auf den Boden. Der Fahrer hing tot über dem Lenkrad. Plötzlich sah Blache, wie in einem Fenster ein nackter Arm mit einer Brandflasche auftauchte. Er sprang auf und rannte wie ein Verrückter auf den Pont de Change zu. Kaum hatte er einige Meter zurückgelegt, als der Boden unter seinen Füßen wankte. Der Lastwagen war explodiert. Rings um den Feldwebel spritzte der Asphalt auf: seine Verfolger hatten ihn gesehen und schossen aus allen Rohren. Dennoch erreichte Blache unversehrt das Brückengeländer und warf sich flach auf den Asphalt.

Doch nun sah er etwas, das ihn völlig aus der Fassung brachte: Mitten im Geschoßhagel ging ein alter Herr mit Hut und

Stock würdevoll und scheinbar völlig unbeeindruckt über den Pont de Change. Der Deutsche hob die Maschinenpistole und überlegte, ob er den komischen Kauz umlegen sollte.

Einige Sekunden später hörte Blache hinter sich Pfiffe. Die Franzosen machten sich offensichtlich daran, ihn zu verfolgen. Vorsichtig hob er den Kopf und spähte über das Geländer. Auf der anderen Seite der Brücke hatte sich eine Gruppe Zivilisten eingefunden. Er beschloß, in ihre Richtung zu fliehen. Mit beiden Händen packte er je eine Handgranate und lief laut rufend auf die Gruppe zu. Als die Zivilisten das mit Staub und Blut bedeckte Gespenst in deutscher Uniform sahen, stoben sie nach allen Seiten auseinander. Bald war Blache auf der Uferstraße allein. Doch zum Glück näherte sich in diesem Augenblick ein Auto. Der Feldwebel hielt es an und befahl dem französischen Arzt, der am Steuer saß, ihn ins Hotel Meurice zu bringen.

Dort angelangt, stürzte er die Treppe hinauf, stieß mit dem Fuß die erste Türe auf, die er erreichte, und brüllte: »Um Himmels willen! Wie lange wollt ihr noch warten, bis ihr die Panzer einsetzt? Meine Männer werden wie Würste verbraten!«

3

Vor dem Rathaus von Neuilly waren die Panzer bereits eingetroffen. Zwei »Panther« waren auf dem Platz in Stellung gegangen; ein dritter stand im Hof hinter dem Gebäude. Die im Rathaus eingeschlossenen Männer der Widerstandsgruppe »Zadig« erwiderten seit drei Stunden das Feuer der Belagerer. Langsam ging die Munition zur Neige. Granatsplitter, Glasscherben, abgeplatzter Verputz und zertrümmertes Mobiliar bedeckten den Boden des Festsaals. Die Bilder an den Wänden und die Holzvertäfelung waren zerfetzt. Im Ratsaal lagen Tote und Sterbende; mit Krawatten versuchten die Männer, aufgerissene Schlagadern abzubinden. Die Treppen waren glitschig von Blut.

Verzweifelt flehte einer der Männer, dessen Leib ein Granatsplitter aufgeschlitzt hatte, André Caillette an, ihm zu helfen. Caillette tat das einzige, was er tun konnte: er drückte die heraushängenden Eingeweide des Sterbenden in den Leib zurück und zog ihm den Gürtel um drei Löcher enger.

Von den Balkonen, Fenstern und Dächern der benachbarten Häuser aus nahmen die Deutschen das Rathaus unter Feuer. Auf einem gegenüberliegenden Dach sah André Cailletts Bruder Charles einen Deutschen aus einem Dachfenster klettern. Charles war der beste Schütze in ganz Neuilly. Ruhig zielte er und drückte ab. Ein einziger Schuß genügte. Langsam rutschte der Deutsche ab, eine rote Spur hinterlassend. Er versuchte, sich an der Regenrinne festzuhalten, aber Sekunden später stürzte er mit einem gräßlichen Schrei in die Tiefe.

Hinter dem Rathaus hatten die Deutschen im Schutz einer efeubewachsenen Mauer ein Maschinengewehr aufgestellt, das pausenlos feuerte. Charles stützte den Lauf seiner alten Flinte auf den Fenstersims und zielte sorgfältig. Mit zerschmettertem Gesicht brach der MG-Schütze zusammen. Charles sah, wie zwei Hände die Stiefel des Toten ergriffen und ihn hinter die Mauer zogen; ein anderer Soldat nahm seinen Platz ein und eröffnete von neuem das Feuer. Der Deutsche hatte seinen Widersacher ausgemacht; eine Salve prasselte gegen das Fenster und riß Charles die Mütze vom Kopf. Charles schlich zu einem anderen Fenster und schoß wieder. Der MG-Schütze warf die Arme hoch und brach zusammen. Und wieder zogen zwei Hände die Leiche weg. Ein dritter Soldat legte sich hinter das Maschinengewehr. Erneut drückte Charles ab. Diesmal wurde der zusammengeschossene Deutsche nicht mehr weggezogen. Das Maschinengewehr schwieg.

Doch nun traten die Panzer in Aktion. Die erste Rauchgranate explodierte im Arbeitszimmer des Bürgermeisters. Mit tränenden Augen versuchte André Caillette hustend, zur Tür zu gelangen. Mit einemmal begann das Telefon zu klingeln. Caillette tastete sich zum Apparat hin und nahm den Hörer ab. »Hier ist die Präfektur von Chartres«, meldete sich eine jubelnde Stimme. »Die Amerikaner kommen!« Caillette wollte antworten, aber die Stimme versagte ihm. »Ein ununterbrochener Strom von Lastwagen und Panzern ergießt sich in die Stadt!« fuhr die Stimme fort. »Die Lastwagen sind so groß, daß sie drei Panzer auf einmal befördern können ... Es ist sagenhaft!« Caillette hätte am liebsten geweint. Da waren die Amerikaner schon so nahe, und draußen standen die deutschen Panzer und waren dabei, ihn und seine Kameraden zu zerfetzen. Er ließ den

Hörer fallen und schleppte sich keuchend aus dem qualmerfüllten Raum.

Völlig erschöpft und entmutigt verschossen die Aufständischen im Rathaus von Neuilly ihre letzten Patronen. Da trat Caillette zu ihnen und rief mit bewegter Stimme: »Jungens, die Amerikaner sind in Chartres!« Dann stimmte er die Marseillaise an, und machtvoll erklang der Gesang der Belagerten aus den zerschossenen Fenstern des Gebäudes.

Zehn der Aufständischen waren schon gefallen; etwa vierzig lagen schwerverletzt in den Räumen und Gängen. Die Deutschen ließen einen Lautsprecherwagen auffahren: »Ergebt euch! Wir werden das Rathaus zusammenschießen und euch vernichten!« Ein Kugelregen war die Antwort.

Nun machten die Deutschen ernst. Eine Sprenggranate aus einem der Panzer zerschmetterte das eiserne Tor des Rathauses; langsam rollte das mächtige Ungetüm auf die Freitreppe zu. Caillette und seine Männer hatten keine Brandflaschen. Ihre letzten Kugeln prallten an dem feuerspeienden Koloß wirkungslos ab. Ihre Lage war hoffnungslos.

Einer nach dem anderen robbten die Verteidiger zum Kellereingang. Dort hob André Caillette eine Steinplatte hoch, unter der sich ein kleiner unterirdischer Raum befand. Von diesem aus führte ein niedriger Gang direkt zu den Abwasserkanälen unter der Avenue du Roule. Allerdings war der Zugang zum Gang durch eine Ziegelmauer versperrt.

Einer der Männer riß sein Hemd in Streifen, umwickelte damit eine Hacke und begann, möglichst lautlos die Wand niederzubrechen. Im Dunkeln zusammengepfercht, hörten die Flüchtenden zu ihren Häuptern das Stampfen deutscher Stiefel. Die Angreifer hatten das Rathaus besetzt und stießen die in den oberen Stockwerken verbliebenen Verteidiger die Treppen hinab. Nun kamen sie auch in die Keller, um nach Versprengten zu suchen. Genau auf dem Deckel blieb einer der Soldaten stehen. Einige Zementbrocken lösten sich und fielen Caillette auf den Kopf. Atemlos lauschend hörten die Flüchtenden, wie der Soldat zu ihren Häupten einem seiner Kameraden zurief, er möge ihm helfen, den Deckel hochzuheben. Mit klopfendem Herzen warteten sie auf den Lichtstrahl, der bald in ihr Verlies dringen würde . . .

Auch vor der Polizeipräfektur waren inzwischen deutsche Geschütze aufgefahren. Eine erste Granate zerfetzte das schwere Portal. Edgar Pisani wurde durch die Gewalt der Explosion zu Boden geschleudert. Er blieb unverletzt, verlor aber seine Brille. Hinter ihm schrie jemand: »Die Panzer kommen! Wir sind erledigt!«

Tatsächlich rollten zwei »Panther« und ein Renault des 5. Sicherungsregiments heran und eröffneten sofort das Feuer. Es war 15.30 Uhr.

Schon die ersten Salven brachten den Aufständischen mit erschreckender Deutlichkeit zum Bewußtsein, wie verzweifelt ihre Situation war. Was konnten sie hinter ihren lächerlichen Sandsäcken mit ihren Maschinengewehren, Karabinern und Pistolen gegen Panzer und Geschütze ausrichten? Der sichere Tod stand ihnen vor Augen. Nicht wenige der Polizisten bekamen es mit der Angst zu tun und beschlossen zu fliehen. Zu Dutzenden stürzten sie in den Keller, von wo aus ein Verbindungsgang zur Métro-Station Saint-Michel am linken Seine-Ufer führte.

Nur durch das entschlossene Dazwischentreten des Brigadiers Antoine Fournet, des Leiters der Widerstandsgruppe »Polizeiehre«, wurde eine allgemeine Panik vereitelt. Fournet eilte den Fliehenden nach, zog seine Pistole und drohte, jeden niederzuschießen, der einen Fluchtversuch wagte.

In der Funkzentrale der Präfektur diktierte Pisani eine Meldung, die sofort per Fernschreiber an alle Polizeikommissariate in Paris und in den Vororten weitergeleitet wurde: »Angriff der Deutschen auf die Präfektur steht unmittelbar bevor. Ich bitte, alle verfügbaren Streitkräfte rings um die Ile de la Cité zusammenzuziehen und den Feind im Rücken anzugreifen.« Es war 15.45 Uhr. Auf dem Schaltbrett in der Zentrale leuchtete ein rotes Licht auf: der Funker hatte Großalarm gegeben. In wenigen Minuten würden sich aus allen Pariser Bezirken Männer auf den Weg machen, um einzeln oder in Gruppen zur belagerten Präfektur zu eilen. Zu den ersten Grüppchen, die an die Seine gelangten, gehörten vier Halbwüchsige unter dem Kommando eines jungen Beamten namens Jacques Piette. Ein altes, rostiges Maschinengewehr war ihre einzige Waffe. Auf der moosbewachsenen Brüstung des Quai Montebello brachten sie es in Stellung. Jeannot, ein bleicher, hagerer Junge, legte den einzigen Patronengurt ein, den sie besaßen. Gleich darauf eröffnete Jacques Piette das Feuer auf die deutschen Panzer, die vor Notre-Dame aufgefahren waren.

Der 27jährige Panzergefreite Willy Linke vom 5. Sicherungsregiment sah das Mündungsfeuer von Piettes Maschinengewehr. Sofort betätigte er den Schwenkmechanismus des Geschützturms. Als Piette die drohende Gefahr erkannte, riß er das Maschinengewehr von der Brüstung und ließ sich mit dem Ruf: »Volle Deckung!« auf den Asphalt fallen. Linke, das Auge am Zielfernrohr, überlegte, ob er die Brüstung mit einer Sprenggrante zusammenschießen sollte. Aber eingedenk des Befehls, mit Granaten sparsam umzugehen, begnügte er sich schließlich damit, das gegenüberliegende Seine-Ufer mit seinem Maschinengewehr zu bestreichen.

Piette hörte, wie hinter ihm die Geschosse Zweige von den Bäumen rissen und in die Wände der Kirche Saint-Julien-le-Pauvre einschlugen. Offensichtlich hatte der Panzer zu hoch gezielt. Aber plötzlich sah er zu seiner Linken eine Blutlache. Jeannot, der 15jährige Ladeschütze der alten Hotchkiss, lag mit ausgebreiteten Armen auf dem Rücken. Weit aufgerissen starrten seine Augen ins Leere. Piette kroch zu ihm hin, schüttelte ihn am Bein und rief immer wieder: »Jeannot! Jeannot!« Doch Jeannot war tot. Eine Maschinengewehrkugel hatte ihm den Hals zerfetzt.

Inzwischen stellten in einem schwacherleuchteten Kellerraum der Präfektur drei schweißgebadete Männer neue Waffen für die Verteidiger her. An einer Wand waren zahllose Champagnerflaschen gestapelt – der private Vorrat des ehemaligen Polizeipräfekten Amédée Bussière. Eine Flasche nach der anderen wurde entkorkt, der kostbare Inhalt wurde achtlos auf den Boden gegossen. Die leeren Flaschen wurden mit Schwefelsäure und Benzin gefüllt und mit Papier umwickelt, das mit Kalziumchlorat getränkt war. Im Gang vor dem Raum stand eine lange Reihe von Polizisten, um die fertigen Brandflaschen in Empfang zu nehmen.

Die improvisierten Geschosse des Atomphysikers Frédéric Joliot-Curie konnten in zielsicheren Händen eine furchtbare

Waffe sein. Dem »Panther«, der neben dem Panzer von Willy Linke Aufstellung genommen hatte, wurden sie zum Verhängnis. Linke sah plötzlich, wie eine Brandflasche in hohem Bogen in den offenen Panzerturm flog; eine Stichflamme schoß empor, und sofort stand das graue Ungetüm in Flammen. Einem FFI-Mann war es gelungen, sich zum Denkmal Karls des Großen vorzuarbeiten und von dort aus den Molotow-Cocktail zu werfen. Aus allen Fenstern der Präfektur erscholl ein Freudengeheul.

Linke begriff, daß es tödlicher Leichtsinn war, mit offener Geschützturmluke zu kämpfen. Sorgfältig schloß er den Deckel und schob wutentbrannt eine neue Granate in sein Geschütz.

Inmitten des Kampflärms klingelte in der Präfektur das Telefon. Als Pisani den Hörer abnahm, meldete sich Alexandre Parodi, der kurz zuvor in der nahen Rue Séguier sein Hauptquartier eingerichtet hatte. »Ich höre Geschützfeuer«, sagte er besorgt. »Ihr dürft euch nicht niedermetzeln lassen. Die Präfektur muß sofort geräumt werden!«

Pisani entgegnete ruhig, daß die Deutschen alle Ausgänge abgeriegelt hätten und eine Räumung des Gebäudes daher unmöglich sei. »Wir sitzen fest, und es wird das beste sein, wenn wir bleiben«, meinte er.

Dreimal noch sollte im Laufe dieses Tages das Telefon läuten; jedesmal wurden die Verteidiger beschworen, die Präfektur aufzugeben. Doch dreimal lautete die Antwort: Nein.

Gegen 17 Uhr verbreitete sich in der Präfektur die Schreckensnachricht, daß die Munition zur Neige ging. Brigadier Fournet meldete Pisani: »Wir können höchsten noch zwei Minuten lang das feindliche Feuer erwidern.« Bei diesen Worten griff Pisani nach dem Telefon und wählte eine Nummer. »Bist du es, Laurence?« fragte er. Und flüsternd fuhr er fort: »Gib Francis und Hervé einen Kuß von mir ... Wir werden hier nicht lebend herauskommen ... Wir haben keine Munition mehr. Jetzt könnte uns nur noch die Ankunft der Amerikaner retten.«

Aber für die kleine Gruppe amerikanischer Offiziere, die 400 Kilometer weiter westlich in einem Stabswagen versammelt waren, bedeutete Paris an diesem Tag »lediglich einen Tintenfleck auf den Karten, den man auf dem Marsch zum Rhein links liegenlassen mußte«. Bei den fraglichen Karten handelte es sich um die Operationskarten von EAGLETAC, dem vorgeschobenen Hauptquartier der amerikanischen Heeresgruppe Mitte, das sich derzeit in einem Obstgarten bei Laval am Ufer der Mayenne befand.

Der ruhige Amerikaner mit der stahlgefaßten Brille, der die Heeresgruppe Mitte befehligte, General Omar N. Bradley, war fest davon überzeugt, daß Paris auf jeden Fall umgangen werden mußte. Sein Ziel war, möglichst rasch zum Rhein vorzustoßen, ehe es dem Feind gelang, seine zersplitterten Kräfte neu zu gruppieren. Dazu brauchte er jedoch Sprit und nochmals Sprit. Nun hatte ihm aber zwei Tage zuvor sein Oberkommando mitgeteilt, daß von dem Augenblick an, da Paris befreit sein würde, seine Truppen täglich 300 000 Liter Treibstoff weniger erhalten würden, da man diese Treibstoffmenge dann brauchte, um »die Versorgung der Hauptstadt mit Lebensmitteln zu sichern«. Bradley war entsetzt gewesen. Mit 300 000 Liter Sprit konnten ein ganzes Armeekorps 45 Kilometer weit vorstoßen.

Mit ernster Miene hörte Bradley den Vortrag seines Ib an, der über die Möglichkeiten und Schwierigkeiten des Treibstoffnachschubs berichtete. Plötzlich ging die Tür auf, und ein Offizier trat ein. Er überbrachte eine Meldung der Deutschen, die soeben abgefangen worden war. General Edwin Siebert, Bradleys Ic, nahm sie entgegen. »Offensichtlich hat die Zivilbevölkerung in Paris Unruhen ausgelöst«, meinte er.

Bradley setzte sich kerzengerade auf. »Mein Gott, Eddie«, befahl er, »erkunde gleich mal, was da vor sich geht!« Tiefe Besorgnis zeichnete sich auf seinem Gesicht ab. Der Aufstand brach ausgerechnet an dem Tag aus, da Eisenhowers Offensive begann, die eine Umgehung der Hauptstadt vorsah.

Dreitausend Kilometer östlich des Obstgartens, in dem Bradley und sein Stab zusammengekommen waren, fand fast zur gleichen Zeit eine andere Lagebesprechung statt, in deren Verlauf die Rede auf Paris kommen sollte. Adolf Hitler wußte noch nicht, daß es in Paris zu einem regelrechten Aufstand gekommen war. Wohl war am Vorabend eine Meldung des OB West eingegangen, daß in den Randgebieten der Stadt einige Scharmützel zwischen »Terroristen« und deutschen Truppeneinheiten stattgefunden hätten, aber von den Kämpfen, die seit dem frühen Morgen in den Straßen von Paris tobten, war nichts bekannt. Immerhin hatte General Warlimont die Nachricht des OB West auf der mit besonders großen Typen versehenen Spezialschreibmaschine tippen und dem Führer vorlegen lassen. »Ein Grund mehr, Paris nicht zur offenen Stadt zu erklären«, hatte Hitler nur gebrummt.

Gleich zu Beginn der Lagebesprechung fragte Hitler: »Wo ist der Mörser?«

General Buhle mußte eingestehen, daß der Mörser Karl und die ihm beigegebenen Munitionswagen die Grenze noch nicht überschritten hatten. Schuld an der Verzögerung seien die durch alliierte Luftangriffe bewirkten Unterbrechungen des Eisenbahnnetzes.

Wütend wies Hitler den General darauf hin, daß er ihm ausdrücklich versprochen habe, den Mörser bis zum 22. August nach Paris zu bringen. Dann wandte er sich an Jodl und befahl, daß der Transport des Mörsers »absoluten Vorrang« haben müsse.

Als ihm der Chef des Generalstabs die Karten der Ostfront vorlegte, schob er sie mit einer brüsken Handbewegung beiseite.

»Zuerst die Westfront!« sagte er scharf.

Auf der Karte der Pariser Region, die Hitler schon sechs Tage zuvor lange studiert hatte, war deutlich die strategische Bedeutung der französischen Hauptstadt zu erkennen. Nur wenn Paris gehalten wurde, bestand einige Aussicht, den alliierten Vormarsch auf die Seine und den Rhein zum Stehen zu bringen. Da die alliierten Bomber praktisch sämtliche Seine-Brükken mit Ausnahme der Brücken in Paris zerstört hatten, mußte der ganze Nachschub für die deutschen Truppen südlich des Flusses durch Paris geleitet werden. Von Choltitz hatte recht gehabt, die Brücken in der Hauptstadt noch nicht zu sprengen.

Ernst und entschlossen wiederholte Hitler, was er in den vergangenen Tagen immer wieder seinen Generälen eingehämmert hatte. Da Paris unbedingt gehalten werden müsse, sollten alle verfügbaren Kräfte dem Stadtkommandanten unterstellt werden. Um sich persönlich zu vergewissern, welche Möglichkeiten gegeben waren, ließ er sich eine Aufstellung der Reserven im Westen vorlegen. Dann befahl er, als erstes mehrere Einheiten aus dem Befehlsbereich des Feldmarschalls Kesselring über die Alpen nach Paris zu bringen. Da jedoch eine solche Verlegung eine gewisse Zeit beanspruchte, sollten gleichzeitig die in Dänemark stationierte 26. und 27. SS-Panzerdivision auf Paris in Marsch gesetzt werden. Warlimont versicherte, daß die Vorhuten dieser Einheiten am 25. oder 26. August im Bereich der französischen Hauptstadt eintreffen würden.

Dann diktierte Hitler die Anweisungen für jenen Mann, der die Westfront wieder aufbauen sollte – Feldmarschall Walter Model. Er befahl ihm, »mit der 1. und 5. Panzerarmee vor Paris einen befestigten Sperrgürtel« aufzubauen. Noch wußte der Diktator nicht, daß seit acht Stunden Soldaten der Wehrmacht auf den Straßen von Paris »wie Würste verbraten« wurden, daß sich das Volk von Paris gegen die Besatzungsmacht erhoben hatte.

4

Vor dem Rathaus von Neuilly verzog der elegante Oberst Hans Jay, der Stammgast der Pariser Nachtlokale, das Gesicht, als er die auf dem Bürgersteig aufgereihten Leichen von sechs deutschen Soldaten sah. Dann betrachtete er die Gefangenen, die mit erhobenen Händen an der Mauer standen, und beschloß, sie kurzerhand erschießen zu lassen.

Unter den Gefangenen befanden sich der Metzger Louis Berty und sein junger Nachbar, Lucien Le Guen. Kaum vermochte sich der Metzger auf den Beinen zu halten. Kurz vor Erreichen der Kellertür war er den Deutschen in die Hände gefallen und brutal zusammengeschlagen worden.

Max Roger, Bürgermeister von Vichys Gnaden, machte Jay darauf aufmerksam, daß unter den Gefangenen mehrere seiner Angestellten wären, die mit dem Aufstand nichts zu tun gehabt hätten. Der Oberst befahl ihm, seine Leute herauszusuchen, und ließ dann die übrigen Gefangenen zur Kommandantur in der Avenue de Madrid bringen. Als sich der elende Zug in Bewegung setzte, erschollen aus den umliegenden Häusern

Rufe des Beifalls und der Ermunterung; auf den Gehsteigen standen weinende und betende Frauen.

Unter den Kellern des Rathauses war es den Verteidigern, die den Deutschen hatten entkommen können, inzwischen gelungen, die Ziegelwand zu durchbrechen. Nacheinander schoben sich die Männer durch die enge Öffnung in den Abwässerkanal. Das stinkende Wasser ging ihnen bis an die Hüften. Charles Caillette trug André Guérin auf dem Rücken, einen Veteranen des Ersten Weltkrieges, der vor Verdun ein Bein verloren hatte. Während der Schießerei hatte ihm ein deutscher Granatsplitter das Holzbein weggerissen. »Gottlob!« hatte Guérin ausgerufen, »wenigstens erwischen sie immer das gleiche Bein!«

Vor der Kommandantur angelangt, mußten Louis Berty und seine zwanzig Gefährten sich im Kreis aufstellen. Ein deutscher Soldat trat in ihre Mitte und musterte sie scharf; es war einer der beiden Deutschen, die Berty sechs Stunden früher im Café beim Rathaus gefangengenommen hatte. Als der Soldat vor Berty stand, blitzte etwas in seinen Augen auf. Aber dann hob er langsam die Hand und tat so, als wische er sich Speichel von der Wange. Er blinzelte dem Metzger zu und setzte die Inspektion fort.

Die letzten der Flüchtenden verließen die Kammer unter dem Rathaus. Plötzlich hörten sie ein Geräusch, das ihnen den Atem stocken ließ: Über Neuilly ging ein Wolkenbruch nieder. Schon begann das Wasser im Kanal langsam zu steigen.

Schweren Schrittes stapfte General von Choltitz die Treppen empor. Sein Gesicht war hart und verschlossen. Soeben hatte er vor dem Bahnhof Orsay die ersten deutschen Gefallenen des Tages gesehen, sechs gräßlich verkrümmte, verkohlte Leichen. Als er sein Arbeitszimmer betrat, war sein Entschluß gefaßt. »Da wir angegriffen werden«, sagte er sich, »müssen wir zurückschlagen.«

Wenig später legte ihm Oberst von Unger einen ersten Bericht vor. Bis zum späten Nachmittag waren 50 deutsche Soldaten gefallen und etwa 100 verwundet worden. Von Choltitz schäumte. Sofort ließ er einen Stadtplan bringen und seinen Stab zusammenrufen.

Mit den Offizieren, die seinen Schreibtisch umstanden, besprach der Kommandant von Groß-Paris die Lage und die verschiedenen Möglichkeiten zur Unterdrückung des Aufstands. Er konnte zwei Wege beschreiten: entweder führte er die Drohung aus, die er drei Tage zuvor Taittinger gegenüber geäußert hatte, und ließ jedes Wohnviertel zerstören, in dem deutsche Soldaten angegriffen wurden; oder er richtete unter den Verteidigern der Polizeipräfektur »ein solches Blutbad an, daß der Aufstand ein für allemal ein Ende findet«. Nachdem er sich die Meinungen seiner Untergebenen angehört hatte, beschloß von Choltitz, die Präfektur anzugreifen. Der Angriff sollte von der Elite der ihm unterstellten Truppen durchgeführt werden: vom 19. Sicherungsregiment, von den Panzern des 5. Sicherungsregiments, die im Hof des Palais du Luxembourg standen, und von den Panzereinheiten der Prinz-Eugen-Kaserne an der Place de la République. Außerdem wollte er von Orly und Le Bourget Bomber anfordern.

Ein Luftangriff auf die Präfektur war seiner Meinung nach zur Schonung seiner eigenen Kräfte unerläßlich. Die Aufständischen sollten derart zerschmettert werden, daß die Panzer nur noch »mit den letzten Resten aufräumen« müßten. Der Einsatz von Bombern war allerdings deshalb problematisch, weil die Luftwaffe nicht bereit war, bei Tageslicht solche Einsätze zu fliegen. Also mußte der Luftangriff entweder in aller Frühe oder in der Abenddämmerung erfolgen. Inzwischen wollte er zur Ablenkung mit Panzereinheiten gegen die von der Résistance gehaltenen Stützpunkte vorgehen. Dietrich von Choltitz war der festen Überzeugung, daß durch ein derartig energisches Eingreifen der Aufstand völlig niedergeschlagen werden könnte.

Die Offiziere seines Stabes waren derselben Meinung. Nun war nur noch die Stunde des Angriffs festzulegen. Oberst Hagen hielt es für ratsam, möglichst bald zu handeln. Von Choltitz schaute auf die Uhr. Es war 17.30 Uhr. Er wandte ein, daß es sinnlos wäre, noch am gleichen Abend anzugreifen, da nach dem Bombardement die Überlebenden im Schutz der Dunkelheit fliehen könnten. Also wurde beschlossen, den Luftangriff eine halbe Stunde vor Sonnenaufgang durchzuführen. Von Choltitz befahl dem Obersten von Unger, die Luftwaffe entsprechend zu informieren.

Am nächsten Morgen, am Sonntag, dem 20. August 1944, würde die Sonne um 6.51 Uhr deutscher Sommerzeit aufgehen.

Für den angeblichen Milizsoldaten Paul Pardou, der mit seinem Lastwagen seit Tagen die Vorratslager der Miliz ausräumte, um die Résistance zu versorgen, wandte sich das Glück unversehens an der Ecke der Avenue Jean-Jaurès. Überraschend tauchte vor ihm eine deutsche Streife auf. Seit Mittag kontrollierten die Deutschen alle französischen Lastwagen in den Straßen von Paris.

Pardou handelte blitzschnell. Um nicht der Miliz übergeben zu werden, zerriß er seinen falschen Miliz-Ausweis und schluckte die Fetzen hinunter. Allerdings ging das nicht ohne Schwierigkeiten: sein Paßbild blieb ihm im Hals stecken, und fast mußte er sich übergeben. Zwei Feldgendarmen schwangen sich auf das Trittbrett des Wagens und verlangten seine Papiere zu sehen. Dann stiegen sie ein und befahlen ihm, zum Palais du Luxembourg zu fahren.

Dort wurde der wackere Lastwagenfahrer in den Medici-Saal eingesperrt. Vom Fenster aus konnte er eine Szene beobachten, die ihm verriet, was ihm bevorstand. Drei Zivilisten standen mit erhobenen Händen im Ehrenhof; Soldaten gaben jedem von ihnen eine Schaufel und eine Hacke in die Hand und führten sie ab. Einige Minuten später hörte Pardou eine Reihe von Schüssen.

Die Zivilisten hatten ihr eigenes Grab schaufeln müssen und waren dann erschossen worden.

Bald darauf wurde die Tür aufgerissen, und ein alter Landwehrmann rief Pardou heraus. Der Deutsche war Koch im Senatsgebäude. Er führte den Gefangenen in die Küche und kratzte dann mühselig seine mageren Französischkenntnisse zusammen, um ihm klarzumachen, daß er die Küche zu putzen habe: »Sie werden morgen bestimmt erschossen; also machen Sie die Küche heute sehr sauber.« Dieser Spruch gefiel ihm offensichtlich so gut, daß er ihn unablässig wiederholte – eine makabre Litanei.

Am entgegengesetzten Ende von Paris, in einem winzigen Raum im Hotel Williams am Square Montholon, harrte ein anderer Gefangener, der Polizist Armand Bacquer, der Dinge, die da kommen sollten. Fast glaubte er, in ein Irrenhaus geraten zu sein. Unversehens wurde die Tür aufgerissen; eine Frau mit haßverzerrtem Gesicht spuckte ihn an und schrie mit schriller Stimme: »Du Schweinehund, jetzt wirst du erschossen, wie du es verdienst!« Aber gleich darauf hörte Bacquer eine andere Frauenstimme, die ihm zuflüsterte: »Nur Mut, du kommst schon durch!

Männer eilten auf den Gängen hin und her, schlugen Türen zu, telefonierten lautstark. Champagnerpfropfen knallten, Gläser klirrten. Unaufhörlich läutete das Telefon. Bisweilen konnte der Gefangene Gesprächsfetzen auffangen. Jemand sagte auf französisch: »Die Polizei hat sich erhoben ... Das wird auf die Boulevards übergreifen ... Wir verschwinden nach Nancy.«

Düstere Gedanken gingen Armand Bacquer durch den Kopf. Vor allem bedrückte ihn die Vorstellung, daß man, wenn ihn die Deutschen umbrachten, seine Leiche nicht finden und daher annehmen könnte, er sei als Verräter gestorben. Die Angst vor dieser Schmach war für den Polizeibeamten schlimmer als die Angst vor dem Sterben.

An wenig Erfreuliches dachte auch der Unteroffizier Gustav Winkelmann aus der Kaserne an der Place de la République. In zwanzig Minuten mußte er auf Patrouille gehen — angesichts der Unruhe auf den Straßen von Paris keine angenehme Aussicht.

Zuerst aber wollte er sich noch einen Cognac genehmigen. Er schob einen Fünfzig-Francs-Schein über die Theke und trank dann langsam sein Glas leer. Als er eben aufstehen wollte, sah er im Spiegel oberhalb der Espresso-Maschine zwei Gestalten mit Baskenmützen und dreifarbigen Binden am rechten Arm, die von hinten auf ihn zutraten. Noch ehe er sich umdrehen konnte, spürte er im Rücken den kalten Lauf einer Pistole. Eine Stimme flüsterte ihm ins Ohr: »Na, Fritz, für dich ist der Krieg aus!« Winkelmann schob das Wechselgeld in die Tasche und hob die Arme. Erst dann drehte er sich ruhig um und sah den beiden Männern in die Augen. »Ich habe genügend Geld«, erklärte er auf französisch. »Ich kann für Unterkunft und Verpflegung bezahlen. Laßt mich hier auf die Amerikaner warten.«

Fassungslos schauten sich die beiden FFI-Leute an. Aber da sie sowieso nicht wußten, was sie mit ihrem ersten Gefangenen anfangen sollten, beschlossen sie, ihn der Obhut des Cafébesitzers anzuvertrauen.

André Caillette, François Monce und die Handvoll Männer, denen es gelungen war, aus dem Rathaus von Neuilly zu entkommen, arbeiteten sich mühsam weiter. Von allen Seiten ergossen sich Sturzbäche schmutzigen Wassers in den Kanal und ließen die stinkende Flut rasch anschwellen. Im großen Sammelschacht unter der Avenue du Roule reichte ihnen das Wasser nun schon fast bis an die Brust. Wenn sie nicht bald einen Ausgang fanden, mußten sie elendiglich ertrinken.

Zur gleichen Zeit wurden ihre Kameraden, die den Deutschen in die Hände gefallen waren, vor der Kommandantur in einen Lastwagen verladen. Vergebens hielt Louis Berty nach seinem jungen Nachbarn Le Guen Ausschau, dem seine Frau am Morgen den kleinen Revolver geliehen hatte. Le Guen war nicht mehr da. Die Deutschen hatten in seiner Tasche den Revolver gefunden und den jungen Mann sofort erschossen.

Bald setzte sich der Lastwagen in Bewegung. Berty erkannte die Gegend: ganz nahe fuhren sie an seinem Haus vorbei. Scharf nahm der Fahrer eine Kurve und schaltete dann. Es ging steil bergauf. Nun wußte Berty, wohin sie gebracht wurden. Drei Jahre lang hatte er in seinem Laden in Nanterre das Rollen der Salven gehört, das aus dem auf dem Hügel liegenden Gefängnis gekommen war. Dort oben lag die Festung Mont-Valérien!

Im Dunkel der Kanalisation von Neuilly erblickte François Monce einen fahlen Lichtschimmer. Mühselig arbeitete er sich bis zu der Stelle vor, von der das Licht kam. Über sich sah er einen Schacht, der hinauf zur Straße führte. In die Wand waren Sprossen eingelassen. Monce rief seine Kameraden herbei. Dann begann er hochzusteigen, überschüttet von schmutzigem Wasser und Abfällen, die durch den Schacht herabstürzten. Oben angelangt, stemmte er sich mit dem Rücken gegen den Schachtdeckel und hob die schwere gußeiserne Platte langsam empor. Auf der gegenüberliegenden Straßenseite erkannte er die Fassade der Stadtbibliothek. Ein Hund blieb stehen und schaute ihn an. Mit einem Ruck warf Monce die Platte um, sprang aus dem Schacht und verbarg sich im erstbesten Haus.

5

Colette Massigny war verliebt. Nicht einmal die Schießereien auf den Straßen von Paris konnten sie davon abhalten, ihren Verlobten zu besuchen, den Studenten Gilles de Saint-Just, der sich in einem Dachkämmerchen in der Rue Saint-Benoît vor der Gestapo verborgen hielt. Seit sechs Wochen hatte er außer ihr keinen Menschen gesehen.

Ihr blondes Haar flatterte im Wind, als sie um 7 Uhr abends über die Champs-Elysées fuhr. Als sie die Place de la Concorde erreichte, hörte sie von der Seine her Schüsse. Rasch bog sie in die Rue de Rivoli ein und radelte die menschenleere Straße entlang, die von Hakenkreuzfahnen gesäumt war.

Von einem Balkon des Hauses Nr. 228 in der Rue der Rivoli aus sahen zwei Männer dem Mädchen nach. »Mir gefallen diese hübschen Pariserinnen«, sagte mit ruhiger Stimme General von Choltitz zum schwedischen Konsul Nordling. »Es wäre bedauerlich, wenn man gezwungen wäre, diese Menschen zu töten und ihre Stadt zu zerstören.«

Nordling nickte traurig. Konnte dieser Mann, der ihm so ernst gegenüberstand, tatsächlich mit dem Gedanken spielen, Paris zu zerstören? Laut sagte er: »Die Vernichtung dieser Stadt wäre ein Verbrechen, das die Geschichte niemals verzeihen würde.«

Der Deutsche hob die Schultern. »Ich bin Soldat«, sagte er resigniert. »Ich erhalte Befehle, die ich auszuführen habe.«

Auf der Ile de la Cité fielen Schüsse. Das Gesicht des Generals wurde hart. Dumpfe Wut stieg in ihm auf. »Ich werde diese Burschen aus der Präfektur herausholen!« stieß er hervor. »Ich werde sie mit Bomben zerschmettern.«

Nordling hatte keine Ahnung von dem Angriff, der für den kommenden Morgen angesetzt war. Erstaunt sah er den Deutschen an und fragte, ob er auch bedacht habe, daß jede Bombe, die ihr Ziel verfehle, auf Notre-Dame oder die Sainte-Chapelle fallen könne. Von Choltitz sah auf. Dieser Gedanke war ihm noch nicht gekommen.

»Sie kennen ja die Lage, Herr Konsul«, sagte er dann ungerührt. »Versetzen Sie sich einmal an meine Stelle. Welche andere Lösung schlagen Sie vor?«

Gerade deshalb war Raoul Nordling gekommen: er wollte dem Kommandanten von Groß-Paris eine Lösung vorschlagen. Kurz zuvor hatte er in seinem Büro an der Rue d'Anjou einen Anruf erhalten. Eine angsterfüllte Stimme hatte ihm mitgeteilt: »Die Lage der Präfektur ist verzweifelt. Versuchen Sie doch bitte, etwas zu unternehmen . . .« Sofort hatte der Konsul den deutschen General um eine Unterredung gebeten. Auf dem Weg zum Hotel Meurice war ihm ein Gedanke gekommen.

»Ich wäre bereit«, sagte er nun, verbindlich lächelnd, »zwischen Ihnen und der Résistance einen Waffenstillstand herbeizuführen. Dann könnten beide Seiten ihre Toten und Verwundeten bergen. Wenn die Bedingungen eingehalten würden, könnte man ihn ja verlängern.«

Von Choltitz sprang auf. In seiner dreißigjährigen Soldatenlaufbahn hatte er noch niemals einen Waffenstillstand erbeten oder gewährt. Immerhin, in Anbetracht der Lage schien der Vorschlag gar nicht so unvernünftig zu sein. Paris könnte allmählich wieder zur Ruhe kommen; seine Truppen, die durch den Aufstand gebunden waren, würden für andere Aufgaben frei werden. Die Nachschub- und Rückzugsstraßen, die durch Paris führten, wären wieder gesichert. Vor allem aber brauchte im Fall eines Waffenstillstandes der Angriff auf die Präfektur nicht stattfinden. Von Choltitz wußte, daß ein Luftangriff auf das Zentrum von Paris ein unwiderruflicher Schritt wäre, der die ganze Stadt, ja ganz Frankreich in hellen Aufruhr versetzen würde.

Der General stand vor der schwersten Entscheidung seines Lebens. Entscheidungen zu fällen lag ihm nicht. Die weitgehende Selbständigkeit und Entscheidungsfreiheit, die ihm als Stadtkommandant gewährt worden war, bedeutete für ihn etwas ganz Neues. Bis dahin war er stets nur Befehlsempfänger gewesen, eingespannt in das wohlorganisierte Räderwerk der militärischen Maschinerie. Seine erste bedeutsame Entscheidung war der Befehl gewesen, im Morgengrauen die Präfektur anzugreifen. Der überraschende Vorschlag des schwedischen Konsuls erlaubte ihm, die Verwirklichung dieser Entscheidung zumindest aufzuschieben.

Schließlich entgegnete er: »Wenn die Verantwortlichen in der Präfektur innerhalb einer Stunde beweisen können, daß sie ihre Leute in der Hand haben, bin ich bereit, die Bedingungen für eine endgültige Feuereinstellung auszuhandeln.« Und leiser fuhr er fort: »Ich bitte Sie, Herr Konsul, dabei so vorzugehen, daß mein Name in Verbindung mit diesen Verhandlungen nicht genannt wird.«

Von Choltitz wußte, daß eine Feuereinstellung den ihm erteilten Befehlen prinzipiell zuwiderlief. Wenn Feldmarschall Model erfuhr, daß er mit den »Terroristen« verhandelte, würde das die schlimmsten Folgen haben – für ihn und für die Stadt.

Nachdem der Konsul versichert hatte, daß er alles in seinen Kräften Stehende tun werde, um Ruhe und Ordnung wiederherzustellen, verabschiedeten sich die beiden Männer. Dann ließ von Choltitz Oberst von Unger kommen und teilte ihm trocken mit, daß der für den kommenden Morgen vorgesehene Angriff bis auf weiteres verschoben sei.

Müde hob Edgar Pisani den Arm und nahm den Telefonhörer ab. Seit dem frühen Morgen hatte er mindestens zweihundert Anrufe beantwortet. Bald würde der Apparat schweigen, denn jeden Augenblick mußte für die Verteidiger der Präfektur das Ende kommen.

Als er aber die Stimme des Konsuls Nordling erkannte, fuhr er auf. Nordling verkündete eine geradezu unglaubliche Nachricht: die Deutschen waren prinzipiell mit einer Feuereinstellung einverstanden!

Dennoch war die Gefahr für die Stadt noch keineswegs gebannt. In ihrem Zimmer im vierten Stock des Hotels Meurice saßen die Vernichtungsfachleute des Ingenieurs Bayer weiterhin über ihren Plänen und bereiteten die vom OKW verlangten Zerstörungen vor. Im Außenministerium, im Palais-Bourbon, in der Fernmeldezentrale Saint-Armand, im Senatsgebäude, in fast allen von der Wehrmacht besetzten Gebäuden ratterten die Preßlufthämmer, wurden Sprengkammern in die Fundamente gebohrt.

Immerhin konnten infolge des Aufstandes die ersten der geplanten Sprengungen nicht durchgeführt werden. Außerdem waren einige mutige Männer bemüht, die Durchführung des »Trümmerbefehls« Hitlers nach Kräften zu verhindern. So gelang es dem Mann, den der Konservator des Palais du Luxembourg zu Hilfe gerufen hatte, dem Elektriker François Dalby, im Laufe dieses Tages fünfmal, für längere Zeit die Stromzufuhr zu unterbrechen, so daß die Preßlufthämmer nicht arbeiten konnten. Dalby war der einzige Mann, der im Palais du Luxembourg dieses Husarenstück zu leisten vermochte, war er es doch gewesen, der seinerzeit die Elektroinstallation besorgt hatte. Allerdings mußte er jeden Augenblick damit rechnen, erwischt zu werden und für die Sabotage mit seinem Leben zu bezahlen.

Armand Bacquer wußte nun, daß man ihn erschießen würde. Zusammen mit einem anderen Gefangenen, dem Polizisten Maurice Guinoiseaux, der am Vormittag hinter dem Steuer eines mit Waffen für die Präfektur beladenen Lastwagens verhaftet worden war, hatte man ihn zum Cours-la-Reine gebracht. Unter sich sah Bacquer in der Dunkelheit das Wasser der Seine. »Wenn sie uns an die Quaimauer stellen, werde ich in den Fluß springen, ehe sie das Feuer eröffnen«, dachte er. Aber die Deutschen stießen ihre Gefangenen auf die andere Seite der Uferstraße und stellten sie mit dem Gesicht zur Mauer auf. Die beiden Todgeweihten tauschten kein Wort, nicht einmal einen Blick. Sie hörten, wie die Stiefel der Soldaten über das Pflaster polterten. Ein Gewehrschloß klickte. Bacquer wollte sich umdrehen, »um nicht hinterrücks erschossen zu werden«, aber schon begannen die Deutschen zu feuern. Kugeln drangen in Bacquers rechten Fuß, ins Knie, in den Oberschenkel, in das Becken und den linken Lungenflügel. Guinoiseaux wurde in den Hals und in den Kopf geschossen. Eine letzte Kugel durchschlug sein Genick und trat durch das Auge aus.

Brennender Schmerz durchzuckte Bacquer; er brach über der Leiche Guinoiseaux' zusammen. Ehe er das Bewußtsein verlor, hörte er aus weiter Ferne die Stimme eines der Soldaten: »Fertig!«

Zweitausend Kilometer entfernt beobachtete zur gleichen Zeit André de Marmier, Colonel der Forces Aériennes Françaises Libres, das Instrumentenbrett in der dunklen Kanzel seiner Lodestar. Genau tausend Meter vor ihm, hinter dem Ende der Startbahn, lag drohend schwarz das Mittelmeer. Noch wußte der Colonel nicht, ob es ihm gelingen würde, mit der Maschine hochzukommen. Die Lodestar hatte 3600 Liter Benzin getankt, zweimal mehr als zulässig, und hatte deshalb eine halbe Tonne Übergewicht.

Langsam gab er Gas, bis die Motoren auf 2700 Umdrehungen kamen. Das Flugzeug begann zu vibrieren. »Fertig?« fragte er. »Fertig!« antworteten der Mechaniker Aimé Bully und der Funker Venangeon gleichzeitig.

Marmier löste die Bremsen; mit einem Satz rollte die Maschine an. Die Augen auf die Instrumententafel gerichtet, drückte er den Steuerknüppel nach unten. »Wie eine alte Lok« rumpelte die Maschine über die Startbahn — fünfhundert, siebenhundert, achthundert Meter. Weiß schimmerten die Wellenkämme des Meeres. Die Startbahn war zu Ende, die Maschine schwebte über dem Wasser. Während eines kurzen Augenblickes, der Marmier wie eine Ewigkeit erschien, blieb der Zeiger des Höhenmessers auf Null stehen. Dann begann er zu zittern und schob sich allmählich nach oben. Marmier zog die Klappen ein und legte die Maschine in eine Kurve. Eine dunkle Masse tauchte aus den Fluten empor — der Felsen von Gibraltar.

André de Marmier wischte den Schweiß ab, der ihm von der Stirn herabrann. Der schwierigste Start, den er in seinen 15 000 Flugstunden durchgeführt hatte, war geglückt.

Drei Schritte hinter ihm schnallte der Passagier der Lodestar den Sicherheitsgurt ab und zündete sich unter Mißachtung der üblichen Vorschriften eine Zigarre an. General de Gaulle hatte es abgelehnt, auf die amerikanische Maschine zu warten, die ihn nach Frankreich bringen sollte. Entgegen dem Rat seiner Mitarbeiter und der englischen Behörden in Gibraltar hatte er beschlossen, sein eigenes Flugzeug zu benutzen. Daß sich die Pariser erhoben hatten, wußte er immer noch nicht.

Die Lodestar Lockheed »France« befand sich auf dem längsten Flug, den sie je unternehmen sollte. Längs der portugiesischen Küste sollte es bis Kap Finisterre gehen und von dort aus geradewegs nach Norden, an der gefährlichen Küste des von Deutschen besetzten Frankreich entlang. Im frühen Morgengrauen sollte die Maschine über Südengland von einer Schutzstaffel der RAF empfangen werden. Würde der Treibstoff reichen?

Ein Platzregen prasselte hernieder und weckte Arman Bacquer aus seiner Ohnmacht. Vom Wasser mitgerissene Blätter, Zweigchen und Schmutz bedeckten sein Gesicht. »Ich werde ertrinken!« fuhr es ihm durch den Kopf. Er versuchte sich aufzurichten, sank aber stöhnend wieder zusammen. Neben sich spürte er den starren, kalten Körper seines Gefährten. Plötzlich kam ihm ein Gedanke: »Wenn die Deutschen zurückkehren, werden sie mir bestimmt den Rest geben.« Auf der Straße rasselte ein Feuerwehrwagen vorüber. Schwach begann Bacquer um Hilfe zu rufen, doch bald stieg in seiner durchschossenen Lunge das Blut hoch, und er verlor wieder das Bewußtsein.

6

Als der Morgen heraufdämmerte, zogen immer noch schwere Gewitterwolken über die Stadt. Es war Sonntag, der 20 August. In den Straßen war es unheimlich still. Raschen Schrittes eilte ein Priester über den Cours-la-Reine. Plötzlich blieb er stehen und lauschte. Leises Stöhnen drang an sein Ohr. Gleich darauf erkannte er zwei gekrümmte Körper, die Seite an Seite am Fuß der Mauer lagen. Einer der beiden bewegte sich noch. Armand Bacquer war noch am Leben.

Als der unglückliche Polizist die Augen öffnete, sah er undeutlich über sich das Gesicht des Priesters, der ihm die Letzte Ölung erteilte. »Jetzt werde ich sicher sterben«, dachte er. Er bat um einen Schluck Wasser und verlor dann wieder das Bewußtsein. Doch bald kam er erneut zu sich. Diesmal erkannte er den Helm eines Feuerwehrmanns, der ihn vorsichtig aufhob und in ein kleines Feuerwehrfahrzeug brachte. Wenig später lag er auf einem Operationstisch im Necker-Krankenhaus. (Wochenlang kämpften die Ärzte um sein Leben; Bacquer wurde gerettet. Heute arbeitet er im Polizeikommissariat an der Rue de Bourgogne, wenige hundert Meter von der Stelle entfernt, an der er die schrecklichsten Stunden seines Lebens verbrachte.)

Seit vierundzwanzig Stunden wartete Colette Dubret, die Frau des Polizisten Georges Dubret, auf Nachricht von ihrem Mann. In einer schwarzen Kasserolle auf dem Herd schmorte das Kaninchen, das der Polizist tags zuvor zu Mittag hatte verspeisen wollen.

Während seine Frau unruhig immer wieder ans Fenster eilte, saßen Georges Dubret und sechs andere Polizisten in einer feuchten Zelle im Fort von Voncennes, im gleichen Turm, in dem einst der Herzog von Enghien den Tod erwartet hatte. Eben bellte im Hof ein Maschinengewehr auf. Dubret und seine Leidensgefährten wußten, was ihnen bevorstand.

Tags zuvor war eine deutsche Patrouille in das Polizeikommissariat in der Rue de Lyon nahe der Bastille eingedrungen, das Dubret und seine Kameraden kurz vorher besetzt hatten. Einer der deutschen Soldaten hatte die unter einem Teppich verborgene Trikolore gefunden. Daraufhin waren alle im Gebäude befindlichen Männer abgeführt worden, sogar der Kommissar Antoine Silvestri, der niemals der Résistance angehört hatte.

Als das Maschinengewehr verstummte, wurde die Zellentür aufgerissen; mit Gewehrkolben wurden die Insassen in den Hof getrieben. Dort bot sich ihnen ein grausiger Anblick. Im Staub lagen die von Kugeln buchstäblich zerfetzten Leichen von elf Männern, die eben erschossen worden waren. Drei von ihnen kannte Dubret: es waren Kameraden von der Polizei. Als sich einer der Hingerichteten noch bewegte, zog ein SS-Mann seine Pistole und gab ihm den Gnadenschuß. Andere SS-Leute sahen von den Fenstern des Forts aus gleichmütig zu.

Dann wurden die Gefangenen vor den Leichen aufgestellt. Genau hinter ihnen, auf einem Lastwagen, befand sich das Maschinengewehr. Im letzten Moment beschlossen die Deutschen, die Gefangenen nicht rücklings, sondern von vorn zu erschießen. Sie mußten sich umdrehen und sahen geradewegs in die schwarze Mündung des MGs. Die beiden MG-Schützen auf dem Lastwagen riefen sich etwas zu; die übrigen Soldaten traten zur Seite. Dubret dachte: »Jetzt ist es soweit.« Aufrecht warteten die Männer auf das Ende. Der MG-Schütze drückte ab. Man hörte ein lautes Klicken. Dann war es totenstill. Das MG hatte Ladehemmung.

Plötzlich hörte man die feste Stimme des Kommissars Silvestri: »Wir sind unschuldig! Wir wollen einen Offizier sprechen.«

Er erhielt keine Antwort. Während sich die beiden MG-Schützen an ihrer Waffe zu schaffen machten, befahlen die SS-Leute den Gefangenen, die Erschossenen in den Festungsgraben zu tragen. Noch waren die Leichen warm, und Blut sickerte aus den Wunden. Im Festungsgraben angelangt, erhielten die Franzosen Hacken und Schaufeln und mußten ein Massengrab ausheben.

Trotz drückender Hitze und quälendem Durst wagten es die Männer nicht, ihre Jacken auszuziehen, in denen sich ihre Ausweispapiere befanden, aus Furcht, daß man sie nach der Hinrichtung nicht mehr würde identifizieren können. Einige der Gefangenen beteten laut. Als die Deutschen glaubten, daß das Grab tief genug sei, befahlen sie Georges Dubret, sich hineinzulegen, um zu sehen, ob die Länge ausreichte. Auf die feuchte Erde hingestreckt, blickte Dubret zum Himmel empor und murmelte: »C'est ce qui s'appelle prendre les dernières mesures.«

Paris bot an diesem Sonntagmorgen ein uneinheitliches Bild. Jenseits der Mauern, an deren Fuß Georges Dubret und seine Kameraden Todesängste ausstanden, grüßten sich auf den Alleen des Bois de Vincennes elegante Herren, die einen Morgenspaziergang unternahmen.

An den Ufern der Seine in der Nähe von Notre-Dame, wo tags zuvor erbitterte Kämpfe stattgefunden hatten, saßen wie an jedem Sonntag die Angler und schauten zum Wasser hinab. Gilles de Saint-Just, der sich zum erstenmal seit Wochen wieder auf die Straßen gewagt hatte, ging Hand in Hand mit seiner Verlobten, Colette Massigny. Mit einemmal blieben sie verwundert stehen und lauschten. Auf den Stufen der Kirche Saint-Germain-des-Prés saß ein Blinder und spielte Ziehharmonika. Er spielte eine Melodie, die man vier Jahre lang nicht mehr gehört hatte: »La Madelon«.

Schüsse hörte man nicht mehr. Der vom schwedischen Konsul vermittelte und im Laufe der Nacht verlängerte Waffenstillstand wurde offenbar eingehalten. Franzosen und Deutsche atmeten auf.

Viele Soldaten der deutschen Garnison nutzten den Ruhetag aus, um an ihre Angehörigen zu schreiben. Im Hotel Crillon, das in einen Stützpunkt verwandelt worden war, schaute der 42jährige Unteroffizier Erich Vandamm von der 325. Infanterie-Division den Leuten von der Organisation Todt zu, die in fieberhafter Eile auf der Place de la Concorde Panzersperren errichteten. »Liebe Ursula«, schrieb er an seine Frau in Berlin, »vielleicht wirst Du jetzt sehr lang von mir keine Nachricht mehr erhalten. Ich habe den Eindruck, daß sich hier etwas zusammenbraut.«

Mindestens einer der zahlreichen Briefe, die an diesem Tag von deutschen Soldaten geschrieben wurden, sollte seinen Bestimmungsort nicht erreichen. Der Feldwebel Paul Schallück von der 1. Flakbrigade fand keine Zeit, seinen Brief zu beenden, ehe er auf Patrouille gehen mußte. Also faltete er ihn zusammen und steckte ihn in die Brieftasche. Wenige Minuten später wurde er von FFI-Leuten in der Nähe des Pont des Arts schwer verwundet und gefangengenommen.

Andere Deutsche beschlossen, ihre Sorgen im Alkohol zu ertränken. Der Feldgendarm Ernst Ebner von der Kommandantur in Neuilly, der tags zuvor den Metzger Louis Berty und dessen Kameraden zum Mont-Valérien gebracht hatte, feierte an diesem Tag seinen 38. Geburtstag. Auf dem Tisch des Zimmers, das er in einem Hotel in der Rue des Sablons bewohnte, lagen drei Champagner- und Cognacflaschen, die er geleert hatte. Er war völlig betrunken. Eine andere Geburtstagsfeier fand im Foyer des Hotels Continental am anderen Ende von Paris statt. Das Geburtstagskind war Irmgard Kohlage, eine der wenigen Wehrmachtshelferinnen, die in Paris zurückgeblieben waren.

Der Hauptmann Otto Nietzki von der Wehrmachtsstreife war der festen Überzeugung, daß er an diesem Morgen keine deutschen Soldaten in den von ihnen frequentierten Bars und Bordells antreffen würde. Doch er irrte sich. In einem Bordell in der Rue de la Provence brachte ein sinnlos betrunkener

Major die Kerzen eines Kandelabers mit Revolverschüssen zum Erlöschen und grölte dabei: »Lieber Himmel, worauf warten wir eigentlich noch, bis wir alle abhauen?«

Der 32jährige Rudolf Ries von der Feldgendarmerie hatte während des ganzen vorangegangenen Tages, hinter der Brüstung des Quais de Montebelle verschanzt, auf die in der Präfektur eingeschlossenen Polizisten geschossen. An diesem Vormittag jedoch fuhr er, von zwei französischen Polizisten begleitet, mit einem Lautsprecher durch die Straßen von Paris, um den von Nordling ausgehandelten Waffenstillstand bekanntzugeben. An der Ecke der Avenue de l'Opéra und der Place des Pyramides sah Ries plötzlich einen Kneipenwirt, der mit einer Flasche in der Hand auf ihren Wagen zustürzte. Aber der Mann war von friedlichen Absichten beseelt, und bald konnten die wenigen Passanten verblüfft beobachten, wie der deutsche Soldat und die französischen Polizisten die Flasche vergnüglich leerten und auf den Erfolg der Feuereinstellung anstießen.

7

Den Gaullisten, die stets das brennende Warschau vor Augen hatten, bot der Waffenstillstand eine letzte Chance, Paris vor der Zerstörung zu bewahren und den Aufstand, den sie nicht hatte verhindern können, unter Kontrolle zu bekommen. Mit allen Mitteln versuchten sie, die Aufständischen zu zwingen, die ausgehandelten Bedingungen des Waffenstillstands einzuhalten. Für sie galt es in erster Linie, Zeit zu gewinnen.

Bald begannen in allen Kommandostellen der FFI die Telefone zu läuten. Unbekannte Anrufer – es waren natürlich Gaullisten – befahlen im Namen des Colonel Rol oder anderer kommunistischer Führer die strikte Einhaltung des Waffenstillstands. Als einer der Adjutanten Rols den Hörer abnahm, erhielt er zu seiner Überraschung von einem Unbekannten, der sich seinen – des Adjutanten – Namen zugelegt hatte, die Anweisung, er solle auf Befehl Rols, der von der ganzen Sache keine Ahnung hatte, sofort das Feuer einstellen. Von London aus richtete General Koenig über BBC einen Appell an die Einwohner von Paris. Unter anderem sagte er mit ernster Stimme:

»Die größte Gefahr würde sich für Paris dann ergeben, wenn die Bevölkerung dem Aufruf zum Aufstand Folge leistete.« In der Polizeipräfektur, die inzwischen behelfsmäßig befestigt worden war, befahl der neue Präfekt, Charles Luizet, seinen Leuten, von ihren Waffen nur Gebrauch zu machen, wenn sie »angegriffen oder provoziert« würden. Außerdem stellte er dem schwedischen Konsul Polizeifahrzeuge zur Verfügung, damit in allen Stadtteilen der Waffenstillstand bekanntgegeben werden konnte.

Die Gaullisten waren nach Kräften bemüht, ihren politischen Gegnern, den Kommunisten, zuvorzukommen und die Waffenruhe aufrechtzuerhalten. Jacques Chaban-Delmas zögerte nicht, Rols Stabsoffizieren gegenüber zu erklären: »Rol und die Leute in seiner Umgebung werden Paris in ein Massaker stürzen.« Geschickter ging Alexandre Parodi vor, um den Aufständischen den Waffenstillstand schmackhaft zu machen. Er behauptete gegenüber seinen Kollegen vom CNR, daß es die Deutschen gewesen wären, die um Waffenruhe nachgesucht hätten. Vier Bedingungen waren vereinbart worden. Die Deutschen erkannten die FFI-Leute als reguläre Soldaten an, die nach dem Kriegsrecht zu behandeln waren. Ferner waren die Deutschen damit einverstanden, daß die FFI-Leute in den von ihnen besetzten öffentlichen Gebäuden blieben. Die FFI ihrerseits verpflichteten sich, die deutschen Stützpunkte nicht anzugreifen. Außerdem durften sich deutsche Soldaten auf genau festgelegten Routen frei bewegen. Parodi fügte hinzu: »Wenn unerfahrene Aufständische bereit sind, mit einer Armee einen Vertrag zu schließen, die, ob man es zugeben will oder nicht, einst die mächtigste der Welt war, dann verlieren nicht die Aufständischen ihre Ehre, sondern diese Armee.«

Um Parodis Worten mehr Gewicht zu verleihen, teilte Chaban-Delmas den Mitgliedern des CNR mit, daß eine halbe deutsche Armee bereitstünde, um in die Stadt einzurücken — Kräfte, die mehr als ausreichten, um Hitlers Wahnsinnsbefehl in die Tat umzusetzen und die Stadt in Trümmer zu legen.

Fast im gleichen Augenblick, als Chaban-Delmas dies verkündete, tobte der amerikanische General George Patton, der inzwischen vom Aufstand in Paris gehört hatte, 250 Kilometer weiter westlich vor den Offizieren seines Stabes: »Jetzt haben sie doch tatsächlich mit ihrem Aufstand angefangen! Na schön, dann sollen sie auch sehen, wie sie damit fertig werden . . .!«

Parodi und die Gaullisten hatten die zweite Runde im Kampf mit den Kommunisten gewonnen. Zwar hatten sie den Aufstand nicht verhindern können, aber nun hatten sie ihn, wie einer von ihnen sich ausdrückte, »auf Eis gelegt«. Durch ihr schnelles Handeln waren die Kommunisten überrascht worden. Aber sie hatten sich bald gefaßt und holten sogleich zum Gegenschlag aus. Mit der Parole, die Gaullisten versuchten, den Befreiungskampf der Pariser Bevölkerung zu vereiteln, putschten sie von neuem die Leidenschaften auf.

Besorgt beobachtete der 33jährige Leutnant Aimé Bully die Zeiger auf dem Instrumentenbrett der Lodestar Lockheed »France«. Für jeden der vier Tanks gab es eine Treibstoffuhr. Drei der Zeiger standen auf Null. Und jetzt kroch auch die vierte Nadel langsam auf den Nullpunkt zu. »In einer halben Stunde werden wir kein Benzin mehr haben«, dachte er. Seit mehr als einer Stunde kurvte die Maschine, von Sturmböen geschüttelt, vor der englischen Küste und wartete auf den versprochenen Geleitschutz. Dichte Wolken nahmen der Besatzung die Sicht. Plötzlich wurde Bully durch die Stimme André de Marmiers aus seinen trüben Gedanken gerissen.

»Wie steht's mit dem Treibstoff?« fragte der Pilot.

»Ich pumpe eben den letzten Tank um«, entgegnete Bully. »Wir können uns nicht mehr lange oben halten.«

Marmier faßte den Steuerknüppel fester. Er mußte sich nach einem Landeplatz umsehen – eine Landung ohne Erdsicht, ohne Funk, ohne genügend Treibstoff durchführen. Langsam drückte Marmier die Maschine tiefer. Immer noch war nicht auszumachen, ob sie sich über Land oder über Wasser befanden.

»Treibstoff?« fragte Marmier wieder.

»Nur noch für einige Minuten.«

Jetzt erkannte Bully unter den Tragflächen die schäumenden Wellenkämme des Ärmelkanals. Aus dem Dunst tauchte ein grauer Schatten auf – die englische Küste. De Gaulles Adjutant, Claude Guy, steckte den Kopf in die Pilotenkabine.

»Was ist eigentlich los?« fragte er.

»Man hat uns reingelegt«, erwiderte Marmier. »Die Jäger sind nicht da ...« Er fügte hinzu, daß er auf englischem Boden landen müsse, da er keinen Treibstoff mehr habe.

Guy kehrte zu de Gaulle zurück, um ihm mitzuteilen, daß der Jagdschutz nicht zur Stelle sei. Der General lächelte hintergründig. »Wer hat uns das wohl diesmal eingebrockt?« fragte er. »Die Engländer oder die Amerikaner? Oder beide gemeinsam?«

Guy erklärte, daß Marmier landen müsse, da die Treibstofftanks leer seien.

»In England?« entgegnete de Gaulle schroff. »Das kommt auf keinen Fall in Frage! Sagen Sie Marmier, daß er nach Frankreich fliegen soll.«

Als der Pilot den Befehl vernahm, fragte er nur: »Treibstoff?

Bully schluckte. »Der Zeiger steht auf Null.«

Mit weniger als zehn Meter Sicht drehte Marmier nach Süden ab und flog dicht über dem Wasser auf die französische Küste zu. Kalter Schweiß trat ihm auf die Stirn. Unendlich langsam vergingen die Minuten. Bully war fest davon überzeugt, daß ihr Flug entweder mit einer Notlandung oder im deutschen Flakfeuer enden würde.

Unvermittelt riß die Wolkendecke auf. Ein weißer Streifen wurde sichtbar: die französische Küste. Wenig später überflog die Maschine einen verödeten, mit Bunkern und Trümmern bedeckten Strand. Wo waren sie? Weder Bully noch Marmier oder Venangeon, der Funker, vermochten es zu sagen. Schließlich befahl Marmier dem Bordmechaniker: »Bully, bring doch mal dem Chef diese Karte und frag ihn, ob er sich zurechtfindet.«

De Gaulle setzte langsam seine Brille auf und sah zur Küste hinunter. Nach kurzem Nachdenken legte er den Finger auf die Karte und sagte: »Hier sind wir, genau östlich von Cherbourg.«

De Gaulle hatte sich nicht getäuscht. Bald erkannte Marmier den Behelfsflugplatz von Maupertus und setzte zur Landung an. Kaum hatte die Maschine die Landebahn berührt, als auf dem Instrumentenbrett ein rotes Lämpchen zu blinken begann. Jeder der Besatzung wußte, was dies bedeutete: Der im letzten Tank der Lodestar »France« vorhandene Treibstoff reichte noch für einen Flug von 120 Sekunden. Zwei Minuten später, und die Motoren wären stehengeblieben.

Niemand in Maupertus hatte den General erwartet. Es gab keine Fanfaren, keine Ehrenbezeugungen, keine Menschenmenge. Nichts als Schlamm und normanischen Nieselregen.

Claude Guy trat in die Scheune, die von den Amerikanern als Verwaltungsgebäude hergerichtet worden war. »Wen haben Sie denn in Ihrem Flugzeug?« fragte der diensthabende Offizier gleichgültig. »Den Präsidenten der provisorischen Regierung der Republik Frankreich!« entgegnete der Adjutant de Gaulles.

Dann stiegen der General und seine Begleiter in einen alten, auf Holzvergaser umgebauten Celtaquatre, um nach Cherbourg zu fahren. In der dortigen Präfektur machten sie Toilette. Es gab nur eine einzige Rasierklinge. De Gaulle durfte sie als erster benützen; dem Rang entsprechend kamen die übrigen an die Reihe. Als der General fertig war, verlangte er ein Blatt Papier, um eine Rede aufzusetzen, und befahl, unverzüglich eine Zusammenkunft mit Eisenhower zu vereinbaren.

General Koenig hatte ihnen gesagt, daß sich die Bevölkerung von Paris erhoben habe. Bei dieser Mitteilung war de Gaulle unmerklich zusammengezuckt. Jetzt waren die Würfel gefallen. Er war fest entschlossen, bei Eisenhower schnellstmöglich durchzusetzen, daß die alliierten Truppen auf Paris marschierten.

In Paris sah Alexandre Parodi auf die Uhr. Er hatte es eilig. Sogar auf das Mittagessen mußte er verzichten. Er winkte seinen beiden Adjutanten, dem Ingenieur Roland Pré und Émile Laffon, nahm seine Aktenmappe und erhob sich. Vor dem Haus wartete ein schwarzer Citroën mit einem hübschen Mädchen am Steuer. Am Arm trug sie eine dreifarbige Binde mit dem lothringischen Kreuz.

Wie de Gaulle war auch Parodi entschlossen, unverzüglich zu handeln. In seinen Augen war der von Nordling vermittelte Waffenstillstand die letzte Chance, um Paris zu retten. Er mußte sofort und mit allen Mitteln die Führer des Aufstands daran hindern, den Kampf wieder aufzunehmen.

8

Vierhundert Kilometer von der Stelle entfernt, an der Charles de Gaulle gelandet war, wartete der Chef des Stabes der Armeegruppe B, Generalleutnant Dr. Hans Speidel, auf die Rückkehr seines neuen Chefs, des Feldmarschalls Walter Model. Der rasche Vormarsch der Alliierten hatte den Stab gezwungen, sich in die unterirdische Festung zurückzuziehen, die in einem verlassenen Steinbruch bei dem Dorf Margival, wenige Kilometer von Soissons entfernt, angelegt worden war. Von hier aus hatte Hitler vor vier Jahren die Invasion Englands leiten wollen. Jetzt mußten die Männer in dem unterirdischen Labyrinth von Konferenzzimmern, Befehlszentralen und Korridoren ein anderes Unternehmen leiten: den Rückzug der Wehrmacht aus Frankreich. Seit 48 Stunden war Model unterwegs, um seinen neuen Befehlsbereich zu inspizieren. Inzwischen hatten sich die dringenden Befehle des OKW auf Speidels Schreibtisch gehäuft. Diese Befehle ließen keinen Zweifel mehr an dem Schicksal, das Hitler der französischen Hauptstadt zugedacht hatte. Speidel wußte, daß er nur wenig tun konnte, um eine Ausführung der Befehle zu verhindern, denn er war mit den Männern des 20. Juli in Verbindung gestanden und wartete täglich darauf, abberufen und zur Rechenschaft gezogen zu werden.

Endlich ging die Tür auf, und Model polterte herein. Der gewöhnlich so energische stämmige Feldmarschall war völlig erschöpft. Niedergeschlagen ließ er sich auf einen Stuhl fallen. Während er die auf seinem Schreibtisch liegenden Meldungen durchsah, vertraute er seinem Stabschef an, daß die Inspektion ein wahrer Alptraum gewesen sei. Es sei noch schlimmer gewesen als das Ärgste, das er in Rußland gesehen habe. Eine solche Katastrophe hätte er nicht erwartet. Seine Truppen seien völlig entmutigt und ausgelaugt; von einer geschlossenen Front könne keine Rede mehr sein. Auf jeden Fall müsse er zunächst einmal seine Kräfte neu gruppieren. Wenn ihm das gelang, meinte er, hätte er das erste der Wunder vollbracht, die Hitler von ihm erwartete.

Zwei Meldungen, die an diesem Tag eingingen, zeigten dem Feldmarschall eine Möglichkeit, wie die Umgruppierung durchgeführt werden konnte. Die erste der Meldungen stammte von

General von Choltitz. Seit Beginn des Aufstandes hatte dieser die Bedrohlichkeit der Lage in Paris systematisch verkleinert. Auch der Morgenbericht dieses Sonntags, der um 8.20 Uhr abgesandt worden war, sprach von einer »ruhigen Nacht. Nur in den frühen Morgenstunden vereinzelte unbedeutende Zusammenstöße.« Model mußte also annehmen, daß es in Paris, von einigen »Terroristenaktionen« abgesehen, keine Probleme gab.

Der zweite Bericht, der sein Handeln bestimmen sollte, war die Wochenmeldung der Abwehr des OB West, die von Oberstleutnant I.G. Staubwasser nach den neuesten in Margival eingegangenen Informationen zusammengestellt worden war. Staubwasser meldete, daß die Alliierten im Begriffe seien, mit 53 Divisionen (in Wirklichkeit waren bis zu diesem Zeitpunkt erst 39 Divisionen gelandet worden) in zwei Marschsäulen vorzustoßen. Der erste Angriff sollte vom Raum Dreux aus nach Norden vorgetragen werden, »um die deutschen Kräfte aus der Tiefe heraus aufzurollen, die sich noch westlich der Linie Le Havre — Paris befinden, und mehrere Brückenköpfe auf dem Ostufer der Seine zu errichten«. Der zweite Angriff würde höchstwahrscheinlich von Chartres — Orléans aus südlich an Paris vorbei nach Osten geführt werden. Demnach sehe es so aus, als ob der Feind nicht die Absicht habe, Paris im Augenblick mit stärkeren Kräften anzugreifen.

In der Überzeugung, daß Paris derzeit weder von innen noch von außen Gefahr drohe, beschloß Model, entgegen dem Führerbefehl zunächst nicht den Sperrgürtel vor Paris zu verstärken, sondern seine westlich der Seine stehenden Truppen zurückzuziehen, um sie vor der Einkesselung zu bewahren. Erst dann wollte er sich mit der Verteidigung der Hauptstadt befassen. Die vom OKW zugesagten Verstärkungen, die 26. und 27. Panzerdivison, sollten zusammen mit den Resten der 7. Armee sofort nach ihrer Ankunft vor Paris in Stellung gehen.

Model ließ den Operationschef der Armeegruppe kommen, den Obersten Hans von Tempelhoff, und erteilte ihm mit ernster, ruhiger Stimme seine Anweisungen. Eines jedoch vergaß der Feldmarschall: er unterrichtete den Stadtkommandanten von Paris nicht über die Tatsache, daß zwei Panzerdivisionen zu seiner Verstärkung anrückten. Diese Unterlassung sollte schwerwiegende Folgen haben.

Im Hotel Meurice hatte Graf von Arnim hinter dem Schreibtisch des Generals von Choltitz, einem Stadtplan von Paris gegenüber, eine riesige Karte der Normandie-Front aufgehängt. Auf dieser Karte konnte von Choltitz deutlich die Zangenbewegung der Alliierten verfolgen, die an Paris vorbei nach Osten und Norden führte. Der General hatte mit dieser Entwicklung gerechnet. Er war fest davon überzeugt, daß Paris »nicht vor Anfang September angegriffen würde«.

Er war entschlossen, im Falle eines Angriffs die Stadt zu verteidigen. Natürlich war das eine unangenehme Aufgabe, aber er mußte sie durchführen. Für von Choltitz galten immer noch die Worte, mit denen ihn von Kluge empfangen hatte: »Paris wird verteidigt werden, und Sie werden es verteidigen.«

Hitlers Absichten waren ihm klar. Paris sollte in eine Festung verwandelt werden, die unter allen Umständen zu halten war. Zwar würde die Stadt dadurch weitgehend zerstört werden, aber militärisch war es, wie von Choltitz glaubte, ein »durchaus vernünftiger Gedanke«. Allerdings konnte er die Aufgabe nur dann erfüllen, wenn er mindestens fünf Divisionen zur Verfügung hatte. Von den in der Normandie dezimierten Armeen konnte er diese Divisionen nicht erhalten, doch war es auch schon mit drei Divisionen möglich, Paris zu einem mörderischen, zermürbenden Kriegsschauplatz zu machen, auf dem starke Feindkräfte für mehrere Wochen gebunden werden konnten.

Das Läuten des Telefons auf seinem Schreibtisch riß ihn aus seinen Überlegungen. Am anderen Ende der Leitung war das OKW. Zum dritten Mal rief Generaloberst Jodl den Kommandanten an. Offensichtlich befand sich der Chef des Wehrmachtführungsstabes in höchster Erregung.

Der Führer, so meldete er, wolle wissen, warum das OKW bis jetzt noch nicht einen einzigen Bericht über die im Gebiet von Paris angeordneten Sprengungen erhalten habe. Von Choltitz wußte nicht, was er darauf erwidern sollte. Am selben Vormittag hatten die aus Berlin hergeschickten Sprengungsfachleute ihre Arbeit beendet. Auf dem Schreibtisch des Generals lagen die sorgfältig ausgearbeiteten Pläne für die Zerstörung von über 200 Fabriken. Von Choltitz konnte sich also nicht mehr damit herausreden, daß er auf die Fertigstellung der Pläne warten müsse. In der Eile fiel ihm nur eine einzige Entschuldigung ein, die vorgebracht zu haben er bald bedauern sollte. Er sagte zu Jodl, er habe mit den Sprengungen deshalb noch nicht beginnen können, weil seine Leute damit beschäftigt gewesen seien, in ganz Paris Angriffe von »Terroristenbanden« abzuwehren.

Jodl war völlig verblüfft. Dies war für das OKW der erste Hinweis auf den Ernst der Lage in Paris. Lange schwieg der Generaloberst. Vor wenigen Minuten erst hatte Hitler in der täglichen Lagebesprechung wiederholt, daß »die Verteidigung von Paris von entscheidender Bedeutung« sei und die Stadt daher unter allen Umständen gehalten werden müsse.

Der Führer werde wütend sein, meinte Jodl, wenn er höre, daß in Paris Unruhen ausgebrochen seien. Er, von Choltitz, müsse mit sämtlichen verfügbaren Mitteln Ruhe und Ordnung wiederherstellen. Der Führer erwarte, daß er in seinem Befehlsbereich, also in Paris und Umgebung, ein Höchstmaß an Zerstörungen durchführe.

General Eisenhower saß in der Nähe von Granville in seinem Befehlszelt und lauschte dem Regen, der sanft niederrieselte. Er erwartete Besuch: Charles de Gaulle hatte sich angekündigt. Was der Franzose wollte, wußte Eisenhower ganz genau: es ging um Paris.

Auch Eisenhower hatte erst vor wenigen Stunden erfahren, daß in Paris ein Aufstand ausgebrochen war. Bei dieser Nachricht war er »verdammt böse« geworden, drohte doch nun genau die Lage, die er um jeden Preis hatte vermeiden wollen, »eine unkontrollierbare Lage, die uns zwingen konnte, unsere Pläne vorschnell abzuändern«. Für den Oberbefehlshaber der alliierten Landungsstreitkräfte waren die politischen Aspekte der Befreiung von Paris zweitrangig. Er verfolgte nur ein Ziel: die deutschen Armeen zu schlagen, sie nicht mehr zur Ruhe kommen zu lassen. Und nun wollte der Chef der provisorischen französischen Regierung ihn mit allen Mitteln zu einer Änderung der Operationspläne zwingen, »um nach seiner Gewohnheit seine eigenen politischen Absichten zu fördern«. Doch Eisenhower war fest entschlossen, sich nicht erweichen zu lassen. Er würde nicht auf Paris marschieren.

Störrisch und verärgert ging Charles de Gaulle über das nasse Gras zum Befehlszelt des amerikanischen Generals. Die gleichgültige Behandlung, die ihm seit seiner Landung zuteil geworden war, war nicht dazu angetan, seine Laune zu bessern. Er kannte die Absichten Eisenhowers; er wußte, welch schwierige Unterredung ihm bevorstand. Aber er war ebenso entschlossen wie der amerikanische General, seinen Willen durchzusetzen.

Eineinviertel Stunden später sah André de Marmier von der Kanzel der Lodestar »France« aus, die de Gaulle bis nach Molay gebracht hatte, wie der General aus einem Armeefahrzeug stieg und mit gesenktem Kopf und hängenden Schultern auf die Maschine zuging. Er hatte nichts erreicht. Eisenhower hatte sich strikt geweigert, seine Truppen auf Paris marschieren zu lassen. Gleich zu Beginn der Unterredung hatte der Amerikaner seinem Besucher an Hand von Generalstabskarten die Zangenbewegung erläutert, die die alliierten Truppen durchführen sollten. Der Operationsplan, so hatte er erklärt, ließe keine genaue Vorhersage zu, wann die französische Hauptstadt befreit werden würde. Geändert werden könne der Plan nicht mehr.

Wie Eisenhower später berichtete, »verlangte de Gaulle sofort eine neue Überprüfung der Paris betreffenden Entscheidungen angesichts der ernsthaften Bedrohung, die die Kommunisten für die Stadt darstellten. Wenn er, Eisenhower, die Befreiung von Paris hinausschiebe, laufe er Gefahr, dort eine verheerende politische Situation vorzufinden, die für die alliierten Kriegsanstrengungen katastrophale Folgen haben könne.«

Obwohl Eisenhower von dem General eine hohe Meinung hatte, blieb er seinen Argumenten unzugänglich. Er befürchtete, »daß es in der Stadt zu einer furchtbaren Schlacht kommen werde«; daher sei eine Besetzung der Hauptstadt durch alliierte Truppen im Augenblick verfrüht. Sein Nachrichtendienst hatte ihm gemeldet, daß die Deutschen Verstärkungen auf Paris in Marsch gesetzt hatten; sehr verlustreiche Straßenkämpfe waren zu erwarten. Zudem wollte er die nach der Befreiung von Paris zur Versorgung der Stadt notwendigen enormen Treibstoffmengen so lange wie möglich zurückhalten, um den Vormarsch seiner Armeen nicht zu verlangsamen.

Zuletzt hatte de Gaulle noch eingewandt, daß die Befreiung der Hauptstadt für das ganze Land von so großer Wichtigkeit sei, daß er entschlossen sei, die dem alliierten Oberkommando unterstellte 2. französische Panzerdivision abzuziehen und auf eigene Verantwortung nach Paris zu senden. Eisenhower hatte daraufhin nur gelächelt, war er doch davon überzeugt, daß die 2. Panzerdivision »gegen meinen Willen nicht einen einzigen Kilometer vorrücken kann«.[1]

Als de Gaulle das Flugzeug bestieg, wandte er sich zu dem ihn begleitenden General Koenig und fragte mit harter Stimme: »Wo ist Leclerc?«

9

Colonel Rol, der Leiter der Pariser FFI, war wütend. In seinen Augen war der von Nordling vermittelte Waffenstillstand Verrat. Vier Jahre lang hatte der junge Kommunist als Angehöriger der Untergrundbewegung gegen die Deutschen gekämpft, hatte auf den Tag gewartet, da er sich an die Spitze der Widerstandskämpfer den deutschen Truppen in Paris entgegenstellen konnte. Und nun, da es endlich soweit war, versuchten seine politischen Gegner, die Gaullisten, ihn durch diesen letzten Schachzug auszuschalten. Rol war fest entschlossen, mit allen Mitteln den Fortgang der Kämpfe zu erzwingen. Von seinem Befehlsstand in einem Kellerraum in der Rue Schoelcher aus wiederholte er telefonisch und durch Melder die Befehle, die er tags zuvor erteilt hatte: »Der Aufstand geht weiter! Wir werden so lange kämpfen, bis kein einziger Deutscher mehr in Pa-

[1] Einige Monate später, auf dem Höhepunkt der Ardennenschlacht, drohte de Gaulle erneut mit dem Abzug einer französischen Einheit, diesmal der 1. französischen Armee, die er aus Straßburg herausnehmen wollte. Wütend erklärte ihm daraufhin Eisenhower: »Herr General, diese Truppen bleiben in Straßburg, solange es mir paßt. Wenn Sie jedoch die Divisionen abziehen wollen, dann tun Sic es. Bedenken Sie aber eines: In diesem Fall werden Sie von uns keine einzige Patrone, kein Pfund Verpflegung, keinen einzigen Liter Benzin mehr erhalten. Wenn Sie trotzdem die Divisionen abziehen wollen, Herr General, dann tun Sie es nur!«

ris ist!« Seinen kommunistischen Kampfgruppen, den FTP (Francs-Tireurs et Partisans), gab er die Anweisung, den Feind anzugreifen, wo immer er sich zeigte. Seiner Meinung nach war es wichtig, daß Paris nicht mehr zur Ruhe kam. Wenn die Gewehre schwiegen, würde das bedeuten, daß die Pariser den Waffenstillstand akzeptiert hatten.

Gegen Mittag begannen die Kommunisten, Tausende von Plakaten anzuschlagen, auf denen der Waffenstillstand als »schändliches Manöver der Feinde des Volkes« angeprangert und die Bevölkerung zur Weiterführung der Feindseligkeiten aufgefordert wurde.

Dann ging Rol verbissen daran, die Offiziere seiner FFI-Stäbe, die sich von den Gaullisten hatten mitreißen lassen, wieder in die Hand zu bekommen. Durch diese erbitterten Auseinandersetzungen wurde der Bruch zwischen den divergierenden politischen Gruppen der Résistance besiegelt, die Atmosphäre endgültig vergiftet. Yvon Morandat beschuldigte die Kommunisten, »eine neue Kommune errichten zu wollen und die Gaullisten in die Rolle der Herren von Versailles zu drängen«. André Tollet wiederum betrachtete Parodi und seine Leute als »Verräter, die den Aufstand sabotieren wollen, damit de Gaulle höchstpersönlich Paris befreien kann«.

Am erbittertsten tobte der Machtkampf zwischen den beiden Gruppen in der Polizeipräfektur, wo der Aufstand begonnen hatte. Im Labyrinth der Büroräume und Korridore hinter der zerschossenen Fassade wurde mit ebensolcher Leidenschaft und Heftigkeit gestritten, wie man tags zuvor gegen die Deutschen gekämpft hatte. Die Kommunisten versuchten, unter den Polizisten Zwietracht zu säen und die Autorität ihrer Führer, des Gaullisten Yves Bayet und des neuen Polizeipräfekten Charles Luizet, zu untergraben. Zu diesem Zweck hatten sie einen ihrer brillantesten Intellektuellen abgesandt, den jungen Juristen Maurice Kriegel-Valrimont, einen ausgezeichneten Agitator, der seit vier Jahren in der Untergrundbewegung tätig war. Geschickt arbeitete er darauf hin, die Pariser Polizei von den Gaullisten zu trennen und zur Fortsetzung der Kämpfe zu bewegen. Während einer der hitzigen Diskussionen dieses Nachmittags stürzte sich Alexandre de Saint-Phalle aufgebracht auf den jungen Kommunisten, ergriff seine Hand und rief:

»Wenn Sie den Kampf fortsetzen, wird das Blut von Tausenden unschuldiger Pariser diese Hand beflecken!«

In einem benachbarten Raum war ein anderer Mitarbeiter von Chaban-Delmas, der Finanzinspektor Lorrain Cruze, bemüht, sein Gegenüber von der Notwendigkeit des Waffenstillstands zu überzeugen. Mit beredten Worten schilderte er die schrecklichen Verwüstungen, die der Stadt drohten, wenn die Kommunisten auf ihrem Standpunkt beharrten. Sein Gesprächspartner hörte ihn mit finsterer, verschlossener Miene an. Es war Colonel Rol. Plötzlich schlug er mit der Faust auf den Tisch und stieß wütend hervor: »Paris ist mir zweihunderttausend Tote wert!«

Indessen trugen die Bemühungen Rols ihre ersten Früchte. Allmählich lebte die Gefechtstätigkeit wieder auf; das Gewehrfeuer, das am Abend zuvor verstummt war, peitschte wieder durch die Straßen. In der ganzen Stadt eröffneten die kommunistischen Einsatzgruppen der FTP, Rols Befehlen entsprechend, das Feuer auf die Wehrmachtspatrouillen. Die Deutschen, die ihrerseits den Waffenstillstand nur zum Teil eingehalten hatten, reagierten heftig.

Die sonntäglichen Spaziergänger, die sich aus Neugier oder Gewohnheit auf die Straßen gewagt hatten, mußten vor den von allen Seiten heranpfeifenden Kugeln schleunigst Deckung suchen. (Während es am Vortag unter den Franzosen 125 Tote und 479 Verletzte gegeben hatte, erlitt die Pariser Bevölkerung trotz des mehrstündigen Waffenstillstands an diesem Sonntag kaum geringere Verluste: 106 Tote und 357 Verwundete.) Fenster, aus denen die Trikolore hing, wurden von deutschen Maschinengewehren unter Beschuß genommen.

In den engen, malerischen Gäßchen zwischen der Seine und Saint-Germain-des-Prés gerieten vier Lastwagen mit deutschen Soldaten in einen Hinterhalt der FFI. Wohlgezielte Brandflaschen setzten die Wagen in Sekundenschnelle in Flammen; schreiend wälzten sich die Soldaten, die noch abspringen konnten, mit lodernden Uniformen auf dem Pflaster.

Überall bereitete man sich auf den Endkampf vor. In den verborgenen Druckereien, in denen die Männer von der Résistance heimlich ihre Zeitungen hergestellt hatten, wurden Tausende von Handzetteln gedruckt, auf denen den Parisern mitgeteilt wurde, wie man eine Brandflasche anfertigt oder eine Barrikade errichtet. Die Apotheken mit ihren kostbaren Vorräten an chlorsaurem Kali wurden zu wahren Waffenkammern. In Wohnungen und Geschäftsräumen richteten Medizinstudenten und junge Rotkreuz-Helferinnen Verbandsplätze ein. Freiwillige Krankenträger verteilten sich nach einem im voraus ausgearbeiteten Plan über die ganze Stadt. Die Markthallen wurden von FFI-Leuten ausgeräumt, die Lebensmittel an Restaurants verteilt, die in Gemeinschaftsküchen umgewandelt wurden. Dort konnte jeder Pariser täglich einen Teller Suppe erhalten.

Aber nirgendwo in der unruhigen Stadt bereitete man sich mit mehr Eifer und Leidenschaft auf den Kampf vor als in dem großen Gebäude am Place du Palais-Royal, in der Comédie-Française. Das große Theater, in dem einst Molière aufgetreten war, wurde verbarrikadiert und in ein Lazarett umgewandelt. Die berühmten Tragödinnen Marie Bell, Lise Delamare und Mony Dalmès zogen sich weiße Theaterkostüme als provisorische Schwesterntrachten über. Unter den freiwilligen Helfern in der von ihnen eingerichteten Notstation befand sich ein kleiner Mann mit einer dicken Brille. Er hatte sich bereit erklärt, die Nachtwache zu übernehmen, weil er glaubte, dann mehr Ruhe zu haben und schreiben zu können. Sein Name war Jean-Paul Sartre; das Buch, an dem er schrieb, hatte den Titel »Die Wege der Freiheit«. Pierre Dux betätigte sich als Maler: er bemalte die Seiten eines erbeuteten Omnibusses mit riesigen roten Kreuzen. Die jüngeren Schauspieler erhielten die wenigen Waffen, die im Heizungskeller versteckt gewesen waren. Jacques Dominique zog ein Kostüm aus seinem letzten Film an, die Uniform eines Hauptmanns aus dem 1. Weltkrieg; die dazugehörige Winchester-Flinte befand sich ebenfalls noch in seinem Besitz. Georges Marchal hatte eine alte Jagdflinte und ein Dutzend Patronen. Die übrigen Waffen, vorwiegend verstaubte, aber gefährlich aussehende Holzgewehre, stammten aus der Requisitenkammer.

Nur ein einziger der Schauspieler besaß eine Maschinenpistole. Jean Yonnel hatte einen Sonderauftrag: er sollte einen Angehörigen des deutschen Sicherheitsdienstes töten.

Die Waffe unter dem Mantel verborgen, wartete er an der Ecke der Rue Le Sueur und der Avenue Foch auf den Mann, dem er den Tod bringen sollte. Um 14 Uhr würde er aus einem Haus in der Rue Le Sueur kommen, eine schwarze Mappe unter dem Arm. Diese Mappe galt es zu erbeuten.

Auf die Minute genau erschien der Deutsche mit seiner Mappe auf dem gegenüberliegenden Gehsteig. Instinktiv wich Yonnel einige Schritte zurück. Doch dann öffnete er den Mantel und drückte ab. Während er sah, wie sein Opfer langsam zusammensank, fiel ihm ein Satz von Molière ein, den er unzählige Male auf der Bühne gesprochen hatte: »Man stirbt nur einmal und ist so lange tot.« Inzwischen hatte er die Straße überquert, entriß dem Sterbenden die Mappe und lief davon. Schon hörte er hinter sich die Pfiffe und Rufe der Deutschen, die aus dem Gebäude stürzten. Er warf sich in einen Hauseingang, stieß die Tür auf und drückte der entsetzten Concierge die Tasche in die Hand. »Verbrennen Sie das sofort!« befahl er. In der Tasche befand sich eine Liste mit Namen und Adressen sämtlicher Schauspieler, die der Résistance angehörten. Dann eilte Yonnel die Treppe hinauf. Von draußen hörte er eilige Schritte. Die Deutschen umstellten das Haus. Er steckte einen Finger in die Uhrentasche und befühlte die kleine Giftampulle, die er dort verbarg. Wenn er den Deutschen in die Hände fiel, würde er bestimmt schweigen.

Die beiden Männer in dem schwarzen Citroën mit der Rotkreuzfahne waren verzweifelt. Mit List und vielen Worten hatten sie es bislang verstanden, durch alle deutschen Sperren zu kommen. Aber an dieser letzten Sperre unmittelbar hinter Neauphle-le-Château, 32 Kilometer westlich von Paris, weigerte sich ein Feldwebel, sie passieren zu lassen. Noch einmal versuchten sie ihm geduldig auseinanderzusetzen, daß sich in einem Dorf zwischen den deutschen und den amerikanischen Linien ein Kinderhort befinde, dessen Insassen sie evakuieren sollten. Aber der Feldwebel ließ sich nicht erweichen.

Für Roger Gallois, Rols Stabschef, der sich, als Sanitäter verkleidet, im Wagen befand, stand die wichtigste Mission, die er jemals für die Résistance zu erfüllen hatte, auf dem Spiel. Rol hatte ihn beauftragt, die Amerikaner aufzusuchen und zu veranlassen, im Raum von Paris eine größere Menge Waffen abzuwerfen. Mit diesen wollte Rol seine kommunistischen

Kampfgruppen bewaffnen, um in Paris endgültig die Macht zu übernehmen. Daß ausgerechnet Gallois, einer der wenigen Nichtkommunisten im FFI-Stab, mit dieser Mission betraut wurde, war eigentlich ein Zufall. Rol hatte ein Parteimitglied schicken wollen, doch hatte es sich herausgestellt, daß außer Gallois niemand über ausreichende Englischkenntnisse verfügte, um mit den Amerikanern zu verhandeln.

Aber der Feldwebel bedeutete ihnen mit grimmiger Miene, wieder zurückzufahren. Den beiden Franzosen blieb nichts anderes übrig, als seinem Befehl zu gehorchen. Vier Stunden hatten sie verloren. Nun mußten sie auf anderem Weg versuchen, durch die deutschen Linien zu kommen, um die Waffen zu besorgen, die nach Rols Ansicht die Zukunft von Paris, ja des ganzen Landes entscheiden würden.

10

Am frühen Nachmittag zogen schwere Gewitterwolken am Himmel über Paris auf. Von Choltitz stand, wie alltäglich nach dem Mittagessen, auf einem Balkon des Hotels Meurice und atmete tief die laue Augustluft ein. Die Straßen waren menschenleer, doch in der Ferne knatterten Gewehre. Die von Konsul Nordling vermittelte Waffenruhe war offensichtlich beendet.

Wie seinen Gegnern, hatte auch dem General der Waffenstillstand eine unvermutete Atempause gebracht. Ohne Nordlings Eingreifen, so überlegt von Choltitz, wären zu dieser Stunde die Polizeipräfektur und vielleicht die ganze Ile de la Cité ein einziger Trümmerhaufen. An sich war dieser Gedanke für den kleinen General nicht weiter beunruhigend, hatte er doch den ausdrücklichen Befehl, mit allen Mitteln für die Aufrechterhaltung von Ruhe und Ordnung in der Stadt zu sorgen. Aber zumindest war ihm bislang eine Kraftprobe mit den Aufständischen erspart geblieben, die für die Stadt und für seine Truppen unübersehbare Folgen hätte haben können. Doch nachdem nun die Kämpfe wiederaufgelebt waren, würde er entschlossen durchgreifen müssen.

Wieder mußte von Choltitz an das Telefongespräch denken,

das er vor einer knappen Stunde mit Jodl geführt hatte. Er selbst hatte seine im geheimen gehegte Hoffnung, die Aufmerksamkeit des OKW von Paris ablenken zu können, dadurch zunichte gemacht, daß er unwillkürlich dem Generaloberst den Ernst der Lage eingestanden hatte. Von nun an würde ihm Hitler keine Ruhe mehr gönnen. Wenn die Franzosen tatsächlich die Absicht hatten, den Kampf fortzusetzen, dann mußte er, von Choltitz, die ihm erteilten Befehle des OKW rücksichtslos durchführen.

Erneut riß ihn das Schrillen eines Telefons aus seinen düsteren Gedanken. Als er den Hörer abnahm, meldete sich eine ihm unbekannte Stimme und wünschte den Stadtkommandanten persönlich zu sprechen.

»Am Apparat«, schnarrte von Choltitz.

»Hier ist die Zentrale der Feldgendarmerie in Saint-Cloud«, meldete der Anrufer. »Wir haben eben drei Männer gefangengenommen, die behaupten, Minister der neuen Regierung de Gaulles zu sein.« In ihrem Auto seien Waffen und wichtige Dokumente gefunden worden. Jetzt sei die Frage zu klären, ob die Gefangenen dem SD überstellt oder sofort erschossen werden sollten.

Da nach dem Kriegsrecht jeder waffentragende Zivilist zu erschießen war, entgegnete von Choltitz ganz automatisch: »Natürlich dürft ihr die erschießen!« Doch im gleichen Augenblick durchfuhr ihn ein Gedanke: Wenn die Gefangenen tatsächlich die Repräsentanten de Gaulles in der französischen Hauptstadt waren, bot sich ihm eine unerwartete Chance, in letzter Minute doch noch die Ruhe wiederherzustellen.

Rasch fügte er hinzu: »Aber bringt sie mir erst einmal her, ich möchte sie mir vorher ansehen.«

Wenige Minuten später klopfte es. Es waren allerdings nicht die Feldgendarmen mit ihren Gefangenen, sondern Nordling und »Bobby« Bender. Beide waren völlig außer Atem. Zufällig hatte Jacqueline de Champeaux bei einem Spaziergang in der Avenue Henri-Martin einen Militärlastwagen gesehen, auf dem sich drei mit Handschellen gefesselte Zivilisten befanden. Zu ihrem Entsetzen hatte sie unter den Gefangenen ihren Verlobten erkannt, Émile Laffon. Daraufhin hatte sie sofort den Résistance-Agenten Philippe Clément angerufen, der seinerseits Alexandre de Saint-Phalle und Nordling informiert hatte. Der schwedische Konsul flehte von Choltitz an, die drei Gefangenen unverzüglich suchen zu lassen, ehe sie hingerichtet würden; es seien jene Männer, mit denen er am Abend zuvor den Waffenstillstand ausgehandelt habe. Wenn sie verschwänden, würden sicherlich die Kommunisten in Paris ans Ruder kommen. Einer der Gefangenen sei ein Minister der provisorischen Regierung; sein Name sei Parodi.

Mit ironischem Lächeln hörte ihn der General an. »Her Konsul«, entgegnete er dann, »gerade auf diese Herren warte ich eben.«

Bald darauf wurden die drei Gefangenen von einem Kommando der Feldgendarmerie ins Zimmer geführt. Von Choltitz klemmte das Monokel ins Auge und betrachtete neugierig die vor ihm stehenden Männer. Seit vierundzwanzig Stunden hatte er sich wiederholt gefragt, wie wohl die Männer aussähen, die den Aufstand leiteten. Waren es, wie sein Nachrichtendienst versichert hatte, ausschließlich »Spitzbuben« und »Strolche?«

Nachdem er die Gefangenen zum Sitzen aufgefordert und die Feldgendarmen weggeschickt hatte, eröffnete der General das Gespräch. Zuerst gab er seiner Verwunderung darüber Ausdruck, daß drei so prominente Führer der Untergrundbewegung es gewagt hatten, am hellichten Tag in einem Auto voller kompromittierender Dokumente und Waffen in Paris umherzufahren. »Halten Sie vielleicht meine Soldaten für Pfadfinder?« meinte er.

Aber er hatte die drei Männer nicht in sein Büro bringen lassen, um ihnen Verhaltensmaßregeln zu predigen. Ihm ging es vielmehr darum, ihnen zu zeigen, welch furchtbare Folgen es haben würde, wenn der von ihnen unterzeichnete Waffenstillstand gebrochen würde. In ganz Paris, so führte er aus, hätten die Kampfhandlungen erneut begonnen. Als Militärbefehlshaber der Stadt sei er für die Aufrechterhaltung der Ordnung und die Sicherheit seiner Truppen verantwortlich und daher gezwungen, Gewalt mit Gewalt zu beantworten. Er sei entschlossen, die durch Paris führenden Verbindungswege der Wehrmacht mit allen Mitteln zu sichern. Eine Fortführung des Aufstandes werde für die Stadt und ihre Bewohner schreckliche Folgen haben.

Bei diesen Drohungen versteinerte sich das Gesicht Alexandre Parodis. Ruhig entgegnete er, auch er wünschte Ordnung in Paris. »Aber Sie sind ein General und befehligen eine Armee, die Ihnen gehorcht. Wir hingegen sind keine ordentliche Truppe. Die Résistance setzt sich aus den verschiedensten Kreisen, Parteien und Gesellschaftsschichten zusammen, die keineswegs alle von mir kontrolliert werden können.«

Von Choltitz hob langsam den Kopf und betrachtete lange den kleinen Mann vor sich. Zwar war es sehr fraglich, ob die drei Gefangenen tatsächlich in der Lage waren, eine Fortsetzung des Aufstands zu verhindern, doch hoffte der General aufrichtig, daß sie zumindest einen gewissen mäßigenden Einfluß würden ausüben können. Er wandte sich unvermittelt an Nordling und sagte: »Herr Konsul, angesichts der Tatsache, daß die Herren erst nach Inkrafttreten des Waffenstillstands gefangengenommen worden sind, habe ich beschlossen, sie Ihnen zu übergeben. Die bei ihnen gefundenen Papiere will ich gar nicht sehen. Bitte, überprüfen Sie, was persönliches Eigentum ist; sind Papiere darunter, die gegen unsere Vereinbarungen verstoßen, dann nehmen Sie diese an sich.«

Darauf erhob er sich und ging langsam auf Alexandre Parodi zu. »Sind Sie Offizier?« fragte er. »Reserveoffizier«, entgegnete der Franzose. »Unter Offizieren ist eine solche Geste erlaubt«, fuhr von Choltitz fort und streckte dem Repräsentanten de Gaulles, den er vor der Hinrichtung bewahrt hatte, die Hand hin. Parodi jedoch weigerte sich, diese Hand zu ergreifen.

Nordling sah, wie das Gesicht des gekränkten Generals rot anlief. Aber noch aufgebrachter als von Choltitz war der Hauptmann der Feldgendarmerie, als ihm befohlen wurde, die Gefangenen freizulassen. »Diese Burschen werden wir schon noch kriegen!« brummte er wütend, als er die Stufen des Hotels hinunterging. »Bobby« Bender hatte die Bemerkung gehört und stürzte an den Deutschen vorbei auf die Straße. Zu seiner Linken, an der Ecke der Rue de Rivoli, sah er einen schwarzen Packard, der mit laufendem Motor am Gehsteig parkte. Neben dem Fahrer saß ein Zivilist, den Hut tief ins Gesicht gedrückt. In der Hand hielt er eine Maschinenpistole.

Inzwischen waren Nordling und die drei Franzosen in den

Citroën des Konsuls eingestiegen. Bender eilte ihnen nach und schärfte dem Schweden ein, erst dann loszufahren, wenn er, Bender, seinen eigenen Citroën gestartet hätte. Sein Wagen stand wenige Meter entfernt. Rasch stieg der Agent ein und betätigte den Anlasser. Sein Citroën war kein Serienmodell, sondern hatte unter der Motorenhaube einen hochgezüchteten Rennwagenmotor.

Bender winkte Nordling zu; der Konsul fuhr an. Im gleichen Augenblick sah der Agent im Rückspiegel, wie sich der schwarze Packard in Bewegung setzte, um das schwedische Fahrzeug zu verfolgen. Nun trat auch Bender auf das Gaspedal.

Sekunden später wurde von Choltitz durch das Qietschen von Autoreifen aufgeschreckt. Rasch eilte er auf seinen kleinen Balkon. An der Einmündung der Rue de Rivoli in die Place de la Concorde sah er Benders Citroën, der quer stand und einem schwarzen Packard die Weiterfahrt blockierte, während ein drittes Auto, das des schwedischen Konsuls, auf der anderen Seite des Platzes verschwand. Sofort verstand er, was geschehen war. Ohne Benders Eingreifen hätten die Henker des SD unter seinen Fenstern die Männer erschossen, denen er soeben die Freiheit geschenkt hatte, und den schwedischen Konsul noch obendrein. »Mein Gott«, murmelte er, »da sind sie ja noch einmal davongekommen!«

Zum vierten Mal an diesem Tag des Schreckens standen die Gefangenen in Vincennes am Rande des Massengrabes, das sie geschaufelt hatten. Drunten lagen die Leichen der Hingerichteten, die sie am Nachmittag hatten hineinlegen müssen. Stundenlang hatten die SS-Leute den Polizisten Georges Dubret und seine Kameraden gezwungen, die von der Hinrichtungsstätte zum Grab führenden Blutspuren zu beseitigen. Jetzt waren sie an der Reihe.

Wieder wurde das inzwischen reparierte Maschinengewehr aufgestellt. Aber kaum hatten die beiden Schützen den Patronengurt eingezogen, als ein SS-Unterführer erschien und die Verschiebung der Exekution befahl. Er hatte sich etwas anderes ausgedacht.

Polizeikommissar Antoine Silvestri, der einzige der Gefangenen, der niemals der Résistance angehört hatte, mußte mit hocherhobenen Händen einen Balken tragen, während SS-Leute ihn mit Kolbenschlägen im Kreis herumtrieben. Bald brach er blutüberströmt zusammen, aber seine Henker jagten ihn wieder hoch. Das wiederholte sich mehrere Male. Als sich der Unterführer an dem grausigen Schauspiel sattgesehen hatte, befahl er, den Kommissar an den Rand des Massengrabs zu stellen, wo er ihn eigenhändig erschießen wollte. Ein Soldat reichte ihm eine Maschinenpistole. Aber nun ereignete sich etwas, das sogar den Deutschen die Sprache verschlug. Der todgeweihte Franzose zog ruhig einen Kamm aus der Tasche und glättete sorgfältig sein ergrauendes Haar. Dann band er seine Krawatte neu, knöpfte Hemd und Weste zu, glättete die Hosenfalten und bückte sich, um den Staub von den Schuhen zu wischen.

Daraufhin richtete er sich empor und rief: »Es lebe Frankr ...« Im gleichen Augenblick zerriß ein Kugelregen aus der Maschinenpistole seine Kehle. Als Georges Dubret den zerfetzten Körper in das Grab rollen sah, dachte er: »Mein Gott, da fällt er wie in einem Film.«

»Schaufelt den Graben zu!« schrie der Unterführer. »Und morgen seid ihr an der Reihe!«

In einem verlassenen Haus in dem Dörfchen Saint-Nom-la-Bretèche saßen zwei Männer und schälten im Schein einer Kerze Birnen. Etwas anderes war in den Räumen, in denen sie für die Nacht Zuflucht gesucht hatten, nicht aufzutreiben gewesen. Roger Gallois und Dr. Robert Monod sahen sich niedergeschlagen an. Von der Straße her hörten sie schwere Schritte. Deutsche Patrouillen zogen durch die Ortschaft. Einen ganzen Tag waren die beiden Männer schon unterwegs, und immer noch war es ihnen nicht gelungen, die deutschen Linien zu durchqueren. Fünfundvierzig Kilometer von Paris entfernt saßen sie fest.

Gallois und Monod waren alte Freunde, aber es war reiner Zufall, daß sie hier beisammensaßen. Der Arzt war Leiter des Gesundheitsdienstes für den Pariser Bezirk, verfügte über ein Rotkreuzauto und besaß außerdem so viele von den Besatzungsbehörden ausgestellte Ausweise, daß er ungeschoren nach

Berlin fahren konnte, wenn er es wollte. Diese Tatsache hatte den Anstoß zu dem Unternehmen gegeben.

Während Gallois, obwohl kein Kommunist, die Pläne Rols billigte, hatte Monod in den vergangenen Wochen mit wachsender Sorge die kommunistische Unterwanderung der Pariser Résistance beobachtet. Nach seiner Auffassung war der Aufstand nichts als ein Versuch der Kommunisten, die Résistance ganz in die Hand zu bekommen und so die Macht an sich zu reißen. Dagegen wollte er jedoch nach Kräften ankämpfen. Also versuchte er seinem Freund, dem Abgesandten Rols, deutlich zu machen, daß es Wahnsinn wäre, die Amerikaner »zum Abwurf auch nur einer einzigen Patrone zu bewegen, weil der einzige Zweck des Pariser Aufstands darin besteht, einen kommunistischen Staatsstreich einzuleiten«. Sie sollten die Amerikaner nicht um Waffen bitten, sondern auf die in Paris drohende Gefahr aufmerksam machen und sie veranlassen, sofort auf die Hauptstadt zu marschieren.

Gallois wußte, daß Rol an einer baldigen Besetzung der Stadt durch die Alliierten nicht viel gelegen war. Nicht Eisenhowers Soldaten, sondern Maschinenpistolen wollte der Kommunistenchef sehen, um seine politischen Absichten verwirklichen zu können. Allerdings hatte Rol einen Fehler gemacht: er hatte ausgerechnet den Mann zu den Amerikanern gesandt, der als einziger seines Stabes für die Argumente des gaullistischen Arztes empfänglich war.

Nachdem Monod seine Ausführungen beendet hatte, schwiegen die beiden Männer lange. Die Kerze, die das trostlose Zimmer erhellt hatte, war längst erloschen. Endlich hörte der Arzt seinen Freund seufzen: »Robert, ich glaube, daß du recht hast.«

Einige Stunden später sollte Roger Gallois, ein unbekannter Franzose, das zu erreichen versuchen, was Charles de Gaulle nicht gelungen war: Dwight Eisenhower von der Notwendigkeit zu überzeugen, seine Pläne zu ändern und unverzüglich auf Paris zu marschieren.

11

Stockfinster war die Nacht – genau das Richtige für Verschwörer und Leute mit fragwürdigen Absichten. Die in einem normannischen Obstgarten in der Nähe des Dörfchens Écouché aufgeschlagenen Zelte waren kaum zu erkennen. Auf der nahen Straße stand mit abgeschalteten Lichtern, aber laufendem Motor ein Befehlswagen. Unhörbar glitt ein hochgewachsener Offizier über das taufeuchte Gras und setzte sich neben den Fahrer. In der Hand trug er eine Tasche aus Antilopenleder, in der sich eine Generalstabskarte befand. Den Mittelpunkt dieser Karte bildete ein großer, dunkler Fleck – Paris.

Als der Fahrer des Wagens die Bremsen löste, tauchte ein zweiter Offizier aus der Dunkelheit auf. Auf einen Stock gestützt, murmelte er dem Mann im Wagen zu: »Sie Glücklicher!«

Der Offizier mit dem Stock war General Philippe Leclerc, Kommandeur der 2. französischen Panzerdivision. Mit der Abfahrt des Befehlswagens begann ein Unternehmen, das der General entgegen den strikten Anweisungen des alliierten Oberkommandos befohlen hatte, ein Unternehmen, das die alliierten Stäbe in helle Aufregung versetzen sollte.

Der 34jährige Lieutenant-Colonel Jacques de Guillebon, der im Befehlswagen saß, hatte den Auftrag, geradewegs auf den schwarzen Fleck auf seiner Generalstabskarte vorzustoßen. Als erster der 600 000 Soldaten der Befreiungsarmeen wurde er auf Paris in Marsch gesetzt. Mit 17 leichten Panzern, einem Dutzend Panzerspähwagen und zwei Zügen Infanterie sollte er »in der befreiten Hauptstadt die französische Armee repräsentieren und als Militärgouverneur von Paris fungieren«.

Zur gleichen Stunde, da Guillebon aufbrach, schlichen sich in den in der ganzen Normandie verstreuten Lagern der 2. Panzerdivision die anderen Angehörigen des Geheimkommandos zu ihren Fahrzeugen, um sich zum vereinbarten Sammelpunkt in der Nähe von Écouché zu begeben. Damit ihre Abwesenheit nicht auffiel, hatte man aus allen Einheiten der Division jeweils nur einige wenige Männer ausgewählt. Sie hatten so viel Munition, Verpflegung und Treibstoff geladen, daß sie damit bis nach Straßburg hätten gelangen können. Jeder der Offiziere hatte kurz zuvor einen Geheimbefehl mit Anweisungen für die 200 Kilometer lange Fahrt erhalten. Die wichtigste Anordnung lautete: »Weicht unter allen Umständen den Amerikanern aus!«

Nachdenklich stand Philippe Leclerc auf den Stufen seines Befehlswagens und lauschte dem in der Nacht verklingenden Motorengeräusch von Guillebons Wagen. Das Unternehmen, das soeben begonnen hatte, war ein Akt offenen Ungehorsams gegenüber dem alliierten Oberkommando, dem er unterstellt war. Aber Leclerc hatte, als er vor drei Jahren das Fort Kufra in der Libyschen Wüste eingenommen hatte, sich geschworen, daß er eines Tages Paris befreien würde. Schon waren die amerikanischen Armeen bis in die Nähe der Hauptstadt vorgestoßen, während die Männer der einzigen französischen Division, die der Landungsstreitmacht angehörte, auf Eisenhowers Befehl in der Normandie festgehalten wurden. Leclerc fürchtete, daß die Alliierten trotz aller Versprechungen gewillt waren, ohne ihre französischen Kameraden in Paris einzurücken. Vor sechs Tagen hatte er General Patton mitgeteilt, er wolle seines Kommandos enthoben werden, wenn seiner Division nicht gestattet werde, an der Befreiung der Stadt mitzuwirken. Um mit oder ohne Einwilligung des Oberkommandos wenigstens symbolisch in Paris vertreten zu sein, hatte er jetzt Guillebon in Marsch gesetzt.

Schon drei Tage vor General de Gaulles Drohung, die 2. französische Panzerdivision dem alliierten Oberkommando zu entziehen, hatte Leclerc auf eigene Faust entsprechende Maßnahmen vorbereitet. Eisenhower hatte de Gaulles Drohung lächelnd abgetan. Er wußte nicht, daß die Division durchaus imstande war, auch ohne alliierten Nachschub Paris zu erreichen, hatte doch Leclerc dafür gesorgt, daß seine Truppen seit vier Tagen auf allen möglichen illegalen Wegen aus den amerikanischen Nachschubdepots die doppelte Menge an Treibstoff, Verpflegung und Munition erhielten. Mit ihren 4500 Fahrzeugen und 16 000 Mann war die Division bereit, jederzeit Guillebon zu folgen. Doch die einzige Antwort, die der General auf seine dringenden Vorstellungen hin erhalten hatte, lautete, er solle »an Ort und Stelle bleiben und sich gedulden«.

Nun, jetzt war zumindest eine symbolische französische

Streitmacht auf dem Weg nach Paris. Bald würde auch er diesen Weg einschlagen. Wichtig war nur, daß die Amerikaner von seinem Unterfangen erst dann Wind bekamen, wenn es zu spät war, Guillebon und seine Leute zurückzuholen.

Ehe Leclerc sich wieder schlafen legte, ordnete er eine letzte Vorsichtsmaßnahme an. Er weckte Capitaine Alain de Boissieu, den Kommandanten seines Begleitschutzes, zeigte auf ein in der Nähe stehendes Zelt, vor dem ein Jeep geparkt war, und befahl Boissieu, bei Tagesanbruch die beiden im Zelt schlafenden Offiziere höflich, aber bestimmt für einen Tag zu entführen. »Machen Sie mit ihnen eine kleine Besichtigungsfahrt durch die Gegend«, meinte er. Der General legte großen Wert darauf, daß die beiden Offiziere das Verschwinden der Vorausabteilung unter Guillebon nicht bemerkten, waren doch Leutenant Rifkind und Captain Hoye die einzigen im ganzen Divisionsbereich, die in Versuchung kommen konnten, das alliierte Oberkommando davon in Kenntnis zu setzen: sie waren seine amerikanischen Verbindungsoffiziere.

Es war eine Stunde vor Morgengrauen. Nichts rührte sich auf den dunklen Straßen von Paris. In einem Morgenmantel aus grauer Seide gehüllt, saß im Hotel Meurice Dietrich von Choltitz hinter seinem Louis-Quinze-Schreibtisch. Neben ihm lag ein in braunes Papier gewickeltes Päckchen, die kostbare Gabe, die das Kasino in diesem Sommer einem Wehrmachtsgeneral bieten konnte: echter Bohnenkaffee. Der Bursche des Generals, der Gefreite Helmut Mayer, hatte ihn am Abend zuvor in der Küche des Hotels »requiriert«.

Und nun saß von Choltitz über dem Brief, der das Geschenk nach Baden-Baden zu seiner Frau begleiten sollte. »Eine harte Aufgabe steht mir bevor; die Zeiten sind schwer«, schrieb er. »Ich bemühe mich, stets meine Pflicht zu tun, und oft bitte ich Gott um Erleuchtung.« Nachdem er seiner Frau aufgetragen hatte, den Kindern seine Grüße zu übermitteln, schloß er: »Sie sollen auf ihren Vater stolz sein können, was immer auch geschehen mag.«

Kaum hatte er den Brief beendet, als es klopfte. Auf der Schwelle erschien Adolf von Carlowitz, der Neffe des Generals, der einzige Mann, dem er unbedingt vertraute. Von Choltitz hatte ihn aus Berlin, wo er die Hermann-Göring-Flugzeugwerke leitete, vor einigen Wochen zu sich kommen lassen; aber jetzt, da Paris zum Schlachtfeld zu werden drohte, schickte er ihn nach Deutschland zurück.

Die beiden Männer umarmten sich. »Mach's gut, Dietz«, flüsterte von Carlowitz dem kleinen General zu. Dann nahm er Brief und Päckchen und schloß leise die Tür hinter sich.

Zwei Kilometer vom Hotel Meurice entfernt rollte ein alter Renault im ersten Morgengrauen durch die Straßen und hielt vor dem Verwaltungsgebäude der Pariser Kanalisation und Wasserwerke in der Rue Schœlcher Nr. 9. Unter den Männern, die geräuschlos die Glastür öffneten, befand sich der unversöhnlichste Gegner des deutschen Generals, der Oberbefehlshaber der Aufständischen: Colonel Rol. Im Schein einer Taschenlampe stieg die kleine Gruppe die 138 Stufen bis zum neuen unterirdischen Befehlsstand der Pariser FFI hinab. Auf der letzten Stufe angelangt, öffnete Rol die schwere Stahltür, die zu einer Stadt unter der Stadt führte, zu den Katakomben, Kanälen und Tunnels. Fünfhundert Kilometer lang waren diese unterirdischen Gänge. Und in ihnen, 26 Meter unter der Straße, befand sich das Hauptquartier, von dem aus die Schlacht um Paris geführt werden sollte.

Kaum hatten sich die Männer in dem Raum eingerichtet, als das Telefon klingelte. Es war kein gewöhnliches Telefon, sondern einer der 250 Dienstapparate der Kanalisationsverwaltung, die die einzelnen Posten und die Hauptverwaltung miteinander verbanden. Da sie nicht dem Pariser Telefonnetz angeschlossen waren, konnten sie auch nicht von den Deutschen überwacht werden. Als ein FFI-Mann den Hörer aufhob, vernahm man laut und deutlich eine gutturale Stimme, die auf Deutsch fragte: »Alles in Ordnung?« Der Franzose entgegnete schlagfertig: »Jawohl, alles in Ordnung.« Daraufhin legte im Zimmer 347 des Hotels Crillon der einzige Deutsche, der von der Existenz dieser Dienstapparate wußte, Oberleutnant Otto Dummler, beruhigt den Hörer wieder auf.

Dummler kannte die Pariser Kanalisation fast ebensogut wie die Straßen seines heimatlichen Stuttgart. Ihm war die Aufgabe zugeteilt worden, sämtliche Gänge und Kanäle, die unter von

Deutschen besetzten Gebäuden verliefen, durch Stacheldraht, Alarmeinrichtungen und Tretminen abzusichern. Seit zwei Jahren rief er allmorgendlich den unter der Hauptverwaltung der Kanalisation und Wasserwerke installierten Apparat an und stellte jedesmal die gleiche Frage. Auch während der folgenden Tage sollte er stets zur gleichen Stunde diesen Anruf tätigen und aus dem Befehlsstand des Colonel, der den Aufstand leitete, die beruhigende Antwort erhalten: »Alles in Ordnung!«

Wenig später kam ein Bote durch die Panzertür und warf ein flüchtig verschnürtes Bündel auf Rols Schreibtisch. Es waren die ersten, noch druckfeuchten Zeitungen einer neuen Epoche, deren Titel für sich selbst sprachen: »Le Parisien Libéré«, »Libération«, »Défense de la France . . .« Hastig faltete Rol die Zeitungen auseinander. Auf den ersten Seiten prangte, seiner Anordnung entsprechend, in riesigen Lettern der uralte Schlachtruf der Pariser, der, wie er hoffte, die Bevölkerung der Hauptstadt mit neuem Kampfgeist erfüllen würde. Die Schlagzeile dieser Zeitungen vom Montag, den 21. August 1944, lautete: »Auf die Barrikaden!«

12

Von den Seine-Ufern bei Saint-Cloud bis zu den grauen Arbeitervierteln Pantin und Saint-Denis, von den steilen Gäßchen auf dem Montmartre über das Quartier Latin bis zum Montparnasse wuchsen an diesem Montag die von Rol geforderten Barrikaden wie Pilze aus dem Straßenpflaster. Bis zum Abend waren es schon mehrere Dutzend; als die Alliierten einzogen, war ihre Zahl auf über 400 angewachsen.

An der Ecke der Rue Saint-Jacques stand der Gemeindepfarrer, ein ehemaliger Ingenieur, die Pfeife im Mund, die Soutane bis zu den Knien hochgeschlagen, und wies seine Pfarrkinder an, wie sie die Barrikade zu errichten hätten. Als sie fertig war, schmückte er sie mit riesigen Bildern von Hitler, Mussolini und Göring. In der Rue de la Huchette unweit der Seine, der belagerten Polizeipräfektur fast gegenüber, leitete eine Frau namens Colette Briant den Barrikadenbau. Auf dem Kopf trug sie einen deutschen Stahlhelm.

Zum Bau wurde alles verwendet, was nur herbeigeschleppt werden konnte. Männer rissen Pflastersteine aus den Straßen, Frauen und Kinder schichteten sie auf. Sandsäcke, die man für den Luftschutz bereitgestellt hatte, Kanalschacht-Deckel, Baumstämme, ausgebrannte deutsche Militärfahrzeuge, Matratzen, Möbelstücke, Blechtafeln – was immer geeignet schien, wurde aufgehäuft. Die kunstvollste Barrikade errichtete eine Gruppe von Technikumsstudenten an der Ecke des Boulevard Saint-Germain und des Boulevard Saint-Michel im Herzen des Quartier Latin. Sie bestand ausschließlich aus Pflastersteinen, war zwei Meter dick und beherrschte die wichtige Straßenkreuzung, die bald als »Todeskreuzung« bekannt werden sollte.

Auch die Schauspieler der Comédie-Française wollten nicht zurückstehen und bauten vor dem Café de l'Univers eine Barrikade. Aber obwohl sie alles aufgetürmt hatten, was sie in der Requisitenkammer des Theaters hatten finden können, erschien ihnen ihr Werk doch noch zu wenig imposant. Deshalb beschlossen sie, zur psychologischen Kriegführung überzugehen: sie stellten vor die Barrikade leere Kannen und versahen sie mit der Aufschrift: »Achtung Minen!« Tatsächlich wagte sich während der folgenden Kämpfe kein einziger deutscher Panzer in die Nähe dieser improvisierten Sperre.

Colonel Rol konnte mit dem Erfolg seines Aufrufs zufrieden sein. Aber eine andere Sorge lastete auf ihm: es fehlte überall an Waffen. Lorrain Cruse, den Adjutanten von Chaban-Delmas, dem er tags zuvor versichert hatte, daß ihm Paris 200 000 Tote wert sei, forderte er auf, »die notwendigen Waffen zu besorgen, damit ein angemessener Prozentsatz dieser Toten Deutsche wären«. Nachdem er von Roger Gallois nichts mehr gehört hatte, verlangte er, die Amerikaner sollten über dem Zentrum von Paris größere Waffenmengen abwerfen. Was er benötigte, ging aus einer Liste hervor, die er Cruse überreichte: außer Handfeuerwaffen und Munition 10 000 Handgranaten und fünf Tonnen Sprengstoff. Er gab sich allerdings keinen Illusionen hin. Da Chaban-Delmas den Funkverkehr mit London kontrollierte, würde seine Liste wohl nie in die Hände der Alliierten gelangen.

Wütend warf der junge Mann den Telefonhörer auf die Gabel.

Yvon Morandat hatte versucht, 30 FFI-Leute für eine gefährliche Mission im Auftrag de Gaulles zusammenzutrommeln. Nicht ein einziger hatte sich dazu bereitgefunden. Kurz zuvor hatte Morandat von Parodi den Befehl erhalten, das »Unternehmen Machtergreifung« anlaufen zu lassen. Jetzt mußte er sehen, wie er allein weiterkam. Nur ein einziger Mensch hatte eingewilligt, mit ihm zusammen das Hôtel Matignon zu besetzen, den Amtssitz des französischen Ministerpräsidenten: Claire, seine Sekretärin.

Das »Unternehmen Machtergreifung« war seit Monaten von London aus sorgfältig vorbereitet worden. Gedacht war es als »gewaltiger psychologischer Bluff, um den Kommunisten entgegenzuwirken«. Jetzt war die Zeit gekommen, es durchzuführen. Parodi wußte, daß von Choltitz ihm dadurch, daß er ihn freigelassen hatte, zwar das Leben gerettet, aber andererseits in den Augen seiner politischen Gegner endgültig seine Autorität untergraben hatte. Der Waffenstillstand war nicht mehr zu retten; man würde ihn verdächtigen, »mit dem Feind einen Handel geschlossen« zu haben. Da der Aufstand neu aufgeflammt war, gab es für die Gaullisten nur noch eine Möglichkeit: sie mußten so schnell wie möglich die Regierung Charles de Gaulles in Paris etablieren und die Kommunisten beim Wettlauf um die Machtzentren der Stadt schlagen.

Seit langem schon gab es in Paris für jeden der Minister der provisorischen Regierung einen Stellvertreter, der seine Funktionen übernehmen sollte, bis er selbst in die Hauptstadt kommen konnte. Parodi wollte diese Stellvertreter im Zug des »Unternehmens Machtergreifung« in den einzelnen Ministerien der Hauptstadt unterbringen und dann das Schattenkabinett im Hôtel Matignon zusammentreten lassen. Bei dieser Gelegenheit sollte der Öffentlichkeit mitgeteilt werden, daß es in Paris eine neue französische Regierung gäbe. Wenn die Kommunisten daraufhin dennoch versuchen sollten, ans Ruder zu kommen, mußten sie zuerst die von Parodi eingesetzten Männer beseitigen und sich offiziell gegen de Gaulle und seine Regierung stellen. Für einen solchen Umsturzversuch war Parodi gerüstet. Er hatte eine aus Gaullisten, zuverlässigen Polizisten, Gendarmen und Angehörigen der Garde Mobile bestehende, mehrere Tausend Mann starke »Force Gouvernementale« aufgestellt und war eben im Begriff, aus den Lagern im Wald von Nemour die heimlich gehorteten Waffen in die Hauptstadt zu schmuggeln. Die Einsatzgruppen sollten bis zur Ankunft General de Gaulles die Schlüsselpositionen in Paris besetzt halten und sie notfalls nicht nur gegen die deutsche Wehrmacht, sondern auch gegen die Kommunisten verteidigen.

Nachdem Yvon Morandat in seiner kleinen Wohnung in der Rue Saint-Augustin mit seiner Sekretärin die notwendigen Einzelheiten besprochen hatte, trat er aus alter Gewohnheit ans Fenster, um die Straße zu beobachten. Unten wimmelte es von deutschen Soldaten. Das Gebäude war offensichtlich umstellt.

Der junge Gewerkschaftler war verzweifelt. »Jetzt sitzen wir in der Falle«, meinte er. Aber als er genauer hinsah, erkannte er erleichtert, daß die Deutschen nicht seinetwegen die Straße abgeriegelt hatten. Eine Wehrmachtsstreife unter Hauptmann Nietzki führte in einem benachbarten Bordell eine Razzia durch.

Rasch eilte Morandat auf die Straße, setzte Claire auf den Gepäckträger seines Fahrrades und zog los, um das Hôtel Matignon zu erobern, dem Amtssitz des Ministerpräsidenten. Er hatte es jedoch unterlassen, sich vorher zu erkundigen, wo das Gebäude eigentlich lag; auf gut Glück nahm er an, daß es sich in der Avenue Matignon befände. Aber dort sah er nur ein einziges Gebäude, das mit Hakenkreuzfahnen geschmückt und von einem deutschen Doppelposten bewacht war. Schließlich blieb ihm nichts anderes übrig, als einen Passanten zu fragen, der sich auf die verlassene Avenue gewagt hatte, einen älteren Herrn, der seinen Hund ausführte. »Verzeihen Sie, mein Herr, können Sie mir sagen, wo ich das Hôtel Matignon finde?«

13

Der 39jährige Eisenbahner Heinrich Hauser von der Eisenbahnbezirksdirektion Nord (Nordfrankreich) brauchte an diesem sonnigen Augustmorgen niemanden nach dem Weg zu fragen. Er und seine 48 Kameraden wußten genau, wohin sie wollten: nach Hause, nach Deutschland.

Seit Hauser vor acht Monaten als Stellwerksleiter des Bahnhofs Batignolles nach Paris gekommen war, hatte er von der Hauptstadt nicht viel mehr gesehen als den Bahnhof und das Soldatenheim an der Place de Clichy, wo er gewohnt hatte. Dort hatten er und seine Kameraden in der vergangenen Nacht Abschied von Paris gefeiert und ihr letztes Besatzungsgeld in Form von Champagner und Cognac durch die Kehle rinnen lassen. Jetzt saßen sie mit schweren Köpfen da und warteten auf den Lastwagen, den ihr Chef, Reichsbahn-Oberinspektor Wakker, ihnen zur Evakuierung versprochen hatte.

Schon seit Morgengrauen waren die Männer der 813. Pionierkompanie dabei, den Bahnhof zu verminen und Sprengladungen anzubringen. Wenn sie nicht bald wegkamen, dachte Hauser, würden sie allesamt mit dem Bahnhof in die Luft gehen oder den französischen »Terroristen« in die Hände fallen, die sich schon in der Nähe herumtrieben. Beide Aussichten waren wenig erfreulich.

Aber der versprochene Lastwagen kam nicht. Nun beschloß Hauser, das zu tun, was er schon während des ganzen Krieges getan hatte und bestens beherrschte, auch wenn es dafür niemals ein Eisernes Kreuz gegeben hatte: Züge rollen zu lassen. Auf einem Nebengeleise des riesigen, verlassenen Bahnhofs stand eine alte Lokomotive mit einem Güterwagen. Damit würden Hauser und seine Kameraden in Richtung Heimat abdampfen. Schwierigkeiten konnten kaum auftauchen, denn schließlich kannte Hauser das Pariser Eisenbahnnetz besser als die Straßen seiner Heimatstadt Stuttgart.

Rasch stieg Hauser zum Stellwerk empor und stellte die Weichen so, daß der kleine Zug von Nebengeleise aus über Le Bourget in Richtung Straßburg dampfen konnte. Dann kletterten die Eisenbahner in den Güterwagen, und bald rollten sie langsam aus dem Bahnhof. Nun drohte ihnen nur noch eine Gefahr: alliierte Flugzeuge. Nachdem Hauser noch einen Blick aus der Luke des Waggons geworfen hatte, versank er in einen leichten Schlaf.

Wenig später schreckte er auf. Was war das? Narrten ihn seine alkoholumnebelten Sinne? Die Sonne schien ja nun plötzlich aus einer ganz anderen Richtung! Er sprang auf, schaute hinaus und schrie entsetzt: »Zum Teufel! Diese Schweine haben die Weichen umgestellt! Wir fahren wieder nach Paris zurück!«

Endlich hatte Yvon Morandat das Hôtel Matignon gefunden. Es lag auf dem anderen Ufer der Seine, in der Rue de Varenne. Er stellte das Fahrrad an die Mauer und ging mit Claire auf das große grüne Portal zu, durch das vier Tage vorher Pierre Laval das Gebäude für immer verlassen hatte. Morandat klopfte entschlossen. Ein Guckfensterchen wurde geöffnet. Der junge Gewerkschaftler erklärte, er wünsche den Kommandanten der Wache zu sprechen. Ein Riegel wurde zurückgeschoben, langsam ging die schwere Tür auf.

Der Anblick, der sich den beiden jungen Leuten bot, ließ sie erzittern. Im kiesbedeckten Innenhof des Gebäudes befand sich die 250 Mann starke schwarzuniformierte Leibwache Lavals. Ihre Gewehre hatten sie auf der einen Seite des Hofes zusammengestellt; an den Gürteln trugen sie Handgranaten. Morandat nahm Claire beim Arm und wollte sich eilig zurückziehen. Aber Claire holte eine Armbinde aus ihrer Tasche und flüsterte: »Los, zieh das über!« Sie streifte sich eine zweite Armbinde über, und wieder gingen sie auf die Uniformierten zu. Inzwischen hatte der Mann, der ihnen geöffnet hatte, den Kommandanten der Leibwache informiert. Als dieser ihnen entgegenschritt, überlegte Morandat blitzschnell, was er tun sollte. Parodi hatte ihnen eingeschärft, sich sofort zurückzuziehen, falls sie auf Widerstand stoßen sollten.

Schon war der Kommandant, ein kleiner, dicker Mann, bei ihnen angelangt. »Ich bin der Kommandant«, schnarrte er. »Was wünschen Sie?«

Mit einer Sicherheit, die ihn selbst überraschte, erklärte Morandat: »Im Namen der provisorischen Regierung der Republik Frankreich nehme ich hiermit von diesem Gebäude Besitz.«

Der Offizier, der vier Jahre lang der Vichy-Regierung die Treue gehalten hatte, schlug die Hacken zusammen: »Zu Befehl! Ich bin immer ein guter Republikaner gewesen.« Dann ließ er seine Soldaten antreten, und Morandat in Hemdsärmeln und Claire in ihrem bunten Sommerkleid schritten an ihnen vorbei die Treppe hinauf.

Vor dem Haupteingang erwartete sie in weißem Frack, eine schwere Goldkette um den Hals, der Oberkämmerer des Präsidentenpalastes. Er verneigte sich würdevoll wie vor einem ausländischen Staatsoberhaupt. Dann lud er sie mit einer feierlichen Bewegung seiner weiß behandschuhten Hand ein, die Räumlichkeiten zu besichtigen. Zuerst führte er sie in Lavals Arbeitszimmer, wo die Fächer des Schreibtischs noch offenstanden. Danach gingen sie nach oben in die Wohnräume. Er zeigte ihnen das prunkvolle Badezimmer und fragte Morandat ehrerbietig, ob er das danebenliegende »grüne Zimmer« zu benützen gedenke.

»Welches grüne Zimmer?« fragte Morandat. Mit unbewegter Miene erklärte der Oberkämmerer dem Buchdruckersohn: »Es ist das Schlafzimmer des Ministerpräsidenten von Frankreich.«

Auf dem Gehsteig der Rue de Crimée, an das Geländer der Eisenbahnunterführung gepreßt, lag Germain Berton und schaute auf die Schienen hinab, die in der Dunkelheit des Buttes-Chaumont-Tunnels verschwanden. Er warf einen Blick auf seine Uhr. Sieben Minuten noch – dann würde die alte Lokomotive vom Batignolles-Bahnhof mit ihrem Güterwagen aus dem Tunnel kommen. Vor einer Viertelstunde hatte im Kindergarten in der Rue Tandou, der jetzt als FFI-Befehlsstand diente, das Telefon geläutet. Der Bahnhofsvorsteher von Charonne hatte mitgeteilt, daß ein deutscher Güterzug nach Ivry unterwegs sei und in 22 Minuten den Tunnel passieren werde. Berton und drei seiner Männer hatten sofort zu ihren Gewehren gegriffen, um den Zug abzufangen.

Inzwischen waren Heinrich Hauser und seine Kameraden verzweifelt. Seit einer Stunde ratterten sie durch das von der Résistance kontrollierte Labyrinth des Pariser Eisenbahnnetzes, aber nicht dem Rhein entgegen, sondern in Richtung Ivry im Süden der Stadt, geradewegs auf die amerikanischen Linien zu. Für einen Eisenbahnspezialisten, dachte Hauser, war das eine recht unrühmliche Weise, den Krieg zu beenden.

Plötzlich wurde es dunkel. Der Zug fuhr in den Buttes-Chaumont-Tunnel ein. Am anderen Ende des Tunnels legten Germain Berton und seine Kameraden die Gewehre an. Als die Lokomotive auftauchte, eröffneten sie sofort das Feuer. Der Lokomotivführer brachte geistesgegenwärtig den Zug zum Halten und fuhr in den Tunnel zurück. Hauser sprang aus dem Wagen und sah, daß auf dem Nebengeleise ein zweiter Zug stand. Er zündete ein Streichholz an und ging auf einen der

Waggons zu, aber als er die Aufschrift auf der Wagenwand erblickte, blies er sofort das Streichholz aus. Nur ein Wort stand darauf: »Achtung!« Und darunter sah man einen Totenschädel mit zwei gekreuzten Knochen. Zusammen mit einem Munitionszug saßen Heinrich Hauser und seine 48 Kameraden in der Falle.

Damit ging die letzte Zugfahrt, die der wackere Eisenbahner für viele Jahre organisiert hatte, zu Ende. Mit erhobenen Händen marschierten die 49 Männer dem Tunnelausgang zu, wo sie von Germain Berton in Empfang genommen wurden.

Auch eine andere Irrfahrt näherte sich ihrem Ende. Nach vielen Stunden war es Roger Gallois, Rols Kurier, endlich gelungen, bis in die Nähe von Pussay, 90 Kilometer westlich von Paris, zu gelangen. Nur noch etwa 400 Meter trennten ihn von den amerikanischen Linien.

Die deutsche HKL hatte er durchquert; lediglich ein einziger deutscher Soldat war zu sehen, der sich auf einem abgemähten Getreidefeld hinter einem Strohhaufen verbarg und den unrasierten, verdreckten Zivilisten argwöhnisch beobachtete. Jetzt mußte Gallois alles auf eine Karte setzen. Er konnte nur hoffen, daß der Deutsche nicht auf ihn schießen würde, um seine Position den Amerikanern nicht zu verraten. Nachdem er sich nochmals vergewissert hatte, daß keine anderen Soldaten in der Nähe waren, holte er tief Atem und rannte, während ihm das Herz zum Zerreißen klopfte, über das Stoppelfeld nach Westen.

Diesmal hatte er Glück. Niemand hielt ihn auf, kein Schuß fiel. Schon erblickte Gallois den ersten amerikanischen Soldaten, der in einem Graben kauerte und eine Konservendose auslöffelte. Mit letzter Kraft stürzte er auf ihn zu und rief: »Ich komme aus Paris, um General Eisenhower eine Botschaft zu überbringen!«

Ungerührt schaute der Amerikaner auf, schob sich einen neuen Bissen in den Mund und brummte: »Na und?«

Vor dem Plan von Groß-Paris standen General von Choltitz und ein Major der Luftwaffe. Vier Jahre früher hatten die Maschinen der Luftflotte 3, deren Stab der Major angehörte, den Himmel über Frankreich verdunkelt, als sie über den Kanal nach England geflogen und dort in pausenlosem Einsatz ihre todbringende Last abgeladen hatten. Doch jetzt waren von der stolzen Streitmacht nur noch knappe 50 Bomber übrig, die, kaum 10 Kilometer vom Hotel Meurice entfernt, auf dem Flugplatz Le Bourget hinter Sandsackbarrikaden stationiert waren. Um der Vernichtung zu entgehen, mußten diese Restbestände schon in allernächster Zeit weiter nach Osten zurückverlegt werden. Vorher aber wollte das OKW die günstige Position der Flugzeuge in der Nähe von Paris noch ausnützen und General von Choltitz ein Unternehmen vorschlagen, durch das der Aufstand in der Hauptstadt wahrscheinlich endgültig unterdrückt werden konnte.

Seit dem 18. August hatte die 3. Luftflotte einen neuen Befehlshaber, Generaloberst Otto Deßloch, der den Generalfeldmarschall Sperrle abgelöst hatte, da dieser nach Hitlers Meinung die notwendige Einsatzbereitschaft vermissen ließ. Der Plan des OKW zur Unterdrückung des Pariser Aufstands war verhältnismäßig einfach und für die Luftwaffe erheblich leichter durchzuführen als die ursprünglich vorgesehene Bombardierung der Polizeipräfektur. Zudem konnten die Einsätze während der Nacht geflogen werden; Bodenabwehr oder alliierte Jäger waren nicht zu befürchten. Die nach Meinung des OKW ebenso einfache wie wirkungsvolle Maßnahme bestand darin, die ganzen im Nordosten gelegenen Stadtviertel von Paris durch nächtliche Bombenabwürfe in rollendem Einsatz auszulöschen.

Auf der Karte zeigte der Luftwaffenmajor dem General, welcher Teil von Paris ausradiert werden sollte. Das Zielgebiet reichte vom Montmartre bis zur Arbeitervorstadt Pantin, von den Buttes-Chaumont bis zu den Lagerhallen in La Villette. Der Major schlug dieses Gebiet vor, weil Le Bourget nur acht Kilometer entfernt war, was ermöglichte, daß jede Maschine im Laufe der Nacht mindestens zehnmal aufstieg, um über diesem Teil der Hauptstadt, in dem etwa 800 000 Menschen wohnten, die Bomben abzuladen, die bei der Rückverlegung der Luftflotte nicht mitgenommen werden konnten. Auf diese Weise, führte er aus, könne man etwa ein Viertel von Paris in einer Rekordzeit dem Erdboden gleichmachen. »Wenn die Sonne aufgeht, wird hier kein Hund mehr am Leben sein.« Die Luftwaffe wolle den Parisern zum Abschied »ein kleines Hamburg« bereiten. Von Choltitz hat diesen Ausspruch nie mehr vergessen. Der Mann, der vor ihm stand, stammte aus Hamburg und hatte während der »Feuernacht« des 27. Juli 1943 seine Frau und seine beiden Kinder verloren.

Von Choltitz, so schloß der Major, habe dabei nicht viel zu tun: er habe dafür zu sorgen, daß das Zielgebiet von deutschen Truppen geräumt und durch Lichtsignale deutlich gekennzeichnet werde. Außerdem sollten Wasser-, Strom- und Gasversorgung des Viertels abgeschnitten werden. Falls er es für notwendig erachte, könne er ja einige Minuten vor Beginn des Angriffs die Bevölkerung warnen lassen.

General von Choltitz war dem Plan nicht abgeneigt, suchte er doch verzweifelt nach einer Möglichkeit, »die Pariser zur Unterwerfung zu zwingen«. Mit der Freilassung Parodis und seiner beiden Begleiter hatte er nichts erreicht – im Gegenteil, der Aufstand hatte nur noch weiter um sich gegriffen. Wie ernst die Lage war, bewies die auf seinem Schreibtisch liegende Verlustliste: am Sonntag, nach Inkrafttreten des Waffenstillstands, hatte er 75 Mann verloren, mehr als an dem Tag zuvor, da der Aufstand ausgebrochen war.

Seine oberste Pflicht war zweifellos, für die Sicherheit seiner Soldaten zu sorgen. Wohl war der von dem Major vorgebrachte Plan »brutal und blutig«, aber andererseits konnte er dadurch den Parisern beweisen, daß er »zuschlagen und sich verteidigen« konnte. Und das war er seinen Soldaten schuldig. Also erklärte er dem Besucher, daß er seinen Stab beauftragen werde, den Plan sorgfältig zu prüfen.

Auf der Mitte des großen Louis-Seize-Schreibtisches, auf dem sich die Telegramme häuften, lag ein Blatt weißes Papier. Der offizielle Briefkopf des Oberhaupts der provisorischen Regierung der Republik Frankreich bestand nur aus vier Wörtern in der linken oberen Ecke: »Le général de Gaulle«. Für de Gaulle repräsentierten diese vier Wörter die Souveränität seines Landes. Nun saß er in der Präfektur von Rennes hinter dem Schreibtisch und richtete in seiner sauberen, steilen Handschrift einen letzten Appell an General Eisenhower.

Während der ganzen vergangenen Nacht und auch noch am Vormittag hatten die Geheimsender der Pariser Gaullisten, »Pleyel Violet«, »Montparnasse Noir« und »Apollo Noir«, dringende Hilferufe ausgesandt und den »sofortigen Einmarsch der Alliierten« verlangt. Eine der Meldungen lautete: »Der am Samstag begonnene und während zwei Tagen durch für die Résistance sehr günstigen Waffenstillstand gebremste Aufstand kann nicht über den heutigen Abend hinaus aufgehalten werden. Morgen wird es in ganz Paris zu Kämpfen mit tragisch ungleichen Kräfteverhältnissen kommen.«

In den Augen de Gaulles war die Lage in Paris so ernst, daß sich die Alliierten und er selbst durch nichts davon abhalten lassen durften, möglichst rasch in die Hauptstadt zu gelangen. Er wußte, daß jede Stunde seine politischen Gegner ihrem Ziel näher brachte, würde doch der Aufstand bald zu einem allgemeinen Chaos führen. Deshalb beschloß er, im Namen Frankreichs ein Risiko einzugehen, dessen mögliche Folgen nicht abzusehen waren. Er schrieb an Eisenhower, daß die Besetzung der Hauptstadt so dringlich sei, daß sie »selbst dann durchgeführt werden sollte, wenn es innerhalb der Stadt zu einigen Kämpfen und Schäden käme«.

Diesen Appell ließ de Gaulle durch einen der wenigen Männer überbringen, mit dem er sich duzte: durch den Sieger von Monte Carlo, den General Alphonse Juin. Außerdem beauftragte er Juin, das alliierte Oberkommando nochmals eindringlich darauf hinzuweisen, daß er sich im Falle einer negativen Antwort gezwungen sähe, die 2. Panzerdivision abzuziehen und auf eigene Verantwortung nach Paris zu senden.

Als sich die Tür hinter der massigen Gestalt Juins geschlossen hatte, nahm de Gaulle ein zweites Blatt Papier und schrieb eine Anweisung für Leclerc. Er befahl dem ungeduldigen Kommandeur der 2. Panzerdivision, deren Vorausabteilung zur gleichen Zeit bereits die Türme von Chartres erblickte, seine Truppen in Marschbereitschaft zu versetzen. Notfalls müsse er die Befehle seiner amerikanischen Vorgesetzten ignorieren, auch wenn er dadurch in Schwierigkeiten käme. Von nun an sei er ausschließlich dem Kommando des Chefs der französischen Regierung unterstellt. Wenn ihn Eisenhower nicht nach Paris marschieren lasse, dann werde er, de Gaulle, den Befehl dazu erteilen.

Falls die Amerikaner versuchen sollten, den Truppen Leclercs den Weg nach Paris mit Gewalt zu versperren, blieb de Gaulle immer noch eine letzte Möglichkeit, um nach der Hauptstadt zu gelangen. Im unzugänglichen Wald von Nemours saßen die Männer von Paul Delouvriers Einsatzkommando ungeduldig an ihren Funkgeräten und hörten die Sendungen von BBC ab. Auf ihrem kleinen Behelfsflugplatz war alles bereit. Sie warteten nur noch auf eines, auf den Satz: »Hast du gut gefrühstückt, Jacquot?«

Das Gesicht des Generals von Choltitz lief dunkelrot an, während er der schnarrenden Stimme lauschte, die aus dem Telefonhörer drang. Generalfeldmarschall Model überschüttete den Kommandanten von Groß-Paris mit Vorwürfen. Er habe sich, so tobte Model, nicht nur unfähig gezeigt, in der Stadt für Ordnung zu sorgen, sondern es seien sogar Gerüchte im Umlauf, nach denen er mit den »Terroristen« verhandelt habe. Von Choltitz wollte einen Einwand vorbringen, aber Model schnitt ihm kurzerhand das Wort ab. Er warne ihn nochmals eindringlich davor, seine Kompetenzen zu überschreiten. Er, Model, erwarte, daß der General »mit allen erforderlichen Mitteln« die Ordnung wiederherstelle, nicht aber versuche, »hohe Politik zu betreiben«. Von Choltitz entgegnete, daß er seinen Auftrag erfüllen werde, aber bei einem weiteren Umsichgreifen der Unruhen ohne die schon so oft versprochenen Verstärkungen nicht daran zu denken wäre, die Lage zu normalisieren. Wieder brauste Model auf, der General solle zusehen, wie er mit den ihm unterstellten Einheiten zu Rande komme. Immerhin erklärte er sich schließlich bereit, Teile der aus den Niederlanden herbeigeführten 48. Infanteriedivision nach Paris zu verlegen.

Model hatte allen Grund, nervös und gereizt zu sein. Keiner der Befehle, die er seit 48 Stunden zur Stabilisierung der Front erteilte, entsprach den Anordnungen des Führers. Warum dieser getreue Gefolgsmann Hitlers nicht den Anweisungen des

OKW folgte, sondern nach einem eigenen Plan vorging, konnte nie geklärt werden. Noch tags zuvor, als er in Speidels Gegenwart den Entschluß faßte, zuallererst seine Truppen hinter die Seine zurückzuziehen, hatte er einen neuen Befehl aus Rastenburg erhalten, in dem kategorisch erklärt wurde, seine vordringlichste Aufgabe sei die Verteidigung des Pariser Brückenkopfs. Der Befehl stammte, wie die Unterschrift zeigte, von Hitler persönlich.

Dieser Befehl war um 23.30 Uhr beim OB West eingelaufen. Als das Fernschreiben in Margival eintraf, war Models Befehl an die 5. Panzerarmee, den Rückzug hinter die Seine vorzubereiten, bereits untwerwegs. Offensichtlich glaubte der Feldmarschall, daß es zu spät sei, seinen Befehl zu widerrufen. Schon rollten die Panzer, die Hitler nach Paris senden wollte, über die Seine nach Osten.

Einen einzigen Trost hatte Walter Model an diesem Montagnachmittag: der vor Paris errichtete Sperrgürtel schien nicht gefährdet zu sein; es wurde lediglich geringfügige Aufklärungstätigkeit gemeldet. Noch wußte der Feldmarschall nicht, daß eine Vorausabteilung der französischen Armee nach Paris unterwegs war. Jedenfalls schlug er am Abend dem OKW vor, die französische Hauptstadt im Norden und Osten zu verteidigen.

Ehe Model nach dem Gespräch mit von Choltitz den Hörer wieder auflegte, schärfte er ihm nochmals ein: »Stellen Sie die Ordnung in der Stadt wieder her!« Zum zweiten Mal innerhalb von 24 Stunden unterließ es der Feldmarschall, den Pariser Stadtkommandanten zu informieren, daß zwei Panzerdivisionen zu seiner Verstärkung anrollten.

15

Für Roger Gallois, den Mann, der gegen Rols Anweisungen bereit war, die Alliierten zum Marsch auf Paris zu bewegen, endete der Tag mit der größten Enttäuschung seines Lebens. In einem Jeep, dessen Fahrer offenbar befohlen worden war, nicht mit ihm zu sprechen, fuhr er zwei Stunden lang ebenso erstaunt wie erschüttert an den endlosen Marschkolonnen der Amerikaner vorbei. Schließlich hielten sie auf einer Lichtung, auf der einige Zelte standen. Man führte den Franzosen in eines der Zelte und bat ihn, auf »the important American« zu warten, der mit ihm sprechen wolle.

Bald erschien ein großer, breitschultriger Mann mit zerzausten Haaren und schlafgeröteten Augen. »Entschuldigen Sie«, murmelte er, »ich habe geschlafen.« Nachdem er seinen Besucher scharf gemustert hatte, fuhr er fort: »Also schön, ich höre. Was haben Sie mir zu sagen?«

Mit der ganzen Leidenschaft des glühenden Patrioten begann Gallois, seinem Gegenüber die Lage in Paris zu schildern. Als er geendet hatte, sah ihn der Amerikaner lange an und sagte dann: »Sie sind Soldat. Ich bin Soldat. Ich werde Ihnen wie ein Soldat antworten.« Die Antwort lautete: »Nein!« Dieses Nein, so erklärte der Amerikaner, habe drei Gründe. Erstens sei es die Absicht der Allierten, gegen Deutschland Krieg zu führen, nicht aber, »Hauptstädte zu erobern«. Zweitens habe die Résistance den Aufstand ohne Befehl des Oberkommandos begonnen und müsse deshalb »die Folgen auf sich nehmen«. Drittens fehle es den alliierten Truppen an Treibstoff, so daß sie »nicht die Verantwortung übernehmen könnten, Paris zu versorgen«. Damit reichte er dem Franzosen die Hand und stapfte aus dem Zelt.

Völlig zerschmettert blieb Roger Gallois zurück. Die Antwort, die er erhalten hatte, war offenbar endgültig. Der zerzauste Mann, der sie ihm erteilt hatte, war kein anderer als General Patton.

Nun schien nichts mehr Paris vor dem Schicksal bewahren zu können, das Warschau erlitten habe. Der völlig erschöpfte Franzose war einem Zusammenbruch nahe. Erst als er angesprochen wurde, bemerkte er, daß Patton ins Zelt zurückgekehrt war. Mit knappen Worten empfahl ihm der Amerikaner, nach Laval zu fahren und dort einen anderen amerikanischen General aufzusuchen, Omar Bradley, den Oberbefehlshaber der 12. Armeegruppe.

16

Die Nacht war feucht und kalt. Fröstelnd umklammerte Lieutnant-Colonel Chuck Heflin mit beiden Händen die heiße Kaffeetasse. Vor sich sah er eine lange Reihe dunkler Schatten: die Maschinen des seinem Befehl unterstellten »Carpetbaggers«-Geschwaders. Ein langgestreckter Hügel schloß den Horizont ab. Davor, in einem Tal, lag das englische Städtchen Harrington.

Zwischen den Flugzeugen war ein ständiges Kommen und Gehen: das Bodenpersonal lud die 100-Kilo-Behälter mit Waffen und Munition ein, die in einigen Stunden über dem besetzten Europa abgeworfen werden sollten. Seit Januar 1943 hatte das Geschwader mehr als 300 Einsätze geflogen und viele Tonnen Waffen und Minition für die französische, belgische, holländische, norwegische und polnische Widerstandsbewegung abgeworfen. Aber keiner dieser Einsätze war so schwierig gewesen wie die bevorstehende Operation »Beggar«. Sie sollte am hellichten Tag durchgeführt werden; Heflins Männer mußten aus 150 Meter Höhe ihre Last auf Zielgebiete abwerfen, die zum Teil kleiner als ein Fußballfeld waren. Wenn auch die Deutschen über keine starke Jagdabwehr mehr verfügten, war doch das Einsatzgebiet durch Flak gesichert.

Colonel Rol hatte sein Ziel erreicht. Seine den gaullistischen Funkern übermittelte Aufforderung an die Alliierten, über Paris Waffen abzuwerfen, war trotz seiner Bedenken gesendet, in London aufgefangen und dort ernsthaft erwogen worden. Nur wenige Stunden noch, dann würden die 130 Maschinen des »Carpetbaggers«-Geschwaders starten und 200 Tonnen Waffen und Munition auf die französische Hauptstadt herabregnen lassen, auf den Bois de Boulogne, auf die Pferderennbahnen von Auteuil und Longchamps, die Esplanade des Invalides, die Place de la République und sogar in den Hof der belagerten Polizeipräfektur.

Für den Colonel Albert Lebel, den französischen Verbindungsoffizier im amerikanischen Hauptquartier bei Laval, der schon tags zuvor versucht hatte, General Bradley auf die Situation in Paris aufmerksam zu machen, war die Ankunft seines verschmutzten, unrasierten Landsmanns Gallois eine Fügung des Schicksals. Für genau sechs Uhr morgens, also in wenigen Minuten, war eine Unterredung Lebels mit seinem unmittelbaren Vorgesetzten vorgesehen, mit dem Chef des Nachrichtendienstes der 12. Armeegruppe, General Edwin Siebert. Danach sollten Siebert und Bradley zu Eisenhower fahren, wo über das weitere Schicksal der französischen Hauptstadt entschieden werden sollte.

In den vergangenen Tagen hatte Siebert es strikt abgelehnt, die alliierten Marschpläne zu ändern und sofort auf Paris vorzustoßen. Aber nun hoffte Lebel, daß es Gallois gelingen würde, ihn umzustimmen. Wenn jemand dies vermochte, dann nur ein Augenzeuge des Geschehens in der brodelnden Hauptstadt.

Auch Gallois wußte, daß die endgültige Entscheidung noch bevorstand, daß das harte Nein des Generals Patton möglicherweise nicht das letzte Wort war.

Als er vor Siebert stand, beschwor er ihn eindringlich: »Das Volk von Paris wollte die Hauptstadt befreien, um sie den Alliierten übergeben zu können. Es kann jedoch nicht vollenden, was es begonnen hat. Sie müssen ihm unbedingt zu Hilfe kommen, oder es wird ein schreckliches Blutbad geben, und Hunderttausende von Franzosen werden den Tod finden ...« Kurz, aber dramatisch skizzierte er die Lage in Paris.

Als er geendet hatte, schwiegen die Anwesenden lange. Dann räusperte sich General Siebert, dankte seinem Besucher und schob die vor ihm liegenden Papiere zusammen. Als er das Zelt verließ, gab er Colonel Lebel einen freundschaftlichen Rippenstoß und sagte: »Heute kommt Leclerc, euer ungeduldiger Löwe. Nehmen Sie sich seiner an. Vielleicht haben wir heute abend einige Neuigkeiten für ihn.«

Dann ging er mit raschen Schritten auf den Piper-Cub zu, der ihn zu Eisenhower bringen sollte. Gallois' Worte hatten ihn »tief beeindruckt«. Während er den Sicherungsgurt umschnallte, dachte er: »Wenn wir nicht in zwei Tagen in Paris sind, wird es dort ein scheußliches Gemetzel geben.«

Auch Dwight Eisenhower, dessen Befehlswagen an diesem Dienstagmorgen in der Nähe des bretonischen Dorfes Grandchamps stand, dachte schon in aller Frühe an Paris. Vor ihm lag die dringende Aufforderung zur Befreiung der Hauptstadt, die de Gaulle vierundzwanzig Stunden früher abgefaßt hatte.

Der Amerikaner nahm seinen Füllhalter und schrieb auf den Rand des Briefes den wenig begeisterten Zusatz: »Es sieht so aus, als ob wir nun doch gezwungen sein werden, auf Paris zu marschieren.«

Ein solcher Schritt paßte dem General allerdings ganz und gar nicht in sein Konzept. Vor kurzem erst hatte er seinem Vorgesezten in Washington, dem General George Marshall, in einem Telegramm auseinandergesetzt, warum er an einer sofortigen Besetzung der Hauptstadt nicht interessiert war. »Da wir nach der Befreiung von Paris verpflichtet sein werden, die Versorgung der Stadt sicherzustellen, ist es wünschenswert, die Besetzung so lange hinauszuzögern, bis das wichtige Problem der Zerschlagung der Feindkräfte gelöst ist, einschließlich der deutschen Truppen im Pas-de-Calais.« Allerdings sei er nicht sicher, »ob das möglich ist«. Falls Paris sofort befreit werde, solle man de Gaulle erlauben, einige Tage später seinen offiziellen Einzug zu halten. Dieser Einzug sollte jedoch unbedingt »unter den Auspizien der Alliierten« stattfinden.

Eisenhower war mitgeteilt worden, daß de Gaulle lediglich vorübergehend zu einer Inspektion in Frankreich weile. Noch war der im Juli in Washington ausgehandelte französisch-amerikanische Vertrag über die Zivilverwaltung nicht unterzeichnet worden. Das State Departement war an einer sofortigen Verlegung der provisorischen französischen Regierung unter de Gaulle von Algier nach Paris nicht im mindesten interessiert. Nach den Plänen der Amerikaner sollte diese Verlegung stufenweise erfolgen. Zunächst einmal sollte de Gaulle »die Erlaubnis erhalten«, in einer befreiten französischen Stadt »symbolisch« und »provisorisch« zu regieren. Nach Paris sollte die Regierung erst übersiedeln dürfen, wenn sie von der amerikanischen Regierung offiziell anerkannt worden war.

De Gaulle kannte die Absichten seiner Verbündeten, war aber keineswegs gewillt, abzuwarten, bis ihm Eisenhower den Einzug in Paris »erlaubte«. Sein Plan war, gleichzeitig mit den ersten alliierten Einheiten in Paris einzutreffen — und dort zu bleiben. Sein Entschluß stand fest, auch gegen den Willen des alliierten Oberkommandos seine 2. Panzerdivision in einigen Stunden auf Paris in Marsch zu setzen. Er wollte die Hauptstadt seines Landes nicht im Gefolge seiner Verbündeten betreten, sondern allein, als Charles de Gaulle, Regierungschef des freien Frankreich. Danach erst würde er die Alliierten in seiner

Hauptstadt willkommen heißen. Er hatte sogar seinen Adjutanten Claude Guy beauftragt, ihm für die Fahrt nach Paris ein französisches Auto zu beschaffen. In der vergangenen Nacht hatte Guy in Rennes einen prächtigen Hotchkiss requiriert, der einem Schweizer Geschäftsmann gehörte.

In diesem französischen Fahrzeug, von einem französischen Fahrer gesteuert, von französischen Motorradfahrern begleitet, wollte de Gaulle in Paris einziehen. Natürlich war er sorgfältig darauf bedacht, den Alliierten seine Absicht nicht zu verraten. Um zu verhindern, daß die Verbündeten seinen Plan noch in letzter Minute vereiteln konnten, befahl er seiner Umgebung, von nun an diskret dafür zu sorgen, daß »die Alliierten niemals wissen, wo sich Charles de Gaulle im Augenblick befindet«.

Im Operationsraum des englischen Luftstützpunkts Harrington summte das grüne Telefon, das durch eine Direktleitung mit dem OSS-Stab im Londoner Thayer-Haus verbunden war. Lieutenant-Colonel Bob Sullivan nahm den Hörer ab. »Operation Beggar verschoben«, wurde ihm mitgeteilt. Neuer Termin sei der folgende Tag, Mittwoch, der 23. August.

General Koenig, der Oberbefehlshaber der FFI, hatte den Entschluß gefaßt, vierundzwanzig Stunden lang abzuwarten, obwohl die Operation »Beggar« von ihm organisiert worden war. Inzwischen waren ihm nämlich Bedenken gekommen, ihm und den Stabsoffizieren im Hauptquartier der FFI am Londoner Braynston Square. Ein Waffenabwurf direkt über der Hauptstadt konnte unter den Menschen, die die Waffen zu bergen versuchten, zu einem Blutbad führen. Vor allem aber würde eine solche Waffenlieferung fast ausschließlich den Kommunisten zugute kommen, den politischen Gegnern de Gaulles.

Aus politischen Erwägungen lehnten Koenig und die Offiziere seines Stabes den Aufstand in Paris strikt ab. Dennoch konnte ihnen das Schicksal ihrer Landsleute, die mit Pistolen und alten Karabinern den deutschen Tanks entgegentraten, nicht gleichgültig sein. Zunächst wollte der General die Entwicklung in der Hauptstadt abwarten. Wenn die Straßenkämpfe nach vierundzwanzig Stunden noch andauerten, war er entschlossen, politische Überlegungen zurückzustellen und die Pariser Résistance mit den angeforderten Waffen zu versorgen.

17

Für Paris und die Pariser gab es keine Atempause. Schon im Morgengrauen waren die Kämpfe mit neuer Heftigkeit entbrannt. Kurz nach acht Uhr tauchten vor dem von dem Studenten Raymond Sarran besetzten Polizeikommissariat vier deutsche Panzer auf und eröffneten das Feuer. Sarran und seine Kameraden mußten über die Dächer der angrenzenden Häuser fliehen. Aber ehe sie das Kommissariat verließen, schleuderte Sarran eine letzte Brandflasche. Sie traf den Motorengrill eines der Panzer, der im Bruchteil einer Sekunde lichterloh brannte.

Auf der Rive Gauche waren die FFI-Leute jetzt unumstrittene Herren der engen Gäßchen zwischen der Seine und dem Boulevard Saint-Germain, in denen die Deutschen keine Panzer einsetzen konnten. An der »Todeskreuzung«, wo sich der Boulevard Saint-Germain mit dem Boulevard Saint-Michel kreuzte, bauten die Studenten, die am Vortag die schönste Barrikade in ganz Paris errichtet hatten, ihre Befestigung mit Hilfe ausgebrannter deutscher Lastwagen weiter aus. Inzwischen hatten sie 12 Gefangene gemacht und ein schweres Maschinengewehr erbeutet, das nun oben auf der Barrikade stand. Als in der Nähe des Gare de Lyon ein Wehrmachts-Lastwagen in einen Hinterhalt geriet, flüchteten sich die Insassen in ein nahes Café. Die zwölf Gäste, die im Café saßen, begannen beim Anblick ihrer Verwirrung und Angst lauthals zu lachen. Das brachte die Deutschen so auf, daß sie alle zwölf mit ihren Maschinenpistolen niedermähten. Im Hof der Polizeipräfektur standen dichtgedrängt erbeutete deutsche Militärfahrzeuge; fleißig malten Polizisten auf die von Geschossen durchsiebten Türen mit weißer Farbe die Buchstaben FFI und das lothringische Kreuz.

Alexandre Parodi und sein kleiner Stab hatten kaum Zeit, sich über das Gelingen des »Unternehmens Machtergreifung« zu freuen. Wie vorgesehen, hatten sie im Ratssaal des Hôtel Matignon ihre erste offizielle Zusammenkunft abgehalten. Claire, Yvon Morandats junge Verlobte, hatte bei dieser außergewöhnlichen Sitzung getreulich Protokoll geführt und dann den im Hof wartenden Reportern der neuen Pariser Zeitungen ein Resumée gegeben. Und jetzt, da ihre politischen Gegner damit beschäftigt waren, den Aufstand neu zu entflammen, begannen Parodis Männer, in aller Heimlichkeit in die noch unbesetzten Ministerien einzuziehen.

Einige hundert Meter von der von den Gaullisten gehaltenen Polizeipräfektur entfernt, im Pariser Rathaus, einem mächtigen Renaissance-Gebäude, hatten sich Parodis politische Gegner verschanzt. Auch sie wurden von deutschen Einheiten unter Feuer genommen. André Tollet war eben dabei, einer Gruppe von Halbwüchsigen die Handhabung eines Maschinengewehrs zu erklären, als er vier Panzer auf dem Platz vor dem Rathaus auffahren sah. Er legte das Maschinengewehr auf den Fenstersims und begann zu schießen. Fast gleichzeitig bemerkte er ein junges Mädchen, das mit einer Brandflasche in der Hand vom Quai de Gesvres kam. In ihrem leuchtenden Sommerkleid lief sie auf einen Panther zu, der an der Ecke des Quais Aufstellung genommen hatte, kletterte an den Panzerketten hoch und schleuderte die Flasche in die offene Turmluke. Während sie wieder auf die Straße sprang, schoß aus dem Panzer eine grelle Stichflamme empor. Das Mädchen brach im Hagel deutscher Kugeln zusammen. Aber die übrigen Panzer zogen sich zurück.

Eine neue Gefahr zeichnete sich an diesem vierten Tag des Aufstands ab: die Versorgung der Millionenbevölkerung mit Lebensmitteln drohte zusammenzubrechen. Die Bäckereien hatten kaum noch Mehl oder Heizmaterial für die Backöfen. Um ihre letzten Mehlvorräte verarbeiten zu können, griffen einige Bäcker zur Selbsthilfe und fällten im Bois de Boulogne Bäume. Parodis provisorischer Ernährungsminister erklärte: »Wenn vor Ende der Woche keine Lastwagen Paris verlassen können und die Alliierten nicht zu Hilfe kommen, werden wir eine Hungersnot haben.«

Colette Dubret die Frau des in Vincennes gefangengehaltenen Polizisten Georges Dubret, aß endlich widerstrebend das kaltgewordene Kaninchenragout, das in der schwarzen Kasserolle auf ihren Mann wartete.

Auf seinem kleinen Balkon im Haus Avenue d'Italie Nr. 34 erntete der Zahnarzt Max Goa die letzten Radieschen, die er in Blumentöpfen gezogen hatte, um seinen Gästen, verfolgten Juden und abgeschossenen alliierten Fliegern, die er in seiner Wohnung versteckt hielt, ein wenig vitaminreiche Rohkost vorsetzen zu können.

In einem Kellerraum unter dem Polizeikommissariat im Grand-Palais saß der Hauptmann Wilhelm von Zigesar-Beines, der unnahbare Baron, der noch vor wenigen Tagen die Pferderennen in Longchamp besucht hatte. Vor vierundzwanzig Stunden war er den Franzosen in die Hände gefallen und hierhergebracht worden. Dem monokelbewehrten Kavallerie-Offizier war das Gebäude wohlbekannt. Vor dem Krieg hatte er hier einen rühmlicheren Empfang erlebt. Damals hatte er an der Spitze der deutschen Militärequipe bei den Europameisterschaften unter dem Jubel der Bevölkerung den Goldpokal gewonnen. Jetzt aber vernahm er in seinem unterirdischen Gefängnis ganz andere Töne: das Gebrüll hungriger Löwen und Tiger. Das Grand-Palais beherbergte zur Zeit einen Zirkus. In den Ohren des deutschen Hauptmanns klang dieses Gebrüll wenig tröstlich, hatten ihm doch seine Wächter mit finsteren Mienen erklärt, daß er vielleicht »für die wilden Tiere ein ausgezeichnetes Festmahl abgeben« werde.

Mit goldbelaubtem Generalskäppi, spiegelblanken Schaftstiefeln, weißen Handschuhen und zwei funkelnagelneuen Generalssterne am Ärmel erschien ein Unbekannter vor Rols Befehlsstand und verlangte den Colonel zu sprechen. »Wer sind Sie?« fragte der hemdsärmelige Posten gleichmütig. »Ich bin General Henri Martin«, entgegnete der Besucher. Als der kleine bretonische Kommunistenchef auf den herausgeputzten Offizier zuging, wußte er nicht recht, ob er Haltung annehmen oder lachen sollte. In ihrem naßkalten unterirdischen Hauptquartier trugen die Männer, die den Pariser Aufstand leiteten, weder Uniformen noch Rangabzeichen. Die Kälte war so unerträglich, daß eines der ersten von Rol angeordneten Unternehmen darin bestanden hatte, in einem nahen Textilgeschäft, dessen jüdischer Besitzer vertrieben und durch einen Kollaborateur ersetzt worden war, zwanzig warme Wollpullover zu requirieren. Die Verpflegung bestand aus Kartoffeln und Speck und um sich aufzuwärmen, tranken die Männer im Befehlsstand nach jeder Mahlzeit ein Gläschen Benediktiner. Damit waren sie allerdings reichlich versorgt: ein FFI-Mitglied, das ein Restaurant besaß, hatte ihnen zehn Kisten davon zur Verfügung gestellt.

General Martin und Rol, die sich zum erstenmal gegenüberstanden, begrüßten sich ziemlich kühl. Martin befehligte die »Force Gouvernementale«, die gaullistische Streitmacht, die die von Parodis Leuten besetzten Gebäude zu verteidigen hatte – notfalls auch gegen die Kommunisten, wie Rol sehr genau wußte.

18

Wieder saß der schwedische Konsul Raoul Nordling im Arbeitszimmer des Kommandanten von Groß-Paris. Von Choltitz hatte ihn um eine dringende Unterredung gebeten und ihm sogar angeboten, ihn in einem Panzer abholen zu lassen, damit er ungefährdet ins Hotel Meurice gelangen könne.

Nervös mit seinem Monokel spielend, lehnte sich der deutsche General mit besorgter Miene in seinen Sessel zurück. »Herr Konsul«, sagte er dann unvermittelt, »Ihr Waffenstillstand ist gescheitert!« Noch ehe Nordling etwas erwidern konnte, fügte er bitter hinzu, daß die drei Führer der Widerstandsbewegung, die er am Sonntag freigelassen hatte, ihn schwer enttäuscht hätten: der Aufstand ginge weiter.

Nordling seufzte. Nur einem einzigen Mann, meinte er, gehorche die Widerstandsbewegung wirklich, nämlich dem General de Gaulle. Dieser sei jedoch nicht in Paris, sondern vermutlich irgendwo in der Normandie.

Lange sah von Choltitz den Schweden schweigend an. Dann sagte er ruhig: »Könnte man nicht jemanden zu ihm schicken, um mit ihm zu sprechen?«

Der Konsul war verblüfft. Meinte der General es ernst? Schließlich fragte er ihn, ob er jemandem, der durch die deutschen Linien zu den Alliierten ginge, freies Geleit zusichern könne.

»Warum nicht?« entgegnete der Deutsche.

Daraufhin erklärte Nordling, daß er als diplomatischer Vertreter eines neutralen Landes bereit sei, mit den Alliierten Kontakt aufzunehmen. Von Choltitz war damit einverstanden. Dann zog er ein blaues Blatt Papier aus der Tasche seines Uniformrocks und legte es vor sich auf den Schreibtisch. Er vertraute dem Konsul an, daß es sich hier um einen der zahlreichen Befehle handele, die er in den vergangenen Tagen erhalten habe. Wenn er diese Befehle ausgeführt hätte, wäre Paris bereits ein Trümmerhaufen. Obwohl er von Hitler unaufhörlich bedrängt worden sei, den Aufstand mit aller Härte niederzuschlagen, habe er es mit dem von Nordling vorgeschlagenen Waffenstillstand versuchen wollen. Inzwischen sei jedoch dieser Versuch offensichtlich mißglückt, und deshalb sei er gezwungen, die Befehle des OKW auszuführen.

Ernst fügte er hinzu, daß er abgelöst werde, wenn er die ihm übertragenen Aufgaben nicht erfülle. Nur ein rasches Eingreifen der Alliierten könne jetzt noch eine Durchführung der Befehle verhindern. Leise schloß er: »Sie sind sich, wie ich annehme, darüber im klaren, daß meine Bitte um ein solches Eingreifen als Hochverrat ausgelegt werden kann.«

Lange saßen sich die beiden Männer schweigend gegenüber. Schließlich fragte Nordling den General, ob er ihm ein Schreiben an das alliierte Oberkommando mitgeben könne, um seiner Mission mehr Gewicht zu verleihen.

Verständnislos schaute der Deutsche auf. »Was ich Ihnen soeben gesagt habe, kann ich unmöglich schriftlich niederlegen«, meinte er dann.

Schließlich zog er einen offiziellen Briefbogen mit Adler und Hakenkreuz aus der Schublade und schrieb: »Der schwedische Konsul R. Nordling ist ermächtigt, Paris zu verlassen und die von der deutschen Wehrmacht gehaltenen Linien zu überschreiten.« Dies war das einzige Schriftstück, das er dem Konsul auszuhändigen bereit war. Als er es ihm überreichte, empfahl er ihm, sich von »Bobby« Bender bis zur vordersten deutschen Linie begleiten zu lassen. Falls sie irgendwelche Schwierigkeiten hätten, könne Bender ihn anrufen.

Von Choltitz stand auf, um Nordling zur Tür zu begleiten. Er fühlte sich »plötzlich sehr erleichtert«. Auf eine Weise, die sich nach seiner Meinung durchaus mit seiner Soldatenehre vereinbaren ließ, hatte er eine Möglichkeit gefunden, den Alliierten die gefährliche Lage in Paris aufzuzeigen und ihnen zu verstehen zu geben, daß zumindest im Augenblick der Weg nach Paris offen war. Wie lange er offen bleiben würde, wußte er nicht. Eines jedoch wußte er genau: Wenn erst einmal die ihm versprochenen Verstärkungen eingetroffen waren, mußte er seine Soldatenpflicht erfüllen und Paris verteidigen. Bis zum

Abend konnten die Alliierten unterrichtet sein. Wenn sie nicht sofort handelten, würden sie für alles, was geschah, die Verantwortung tragen.

Dietrich von Choltitz legte die Hand auf Nordlings Arm. Ein Asthma-Anfall machte ihm zu schaffen; das Atmen fiel ihm schwer. Plötzlich ergriff er die Hand des Konsuls und sagte: »Beeilen Sie sich. Sie haben vierundzwanzig, bestenfalls aber achtundvierzig Stunden Zeit. Danach kann ich hier für nichts mehr garantieren.«

19

In seiner fünfunddreißigjährigen diplomatischen Laufbahn war Raoul Nordling noch nie von einem derart schwierigen Problem gestanden. Durch die deutschen Linien zu kommen war angesichts der Unterstützung des Kommandanten von Paris die kleinere Schwierigkeit; weit fraglicher war, ob er bei de Gaulle und den Alliierten etwas auszurichten vermochte. Wenn er überhaupt Aussicht auf Erfolg haben wollte, mußte er jemanden mit sich nehmen, der den Chef der provisorischen Regierung kannte. Ohne von Choltitz darüber zu informieren, beschloß er, sich von zwei Gaullisten begleiten zu lassen: von Alexandre de Saint-Phalle, dem Schatzmeister der gaullistischen Résistance in Paris, und von Jean Laurent, einem Bankier, der 1940 dem Kriegsministerium unter de Gaulle angehört hatte. Der Schwede konnte allerdings nicht wissen, daß beide Männer de Gaulle nicht sonderlich nahestanden und deshalb nicht zu dem General vorgelassen werden würden.

Bald erhielt die sonderbare Gruppe, die der Konsul für seine Mission zusammenstellte, weiteren Zuwachs. Als Nordling am frühen Nachmittag auf Saint-Phalle wartete, der inzwischen den günstigsten Weg zu den alliierten Linien ausgekundschaftet hatte, schrillte die Türklingel. Draußen stand ein Riese mit schütterem Haar und tiefblauen Augen. Er stellte sich als Vertreter des Roten Kreuzes namens Ollivier vor; er glaube, meinte er, ihnen beim Durchqueren der deutschen Linien von Nutzen sein zu können. Der Konsul war ebenso verärgert wie erstaunt. Wozu brauchte er einen Vertreter des Roten Kreuzes?

Und vor allem: Woher wußte der Fremde von dem geplanten Unternehmen?

Kurz angebunden entgegnete er, daß er für einen weiteren Teilnehmer an der Fahrt weder Platz noch Verwendung habe. Doch im gleichen Augenblick erschien Saint-Phalle und bat den Schweden, Ollivier mitzunehmen. Widerwillig gab Nordling nach. Erst Wochen später erfuhr er, wer dieser angebliche Vertreter des Roten Kreuzes gewesen war: es war der Chef des englischen Geheimdienstes in Frankreich, Colonel Claude Ollivier, besser bekannt unter dem Decknamen »Jade Amicol«.

Den nächsten ungebetenen Gast, der an der Tür läutete, kannte Nordling. Es war jener junge österreichische Adlige, der ihn vor zehn Tagen mit »Bobby« Bender bekanntgemacht hatte. Die auf sein seidenes Hemd gestickten Buchstaben EPP standen, wie Nordling wußte, für »Erich von Posch-Pastor«. Der Schwede vermutete, daß er ein deutscher Geheimagent war. Tatsächlich war von Posch-Pastor ein Geheimagent, stand aber nicht in deutschen Diensten. Seit Oktober 1943 gehörte er der französischen Widerstandsgruppe »Goélette« an und nannte sich seitdem Étienne Paul Pruvost. Er war der Enkel des letzten österreichisch-ungarischen Botschafters beim Vatikan, war Offizier in der deutschen Wehrmacht gewesen und hatte als alliierter Agent wertvolle militärische Informationen geliefert.

Von alledem wußte Nordling nichts. Er nahm an, daß von Choltitz den Agenten geschickt habe, um ihn zu überwachen, und erklärte sich daher, wenn auch ungern bereit, ihn mitfahren zu lassen.

Fast wäre im letzten Augenblick das ganze Unternehmen gescheitert. Seit mehreren Tagen war Nordling kaum mehr zur Ruhe gekommen. Während er nun die Abfahrt vorbereitete, befielen ihn plötzlich krampfartige Brustschmerzen. Nach Luft ringend sank er zusammen. Der Mann, der 100 Kilometer bis zu den Alliierten fahren sollte, konnte sich kaum bis zu dem wenige Meter entfernten Divan in seinem Arbeitszimmer schleppen. Er hatte einen Herzanfall erlitten.

Dennoch brach eine halbe Stunde später eine kleine Gruppe in einem schwarzen Citroën in Richtung Versailles auf, um den Alliierten die Botschaft des deutschen Generals zu überbringen. Außer zwei Gaullisten und zwei Geheimagenten, die sich mißtrauisch musterten, befand sich in dem Wagen nun auch ein falscher schwedischer Diplomat. Raoul Nordling hatte an seiner Stelle den einzigen Mann in Paris gesandt, der sein volles Vertrauen besaß und sich überdies als »R. Nordling« ausweisen konnte, wie der Name im Geleitbrief von Choltitz lautete: seinen Bruder Rolf Nordling.

Nachdem der schwedische Wagen drei Straßensperren unbehelligt passiert hatte, gelangte er nach dreiviertelstündiger Fahrt in das Dorf Saint-Cyr, gefolgt von »Bobby« Bender, der seinen Rennwagen fuhr. Plötzlich tauchte, nur mit Badehose und Stahlhelm bekleidet, ein deutscher Soldat auf und befahl ihnen zu halten. Er richtete den Lauf seiner Maschinenpistole auf das offene Wagenfenster und rief: »Was wollen Sie hier?« Saint-Phalle starrte wie hypnotisiert auf das Eiserne Kreuz, das an einer Kette am Hals des Deutschen hing, und brachte kein Wort hervor. Noch entsetzter war er, als er acht Tiger-Panzer erblickte, die längs der Straße Aufstellung genommen hatten. »Jetzt sind wir verloren«, fuhr es ihm durch den Kopf. Im Rückspiegel sah er, wie der angebliche Vertreter des Roten Kreuzes die schwarzen Perlen eines Rosenkranzes durch seine Finger gleiten ließ. Neben ihm saß, scheinbar unbekümmert, Posch-Pastor und sog lächelnd an einer Zigarette. Wie Saint-Phalle später erfuhr, war der einzige Personalausweis, den Poch-Pastor an diesem Abend bei sich trug, eine gefälschte französische Identitätskarte; sie lautete auf den Namen Étienne Paul Pruvost und steckte in seinem linken Strumpf.

Zum Glück hatte Bender die gefährliche Lage rasch erkannt und schaltete sich sogleich lautstark ein. Es sei unerhört, daß ein einfacher Posten es wage, Diplomaten in wichtiger Mission aufzuhalten. Inzwischen war vom nächsten Panzer ein SS-Offizier hinzugekommen. Bender zeigte ihm seinen Abwehrausweis und den von General von Choltitz ausgestellten Geleitbrief. Nachdem der Offizier diesen gelesen hatte, reichte er ihn brüsk zurück mit den Worten: »Dieser Wisch mit der Unterschrift des Generals ist wertlos. Seit dem 20. Juli gehorchen wir keinen Wehrmachtsgeneralen mehr!«

Saint-Phalle sah, wie Benders Gesicht rot anlief. Dann begann der Abwehragent zu toben und den Offizier zu beschimpfen. Überrascht von dieser heftigen Reaktion, war der SS-Offizier schließlich bereit, sich telefonisch mit dem Pariser Militärbefehlshaber in Verbindung zu setzen. Von Bender begleitet, ging er davon. Erst eine Stunde später kamen die beiden zurück. Bender hatte von Choltitz an den Apparat rufen lassen; wütend hatte der General dem SS-Offizier befohlen, den Wagen durchzulassen. Mit einer gleichmütigen Handbewegung bedeutete nun der Offizier Saint-Phalle, er solle weiterfahren. Bender blieb zurück. Sein Auftrag war erfüllt.

Der schwedische Wagen war eben erst angerollt, als ein zweiter deutscher Posten aus dem Straßengraben sprang und sich mit ausgebreiteten Armen mitten auf die Straße stellte. Als Saint-Phalle bremste, vernahm er aus dem Mund des Deutschen ein Wort, das ihm das Blut in den Adern erstarren ließ: »Minen!« Drei Meter vor der vordernen Stoßstange des Citroën begann ein Minenfeld; die ganze Straße war so systematisch vermint, daß der Wagen samt seinen fünf Insassen eine Sekunde später unweigerlich zerrissen worden wäre.

Nachdem sie dem Posten ihren Geleitbrief gezeigt hatten, nahm der Deutsche ein Stück Papier aus der Tasche und studierte es sorgfältig. Dann gab er Saint-Phalle ein Zeichen, ihm langsam zu folgen, und begann mit gesenktem Kopf im Zickzack das Minenfeld zu durchqueren. Fünfunddreißig Minuten lang dauerte die schreckliche Slalomfahrt. Schließlich, an einer Straßenkreuzung, richtete sich der Deutsche wieder auf, steckte sein Papier in die Tasche, zeigte nach Westen und verkündete: »Geradeaus sind die Amerikaner. Noch fünfhundert Meter!«

Der erschöpfte Saint-Phalle zögerte nicht. Er bog rechts ein in Richtung Neauphle-le-Vieux. Diese Straße kannte er seit frühester Kindheit, fast jeden Sonntag war er auf ihr gegangen. Sie führte geradewegs zum Haus seiner Großmutter.

20

Unruhig ging Philippe Leclerc, der General, den die Amerikaner den »ungeduldigen Löwen« nannten, auf dem grasbewachsenen Landestreifen vor dem Hauptquartier EAGLETAG auf und ab. In respektvollem Abstand folgte ihm schweigend Roger Gallois. Immer noch war General Bradley von seiner Besprechung mit Eisenhower nicht zurückgekehrt. Leclerc konnte nicht mehr lange warten. In wenigen Minuten, bei Einbruch der Dämmerung mußte er zu seinem Divisionsgefechtsstand zurückkehren.

Einige Minuten früher hatte Gallois den französischen General angesprochen, aber dessen Antwort beschränkte sich auf einen einzigen Satz, den er mehrmals wiederholte: »Heute abend muß ich den Marschbefehl erhalten.«

Als am Horizont Motorengeräusch aufklang, blieb Leclerc stehen und hob den Kopf. Bald landete die kleine Maschine, und der Franzose stürzte auf sie zu. Die Tür ging auf; General Edwin Siebert erschien und rief dem »ungeduldigen Löwen« zu: »Sie haben gewonnen! Sie können auf Paris marschieren!«

Siebert hatte in Eisenhowers Hauptquartier dem Oberkommandierenden und General Bradley mitgeteilt, was er am Vormittag von Gallois erfahren hatte. Schweigend hatte ihn Eisenhower mit gerunzelter Stirn angehört. Dann hatte er geseufzt und zu Bradley gesagt: »Eine üble Sache, Brad. Aber ich glaube, daß wir jetzt keine Wahl mehr haben. Sagen Sie Leclerc, daß er marschieren soll.«

Als Bradley die Maschine verlassen hatte, wandte er sich an Leclerc und Gallois: »Es ist beschlossen worden, auf Paris zu marschieren. Wir drei sind dafür verantwortlich. Ich, weil ich den Befehl dazu erteile, Sie, General Leclerc, weil Sie diesen Befehl ausführen werden, und Sie, Major Gallois, weil der Beschluß auf Grund Ihrer Informationen gefaßt worden ist.« Dann sah er Leclerc an und fuhr fort: »Denken Sie immer an eines: Ich will keine Kämpfe in Paris selbst. Mit dieser einzigen Einschränkung befehle ich Ihnen, Paris einzunehmen. Es darf auf keinen Fall in der Stadt zu Straßenkämpfen kommen.«

Es war schon dunkel, als Leclerc sein eigenes Stabsquartier erreichte. Auf dem kleinen Landeplatz wurde er von Capitaine André Gribius erwartet, dem Chef seiner Operationsabteilung. Freudestrahlend eilte Leclerc auf den Hauptmann zu und rief: »Gribius, wir marschieren!«

Keine der Einheiten, die Eisenhowers Oberbefehl unterstanden, war bunter zusammengewürfelt als die 2. französische Panzerdivision, der jetzt die Aufgabe zufiel, Paris zu befreien.

In ihren Reihen fanden sich Franzosen, die heimlich ihre Angehörigen verlassen, unter schwierigsten Umständen die schneebedeckten Pyrenäen überstiegen und oft Monate in spanischen Gefängnissen verbracht hatten; junge Männer, die in Ruderkähnen oder gestohlenen Fischerbooten bei Nacht den Ärmelkanal überquert hatten; Soldaten, die 1940 in Gefangenschaft geraten, aber aus den Lagern ausgebrochen und über Rußland, Finnland oder Norwegen nach langer Irrfahrt bis nach England oder Afrika gelangt waren; Männer, deren Angehörige nicht wußten, ob sie lebten oder tot waren; andere, deren Angehörige ihnen den Tod wünschten, weil sie dem neuen Frankreich unter der Vichy-Regierung die Treue gebrochen hatten. Es waren Franzosen darunter, die nie den Boden Frankreichs betreten hatten; Araber, die kaum ein Wort Französisch sprachen; Schwarze aus dem Tschad und aus Kamerun; Tuareg aus der Sahara; ehemalige Angehörige der republikanischen Armeen aus dem spanischen Bürgerkrieg; Libanesen, Chilenen, Mexikaner, die Frankreich verehrten. Manche der Franzosen dieser Division hatten sogar im Namen Philippe Pétains in Syrien und Tunesien gegen die Männer de Gaulles gekämpft. Für alle diese Männer war der Krieg ein Kreuzzug, an dessen Ende ein neues Jerusalem stand: Paris. Viele der Soldaten hatten die französische Hauptstadt noch nie gesehen.

Für den Panzersoldaten Jean-René Champion, der in Amerika als Sohn französischer Eltern geboren war und noch nie zuvor in Frankreich geweilt hatte, war der Gedanke an die Befreiung von Paris »ein allzu vollkommener Traum in einer unvollkommenen Welt« gewesen. Aber als er an diesem Abend vor seinem zur Erinnerung an eine Schlacht aus dem ersten Weltkrieg »Mort-Homme« genannten Panzer stand, erfuhr er, daß sein Traum Wirklichkeit werden sollte. Capitaine Raymond Dronne vom Tschad-Regiment nahm die Neuigkeit gelassen hin. Er befahl seinen Männern, sich zum Abmarsch fertig zu machen, und benützte dann den Rückspiegel seines Befehlswagens, um sich sorgfältig zu rasieren. Noch wußte er nicht, daß er der erste französische Soldat sein würde, der die Hauptstadt betrat.

Die Mannschaft des Panzerzerstörers »Simoun« feierte am Abend dieses 22. August den 36. Geburtstag ihres Kommandanten Paul Quinion. Aus diesem Anlaß wollten sie sich einen besonderen Genuß gönnen: eine Ente, die der Kanonier Guy Robin auf einem nahe gelegenen Bauernhof requiriert hatte. Eben waren sie dabei, den gerupften und gesäuberten Vogel in den Kochtopf zu stecken, als ein atemloser Offizier herbeieilte und befahl: »Auf, packt ein! Es geht los. Diesmal nach Paris!« Wie gelähmt standen die Männer da; dann murmelten sie alle im Chor: »Merde! Die Ente!«

Als Capitaine Charles d'Orgeix vom 12. Kürassierregiment hörte, daß es nach Paris ging, kamen ihm die Tränen. Vor vier Jahren, zwei Monaten, neun Tagen hatte er als einer der letzten Verteidiger die Hauptstadt auf einem Motorrad verlassen. Außerhalb der Stadt hatte er in ohnmächtiger Wut zusehen müssen, wie die deutschen Panzer nach Paris gerollt waren. Jetzt endlich konnte er sich rächen. Diesmal fuhr er jedoch nicht auf einem alten Motorrad, sondern in einem funkelnagelneuen Sherman-Panzer. Er hatte ihn »Paris« getauft.

Ebenso ungeduldig wie Leclerc und seine Soldaten wartete das Heer der Kriegsberichterstatter auf den Marsch nach Paris. Nur ein einziger dieser Männer die in der Normandie die Presse und Rundfunkanstalten der freien Welt repräsentierten, strebte an diesem Tag nicht in Richtung der französischen Hauptstadt: Larry Leseur, Korrespondent der amerikanischen Rundfunkgesellschaft CBS, mußte nach England zurück. Und doch war gerade ihm besonders viel daran gelegen, die Befreiung von Paris mitzuerleben, hatte er doch am 10. Juni 1940 als letzter amerikanischer Rundfunkreporter die Stadt verlassen. Daher hatte er sich geschworen, als erster Korrespondent über die Einnahme der Hauptstadt durch die Alliierten zu berichten.

Leider war ihm vor drei Tagen ein zwar an sich unbedeutendes, für ihn jedoch folgenschweres Mißgeschick zugestoßen. Als er in eine Tafel Schokolade gebissen hatte, war ein Stück von einem Vorderzahn abgesplittert. Einem gewöhnlichen Menschen hätte das nicht viel ausgemacht, aber für ihn als Rundfunkreporter war es eine Katastrophe: beim Sprechen lispelte er jetzt. Er hatte alles mögliche versucht, um den Schaden zu beheben. Er hatte das Loch mit Kaugummi verstopft, mit dem Finger, mit der Zunge, mit Mehlbrei – aber es half alles nichts: sobald er den Mund aufmachte, lispelte er. So konnte er unmöglich seinen Landsleuten über das größte Ereignis des Jahres berichten.

Also blieb ihm nichts anderes übrig, als nach London zu fliegen und einen Zahnarzt aufzusuchen. Einen Trost hatte er freilich: vor seiner Abreise hatte er sich bei dem Befehlshaber der 1. amerikanischen Armee, dem General Courtney Hodges, erkundigt, wann seiner Meinung nach Paris befreit werde. »Frühestens in vierzehn Tagen«, hatte Hodges kategorisch geantwortet.

Während Leseur über dem Kanal flog, sprach sein gefährlichster Konkurrent, Charlie Collingwood, der zweite CBS-Reporter in Frankreich, bereits einen fiktiven Bericht über die Befreiung der Hauptstadt auf Tonband. Kurz nach Leseurs Abflug hatte er mit General Bradley gesprochen und dabei erfahren, daß in Paris ein Aufstand ausgebrochen war. »Offensichtlich wird die 2. Panzerdivision Paris befreien«, hatte der General hinzugefügt. Auf Grund dieser Information verfaßte Collingwood mit viel Fantasie und dramatischer Stimmführung eine »lebensechte« Reportage. Nun konnte ihm nichts mehr passieren: er würde auf jeden Fall den ersten Bericht über die Einnahme von Paris liefern, auch wenn er 100 Kilometer vom nächsten Sender entfernt wäre: Das Tonband ging auf dem raschesten Weg nach London und konnte sofort abgespielt und gesendet werden, wenn die ersten Blitzmeldungen über die Befreiung der Hauptstadt eintrafen.

»Nachdem sich die heldenhaften Pariser wie ein Mann erhoben haben«, sprach er in sein Mikrofon, »um die völlig überraschten Truppen der deutschen Garnison zu zerschlagen, ist heute die 2. französische Panzerdivision in Paris einmarschiert . . .«

Nach Beendigung der Aufnahme hörte er sich seine Reportage nochmals an und packte das Band dann zufrieden ein, um es an die Zensurabteilung von SHAEF zu schicken.

General von Choltitz fuhr unmerklich zusammen, als ihm sein Stabschef, Oberst von Unger, mit unbewegter Miene den Besuch von zwei SS-Offizieren aus dem Hauptquartier Heinrich Himmlers meldete. »Mein Gott«, sagte er sich, »jetzt werden sie mich verhaften!« Er hatte durchaus Grund zur Beunruhigung. In Berlin und in Rastenburg wußte man, daß er mit den Aufständischen verhandelt hatte. Vielleicht hatte das OKW inzwischen auch erfahren, daß er den schwedischen Konsul zu den Alliierten gesandt hatte.

Die schwarzuniformierten Offiziere tragen ein, schlugen die Hacken zusammen und grüßten mit »Heil Hitler!« Am Ärmel trugen sie die Abzeichen der SS-Panzerdivision Hitlerjugend, einer Eliteeinheit. Mit trockener Stimme verkündete einer der Offiziere im Rang eines Oberstleutnants, daß er in seinem Befehlspanzer 80 Kilometer östlich von Paris einen Funkbefehl des Reichsführers Himmler erhalten habe. Himmler habe ihn angewiesen, unverzüglich nach Paris zu fahren, um aus dem Louvre ein bestimmtes Kunstwerk zu holen, einen Wandteppich, der aus dem Museum der normannischen Stadt Bayeux evakuiert worden sei. Dieser Teppich dürfe unter keinen Umständen den Alliierten in die Hände fallen. Er habe den ausdrücklichen Befehl, ihn nach Deutschland zu bringen, wo er sicher gelagert werden würde.

Als von Choltitz dies hörte, atmete er auf. »Kinder!« rief er. »Das ist ja wunderbar! Ihr seid also hergekommen, um ein Kunstwerk vor der Vernichtung zu retten! Das ist wirklich wunderbar!« Dann fügte der General in ironisch-väterlichem Ton hinzu, der Offizier solle die Gelegenheit benützen und gleich auch noch andere Meisterwerke retten, beispielsweise die »Mona Lisa« oder die »Venus von Milo« . . . Der SS-Offizier schüttelte verneinend den Kopf. Der Führer und Himmler seien lediglich am Teppich von Bayeux interessiert.

»Na, dann kommen Sie mal mit«, meinte von Choltitz und führte seine Besucher auf den Balkon. Mit ausgestrecktem Arm deutete er auf eine dunkle, langgestreckte Fassade links von den Tuilerien. »Dort ist der Louvre«, sagte er. Im gleichen Augenblick begann aus einer Dachluke ein Maschinengewehr zu hämmern. »Die Terroristen haben das Gebäude besetzt«, erklärte der General kühl. »Ja, es sieht so aus«, entgegnete einer der Offiziere unruhig. »Aber was macht das schon?« fuhr von Choltitz fort. »Vor einer lumpigen Terroristenbande hat die SS ja sicherlich keine Angst. Nicht wahr, meine Herren?«

Lange schwiegen die SS-Offiziere. Dann fragten sie, ob es

nicht möglich sei, daß die Franzosen den Teppich bereits aus Paris hinausgeschafft hätten. »Nein, bestimmt nicht«, erwiderte der General. »Warum hätten sie das tun sollen?« Zur Bestätigung seiner Aussage ließ er den Kunstsachverständigen seines Stabes rufen. Auch dieser versicherte, daß sich der Teppich von Bayeux noch in den Kellern des Louvre befinde. Inzwischen war rings um das berühmte Museum der Gefechtslärm angeschwollen; aus mehreren Fenstern des Louvre schossen Gewehre und Maschinenpistolen.

Von Choltitz schlug seinen Besuchern höflich vor, ihnen Feuerschutz zu geben, während sie die Rue de Rivoli überquerten, um sich des begehrten Teppichs zu bemächtigen. Lange schienen die Abgesandten Himmlers zu überlegen. Dann verkündeten sie, daß sie angesichts der Umstände per Funk aus Berlin neue Weisungen einholen wollen. In einer Stunde würden sie zurückkommen. Mit diesen Worten verschwanden sie.

»Die sehen wir bestimmt nicht wieder«, meinte der General. Er sollte recht behalten.

21

Wieder saß General Leclerc auf dem Trittbrett seines Befehlswagens in einem Obstgarten bei dem normannischen Dörfchen Écouché und horchte in die Nacht hinaus. Aber während in der vergangenen Nacht, als Jacques de Guillebon aufgebrochen war, Schweigen und Heimlichkeit geherrscht hatten, ging es heute in den Zelten recht munter zu. Nebenan tippte sein Schreiber auf einer klapprigen Schreibmaschine den acht Punkte umfassenden Marschbefehl, den der General eben diktiert hatte. In genau sechseinhalb Stunden würde die Division aufbrechen, um die letzten 200 Kilometer einer Irrfahrt zurückzulegen, die für Leclerc vor vier Jahren auf einem Eingeborenenboot in Kamerun begonnen hatte.

Als ihm sein Schreiber den vervielfältigten Befehl überbrachte, las er ihn nochmals durch. Der letzte Satz lautete: »Ich verlange und weiß, daß sich bei diesem Vormarsch, der zur Befreiung von Paris führen wird, jeder bis zum äußersten einsetzen wird.« Leclerc schaute auf die Uhr; dann unterzeichnete er den Marschbefehl. Es war genau Mitternacht.

Zur gleichen Stunde begann 1900 Kilometer weiter östlich, in Rastenburg, die Führerbesprechung. Außer Hitler waren Feldmarschall Keitel, die Generale Burgdorf, Buhle und Fegelein, Generaloberst Jodl, SS-Hauptsturmführer Gunsche und Warlimont anwesend. Als Jodl mit dem Lagebericht beginnen wollte, befahl ihm Hitler wiederum, zuerst die Westfront vorzunehmen. Schweigend hörte er den Bericht an. Seine rechte Hand zitterte leicht.

Als Jodl geendet hatte, sah Hitler plötzlich auf und fragte: »Wo ist der Mörser?« Diesmal konnte Buhle die Frage sofort beantworten. »Karl« und der Munitions-Sonderzug seien bereits bis nach Soissons gelangt, also etwa 100 Kilometer vor Paris. Binnen 24 Stunden würde er dort eintreffen. Als Hitler dies hörte, brummte er befriedigt. Dann befahl er: »Jodl, schreiben Sie!« Mit fieberhafter Geschwindigkeit diktierte er, so daß der Generaloberst ihm kaum zu folgen vermochte:

»Die Verteidigung des Brückenkopfes Paris ist von entscheidender militärischer und politischer Bedeutung. Sein Verlust reißt die gesamte Küstenfront nördlich der Seine auf und nimmt uns die Basis für den Fernkampf gegen England. In der Geschichte bedeutete der Verlust von Paris aber auch bisher immer den Fall von ganz Frankreich.«

Den Oberbefehlshaber West erinnerte er an die beiden SS-Panzerdivisionen, die zur Verteidigung der Stadt in Marsch gesetzt worden waren. Schon »gegen erste Anzeichen von Aufruhr« in Paris solle »mit schärfsten Mitteln eingeschritten werden«, beispielsweise durch die »Sprengung von Häuserblocks«, eine Aufgabe, die durch den Mörser »Karl« beschleunigt werden könne, und durch »öffentliche Exekutierung der Rädelsführer«.

In der gleichen Nacht rollte die Vorhut der 26. SS-Panzerdivision durch Metz. Die Soldaten, ermüdet von der langen Fahrt, die sie von Jütland bis hierher geführt hatte, dösten in ihren Fahrzeugen vor sich hin. Sie waren etwa gleich weit von Paris entfernt wie die 2. französische Panzerdivision, die sich in der Normandie auf die Eroberung der Hauptstadt vorbereitete: 300 Kilometer trennten sie von ihrem Ziel. Nun kam es darauf an, wer zuerst dort eintreffen würde. Immer noch hatte General von Choltitz keine Ahnung, daß für ihn Verstärkungen unterwegs waren.

22

Inmitten des Grand-Palais stand ein kleiner, sonnengebräunter Mann und schaute mit vergnügtem Lächeln zu den leeren Sitzreihen empor, die bis zum gläsernen Kuppeldach des Palastes aufstiegen. Jean Houcke war Schwede und Besitzer eines Zirkus. Er war mit sich und der Welt zufrieden. Bald würde das gewaltige finanzielle Risiko, das er eingegangen war, Früchte tragen. In wenigen Tagen würde Paris befreit werden, und dann würde es für die dreieinhalb Millionen Pariser in der ganzen Stadt nur eine einzige große Unterhaltung geben — seinen Zirkus. Um diesen in die französische Hauptstadt zu bringen und das Grand-Palais zu mieten, hatte Houcke jede Krone aufgewandt, die er hatte auftreiben können. Doch dieser Einsatz würde sich tausendfach lohnen, war doch sein Unternehmen der einzige große Zirkus, der nach fünf Kriegsjahren in Europa noch existierte. In den Kellergewölben des Grand-Palais befanden sich Löwen, Tiger, Panther, Elefanten, Pferde, Seehunde; seine Akrobatentruppe konnte sich mit der von Barnum messen, und seine Clowns waren in ganz Europa berühmt. Alles, was Houcke besaß, war in diesem Gebäude vereint. Während er in der mit Sägespänen gefüllten Arena stand, sah er schon im Geist die Massen herbeiströmen. Jean Houcke war fest davon überzeugt, daß ihn die Befreiung der Hauptstadt zum reichen Mann machen würde.

Unter der Arena, in einem Untergeschoß, in dem das Polizeikommissariat des 8. Arrondissements untergebracht war, sah der Polizist André Salmon, wie mehrere deutsche Lastwagen unter den Bäumen der Champs-Élysées anhielten. Zwanzig Minuten zuvor hatten die Polizisten des Kommissariats einen deutschen Wagen überfallen, der die breite Prachtstraße entlanggefahren war, und sämtliche Insassen getötet. »Jetzt werden die Boches sich rächen«, dachte Salmon. Plötzlich erblickte er ein merkwürdiges kleines Fahrzeug auf Raupenketten, das auf das Gebäude zukroch. Verblüfft wandte er sich dem Gefangenen zu, den er zu bewachen hatte, dem Hauptmann von Zigesar-Beines, schob ihn an das vergitterte Fenster und fragte neugierig und beunruhigt: »Was ist denn das für ein Ding?«

Ruhig klemmte der Hauptmann sein Monokel ins Auge, betrachtete einen Augenblick lang das »Ding«, das wie ein Spielzeugpanzer aussah, und meinte dann gelassen: »Das ist ein ›Goliath‹, ein ferngelenkter Sprengpanzer. Wenn wir hier nicht sofort verschwinden, werden wir mit ihm in die Luft gehen.«

In ganz Paris hörte man die Explosion, die dem Zirkus Houkke den Untergang brachte. Schwarze Rauchwolken stiegen aus dem Grand-Palais auf. Im gleichen Augenblick eröffneten deutsche Panzer das Feuer, um das von dem »Goliath« begonnene Zerstörungswerk zu vollenden. Im Innern des Gebäudes brach die Hölle los. Beißender Qualm wälzte sich durch Gänge und Räume; Menschen und Tiere schrien und rannten durch den brennenden Palast. Die Pferde rissen sich los und trampelten jeden nieder, der ihnen in den Weg kam. Die Polizisten öffneten die Zellen und ließen die Prostituierten frei, die in der vorigen Nacht festgenommen worden waren. Das Gekreische der erschrockenen Damen war fast ebenso furchterregend wie das Brüllen der sterbenden Löwen in den Kellerräumen.

In der Luftschutzzentrale an dem Champs-Élysées glaubte der Wachhabende, der Heizungsinstallateur Pierre Andreoti, seinen Ohren nicht trauen zu können. Er, dessen einzige Aufgabe bisher darin bestanden hatte, für die Einhaltung der Verdunkelungsvorschriften zu sorgen, hörte jetzt plötzlich aus dem Telefon eine verzweifelte Stimme, die ihn zu Hilfe rief: »Schnell, unternehmen Sie etwas ... Gleich werden die Löwen ausbrechen!«

Zwischen den Flammen, den Deutschen und Houckes wildgewordenen Tieren gefangen, mußten die Polizisten im Grand-Palais bald erkennen, daß ihre Lage hoffnungslos war. Sie baten deshalb ihren einzigen Gefangenen, den würdevollen kleinen Baron von Zigesar-Beines, ihre Kapitulation einzuleiten. Der Hauptmann nahm die lange Peitsche von Houckes Löwenbändiger, band sein Taschentuch daran und marschierte gemessenen Schrittes durch Rauch und Trümmer, um seine Wärter seinen Landsleuten zu übergeben.

Von Staub und Schweiß bedeckt, lehnte ein schluchzender

Mann an einem Pfeiler des Grand-Palais und stammelte fassungslos: »Alles ist verloren, alles ist verloren.« Ein mitleidiger Feuerwehrmann ging zu Jean Houcke und versuchte ihn zu trösten: »Weine doch nicht so, Väterchen. In ein paar Tagen werden die Amerikaner hier sein, und dann ist alles vorbei.« Der unglückliche Zirkusbesitzer starrte den Mann in blinder Wut an. Dann wandte er ihm den Rücken und schluchzte noch lauter als zuvor[1].

Wie ein unheilverkündendes Vorzeichen verdunkelte der aus dem brennenden Grand-Palais aufsteigende Qualm den Himmel. Bald kursierte in Paris das Gerücht, daß die Deutschen als Antwort auf den Aufstand damit begonnen hätten, die Stadt einzuäschern. Viele Pariser befürchteten, daß ihnen nunmehr ein zweites Warschau bevorstand.

In den Straßen der Stadt tobten die Kämpfe mit nie gekannter Heftigkeit. Die Verluste auf beiden Seiten waren hoch. Wenn auch die Deutschen zahlenmäßig unterlegen waren, verfügten sie doch über bessere Waffen. Unerbittlich schlugen sie zurück. Der Colonel Paul Massebiau, der am Samstag zuvor das Rathaus des 1. Arrondissements besetzt hatte, hatte an diesem Mittwoch eine traurige Aufgabe. Er mußte seine Tochter nach Aubervilliers schicken, um eine Ladung Verpackungskisten zu bestellen. Er brauchte sie als Särge. Bisher hatten 500 Pariser ihr Leben gelassen, aber auch die Zahl der deutschen Gefallenen war beträchtlich.

In der Nachrichtenzentrale des Hotels Meurice saß der Unteroffizier Otto Vogel von der 650. Nachrichtenkompanie. Plötzlich erhielt er einen Anruf; eine deutsche Stimme rief: »Hallo, Hypnose!« (Hypnose war das Kennwort für das Hotel Meurice.) »Zu Hilfe. Wir werden von Terroristen angegriffen . . . Rasch, kommt uns zu Hilfe.« Dann hörte Vogel am anderen Ende der Leitung Schüsse. »Sie kommen über den

[1] Der unglückliche Houcke verlor tatsächlich alles, sogar das bißchen Bargeld, das er in einem Köfferchen bei sich gehabt hatte. Einige Tage nach der Befreiung von Paris wurde er auf Veranlassung von Konsul Nordling nach Schweden zurückgebracht. Nach dem Krieg kam er wieder und lebt heute, 86 Jahre alt, in einem Pariser Vorort.

Hof ...« Wieder fielen mehrere Schüsse. Und dann vernahm Vogel ein Stöhnen und leise die Worte: »Mutter, Mutter, hilf ...« Nach einigen Sekunden erklang undeutlich eine französische Stimme, und dann verstummte das Telefon. Erschüttert legte Vogel den Hörer auf. Er hat nie erfahren, woher der verzweifelte Hilferuf kam.

Auf beiden Seiten gab es gelegentlich häßliche Willkürakte. In der in der Schule Saint-Vincent-de-Paul an der Rue de la Harpe eingerichteten Verbandsstation erschienen FFI-Leute mit einem deutschen Verwundeten, den sie gefangengenommen hatten. Als eine der Krankenschwestern, Mme. André Koch, ihnen mitteilte, daß im Augenblick kein Platz frei sei, meinte einer der Franzosen: »Das macht nichts, wir bringen sie ja doch alle um!« Sie schleppten den jungen Deutschen wieder weg, und einige Sekunden später hörte Mme. Koch Schüsse. »Jetzt haben sie ihn umgelegt«, meinte einer der Krankenträger.

An der Place des Ternes sprang ein deutscher Hauptmann aus einem Auto und stürzte sich auf einen nichtsahnenden Passanten, der eine von den Aufständischen herausgegebene Zeitung las. Noch ehe der Unglückliche begriffen hatte, was los war, streckte ihn der Deutsche mit einem Schuß aus seiner Pistole nieder.

Aber es gab auch Beispiele echter Menschlichkeit. Im Hof der École Militaire konnte der Hauptmann Otto Wagner in letzter Sekunde sieben Polizisten, die mit einem Lastwagen voller Waffen erwischt worden waren, vor dem Hinrichtungskommando retten. Er schlug ihnen einen ungewöhnlichen Tausch vor: wenn sie binnen zwei Stunden sieben deutsche Gefangene herbeischafften, wollte er sie laufen lassen. Dem Polizisten, dem diese Mission anvertraut wurde, flüsterte Roger Cadet zu: »Gehen Sie zu meinem Vater!«

Fast zwei Stunden später sah Roger Cadet auf die Uhr. Noch zehn Minuten. Von ihrem Kameraden war nichts zu sehen. Als die Tür aufging, waren die Polizisten überzeugt, daß ihre letzte Stunde gekommen war. Hauptmann Wagner erschien. Seiner finsteren Miene war anzusehen, daß die deutschen Gefangenen nicht gebracht worden waren. Aber während die Polizisten niedergeschlagen den Keller verließen, in den man sie eingesperrt hatte, tauchte plötzlich völlig außer Atem Cadets Vater auf. Nach mancherlei Schwierigkeiten war es ihm gelungen, die versprochenen Gefangenen in einem Fahrzeug der Polizei herbeizuschaffen.

Minuten später konnten die wenigen Passanten vor der École Militaire ein ungewöhnliches Bild beobachten: während im ganzen Stadtviertel Schüsse peitschten, standen vor der Gebäudeeinfahrt zwei französische Polizisten mit FFI-Armbinden und ein deutscher Hauptmann und unterhielten sich. Es waren Vater und Sohn Cadet und Hauptmann Wagner, der sieben Franzosen das Leben geschenkt hatte.

Zur gleichen Zeit sah der Berliner Sonderführer Alfred Schlenker, Dolmetscher am Militärgerichtshof, in einem Verbandsraum in Hôtel-Dieu, wohin ihn FFI-Leute gebracht hatten, über sich das Gesicht eines französischen Zivilisten. Schlenker, der drei Stunden zuvor auf der Place Saint-Michel verwundet worden war, glaubte, daß ihn die »Terroristen« jetzt »erledigen« würden. Der Unbekannte griff in seine Tasche. »Jetzt holt er seine Pistole hervor«, dachte Schlenker und schloß die Augen. Als er sie Sekunden später wieder öffnete, sah er eine Hand, die sich ihm entgegenstreckte. Sie hielt jedoch keine Pistole, sondern – eine Zigarette. Und mit leiser Stimme sagte der Zivilist: »Du hast Glück, Fritz. Für dich ist der Krieg vorbei.«

An diesem vierten Tag des Aufstandes wurde die Lage der Franzosen von Stunde zu Stunde bedrohlicher: wenn nicht bald Hilfe kam, mußten sie die Waffen strecken, denn sie hatten fast keine Munition mehr. Die Polizeipräfektur konnte sich bestenfalls noch einige Stunden lang halten. In Rols unterirdischem Befehlsstand erschienen verzweifelte Melder und baten um Waffen und Munition für die Einsatzgruppen. Rol wußte, daß seinen Männern bald nichts mehr übrigblieb, als mit der blanken Waffe zu kämpfen. Wütend fluchte er vor sich hin. Offensichtlich hatten die Gaullisten seinen an London gerichteten Hilferuf doch nicht weitergeleitet; nicht eine einzige Waffe, keine einzige Patrone war bislang über Paris abgeworfen worden.

Aber an diesem Vormittag verdächtigte der kommunistische

Colonel seine politischen Gegner zu Unrecht. In London hatte General Pierre Koenig inzwischen beschlossen, politische Erwägungen hintanzustellen und den um einen Tag verschobenen Waffenabwurf über Paris durchführen zu lassen. Die 130 Maschinen des »Carpetbaggers«-Geschwaders waren startbereit. Dennoch konnte das Unternehmen nicht anrollen, denn ein Feind, der unerbittlicher war als jeder politische Gegner, hielt die Flugzeuge am Boden: der undurchdringliche englische Nebel, der über dem Flugplatz lag.

Während der Geschwaderkommandant Chuck Heflin ungeduldig die grauen Schwaden betrachtete, läutete das Telefon. Das Londoner FFI-Hauptquartier rief an. General Koenig hatte soeben erfahren, daß seit dem Morgengrauen die 2. Panzerdivision auf Paris marschierte. Man könne deshalb darauf verzichten, über Paris Waffen und Munition abzuwerfen. Wenige Minuten später wurden die Maschinen des Geschwaders wieder entladen.

Für den Augenblick konnten die Gaullisten erleichtert aufatmen. Der Nebel hatte bewirkt, daß die 200 Tonnen Waffen und Munition, die für Rol bestimmt gewesen waren, nicht nach Frankreich gelangten. Damit war auch die Gefahr gebannt, daß diese Waffen in naher Zukunft gegen sie gerichtet werden konnten.

23

Finster stocherte die Mannschaft der »Marie Jill«, einer auf Selbstfahrlafette montierten Haubitze, in den Kochgeschirren herum. In aller Morgenfrühe war die Division aufgebrochen – aber ohne sie. Sie saßen mit Motorschaden in der Normandie fest. Als sie schließlich ihr lustloses Mahl beendet hatten, erhob sich der Brigadier Serge Geoffroy und erklärte seinen niedergeschlagenen Kameraden: »Nehmt's nicht schwer. Wir werden bei der Befreiung von Paris dabei sein. Ich kenne eine Abkürzung. Wenn wir diese benützen, werden wir noch vor den anderen in Paris sein.«

Inzwischen rollte in zwei je 20 Kilometer langen Marschkolonnen die 2. Panzerdivision auf die Hauptstadt zu. Voraus fuhren die gummibereiften Panzerspähwagen des Spahi-Regiments, die »Jagdhunde« der Division. Ihnen folgten die mit Marineinfanteristen bemannten massigen Panzerzerstörer, leichte Schützenpanzer und die 34 Tonnen schweren amerikanischen Sherman-Panzer. Von seinem Befehlspanzer aus, der statt eines Geschützes ein olivgrün bemaltes Ofenrohr trug, dafür aber im Turm einen kleinen Schreibtisch und eine leistungsfähige Funkanlage hatte, dirigierte General Philippe Leclerc den Vormarsch. Antennenbewehrte Jeeps rasten auf und ab und trieben die Fahrer zu größerer Eile an.

Ununterbrochener Regen machte die Straßen schlüpfrig; der Qualm der Auspuffgase brannte in den Augen. Die Fahrer hatten alle Mühe, dicht hinter ihrem Vordermann zu bleiben und nicht von der Straße abzurutschen. Jeder hatte nur einen Gedanken: »Hoffentlich hält mein Fahrzeug bis nach Paris durch!«

Inzwischen war es Rolf Nordling, dem Bruder des schwedischen Konsuls, nach zwölfstündigen Verhören durch amerikanische Abwehroffiziere gelungen, zu dem Mann vorzudringen, für den seine Botschaft bestimmt war. Auf dem Behelfsflugplatz bei Laval, von dem aus General Bradley am Vorabend Leclerc nach Paris beordert hatte, hörte sich der Amerikaner schweigend die Ausführungen des Schweden an.

Rolf Nordling erklärte, daß der Wehrmachtsbefehlshaber von Paris »strikte Anweisungen« habe, in der Stadt die größtmöglichen Zerstörungen vorzunehmen. Zwar habe er mit der Ausführung dieser Befehle noch nicht begonnen, aber wenn der gegenwärtige Zustand noch länger andauere, bleibe ihm gar nichts anderes übrig. Wenn er es nicht täte, würde der deutsche General seines Postens enthoben werden. Offensichtlich sei ihm daran gelegen, daß die Alliierten in Paris einrückten, ehe er Verstärkungen erhalte oder durch die Entwicklung der Dinge gezwungen werde, den »Trümmerbefehl« auszuführen.

Bradley reagierte sofort. Wie Eisenhower wußte er, daß die 26. und 27. SS-Panzerdivision und verschiedene andere Einheiten in Nord- und Ostfrankreich auf dem Marsch waren. Sicherlich waren einige dieser Einheiten zur Verstärkung der Pariser Garnison bestimmt. Wenn sie vor den Alliierten in der Stadt eintrafen, waren blutige Straßenkämpfe zu erwarten. Vor allem aber machte sich Bradley wegen von Choltitz Sorgen: »Wir können nicht das Risiko eingehen, daß er plötzlich seine Meinung ändert.« Er wandte sich an General Siebert und sagte: »Ed, sagen Sie doch Hodges, er soll die Franzosen veranlassen, so rasch wie möglich vorzurücken.« Und angesichts der langen Strecke, die die 2. Panzerdivision zurückzulegen hatte, fügte er hinzu: »Außerdem soll Hodges unsere 4. Division marschbereit halten. Wir können nicht riskieren, daß der verflixte General es sich anders überlegt und Paris in die Luft jagt.«

24

Wortlos reichte Dietrich von Choltitz das blaßblaue Telegrammformular, das er kurz zuvor erhalten hatte, seinem Freund, dem Obersten Hans Jay. Die beiden Offiziere kannten sich schon seit zwanzig Jahren; einst hatten sie im gleichen Regiment gedient.

Als Jay das Telegramm gelesen hatte, faltete er es zusammen und gab es mit unbewegter Miene dem General zurück. Vergebens wartete dieser auf ein verständnisvolles Wort, eine tröstende Geste, ein Zeichen der Verbundenheit. Dabei enthielt das Telegramm den grausamsten Befehl, den von Choltitz je erhalten hatte, jenen Wahnsinnsbefehl, den Hitler in der Nacht zuvor Jodl diktiert hatte: »Paris ist in ein Trümmerfeld zu verwandeln. Der Kommandierende General hat es bis zum letzten Mann zu verteidigen und geht, wenn nötig, unter den Trümmern unter.«

Aber Jay begnügte sich damit, zu seufzen und zu murmeln: »Das ist ja eine Katastrophe; doch was bleibt Ihnen anderes übrig?«

Daraufhin ging von Choltitz mit raschen Schritten zum Telefon und nahm den Hörer ab. »Geben Sie mir die Heeresgruppe B«, befahl er.

Am anderen Ende der Leitung meldete sich Generalleutnant Speidel, der Chef des Stabes. Es entwickelte sich folgendes Gespräch:

»Vielen Dank für den schönen Befehl«, sagte von Choltitz.

»Welchen Befehl, Herr General?« fragte Speidel überrascht.

»Nun, den Trümmerbefehl.«

Speidel protestierte, die Heeresgruppe habe den aus dem OKW eingetroffenen Befehl lediglich weitergeleitet, doch von Choltitz fuhr, ohne den Einwand zu beachten, fort:

»Ich darf Ihnen sagen, was ich angeordnet habe. Ich habe drei Tonnen Sprengstoff in die Notre-Dame bringen lassen, zwei Tonnen in den Invalidendom, eine Tonne in die Deputiertenkammer. Ich bin gerade dabei, den Arc de Triomphe wegen des Schußfeldes zu sprengen.«

Der General hörte, wie sein Gegenüber nach Luft schnappte. »Es ist Ihnen doch recht, lieber Speidel?« fragte er ironisch.

Nach einer kurzen Pause entgegnete Speidel zögernd: »Jawohl, Herr General[1].«

Von Choltitz sprach weiter: »Ich will Ihnen sagen, was ich ferner veranlaßt habe. Die Madeleine und die Oper nehmen wir zusammen dran. Und den Eiffelturm sprenge ich so, daß er als Drahthindernis vor den zerstörten Brücken liegt.«

In seinem unterirdischen Befehlsbunker fragte sich Speidel, ob der Wehrmachtsbefehlshaber von Paris den Verstand verloren habe oder dumme Scherze machen wolle. Keines von beiden war der Fall. Von Choltitz wollte nur »ihm den Wahnsinn der Situation, in die ein untergebener Soldat durch derartige Befehle gebracht wird, vor Augen führen«.

Am anderen Ufer der Seine, in der menschenleeren Fernmeldezentrale an der Rue Saint-Amand, hallten die Axtschläge des Feldwebels Blache wie Schüsse wider. Der Feldwebel, dessen Soldaten vier Tage früher vor der Polizeipräfektur »wie Würste verbraten« worden waren, hatte den Befehl, die 232 Fernschreiber der Zentrale zu zerstören. Inzwischen legte der Feldwebel Max Schneider 400 Meter Zündkabel aus, die mit 200 in den Untergeschossen der Zentrale angebrachten Sprengladungen verbunden waren. Drei Straßen weiter saß der Leiter des Sprengkommandos, Oberleutnant von Berlipsch, in einem Peugeot, von dem aus die Ladung gezündet werden sollte. Als

[1] Speidel verhielt sich deshalb so zurückhaltend, weil er — mit Recht — annahm, daß das Gespräch von der Gestapo abgehört wurde.

der letzte Fernschreiber zertrümmert war, verließen Blache und seine sechs Mann eilends das Gebäude.

Auf der Straße angelangt, sahen sie in einiger Entfernung hinter einem Kordon von Feldgendarmen die angsterfüllten Gesichter der Bewohner der umliegenden Häuser. Sekunden später drückte Oberleutnant von Berlipsch den Zündhebel nieder. Genau um 11.51 Uhr versank die Fernmeldezentrale, über die bis vor kurzem noch alle Meldungen von und zu der Westfront, von Norwegen bis zur spanischen Grenze, gelaufen waren, in einer Wolke aus Staub und Qualm. Damit war ein erster winziger Teil der von Hitler für den Raum zu Groß-Paris befohlenen Sprengungen ausgeführt worden.

Im Untergeschoß der Invalides überwachte Oberleutnant Ottfried Daub vom 112. Nachrichtenregiment die Anbringung der Zündschnüre an den Sprengladungen, die unter der Nachrichtenzentrale verteilt waren. Außerdem hatten die Männer des Sprengkommandos überall Flaschen mit komprimiertem Sauerstoff aufgestellt. Diese Flaschen würden im Augenblick der Sprengung wie Brandbomben wirken und eine verheerende Feuersbrunst entfachen, die nicht nur die Zentrale, sondern wahrscheinlich das ganze vierhundertjährige Gebäude, das Armeemuseum, das Hôtel des Invalides und sogar die goldene Kuppel vernichten würde, unter der ein anderer Eroberer Europas lag, Napoleon.

Im Palais du Luxembourg hatten zwar die mutigen Sabotageakte von Marcel Dalby einen 35stündigen Stromausfall bewirkt, aber den Männern der Organisation Todt war es doch gelungen, die Sprengkammern beinahe fertigzustellen. Schon standen in den Kellern des Gebäudes sieben Tonnen TNT bereit, eine Menge, die ausreichte, um die Trümmer des Palastes über halb Paris zu zerstreuen.

In dem von Gabriel erbauten prächtigen Gebäude des Marineministeriums an der Place de la Concorde, über dem seit vier Jahren die Fahne der Kriegsmarine wehte, verfügten die Männer des aus Berlin stammenden Korvettenkapitäns Harry Leithold über 5 Tonnen Tellerminen und genügend Munition, um, wie der Offizier seinen Vorgesetzten versichert hatte, »das Gebäude und die ganzen umliegenden Häuser in die Luft zu jagen«.

Auf dem anderen Seine-Ufer, in der Abgeordnetenkammer, hatte die 813. Pionierkompanie unter Hauptmann Werner Ebernach Verstärkung erhalten: während der Nacht war die 177. Pionierkompanie eingetroffen. Während Ebernachs Männer die letzten der 42 Seinebrücken verminten, brachten ihre Kameraden von der 177. Pionierkompanie unter den der Deputiertenkammer benachbarten Gebäuden Sprengladungen an. In den Kellern des Palais-Bourbon und des angrenzenden Hôtel de Lassay, der Residenz des Präsidenten der Abgeordnetenkammer, ratterten die Preßluftbohrer. Im Außenministerium waren mehrere Kisten TNT bereitgestellt. Alles wurde vorbereitet, um mit einem Schlag die prächtigen, einzigartigen Gebäude längs der Place de la Concorde und der Seine, vom Boulevard Saint-Germain bis zur Esplanade des Invalides, in Trümmer zu legen.

Um die gleiche Zeit rollte ein wohlgetarnter Kübelwagen über das Marsfeld dem Eiffelturm zu. Am Südpfeiler des Turms hielt der Wagen; vier Männer stiegen aus. Sie gehörten zum Verbindungskommando der SS-Division Leibstandarte Adolf Hitler und hatten aus Berlin den Befehl erhalten, die Zerstörung des »Wahrzeichens von Paris vorzubereiten.« Für den aus Leipzig stammenden Untersturmführer Hans Schütt und seine drei Kameraden hatte es keinen Zweifel gegeben: das »Wahrzeichen von Paris« konnte nur der Eiffelturm sein.

Überall in Paris näherten sich die Vorbereitungen zur Durchführung des von Hitler erteilten »Trümmerbefehls« ihrem Ende. Es bedurfte nur noch einiger Stunden Arbeit und des Befehls des Generals von Choltitz, um aus der französischen Hauptstadt ein zweites Warschau zu machen. Aber der kleine General hatte sich in seinem Arbeitszimmer im Hotel Meurice noch immer zu keiner Entscheidung durchringen können. Schon beschuldigten ihn einige seiner Offiziere, er setze nicht alle ihm zur Verfügung stehenden Kräfte zur Unterdrückung des Aufstandes ein. Umgeben von Männern, die resigniert Hitlers Wahnsinnsbefehle zu akzeptieren schienen, fragte sich von Choltitz verzweifelt, wie lange er deren Ausführung noch würde hinauszögern können.

25

Aus dem Rundfunkgerät erklang leise Tanzmusik. Larry Leseur, Reporter der amerikanischen Rundfunkgesellschaft CBS, hatte es sich im Behandlungsstuhl eines bekannten Londoner Zahnarztes bequem gemacht und wartete auf die Jacketkrone, die ihm eingesetzt werden sollte.

Eigentlich hatte er Glück im Unglück gehabt, sagte sich Leseur. Wenn ihm das Malheur mit dem Zahn eine Woche später passiert wäre, hätte er vermutlich das wichtigste Ereignis seit der Invasion verpaßt, die Befreiung von Paris.

Aber plötzlich wurde die Musik unterbrochen; ein Ansager verkündete, daß in Kürze »eine wichtige Meldung« durchgegeben werde. Einige Sekunden später wurde Larry Leseur fast übel. Aus dem Rundfunkgerät ertönte eine jubelnde Stimme: »Paris ist befreit! Paris ist befreit!«

In einem anderen Stadtteil von London, im BBC-Sendestudio in Bush House, holte Dick Hottelet, der Londoner CBS-Korrespondent, sofort nach Durchgabe der Sondermeldung aufgeregt eine kleine runde Schachtel aus der Schublade, deren Inhalt jetzt von unschätzbarem Wert war. In der Schachtel befand sich das Tonband mit dem fiktiven Bericht über die Befreiung von Paris, den Charlie Collingwood, Larry Leseurs heftigster Rivale, am Abend zuvor aufgenommen hatte. Durch ein Zusammentreffen außergewöhnlicher Umstände war das Band von den Militärbehörden nicht zensiert worden: Die SHAEF-Zensoren, denen Collingwood es gesandt hatte, hatten es nicht abspielen können, da es sich um ein neuartiges Fabrikat handelte, und es deshalb an die Londoner Militärzensur weitergeleitet; diese wiederum hatte es in der Annahme, es sei bereits vom SHAEF geprüft, sofort Hottelet übergeben.

Damit hatte Collingwood den größten Coup seines Lebens gelandet. Wenige Minuten nach der Sondermeldung hörten Millionen seine dramatische Schilderung der angeblichen Befreiung von Paris. Zwei New Yorker Tageszeitungen änderten sofort ihre Titelseiten und brachten unter riesigen Schlagzeilen den Bericht im Wortlaut. In Mexiko, wo es fünf Uhr morgens war, wurden sofort Extrablätter gedruckt. In Buenos Aires strömten zum erstenmal seit 1939 jubelnde Menschenmengen auf die Straßen und riefen unter den Fenstern des Präsidenten Peron: »Democracia si! Axis no!« In Quebec forderte der Bürgermeister Lucien Borne seine Mitbürger auf, Trikoloren zu hissen. Als Roosevelt in Washington mit der Nachricht von der Befreiung der französischen Hauptstadt geweckt wurde, nannte er dieses Ereignis »einen gewaltigen Schritt auf dem Weg zum Endsieg«. Der englische König sandte an de Gaulle ein herzliches Glückwunschtelegramm.

In der allgemeinen Begeisterung, die durch die BBC-Sondermeldung ausgelöst wurde, schenkte niemand den unklaren Dementis aus dem alliierten Hauptquartier auch nur die geringste Beachtung. Stundenlang wurden von zahlreichen Rundfunkstationen auf der ganzen Welt die BBC-Meldung und Collingwoods Bericht wiederholt.

Und doch war es die wohl größte »Ente« aller Zeiten.

In Paris, durch dessen Straßen immer noch deutsche Panzer und Lastwagen rollten, rief die Falschmeldung Wut und Bestürzung hervor. Der amerikanische Fliegerleutnant Bob Woodrum hörte sie, als er eben hinter Louis Bertys Laden in Nanterre saß und sich besorgt fragte, ob sein auf dem Mont-Valérien eingesperrter Wohltäter noch am Leben sei. Während Collingwoods Stimme aus dem Lautsprecher drang, hörte der Amerikaner auf der Straße einen deutschen Panzerspähwagen heranrollen, und gleich darauf durchschlugen mehrere Schüsse das Ladenfenster. »Das ist doch nicht möglich!« dachte er verblüfft. »Da muß sich jemand getäuscht haben!«

Yvon Morandat und seine Sekretärin Claire hörten die Meldung im Grünen Zimmer, dem Privatgemach des Ministerpräsidenten im Hôtel Matignon. Während der Londoner Sender unter dem Klang der Glocken von Big Ben ihre Befreiung verkündete, vernahmen die beiden in den benachbarten Straßen Gewehrfeuer. »Diese Idioten!« stieß Claire wütend hervor. »Jetzt sind sie wirklich übergeschnappt!«

In ihrer Wohnung im Haus Place du Palais-Bourbon Nr. 3 erkannte Marie-Louise Bousquet, eine der bekanntesten Repräsentantinnen der Pariser Gesellschaft, die Stimme von Charlie Collingwood, der vor dem Krieg in ihrem Salon verkehrt hatte. Zehn Minuten früher hatte ihr die Concierge mitgeteilt, daß die Deutschen die Sprengung der gegenüberliegenden Abgeordnetenkammer und der umliegenden Häuser vorbereiteten. Wie hatte nur »der charmante junge Amerikaner« so etwas tun können? Wenn sie ihn jemals wiedersehen sollte, so schwor sie sich, sollte er seinen Leichtsinn bereuen!

Zum erstenmal seit drei Tagen schmeckte dem Colonel André Vernon seine Pfeife wieder Zufrieden lächelnd saß er in seinem kleinen Büro im FFI-Hauptquartier am Londoner Bryanston Square. Er war der eigentliche Urheber der größten »Ente« aller Zeiten. Vor sechs Stunden hatte er einen letzten verzweifelten Hilferuf aus Paris erhalten: Chaban-Delmas hatte ihm mitgeteilt, daß es zu einem furchtbaren Blutbad kommen werde, falls die Alliierten nicht unverzüglich in die Stadt einrückten. Zu diesem Zeitpunkt wußte Vernon noch nicht, daß die 2. französische Panzerdivision bereits in Marsch gesetzt worden war; daher hatte er sich das Gehirn zermartert, wie die Alliierten gezwungen werden könnten, endlich auf Paris vorzustoßen. Plötzlich hatte er einen Einfall gehabt: er hatte ein Blatt Papier genommen und einige Worte draufgekritzelt. Die Meldung, die er sofort an BBC weiterleitete, war ebenso frei erfunden wie die »Reportage« von Charlie Collingwood. Wenn der Sender seine Falschmeldung ausstrahlte, so hatte sich der schlaue Colonel gedacht, dann blieb den alliierten Oberkommando gar nichts anderes übrig, als die Stadt, die er, Vernon, so kühn mit einigen Federstrichen »befreit« hatte, tatsächlich zu befreien.

26

Lieutenant Sam Brightman von der Presseabteilung des alliierten Hauptquartiers saß im Speisesaal des »Grand Veneur« in Rambouillet und starrte aus dem Fenster. Panzer, Jeeps, Lastwagen, französische und amerikanische Soldaten, FFI-Leute, Reporter und Hunderte von Zivilisten mit Armbinden drängten sich auf der Straße vor dem Restaurant. Wenn jetzt auch noch de Gaulle käme, dachte der Amerikaner, dann wäre Rambouillet für die Deutschen das beste Ziel, das sie seit der Invasion gehabt hätten.

Bald jedoch überzog ein zufriedenes Lächeln das Gesicht des Leutnants: die junge Kellnerin, die ihm den aufgewärmten Inhalt einiger Konservendosen brachte, hatte für ihn eine Kostbarkeit aufgetrieben, die ihm das Wasser im Mund zusammenlaufen ließ – eine Flasche Riesling. Aber als sie an seinem Tisch angelangt war, blieb sie plötzlich wie angewurzelt stehen; das Tablett entglitt ihren Händen, und Teller und Flasche zersplitterten auf dem Fußboden. Mit Tränen in den Augen sah sie aus dem Fenster und murmelte wie in Trance: »De Gaulle ... de Gaulle ... da ist ja de Gaulle!«

Tatsächlich war Charles de Gaulle soeben an der Spitze der 2. Panzerdivision in Rambouillet eingetroffen, um zusammen mit den kämpfenden Truppen die letzte Strecke des Weges zurückzulegen, der ihn nach vier Jahren in die Hauptstadt seines Landes zurückbrachte. Unter dem Jubel der Bevölkerung fuhr er mit seinem Stab geradewegs zum Schloß, das noch kurz zuvor die Spitzen der Vichy-Regierung bewohnt hatten. Den Vorschlag, die Präsidentengemächer zu beziehen, lehnte er brüsk ab; zwei bescheidene Zimmer im obersten Stockwerk genügten ihm. Nachdem er sich dort eingerichtet hatte, ging er in den prunkvollen Festsaal hinab, in dem Könige, Kaiser und Staatspräsidenten im Namen Frankreichs einst große Staatsbankette gegeben hatten, setzte sich mit den Offizieren seines Stabs an einen Tisch und nahm sein Abendessen ein: den Inhalt einer Konservendose, die aus einem amerikanischen Verpflegungslager stammte.

Danach ließ er General Leclerc rufen, um mit ihm den weiteren Vormarsch zu besprechen. Jetzt, da ihn nur noch wenige Kilometer von Paris trennten, kam es auf jede Stunde an.

Inzwischen hatte Leclerc sorgfältig die Meldungen geprüft, die ihm sein Nachrichtendienst unter Commandant Paul Repiton-Préneuf sowie mehrere FFI-Leute, die durch die deutschen Linien gekommen waren, überbracht hatten. Auf Grund dieser Informationen war er zu einem wichtigen Entschluß gelangt: er würde entgegen dem Befehl des ihm übergeordneten Oberkommandos der 5. amerikanischen Armeegruppe nicht auf den kürzesten Weg, also über Rambouillet–Versailles, auf Paris vorstoßen, sondern 25 Kilometer nach Osten ausweichen und über Arpajon und Longjumeau marschieren, Paris also von Süden her einnehmen. Er hatte nämlich erfahren, daß die Deutschen im Westen der Stadt etwa sechzig Panzer postiert und zudem sämtliche Straßen vermint hatten. Allerdings vergaß er in der Eile, seine Pläne mit seinen amerikanischen Vorgesetzten zu besprechen, was ihm bald heftige Vorwürfe einbringen sollte.

Nun saß er de Gaulle gegenüber und erläuterte ihm seinen Angriffsplan. Beide Männer wußten, wie sehr die Zeit drängte. Vor vierundzwanzig Stunden noch hatte das Unternehmen wie ein Spaziergang ausgesehen, aber inzwischen hatten die Deutschen Zeit gehabt, ihre Stellungen zu verstärken. Wenn Leclerc nicht blitzschnell vorstieß, bestand die Gefahr, daß der Angriff noch vor Paris zum Stehen kam, wodurch die Deutschen die Möglichkeit erhalten würden, den Aufstand in der Stadt niederzuwerfen und auch im Süden einen starken Sperriegel aufzubauen. Als der junge General seine Ausführungen beendet hatte, dachte de Gaulle lange nach. Schließlich stimmte er ihm zu.

Dann sah er dem ungestümen Pikarden, den er fast wie einen Sohn liebte, tief in die Augen. »Sie haben Glück!« murmelte er. Und eindringlich fügte er hinzu: »Beeilen Sie sich, damit wir in Paris nicht eine zweite Kommune bekommen!«

27

Der Caporal Louis Loustalot von der 97. Stabskompanie richtete für General Leclerc das Bett her. Noch vor drei Tagen hatte in dem gleichen Bett der deutsche Ortskommandant von Rambouillet geschlafen. Nachdem Loustalot das Bett frisch bezogen hatte, legte er eine Tafel Schokolade auf den Nachttisch. Der Caporal wußte, daß sein »Patron« vor einem Angriff sich gern mit Schokolade stärkte. Morgen früh würde Leclerc den denkwürdigsten Angriff seines Lebens leiten, den Angriff auf Paris.

Inzwischen hatten sich Leclercs Männer in den Dörfern und Wäldern um Rambouillet verteilt und versuchten, ein wenig Schlaf zu finden. Sie waren völlig erschöpft. Vierzehn Stunden lang waren sie an diesem Tag unterwegs gewesen; der strömende Regen hatte sie bis auf die Haut durchnäßt. Aber ehe sie sich zur Ruhe legen konnten, mußten erst die Fahrzeuge aufgetankt und die Panzerketten ausgewechselt werden, die auf der 200 Kilometer langen Strecke beschädigt worden waren. In den rasch aufgeschlagenen Zelten studierten die Korpskommandanten mit ihren Offizieren die Angriffsbefehle. In drei Kolonnen sollte die Division auf drei verschiedenen Wegen auf Paris vorstoßen. Unter einem Baum im Wald von Rambouillet besprach sich Commandant Henri de Mirambeau vom 40. Artillerieregiment mit dem amerikanischen Oberstleutnant, dessen Artillerieabteilung der Division zugeteilt worden war. Morgen früh, genau um acht Uhr, sollte das Trommelfeuer auf die deutschen Stellungen vor Paris beginnen.

Wohl kein Offizier der Division wartete ungeduldiger auf die Morgendämmerung als der Lieutenant-Colonel Jacques de Guillebon. Vor vierundzwanzig Stunden hatte er den Plan gefaßt, mit seiner kleinen Vorausabteilung direkt auf Paris vorzustoßen, in die Stadt einzudringen und den Aufständischen zu Hilfe zu kommen. Mitten in der Nacht hatte er per Funk Leclerc gebeten, das tollkühne Unternehmen zu billigen, aber der Adjutant des Generals hatte sich geweigert, Leclerc zu wecken. Daraufhin war Guillebon nichts anderes übriggeblieben, als in Rambouillet zu warten, bis das Gros der Division nachgekommen war.

In der Nähe des Dörfchens Dampierre schauten die Männer des Panzerzerstörers »Simoun« sehnsüchtig auf die gerupfte Ente, die sie in der Nacht zuvor nicht hatten verspeisen können. Aber sie waren zu müde, um sie zu braten. Capitaine Emmanuel Dupont kroch, nachdem er die letzten Befehle erteilt hatte, auf seinem Schützenpanzer in seinen Schlafsack, um beim Schein seines Feuerzeugs noch einige Zeilen aus der »Nachfolge Christi« zu lesen. Dann blies er die Flamme aus, und nach einem kurzen Gebet schlief er ein.

Vielleicht der aufgeregteste Soldat der ganzen Division war Paul Landrieux, Fahrer des Sherman-Panzers »La Marne«. Als er erfahren hatte, daß seine Kompanie am nächsten Morgen das 25 Kilometer entfernte Fresnes besetzen sollte, hatte seine Begeisterung keine Grenzen gekannt. Vor drei Jahren hatte er eines Abends zu seiner Frau gesagt: »Ich hole mir schnell eine Schachtel Gauloises; in zehn Minuten bin ich wieder da.« Doch er war nicht in seine kleine Wohnung in Fresnes zurückgekehrt, sondern hatte eine 3000 Kilometer lange Irrfahrt begonnen, die ihn durch spanische Gefängnisse in die Wüste Afrikas geführt hatte. Jetzt aber würde er endlich zurückkehren und den Ort und seine Frau befreien, die nicht wußte, ob er überhaupt noch am Leben war. Und er würde nicht eine Schachtel Gauloises nach Hause bringen, sondern ein Päckchen amerikanischer Camel-Zigaretten.

Während die erschöpften Soldaten der 2. Panzerdivision in und um Rambouillet ausruhten, wurde eine andere Division 260 Kilometer von Paris entfernt in Marsch gesetzt. Mitten in der Nacht brach bei strömendem Regen die 4. amerikanische Infanteriedivision von Carouges auf, um auf Paris vorzurücken. Nach der Besprechung mit Rolf Nordling hatte General Bradley lange überlegt, welche seiner Divisionen er zur Unterstützung der Franzosen abkommandieren sollte. Schließlich hatte er sich für die 4. Infanteriedivision entschieden, eine Elite-Einheit, die Cherbourg genommen, Mortain gegen drei deutsche Panzerdivisionen verteidigt und den verzweifelten Gegenangriff des Feldmarschalls von Kluge abgewiesen hatte. Besonders hohe Verluste hatte das 12. Regiment erlitten, das die Vorhut bildete: das nunmehr 3000 Mann starke Regiment hatte seit der Landung am 6. Juni, also in 78 Tagen, 4034 Tote und Verwundete zurücklassen müssen.

Die amerikanischen Soldaten, die auf ihren Lastwagen der Hauptstadt entgegenrollten, waren von der gleichen fieberhaften Erwartung erfüllt wie ihre französischen Kameraden von der 2. Panzerdivision. »Es regnet auf unsere Uniformen, in unseren Kaffe, auf unsere Köpfe«, schrieb in dieser Nacht der aus Roxbury, Massachusetts, stammende Arzt Joe Ganna in sein Tagebuch. »Aber die Spannung, endlich Paris zu sehen, treibt uns voran.« Der Soldat »Davey« Davison, der neben ihm saß, erklärte kategorisch: »Wein und Frauen überlasse ich den anderen. Ich möchte nur eines: endlich mal wieder eine Nacht in einem richtigen Bett schlafen.«

Der an der Spitze der Division fahrende Colonel Jim Luckett aus Montgomery, Alabama, der Kommandant des 12. Infanterieregiments, hätte am liebsten laut gesungen. Ihm war, als ob er nach Hause zurückkehrte. 1928 hatte er als Student einige

Monate in Paris verbracht. Seit einigen Wochen besaß er sogar in der Rue des Beaux-Arts eine Wohnung, die er allerdings noch nie gesehen hatte: er hatte sie durch eine Wette von einem kolumbianischen Freund, dem Künstler San Diego Medina, gewonnen. Damals hatte er ihm versprochen, sie gleich nach seiner Ankunft in der Hauptstadt aufzusuchen.

Lieutenant Dan Hunter vom OSS hatte den größten Teil seines Lebens in Paris verbracht. Jetzt kehrte er als Kommandant der »Paris Task Force« zurück, um Kollaborateure und Spione in der Stadt aufzuspüren. Über einen Stadtplan gebeugt, suchte er nach einem passenden Gebäude zur Unterbringung seiner Einheit. Schließlich entschied er sich mit mokantem Lächeln für einen ihm wohlbekannten Ort: für seine ehemalige Schule.

Colonel John Haskill, der inzwischen in Chartres angelangt war, entschloß sich, »nur zum Spaß« zu versuchen, ob er mit Paris telefonieren könne. Er ging in ein Café, nahm den Hörer ab und verlangte die Nummer seiner alten Freundin Mimi Gielgud, der Schwägerin des berühmten Schauspielers, die vier Jahre lang im besetzten Paris ausgehalten hatte. Zu seiner Verblüffung hörte er nach wenigen Sekunden Mimis Stimme.

»Ach, du bist's, John«, sagte sie so gleichmütig, als hätte sie ihn tags zuvor erst gesehen. »Ich habe schon auf deinen Anruf gewartet.«

Aber nicht alle alliierten Offiziere teilten an diesem Abend die Begeisterung der auf Paris marschierenden französischen und amerikanischen Truppen. Für die Versorgungsstäbe war die Befreiung der Hauptstadt ein schwieriges und kostspieliges Unternehmen, das den Nachschub der alliierten Armeen erheblich zu stören drohte. In Bristol und Southampton waren 53 Tonnen Medikamente und 23 338 Tonnen Keks, Büchsenfleisch, Margarine, Seife, Schokolade und Milchpulver bereitgestellt, die sofort nach der Besetzung von Paris auf dem schnellsten Weg dorthin gebracht werden mußten. 3000 Tonnen sollte das »Carpetbaggers«-Geschwader einfliegen; zur Beförderung der restlichen Mengen waren der 21. englischen Armeegruppe 2000 Lastwagen und 300 Sattelschlepper entzogen worden. 1000 Lastwagen mußten amerikanische Versorgungseinheiten stellen.

Darüber hinaus war Montgomerys Heeresgruppe Nord angewiesen worden, aus ihren Verpflegungsbeständen täglich 5000 Tonnen Lebensmittel für Paris abzuzweigen und auf eigenen Fahrzeugen in die Stadt zu schaffen.

Für die Versorgung der Hauptstadt waren Tag für Tag 350 000 Liter Benzin erforderlich; insgesamt wandten die Alliierten für diesen Zweck in den beiden folgenden Wochen, während ihre Armeen durch den Norden und Osten Frankreichs vorstießen, über 5 Millionen Liter auf. Und ausgerechnet an diesem Mittwochabend erhielt General Patton eine Meldung, die ihn entsetzte: zum erstenmal seit der Landung in der Normandie hatten seine Panzerverbände an diesem 23. August mehr Treibstoff verbraucht, als an einem Tag herbeigeschafft werden konnte. Genau eine Woche später ging seiner 3. Panzerarmee, die die in voller Auflösung befindlichen deutschen Truppen verfolgte, kurz vor Metz, knappe 150 Kilometer vom Rhein entfernt, der Treibstoff aus. Hätten sie die 5 Millionen Liter noch gehabt, die die verfrühte Befreiung der Hauptstadt kostete, dann hätten sie noch Ende August den Rhein erreichen können. So aber dauerte es bis Ende September, ehe der Nachschub wieder klappte, und inzwischen hatten die Deutschen Verstärkungen herangezogen und Befestigungen angelegt. Erst sieben lange Monate später, am 22. März 1945, kamen Pattons Truppen an den Rhein.

Ohne Licht glitt der schwarze BMW durch die Nacht. Am Steuer saß Generalmajor von Aulock. Zum erstenmal seit Tagen war er beruhigt: endlich trafen die erbetenen Verstärkungen ein, die zusammen mit seinem 10 000 Mann den Sperriegel vor Paris verteidigen sollten. Vor knapp sechs Stunden war ein Panzerregiment angekommen, dessen Kommandeur, der einbeinige Oberst Dietmar Pulkovski, sich an der Ostfront ausgezeichnet hatte; außerdem war kurz zuvor das Messerschmidt-Sturmbataillon in die Stellung beidseits der nach Mantes führenden Straße eingerückt. Wichtiger noch war eine Meldung, die am Abend eingegangen war: im Laufe der nächsten Tage sollten Einheiten der 5. Panzerarmee dem Kommando von Aulocks unterstellt werden.

Der Generalmajor kehrte eben von einer anstrengenden Inspektion seiner Verteidigungsstellungen zurück. Noch hatten weder er noch seine Soldaten die geringste Ahnung, daß kaum 25 Kilometer entfernt die 2. französische Panzerdivision ungeduldig auf das Morgengrauen wartete. Vor einer halben Stunde erst, als ihm Oberst Seidel, der den Abschnitt Versailles befehligte, Meldung gemacht hatte, hatte von Aulock seinem Adjutanten kräftig auf die Schulter geklopft und gesagt: »Glauben Sie mir, Wulf, wenn sie sich zum Angriff entschließen, werden sie für ihr Paris teuer bezahlen müssen!«

Für Willy Wagenknecht, den in Fresnes inhaftierten deutschen Soldaten, der erbittert hatte zusehen müssen, wie Hunderte von Franzosen nach Deutschland abtransportiert wurden, hatte sich endlich die Tür seiner Zelle geöffnet. Statt der üblichen Wassersuppe hatte es am Abend Schinken und Leberpastete und dazu sogar noch eine Schachtel Zigaretten und eine halbe Flasche Cognac gegeben. Aber Willy Wagenknecht wußte, daß er für diese Genüsse bald würde bezahlen müssen. Unten im Gefängnishof stand ein 8,8er Geschütz. Wagenknecht und seine deutschen Mithäftlinge hatten den Befehl erhalten, das Gebäude zu verteidigen, in dem sie eben noch gefangen gewesen waren. Als Wagenknecht dies gehört hatte, war ihm regelrecht übel geworden.

Zehn Kilometer weiter westlich, auf den blumenübersäten Hügeln bei Meudon, konnte der aus Wien stammende Obergefreite Anton Rittenau von der 4. gemischten Flakbatterie aus zwei Richtungen Schüsse hören: im Süden grollten dumpf die alliierten Geschütze, im Norden prasselte das Gewehrfeuer der Pariser Aufständischen. Im Augenblick wiesen die Geschützrohre der Batterie nach Süden, wo der Flugplatz Villacoublay lag, aber mit wenigen Handgriffen konnten die Kanonen so geschwenkt werden, daß sie auf Paris zielten. Munition war für mehrere Tage vorhanden.

In Paris selbst wurden die deutschen Stützpunkte unermüdlich weiter ausgebaut. Vor dem Pont de Neuilly brachte der zur Infanterie strafversetzte Panzersoldat Willy Krause sechs Pakgeschütze in Stellung. Der 21jährige Feldwebel Karl Fröhlich hatte am Abend ein Hinrichtungskommando befehligt, das auf der Place Balard zwei Deserteure erschossen hatte; jetzt stellte er auf dem Dach des Hôtel Crillon an der Place de la Concorde einen Granatwerfer auf. In der Bar des Hotels Raphaël saß der Transportoffizier Walter Neuling neben einem jungen Hauptmann, der soeben seine dritte Flasche Champagner leerte. Plötzlich wandte sich der Hauptmann ihm zu und vertraute ihm an, er habe sein Leben lang gewünscht, Architekt zu werden; statt dessen sei er Fachmann für Zerstörungen geworden und hätte an diesem Tag den größten Auftrag seines Lebens durchgeführt. Halb Paris habe er vermint. Das sei zwar kein »sonderlich angenehmer Auftrag« gewesen, aber, so fügte Hauptmann Ebernach – von Choltitz' »Sprengexperte« – hinzu, wenn er den Befehl dazu erhalte, werde er die Sprengungen auslösen. »Den Krach werden sie sogar noch in Berlin hören«, schloß er.

Er war Mitternacht, als zwei Männer am Ufer der Seine auftauchten, nur wenige Hundert Meter vom Grand Palais entfernt, aus dem immer noch schwarzer Rauch aufstieg. Niedergeschlagen betrachteten Alexandre Parodi und Yvon Morandat das makabre Schauspiel. Bald würde es in Paris keine Waffen, keine Munition, keine Nahrungsmittel und keine Hoffnung mehr geben. Der vor vier Tagen so tapfer begonnene Aufstand mußte zusammenbrechen, wenn von außen keine Hilfe kam. Wie nahe diese Hilfe bereits war, wußten weder Parodi noch die dreieinhalb Millionen Pariser.

Mit Tränen in den Augen wandte sich Parodi zu Morandat und sagte leise: »Ach, Pierrelot, morgen werden sie ganz Paris anzünden, und ich werde vor der Geschichte dafür verantwortlich sein!«

28

Zum zweitenmal in vierundzwanzig Stunden konnte die Feder des Generalobersten Jodl kaum dem Redeschwall folgen, der aus dem Mund des wütenden Hitler kam. Den ganzen Tag über waren im OKW Meldungen eingelaufen, denen zu entnehmen war, daß sich die Lage in Paris rasch verschlechterte. Sogar von Choltitz hatte schließlich zugeben müssen, daß die »Terroristen« in der ganzen Stadt eine »intensive Aktivität« entfalteten. Hitlers Zornausbruch hatte sich zur Raserei gesteigert, als ihm der unselige General Buhle hatte mitteilen müssen, daß sämtliche nach Paris führende Eisenbahnlinien durch alliierte Luftangriffe unterbrochen seien, was zur Folge gehabt habe, daß der Mörser »Karl« nicht um einen Meter der Hauptstadt näher gekommen sei.

Während er Jodl seine Befehle diktierte, tobte Hitler, die Wehrmacht bedecke sich »mit der größten Schande in ihrer ganzen Geschichte«, wenn sie nicht fähig sei, »das Pariser Straßengesindel zu vernichten«. Er befahl Model, alle verfügbaren Panzer und gepanzerten Fahrzeuge nach Paris zu senden. Der Wehrmachtsbefehlshaber von Groß-Paris solle aus den Panzern und Artillerieverbänden »Sonderkommandos« bilden, um die Zentren des Aufstands »unbarmherzig zu zerschlagen«. Danach solle die Luftwaffe eingesetzt werden, um »mit Spreng- und Brandbomben diejenigen Stadtviertel auszuradieren, in denen der Aufstand noch wütet«.

General Walter Warlimont, der diesen Wutausbruch erlebte, schrieb in derselben Nacht in sein Tagebuch: »Jetzt wird es in Paris ebenso kommen wie in Warschau.«

In seinem unterirdischen Hauptquartier bei Margival, von dem aus der Oberbefehlshaber der Heeresgruppe B die Operationen an der Westfront leitete, studierte Generalfeldmarschall Walter Model die abendlichen Lageberichte. Keine der Meldungen ließ erkennen, daß ein alliierter Angriff auf Paris unmittelbar bevorstand. Es war lediglich von »geringfügiger Spähtrupptätigkeit« die Rede. Eine der Meldungen besagte sogar, daß die Alliierten offensichtlich erst Verstärkungen heranführen müßten, ehe sie einen massiven Vorstoß auf Paris unternehmen könnten. Niemand im Hauptquartier wußte, wie nahe die 2. französische Panzerdivision und die 4. amerikanische Infanteriedivision der Hauptstadt bereits waren.

Dennoch hatte Model, vielleicht rein intuitiv, vielleicht aber auch im Bewußtsein, daß er die ausdrücklichen Befehle des OKW nicht länger ungestraft mißachten konnte, im Laufe des Tages erste Verstärkungen nach Paris gesandt. Auf Grund eines dringenden Anrufs von Warlimont hatte er am frühen Nachmittag damit begonnen, versprengte Einheiten zu sammeln und Aulock zu übergeben.

An diesem Abend faßte er drei weitere Beschlüsse. Er wußte,

daß die 26. und 27. SS-Panzerdivision nur nachts vorrücken konnte, da die Alliierten den Luftraum beherrschten, wodurch ihr Eintreffen erheblich verzögert werden konnte. Daher befahl er der 47. Infanteriedivision, sich im Raum Méru–Neuilly-en-Thelle, etwa 50 Kilometer nördlich der Hauptstadt, neu zu gruppieren und im Nordwesten der Stadt Stellung zu beziehen. Dann befahl er der 1. Armee, im Raum von Meaux, 44 Kilometer östlich von Paris, alle verfügbaren Panzereinheiten zusammenzuziehen und unverzüglich auf Paris in Marsch zu setzen. Schließlich sollte auch die 11. Sturmgeschützabteilung nach Paris verlegt werden.

Als der Generalfeldmarschall seine Befehle diktiert hatte, war es Mitternacht. Eine Viertelstunde später gingen sie per Fernschreiber an die Kommandeure der betroffenen Einheiten. Nach Models Auffassung konnten die Verstärkungen frühestens in zwei Tagen, also am 25. oder 26. August, die vorgesehenen Stellungen beziehen. Danach würde es von Choltitz möglich sein, Paris bis zum Eintreffen der beiden SS-Panzerdivisionen zu halten. Mit über drei Divisionen würde der Held von Sebastopol die blutige Schlacht liefern können, die Hitler gefordert hatte. Nur eines war jetzt vonnöten: Zeit – soviel Zeit, bis die in Marsch gesetzten Einheiten in Paris angelangt waren. Und das würde mindestens zwei Tage dauern.

29

In der lauen Sommernacht wirkte das verdunkelte Baden-Baden friedlich und verschlafen. Nichts war auf den menschenleeren Straßen zu hören als das Rascheln der Linden und die eiligen Schritte einer Frau. Unruhig strebte Uberta von Choltitz ihrem Haus zu. Während sie ihrer Lieblingsoper, Wagners »Fliegenden Holländer«, gelauscht hatte, war eine Platzanweiserin zu ihr gekommen und hatte ihr zugeflüstert, daß sie dringend nach Hause kommen solle.

Was konnte nur geschehen sein? War ihrem viermonatigen Söhnchen Timo etwas zugestoßen? Uberta von Choltitz beschleunigte den Schritt, hastete an der russisch-orthodoxen Kirche vorbei und stieß die Haustür auf. In Timos Zimmer atmete sie erleichtert auf; friedlich lag das Kind in seinem Bettchen. Inzwischen war das Dienstmädchen herbeigekommen und reichte ihr ein Blatt Papier. Der gnädige Herr habe angerufen, aber nicht länger am Apparat warten können und sie deshalb gebeten, der gnädigen Frau etwas auszurichten. Sie habe seine Worte aufgeschrieben. Diese letzte Nachricht, die Uberta von Choltitz für über ein Jahr von ihrem Mann erhielt, lautete:

»Uberta, wir erfüllen unsere Pflicht.«

30

Leisen Schrittes ging der Gefreite Helmut Mayer durch den mit einem roten Läufer ausgelegten Gang des Hotels Meurice. In der einen Hand trug er ein Tablett mit dem Frühstück des Generals, das seit sechs Jahren stets aus schwarzem Kaffe, vier Scheiben Brot und Orangenmarmelade bestand. In der anderen Hand hielt er einen schwarzen Aktendeckel, den ihm kurz zuvor der Adjutant des Generals, Graf von Arnim, gegeben hatte. Darin befanden sich die während der Nacht eingelaufenen Fernschreiben und Meldungen.

Geräuschlos öffnete er die Tür des Zimmers Nr. 238, stellte das Tablett auf den Nachttisch und zog die schweren Vorhänge zurück. Von Choltitz war sofort hellwach und fragte wie jeden Morgen: »Wie ist das Wetter heute, Mayer?«

Der Himmel war grau verhangen am Morgen dieses 24. August. Beide Männer wußten noch nicht, daß dies das letzte Frühstück sein sollte, das der Gefreite Mayer seinem General aufs Zimmer brachte.

Von Choltitz klemmte das Monokel ins Auge und sah die Meldungen durch, die in dem schwarzen Aktendeckel waren. Zuoberst lag der Befehl, den Hitler in der vergangenen Nacht Jodl diktiert hatte und dem zufolge der Wehrmachtsbefehlshaber von Groß-Paris die Zentren des Aufstands »unbarmherzig zu zerschlagen« und »mit Spreng- und Brandbomben diejenigen Stadtviertel, in denen der Aufstand noch wütet, auszuradieren« hatte. Aus den Kopien der Befehle, die Feldmarschall Model der 47. Infanteriedivision, der 1. Armee und der 11. Sturmgeschützabteilung gesandt hatte, ersah von Choltitz, daß er mit Verstärkungen rechnen konnte. Schließlich teilte ein Fernschreiben der Operationsabteilung der Heeresgruppe B dem General mit, daß die 26. und 27. SS-Panzerdivision die französische Grenze überschritten hatten und auf Paris vorrückten.

Lange blieb Choltitz regungslos im Bett liegen. Also hatte das schreckliche Dilemma, das ihm seit zwei Tagen so sehr zu schaffen machte, eine Lösung gefunden – eine andere Lösung allerdings, als er sich gewünscht hatte. Wenn die Verstärkungen eintrafen, mußte er kämpfen. Die einzige Alternative, die sofortige Besetzung der Hauptstadt durch die Alliierten, hatte sich zerschlagen. Seit sechsunddreißig Stunden hatte er nichts mehr von Nordling gehört. Offensichtlich wollten oder konnten die Alliierten die von ihm angedeutete Möglichkeit, den im Augenblick noch schwachen Sperriegel vor Paris zu durchstoßen und die Stadt einzunehmen, nicht wahrnehmen. Nach Eintreffen der Verstärkungen zwang ihn seine Soldatenehre, Paris zu verteidigen, auch wenn er wußte, daß der Kampf sinnlos war, denn der Krieg war bereits verloren.

Kaum 500 Meter von dem Zimmer entfernt, in dem der deutsche General seinen trüben Gedanken nachhing, lauschte ein kräftiger junger Mann mit sonnengebräuntem Gesicht verblüfft den Worten des Abwehragenten »Bobby« Bender, der es sich in einem Sessel neben dem Bett des kranken schwedischen Konsuls bequem gemacht hatte. Bender wiederholte dem Finanzinspektor Lorrain Cruse, dem Adjutanten von Jacques Chaban-Delmas, Wort für Wort den Inhalt der Befehle und Meldungen, die von Choltitz soeben zur Kenntnis genommen hatte.

Bender hatte es verstanden, sich an die Stabsoffiziere des Wehrmachtsbefehlshabers von Groß-Paris heranzumachen, und so kannte er seit zehn Tagen jede einlaufende Meldung, noch ehe der eigentliche Empfänger davon überhaupt etwas wußte. An diesem Morgen hatte er die während der Nacht eingetroffenen Fernschreiben besonders sorgfältig studiert, da ihm mitgeteilt worden war, daß er bei Konsul Nordling einem Vertreter der Pariser Résistance begegnen würde.

Die Lage sei äußerst ernst, versicherte er Cruse. Nach Eintreffen der beiden SS-Panzerdivisionen, der 47. Infanteriedivision, der Panzereinheiten der 1. Armee und der 11. Sturmgeschützabteilung werde von Choltitz eine blutige Schlacht schlagen. Hitler bestehe von Stunde zu Stunde unerbittlicher darauf, daß die Stadt zerstört werde. Diese Befehle müsse der General ausführen; andernfalls würde er abgelöst und wahrscheinlich sogar hingerichtet werden. Bender schloß: »Wenn die Alliierten nicht in den nächsten Stunden eintreffen, wird es eine Katastrophe geben.«

Wenige Minuten später stürzte Lorrain Cruse aus der Wohnung des schwedischen Konsuls, schwang sich auf sein Rad und raste zum Versteck von Chaban-Delmas. »Rasch!« keuchte er atemlos. »Wir müssen sofort die Alliierten benachrichtigen, daß von Choltitz zwei SS-Panzerdivisionen erwartet. Er wird Paris verteidigen und vernichten.«

Zwanzig Minuten danach radelte ein großer blonder junger Mann auf die Porte d'Orléans zu. Es war der 24jährige Jacques Petit-Leroy. Sein junges Herz war von Stolz und Freude erfüllt: zum erstenmal betraute ihn die Résistance mit einem Geheimauftrag. Er wollte versuchen, auf seinem alten Rad durch die deutschen Linien zu kommen und General Leclerc oder die Amerikaner aufzusuchen, um ihnen den Inhalt der Befehle mitzuteilen, die der Wehrmachtsbefehlshaber von Groß-Paris vor kurzem erst zur Kenntnis genommen hatte. Ein letztes Mal wollte Chaban-Delmas die Alliierten eindringlich darauf hinweisen, daß Paris zerstört würde, wenn ihre Truppen nicht unverzüglich die Stadt besetzten.

31

Leclerc hatte jedoch bereits gehandelt. Seit dem Morgengrauen waren die Soldaten und Fahrzeuge der 2. Panzerdivision auf dem Weg nach Paris. Nur noch 40 Kilometer trennten sie von der Hauptstadt. In strömendem Regen stand der französische General auf einem Hügel am Waldrand von Rambouillet und beobachtete, wie eine Einheit nach der anderen aufbrach.

Die Division war in drei Kampfgruppen aufgeteilt worden und rückte auf einer dreißig Kilometer breiten Front nach Nordosten vor. Die schwächste Kampfgruppe unter dem Befehl

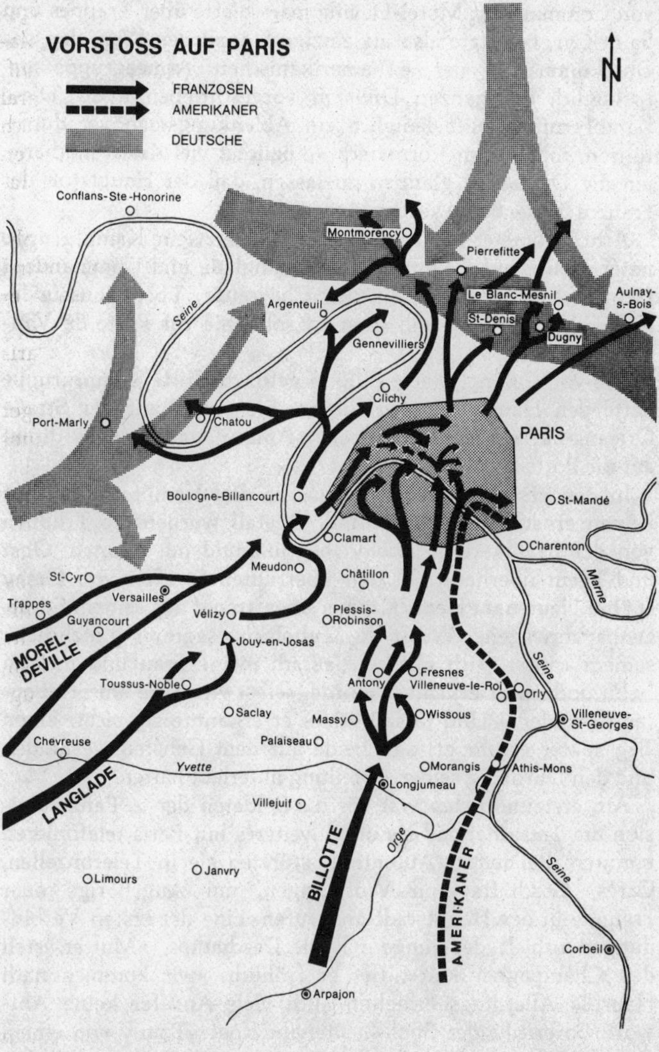
VORSTOSS AUF PARIS
FRANZOSEN
AMERIKANER
DEUTSCHE
N
Conflans-Ste-Honorine
Montmorency
Pierrefitte
Le Blanc-Mesnil
Aulnay-s.-Bois
Argenteuil
Seine
Gennevilliers
St-Denis
Dugny
Clichy
Port-Marly
Chatou
PARIS
Boulogne-Billancourt
St-Mandé
Clamart
Charenton
Meudon
Châtillon
Marne
St-Cyr
Versailles
Trappes
Guyancourt
Vélizy
Plessis-Robinson
Jouy-en-Josas
MOREL-DEVILLE
Toussus-Noble
Antony
Fresnes
Villeneuve-le-Roi
Orly
Seine
Saclay
Massy
Wissous
Villeneuve-St-Georges
Chevreuse
Palaiseau
Yvette
Morangis
Athis-Mons
Longjumeau
LANGLADE
Villejuif
Orge
Seine
Limours
Janvry
BILLOTTE
AMERIKANER
Corbeil
Arpajon

von Commandant Morel-Deville marschierte über Trappes und Saint-Cyr, benützte also als einzige Einheit den Weg, den das Oberkommando der 5. amerikanischen Armeegruppe ursprünglich der ganzen Division vorgeschrieben hatte. Diese Kampfgruppe sollte lediglich ein Ablenkungsmanöver durchführen, sollte beim Vormarsch »möglichst viel Krach machen«, um die Deutschen glauben zu lassen, daß der Hauptstoß der Franzosen aus dem Westen käme.

Acht Kilometer weiter östlich folgte die zweite Kampfgruppe unter Lieutenant-Colonel Paul de Langlade und Commandant Jacques Massu dem Lauf der Chevreuse; über Toussus-le-Noble, Villacoublay und Clamart sollte sie zur Porte de Vanves vorstoßen.

Die von Colonel Pierre Billotte geführte dritte Kampfgruppe hatte den Hauptschlag zu führen. Sie rückte auf der Straße Orléans-Paris über Longjumeau, Antony und Fresnes direkt auf die Porte d'Orléans vor.

In den ersten Stunden stießen die drei Kampfgruppen auf keinen ernsthaften Widerstand. Überall wurden die Truppen von der Bevölkerung jubelnd begrüßt und mit Blumen, Obst und Wein überhäuft. In den überfüllten Straßen von Orsay spähte Lieutenant Henri Karcher angestrengt aus seinem Schützenpanzerwagen. »Weißt du, Zybolski«, sagte er plötzlich zu seinem Fahrer, »ich glaube, daß ich meine Frau und meinen Sohn doch nicht erkennen würde, selbst wenn sie am Straßenrand stünden.« Und tatsächlich – er erkannte sie nicht. Einen Tag später erfuhr er, daß beide auf dem Gehsteig gestanden und den Durchzug seiner Abteilung miterlebt hatten.

Am erstaunlichsten war für die Soldaten der 2. Panzerdivision die Tatsache, daß sie ohne weiteres mit Paris telefonieren konnten. Bei jedem Aufenthalt stürzten sie in Telefonzellen, Cafés, Geschäfte und Wohnungen, um Angehörige oder Freunde in der Hauptstadt anzurufen. Eine der ersten Verbindungen erhielt der junge Patrick Deschamps. »Mutter, stell den Champagner kalt«, rief er fröhlich, »wir kommen nach Hause!« Allerdings erhielten auch viele Anrufer keine Antwort. So erfuhr der Sous-Lieutenant Roger Touny von einem Onkel, daß sein Vater im Februar von der Gestapo verhaftet worden war. Erst einige Zeit später wurde ihm mitgeteilt, daß man seinen Vater bald nach der Verhaftung bei Amiens erschossen hatte.

Als die Kolonne, in der sich Maurice Boverat befand, in Arpajon anhielt, stürzte der junge Caporal in ein nahegelegenes Haus. Er bat die Besitzerin, Elysées 60-74 anzurufen, die Nummer seiner Eltern. Aber noch während die Frau sich um die Verbindung bemühte, sah Boverat, daß sein Fahrzeug wieder anrollte. Als er auf die Straße stürzte, rief er zurück: »Sagen Sie doch bitte meiner Mutter, daß ihr Sohn nach Hause kommt. Ich gehöre einem Regiment mit schwarzen Baskenmützen an ...«

Wenige Minuten später nahm Madame Yvette Boverat in ihrer Wohnung in der Rue de Penthièvre den Telefonhörer ab. Eine Frauenstimme teilte ihr mit, daß ihr Sohn »mit einem Regiment mit schwarzen Baskenmützen« zurückkäme. Völlig überrascht murmelte sie leise: »Merci« und legte auf. »Mein Sohn kommt zurück ... Aber welcher? Maurice oder Raymond?« Denn beide Söhne von Madame Boverat kämpften unter General de Gaulle.

Bald danach stießen fast gleichzeitig die drei Kampfgruppen bei Massy-Palaiseau, Arpajon und Trappes auf den von Aulock rings um Paris gelegten Sperriegel. Die deutschen 8,8er eröffneten sofort das Feuer. Nun wurde es ernst.

32

Als Dietrich von Choltitz den Telefonhörer abnahm, erkannte er sogleich die Stimme des Anrufenden. Es war der Luftwaffenoffizier, der ihm vor drei Tagen den Plan zur Bombardierung von Paris unterbreitet hatte.

Der Wehrmachtsbefehlshaber von Groß-Paris wußte, daß der Major diesmal nicht von sich aus anrief, sondern auf Befehl des Führers, hatte er doch am frühen Morgen erfahren, daß Hitler die 3. Luftflotte angewiesen hatte, die aufständischen Stadtteile von Paris zu bombardieren. Der Major gab allerdings zu verstehen, daß das jetzt nicht mehr ganz so einfach sei wie vor drei Tagen, weil die in Le Bourget stationierten Bomber inzwischen nach Osten zurückverlegt worden seien. Für rollende

Einsätze während der ganzen Nacht sei die Entfernung nunmehr zu groß. Statt dessen schlage er einen einzigen, aber massiven Angriff vor.

»Sie kommen doch hoffentlich bei Tag?« fragte von Choltitzt interessiert.

»Natürlich nicht«, entgegnete der Major, den die Frage offenbar irritierte, barsch.

Als ihm der General vorhielt, daß seine Truppen über ganz Paris verteilt und deshalb durch einen Luftangriff ebenso gefährdet wären wie die Franzosen, seufzte der Luftwaffenoffizier: »Aber uns bleibt gar nichts anderes übrig!« Angesichts der alliierten Luftüberlegenheit könnten die letzten Bomber im Westen nicht bei Tag fliegen. Schließlich sei unter den gegenwärtigen Umständen der Verlust eines Bombenflugzeugs »unendlich ernsthafter als der Tod einiger Menschen«.

Bei diesen Worten stieg in von Choltitz die Wut auf. Er forderte den Major auf, ihm Tag und Stunde des geplanten »Terrorangriffs« mitzuteilen, damit er seine Truppen rechtzeitig aus den Zielgebieten evakuieren könne. Natürlich müsse die Luftwaffe dem OKW gegenüber den Abzug seiner Truppen verantworten.

Der Major schien zu zögern. Schließlich meinte er, er wolle sich zuvor mit seinen Vorgesetzten besprechen und am Nachmittag den General im Hotel Meurice aufsuchen, um Endgültiges festzulegen.

Der Männer der 177. und 813. Pionierkompanie waren nicht auf die Unterstützung der Luftwaffe angewiesen. Sie brauchten lediglich noch einen Teil des im Tunnel von Saint-Cloud gelagerten Sprengstoffs, um mit einem Schlag eine Reihe der schönsten Bauten von Paris in die Luft zu jagen. Diesen Sprengstoff zu holen, war der Unteroffizier Hans Fritz von der 177. Pionierkompanie mit sechs Lastwagen unterwegs. Als er mit seiner kleinen Kolonne durch die ausgestorbenen Straßen der Stadt fuhr, fragte er sich, ob die Rückfahrt mit den beladenen Wagen wohl ebenso glatt verlaufen würde. Der Unteroffizier wußte, daß eine einzige wohlgezielte Kugel genügte, um seinen Lastwagen, die Landung und ihn selbst in winzige Fetzen zu zerreißen.

33

Auf einem Hügel bei Saint-Germain-en-Laye stand eine einsame Gestalt und beobachtete die Landschaft durch einen Feldstecher. In einiger Entfernung wartete ein schwarzer Horch, in dessen Fonds sich zehn Wellensittiche befanden. Wie Montgomery liebte der Generalmajor Blumentritt die Vögel.

Blumentritt wollte, ehe er sich weisungsgemäß nach Reims absetzte, mit eigenen Augen die feindlichen Panzer sehen, die auf Paris vorrückten. Er brauchte nicht lange zu warten. Bald stieg in der Ferne eine Staubwolke hoch: die ersten Sherman-Panzer rollten heran. Gefechtslärm klang auf. Der Generalmajor schob den Feldstecher ein und ging zu seinem Wagen zurück. Dort erwartete ihn sein Fahrer mit einer ärgerlichen Nachricht. »Herr General«, meldete er, »wir haben kein Futter für die Sittiche mehr. Sie werden Montgomery bitten müssen, Ihnen etwas zu borgen.«

Zwanzig Kilometer entfernt, bei Toussus-le-Noble, beobachtete ein anderer deutscher Offizier ebenfalls die vorrückenden Panzer der Alliierten. Der Leutnant Heinrich Blankemeyer vom 11. Flakregiment hatte den Befehl, mit seinem 8,8ern den Vormarsch zum Stehen zu bringen. Noch ehe er seiner Batterie das Zeichen zur Eröffnung des Feuers geben konnte, begann die Nachbarbatterie zu schießen. Sekunden später standen zahlreiche Feindpanzer in Flammen.

Auch Ken Crawford, Kriegsberichterstatter der amerikanischen Zeitschrift »Newsweek«, sah von einen Graben am Rand des kleinen Flugplatzes aus, in dem er Zuflucht gesucht hatte, wie ein Panzer nach dem anderen getroffen wurde und ausbrannte. Crawford fluchte. Kaum fünf Minuten früher war er vor der Dorfkirche von Châteaufort »Papa« Hemingway begegnet, der gelassen versichert hatte, daß der Weg nach Paris frei wäre.

Wenige Meter von Crawford entfernt lag Commandant Henri de Mirambeau vom 40. Artillerieregiment und beobachtete, wie die Panzer des 12. Kürassierregiments auf den Rand des Flugplatzes zujagten. Aber kein einziger Panzer erreichte den Flugplatz: nacheinander wurden sie durch wohlgezielte Schüsse der geschickt getarnten deutschen Abwehr vernichtet.

Zweihundert Meter weiter rechts sah der Richtschütze Robert Mady vom Panzerzerstörer »Simoun«, wie der vor ihm fahrende Sherman einen Volltreffer erhielt. Erst machte der getroffene Panzer einen regelrechten Luftsprung, dann rutschte er, lichterloh brennend, rückwärts den Hang hinab, direkt auf eine Gruppe vorrückender Schützenpanzer zu. »Wenn er zwischen den Schützenpanzern explodiert, wird es ein Blutbad geben«, dachte Mady. Doch offenbar hatten die Besatzungen von zwei Panzern diese Gefahr ebenfalls erkannt: sie schossen zum Entsetzen Madys den Sherman so zusammen, daß er zum Stehen kam.

Endlich glaubte Mirambeau die deutschen Geschützstellungen ausgemacht zu haben. Offensichtlich kam das Feuer aus einer Reihe von Strohhaufen, die auf der anderen Seite des Flugplatzes am Rand eines Weizenfeldes standen. Der Offizier kroch zu seinem Jeep zurück, der den Beschuß wunderbarerweise unversehrt überstanden hatte, und befahl per Funk seinen Batterien, auf die Strohhaufen zu feuern. Als die ersten Granaten explodierten, sah Mirambeau verdutzt, daß sich sämtliche Strohhaufen in Bewegung setzten. Oberst Seidel, der berühmte Pianist aus Dresden, hatte hinter jedem Haufen ein Pakgeschütz postiert.

Als endlich der deutsche Widerstand gebrochen war, tauchte vor Crawford plötzlich »Papa« Hemingway auf, ein breites Grinsen im Gesicht. »Verdammter Bursche!« rief ihm Crawford entgegen. »Hast du mir nicht gesagt, daß der Weg frei sei?« Hemingway zuckte die Schultern: »Um das herauszufinden, brauchte ich ja schließlich ein Versuchskarnickel, oder nicht?«

Die drei Kampfgruppen der 2. Panzerdivision kamen nur langsam voran. Für einen massiven Panzerangriff war das Gelände nicht sonderlich geeignet, denn die zahlreichen Häuser und Gehölze im Vorfeld von Paris boten den Verteidigern gute Möglichkeiten, Panzerfallen aufzubauen. Zudem ließen sich nicht wenige Panzerbesatzungen in ihrer Begeisterung dazu verleiten, die deutschen Stellungen frontal anzugreifen, anstatt sie mit Hilfe von Infanterie von der Seite her aufzurollen. Zwar sparte diese Taktik Zeit, aber dafür mußte jede Kampfgruppe eine immer größere Zahl von ausgebrannten Fahrzeugen zurücklassen.

Doch an diesem grauen Augustmorgen ging es vor allem darum, möglichst rasch voranzukommen. Immer wieder wurden die Soldaten angetrieben, sich zu beeilen, jede Verzögerung zu vermeiden. Als der Panzerfahrer Georges Simonin, dessen Panzerzerstörer »Cyclone« eine Gruppe von Sherman-Panzern anführte, hinter Bièvre in eine Kurve bog, sah er plötzlich vor sich auf der Straße fünf verwundete Deutsche liegen. Einer von ihnen hob sich auf den Ellenbogen empor und versuchte, sich zum Straßenrand zu schleppen. Simonin bremste instinktiv. Im gleichen Augenblick erscholl aus dem Kopfhörer die wütende Stimme des Panzerkommandanten: »Schneller, in drei Teufels Namen!« Simonin schloß die Augen und trat auf das Gaspedal.

34

Wie ein fernes Gewitter konnten die Pariser im Westen und Süden den Kampflärm hören, der stündlich anschwoll. Bald waren einzelne Abschüsse und Einschläge zu unterscheiden. Nun wußte jeder in der Stadt: die Alliierten kamen.

Den Deutschen verkündete der Kanonendonner unheildrohend das nahe Ende. Die wenigen noch vorhandenen Zivilisten und die Soldaten, die nicht der Kampftruppe angehörten, versuchten noch im letzten Augenblick aus der Stadt zu kommen, die allmählich zu einem wahren Hexenkessel wurde. Um durch die von FFI-Leuten an der Porte de la Villette errichteten Straßensperren zu gelangen, banden Männer der Organisation Todt französische Geiseln auf die Motorhauben ihrer Lastwagen; den Franzosen blieb nichts anderes übrig, als die Wagenkolonne ungeschoren passieren zu lassen. An der Porte de Pantin ging es wie in einem Wildwestfilm zu; abrückende deutsche Offiziere standen aufrecht in ihren nach Osten rasenden Wagen und bahnten sich mit Pistolenschüssen einen Weg.

Doch die meisten deutschen Soldaten blieben in der Hauptstadt zurück, um den Aufstand niederzuschlagen und sich auf die Verteidigung vorzubereiten. Ein Haus in der Rue de Rome, von dem aus Angehörige der Résistance die Gare Saint-Lazare beschossen hatten, wurde von zwei Panzern völlig zusammengeschossen. Die Rue Lafayette, eine Hauptdurchfahrtsstraße, wurde von Einheiten des 190. Sicherungsregiments in ihrer ganzen Länge durch Maschinengewehre und Granatwerfer geschützt.

Die ständigen Überfälle aus dem Hinterhalt, denen sie ausgesetzt waren, und das immer stärker werdende Geschützfeuer bewirkte, daß die Deutschen gelegentlich die Nerven verloren. Auf dem Boulevard Raspail eröffnete ein patrouillierender Panzer das Feuer auf Hausfrauen, die vor einer Bäckerei Schlange standen. Die Einwohner des Hauses Boulevard Saint-Germain Nr. 286 wurden von SS-Leuten auf die Straße getrieben und mit dem Gesicht zur Hausmauer aufgestellt. Offenbar sollten sie erschossen werden – warum, wußte keiner von ihnen. Eine Viertelstunde lang, die ihnen wie eine Ewigkeit vorkam, standen die Unglücklichen mit erhobenen Händen da und warteten auf das Ende. Plötzlich fuhren Lastwagen vor, die SS-Soldaten sprangen auf und verschwanden so rasch, wie sie gekommen waren. Warum die Exekution nicht durchgeführt wurde, hat man nie erfahren.

Für die Leute des Colonel Rol war das lauter werdende Donnern der Geschütze ein Ansporn, alle Kräfte aufzubieten und trotz des bedenklichen Mangels an Waffen und Munition den Aufstand auch in Stadtteile zu tragen, in denen es bislang ruhig gewesen war. Bald kamen Dutzende von Verwundeten in die Verbandsstellen und Krankenhäuser, und die Zahl der Gefallenen stieg von Stunde zu Stunde.

Im Säulengang der Comédie-Française lagen verwundete und tote Deutsche und Franzosen; es roch nach Blut und Verwesung. Die wenigen Passanten, die an diesem Vormittag an dem berühmten Theater vorbeigingen, konnten ein ungewöhnliches Bild beobachten: zwei schöne, wenn auch erschöpfte Frauen in blutbespritzter weißer Krankenschwesterntracht saßen neben den Leichen von vier deutschen Soldaten und aßen belegte Brote. Es waren die berühmten Schauspielerinnen Marie Bell und Lise Delamare.

Die heftigsten Kämpfe tobten an diesem Tag an der Place de la République. In der Prinz-Eugen-Kaserne hatten sich 1200 wohlbewaffnete Deutsche verschanzt und schossen unaufhörlich auf die Widerstandskämpfer, von denen sie belagert wurden. Angeführt von dem 25jährigen Medizinstudenten René Darcourt und dem 30jährigen Schreiner René Chevauché, kämpften Rols Männer mit dem Mut der Verzweiflung. Der Unteroffizier Gustav Winkelmann, der vor fünf Tagen in einem Café an der Place de la République gefangengenommen worden war, sah vom Fenster des Cafés aus, wie ein junger Bursche sich auf einen deutschen Soldaten stürzte und ihn mit einem Küchenmesser erstach.

Schließlich versuchten die Verteidiger der Kaserne, in den Rücken der Franzosen zu gelangen. In den dunklen Métrotunnels unterhalb des Platzes wurden sie jedoch bereits von FFI-Leuten erwartet. Es kam zu einem blutigen Handgemenge; nur gelegentlich wurden die Schächte durch explodierende Handgranaten oder Feuerstöße aus Maschinenpistolen erhellt. Durch Rufe und Pfiffe versuchte man, Freund und Feind auseinanderzuhalten.

Die für die Stadt bedeutsamste Tat der Aufständischen blieb jedoch fast unbeachtet. Sie wurde von einer kleinen Gruppe von FFI-Leuten ausgeführt, die sich an den Champs-Élysées postiert hatten, um sechs deutsche Lastwagen abzufangen. Es war die Wagenkolonne des Unteroffiziers Hans Fritz von der 177. Pionierkompanie, die von dem Tunnel von Saint-Cloud nach der Deputiertenkammer unterwegs war, um den für die geplanten Sprengungen benötigten Sprengstoff zu bringen. Als die Kolonne von der Place de l'Étoile in die Champs-Élysées einbog, war sie bereits vierzig nervenaufreibende Minuten unterwegs; noch fünf Minuten waren zu fahren. Aber in diesem Augenblick eröffneten die FFI-Leute das Feuer.

Der Fahrer des Wagens, in dem der Unteroffizier Fritz saß, brach von Kugeln durchsiebt über dem Lenkrad zusammen; der führerlose Lastwagen prallte gegen einen Baum. Fritz stürzte aus der Fahrerkabine und wandte sich winkend und rufend den anderen Wagen zu, aber diese rasten bereits mit aufheulenden Motoren davon. Überzeugt, daß die Ladung seines Lastwagens jeden Augenblick explodieren würde, ging Fritz in Deckung. Doch die Explosion blieb aus, und er schlich zu einem Gebüsch vor dem Théâtre des Ambassadeurs, wo er sich bis zum Einbruch der Dunkelheit verborgen hielt. Als er sich schließlich im Schutz der Nacht zur Deputiertenkammer durchgearbeitet hatte, mußte er erfahren, daß von den übrigen fünf Lastwagen nicht ein einziger sein Ziel erreicht hatte.

Die Gesichter der Männer, die sich im Arbeitszimmer des Polizeipräfekten versammelt hatten, waren ernst. Vor kurzem hatte Edgar Pisani zum zweitenmal innerhalb von fünf Tagen die Meldung erhalten, daß den Verteidigern der Präfektur die Munition ausging. Und soeben waren auf dem Platz vor dem Gebäude drei deutsche Panzer aufgefahren, offenbar, um einen Sturmangriff einzuleiten. »Wo zum Teufel bleibt nur Leclerc?« fragte Pisani verzweifelt. Obwohl er nicht erwartete, eine Verbindung zu erhalten, nahm er den Telefonhörer ab und verlangte die Gendarmerie in dem 40 Kilometer entfernten Longjumeau zu sprechen. Aber zu seinem Erstaunen meldete sich Longjumeau; ein Gendarm teilte ihm mit, daß die französischen Panzer eben in die Stadt eingefahren seien. »Holen Sie bitte den ersten Offizier, den Sie finden können, an den Apparat!« rief Pisani. Wenige Minuten später meldete sich Capitaine Alain de Boissieu, den der Gendarm aus seinem Jeep geholt hatte. Boissieu hörte eine angsterfüllte Stimme, die ihn eindringlich beschwor: »Beeilt euch, in Gottes Namen! Wir haben keine Munition mehr . . . Wir werden überrannt werden!«

35

Am Rande des Dörfchens Savigny-sur-Orge, 18 Kilometer südlich von Paris, versuchte der Caporal Lucien Davanture, Fahrer des Sherman-Panzers »Viking«, verzweifelt, aus dem Schußfeld einer deutschen 8,8er zu kommen, die hinter einem Haus postiert war. Durch sein Periskop sah er, wie dicht neben ihm eine Granate in eine Mauer einschlug. Dann wurde es dunkel. Eine weitere Granate, die den Panzer nur um Zentimeter verfehlte, hatte sein Periskop weggerissen. Panische Angst erfaßte den Caporal. Ohne Periskop konnte er den Sherman nicht steuern. Wenn aber das Fahrzeug liegen blieb, mußte das nächste deutsche Geschoß das Ende bringen.

Im gleichen Augenblick erklang aus dem Kopfhörer die ruhige Stimme des Panzerkommandanten: »Lucien, paß auf und tu genau, was ich dir sage. Rückwärts . . . Schneller! Jetzt nach rechts ...« In dem beißenden Rauch, der den Sherman durchzog, führte Davanture die Befehle seines Kommandanten wie ein Automat aus. Angespannt wartete er auf den Augenblick, da eine deutsche Granate ihn und seine Kameraden in Stücke reißen würde. Scharf wie Pistolenschüsse erklangen aus dem Kopfhörer die Befehle: »Rechts ... Links ... Jetzt geradeaus! Schneller! Wieder nach rechts ...« Und dann folgte ein Satz, den Davanture nie mehr vergessen sollte: »Halt, Lucien! Wir haben sie erledigt!«

Einen Augenblick lang war es im Panzer totenstill. Dann hob Davanture hustend und mit tränenden Augen die Einstiegsluke, um frische Luft zu schnappen. Im ersten Augenblick blendete ihn die Helligkeit. Als er wieder richtig sehen konnte, stockte ihm der Atem: in der Ferne sah er die schlanke Silhouette des Eiffelturms.

Um die gleiche Zeit erblickten auch andere Angehörige der drei französischen Kampfgruppen das Wahrzeichen der Stadt, die sie befreien wollten. Für manche war es allerdings das letzte, was sie in ihrem Leben sahen, so für den Brigadier Patrick Deschamps, der kurz zuvor seine Mutter telefonisch gebeten hatte, zur Feier seiner Ankunft den Champagner kalt zu stellen. Eine deutsche Granate zerriß seinen Panzer; Deschamps war sofort tot.

Doch niemand von der 2. Panzerdivision kam an diesem Augustnachmittag dem Eiffelturm näher als der 28jährige Capitaine Jean Callet. In einem kleinen Sportflugzeug flog er direkt darüber hinweg, auf die Polizeipräfektur zu. Hinter ihm saß der Lieutenant Étienne Mantoux, sein Beobachter, einen mit Blei beschwerten Beutel aus Jute in der Hand. In dem Beutel befand sich Leclercs Antwort auf Pisanis und Luizets verzweifelten Hilferuf. Beim Anblick der unzerstörten Hauptstadt vergaß Callet völlig, wie gefährlich sein Auftrag war. Bald sah er unter sich Notre-Dame und die drei deutschen Panzer auf der Place du Parvis sah, wie die Deutschen aufgeregt umherliefen und die Pariser begeistert mit ihren Taschentüchern ihm zuwinkten. Fast im gleichen Augenblick eröffneten die Deutschen das Feuer auf den frechen Eindringling. Inzwischen war Callet über der Polizeipräfektur angelangt. Um die Deutschen glauben zu machen, daß er getroffen sei, ließ er die Maschine abtrudeln, direkt auf den Innenhof der Präfektur zu. Dicht über den Dächern warf Mantoux den Jutebeutel ab, während Callet die Maschine wieder hochzog, scharf nach Süden abdrehte und im Tiefflug entschwand.

Im Hof der Präfektur stürzte der Abbé Robert Lepoutre zusammen mit mehreren Kameraden auf den Beutel zu, riß ihn auf und las laut die Botschaft vor, die er enthielt: »Haltet aus, wir kommen!«

36

»Mein Gott!« dachte der Franzose entsetzt. »Dieser Deutsche ist ja ein Hochverräter!« Zum zweitenmal innerhalb von nur acht Stunden begegnete Lorrain Cruse am Bett des schwedischen Konsuls Nordling dem deutschen Agenten Emil »Bobby« Bender. Dieser hatte auf dem Bett des kranken Schweden eine Karte von Paris und Umgebung ausgebreitet und erklärte, ein Whisky-Glas in der einen, einen Bleistift in der anderen Hand, dem Vertreter von Chaban-Delmas die genaue Position der deutschen Einheiten, die Paris zu verteidigen hatten. »Hier«, und er tippte mit dem Bleistift auf die Karte, »liegt ein Bataillon, da stehen zwei Panzerkompanien, dort sind mehrere Flakbatterien postiert ...« Dann glitt der Bleistift über einige der roten und gelben Linien, die von Süden her auf die Hauptstadt zuliefen: »Auf diesen Straßen muß euer General Leclerc vorrücken ...«

Als sein Bleistift die Stadtgrenze erreicht hatte dachte Bender kurz nach. Dann zog er einen dicken Strich direkt zur Seine hinauf, über die Place du Châtelet und die Rue de Rivoli bis in die Nähe der Place de la Concorde. »Wenn Leclercs Truppen diesen Weg benützen, können sie bis zum Hotel Meurice vorstoßen, ohne in Kämpfe verwickelt zu werden.« Allerdings müsse alles sehr rasch gehen, denn im Augenblick befände sich die 26. SS-Panzerdivision schon im Raum Nogent-sur-Marne, also keine 80 Kilometer von Paris entfernt, und in der kommenden Nacht werde sie weiter vorrücken. Er schätze, daß sie übermorgen früh in Paris eintreffen werde. Es gehe jetzt darum, wer zuerst in der Hauptstadt sei, die Franzosen oder die deutschen Verstärkungen. Wenn die Franzosen zuerst kämen, werde General von Choltitz nach kurzem symbolischen Widerstand, den er seiner Soldatenehre schuldig sei, die Stadt übergeben. Andernfalls werde es sicherlich zu blutigen Straßenkämpfen kommen. »Sie sehen also«, schloß er, »daß alles von Leclerc abhängt.«

Damit leerte er sein Glas und sah den jungen Widerstandskämpfer scharf an. »Ich habe Ihnen diese Mitteilungen deshalb gemacht, weil ich überzeugt bin, daß sie den höheren Interessen meines Landes dienen.« Lächelnd stand er auf, zog seine Pistole aus der Tasche und reichte sie dem Franzosen. »Und jetzt betrachte ich mich als Ihren Gefangenen.« Aber Cruse winkte ab. »Dafür haben wir später noch Zeit. Im Augenblick habe ich Wichtigeres zu tun!« Mit diesen Worten stürzte er aus dem Raum, schwang sich auf sein Fahrrad und trat mit Macht in die Pedale, um Chaban-Delmas so schnell wie möglich mitzuteilen, was er soeben erfahren hatte.

Jacques Petit-Leroy, der einige Stunden früher auf einem alten Fahrrad aufgebrochen war, um General Leclerc die von Bender gelieferten Informationen zu übermitteln, befand sich auf der Rückfahrt nach Paris. Er hatte mit Leclerc sprechen können und von diesem ein Ultimatum erhalten, das er dem deutschen Militärbefehlshaber überbringen sollte. In dem Schreiben forderte Leclerc von Choltitz auf, die Stadt unversehrt zu übergeben; für alle Zerstörungen werde er ihn »persönlich haftbar« machen.

Da der französische General wußte, daß seine Truppen frühestens bei Anbruch der Nacht in die Stadt einrücken konnten, wollte er auf diesem Weg versuchen, seinen deutschen Gegenspieler von der Durchführung der Sprengbefehle abzuhalten. Damit das Ultimatum möglichst rasch übermittelt werden konnte, befahl er dem Kommandanten seines Befehlspanzers, Augustin Dericquebourg, den jungen Petit-Leroy in einem Jeep bis an die Stadtgrenze zu bringen.

Ein Bistrobesitzer in dem Dörfchen Chevilly-Larue sah den Jeep heranrasen. »Die Amerikaner kommen!« rief er. Aber im gleichen Augenblick bemerkte er eine deutsche Patrouille, die dem Fahrzeug den Weg abschnitt. Maschinenpistolen knatterten. Der Jeep kam ins Schleudern und blieb fast genau vor dem Bistro stehen. Der Fahrer war tot; Petit-Leroy lag, in den Rücken getroffen, neben ihm und stöhnte: »Mama, Mama . . .« Langsam kamen die Deutschen auf den Wagen zu. Einer zog seine Pistole und setzte sie an die Schläfe des jungen Franzosen. Ein dumpfer Knall – Leclercs Ultimatum sollte von Choltitz niemals erreichen.

37

Willy Wagenknecht, der deutsche Soldat, der dazu verurteilt worden war, das Gefängnis zu verteidigen, in dem er endlose Tage hatte verbringen müssen, stand hinter der im Haupteingang postierten 8,8er und lauschte. Fünf Straßen liefen auf dem Platz vor dem Gefängnis zusammen. Und auf einer dieser Straßen rollten französische Panzer heran.

In der nahen Mädchenschule sah die Lehrerin Ginette Devray aus einem Fenster des Zimmers der 3. Klasse. Plötzlich erblickte sie die Panzer, deren Kettengerassel Wagenknecht hörte. »Da sind sie!« rief sie, und die Tränen liefen ihr über die Wangen. »Mein Gott, da sind sie!« Drei Sherman-Panzer ratterten an der Schule vorbei: »La Marne«, »Uskub« und »Douaumont«. Der Soldat Georges Landrieux, der vor drei Jahren seine Wohnung verlassen hatte, um ein Päckchen Zigaretten zu holen, war zurückgekehrt, fuhr in diesem Augenblick durch die Straße, auf der er als Kind so oft gespielt hatte. Als er zur Linken den kleinen Friedhof von Fresnes sah, rief er dem neben ihm sitzenden Pierre Sarre, dem in Mexiko geborenen Franzosen, zu: »Na, dort drüben werde ich mir bestimmt nicht die Gänseblümchen von unten ansehen!«

Inzwischen hatten alle drei Kampfgruppen der 2. Panzerdivision die Außenbezirke von Paris erreicht. Am Morgen waren sie auf einer Breite von 30 Kilometern aufgebrochen; jetzt, am späten Nachmittag, war die Front nur noch knappe 15 Kilometer lang. Auf dem linken Flügel war die Gruppe des Commandant Morel-Deville, die ein Ablenkungsmanöver durchzuführen hatte, hinter Trappes auf starken Widerstand gestoßen, so daß der Angriff zusammengebrochen war. Hingegen war die von dem Lieutenant-Colonel Paul de Langlade und dem Commandant Massu befehligte mittlere Kampfgruppe rasch vorangekommen; nach dem verlustreichen Gefecht bei Toussus-le-Noble war es ihr gelungen, die Deutschen über die Bièvre und den Flugplatz Villacoublay bis an den Rand von Clamart zurückzuwerfen. Jetzt bereiteten sich Massus Infanteristen darauf vor, zum Pont de Sèvres vorzustoßen und auf dem Nordufer der Seine einen Brückenkopf zu bilden.

Die auf dem rechten Flügel vorrückende dritte und stärkste Kampfgruppe unter Colonel Pierre Billotte war den ganzen Tag über in schwere Kämpfe verwickelt gewesen. Und jetzt, in den Außenbezirken der Hauptstadt, schien der Vorstoß endgültig zum Erliegen zu kommen. Auf beiden Seiten der Straße Paris-Orléans, zwischen Antony im Westen und Fresnes im Osten, hatten die Deutschen einen Sperriegel aufgebaut, dessen Zentrum an der Croix-de-Berny lag, wo die Straße nach Versailles abzweigte.

Das riesige Gefängnis von Fresnes war in eine mächtige Festung verwandelt worden. Zur Unterstützung der 350 ehemaligen deutschen Strafgefangenen, die den Gebäudekomplex verteidigen sollten, war in den frühen Morgenstunden ein Bataillon des 132. Sicherungsregiments eingetroffen. Befehligt wurde dieses Bataillon von Hauptmann Heinrich Harms, dem 27 Jahre früher für die Verteidigung eines Dorfes an der Meuse, das ebenfalls Fresnes geheißen hatte, das EK I verliehen worden war. Zu beiden Seiten der 8,8er, hinter der Willy Wagenknecht stand, waren zwei kleinkalibrige Pakgeschütze und mehrere SMGs postiert. Das Schußfeld der 8,8er umfaßte drei der fünf Straßen, die in den Platz vor dem Gefängnis mündeten.

Capitaine Emmanuel Dupont, der den Befehl hatte, das Gefängnis einzunehmen, teilte seine Streitmacht in drei Abteilungen ein. »La Marne«, »Uskub« und »Douaumont« sollten auf der Avenue de la République vorrücken und das Gefängnis frontal angreifen. Die beiden anderen Abteilungen sollten von der Seite her, an der Gefängnismauer entlang, bis zum Haupteingang vorstoßen. Während Georges Landrieux, der Fahrer der »Marne«, das schwere Fahrzeug durch die vertrauten Straßen seines Heimatortes steuerte, zeigte er seinem Kameraden Pierre Sarre den viereckigen Turm der Kirche, in der er vor Jahren getraut worden war, und das leere Schaufenster des Tabakladens, in dem er seine Zigaretten zu holen pflegte. Dann bogen die drei Panzer in die Avenue de la République ein. Dreihundert Meter vor ihnen, im Haupteingang des Gefängnisses verborgen, stand die 8,8er, zu deren Bedienungsmannschaft Willy Wagenknecht gehörte.

Inzwischen näherten sich weitere französische Panzer von der Seite her dem Gefängniseingang. Der Brigadier Pierre Chauvet, der vom Turm seines Sherman »Vieil Armand« aus mit einem Feldstecher die Deutschen beobachtete, fragte sich verwundert, warum sie nicht das Feuer eröffneten. Die gleiche Frage stellte sich Willy Wagenknecht, der durch das Zielfernrohr sah, wie drei französische Panzer direkt auf das Gefängnistor zurollten. Neben ihm stand sein einstiger Zellengenosse, der 19jährige SS-Mann Karl Richter. Wagenknecht beschloß, bis zehn zu zählen und dann auch ohne Befehl zu feuern. Aber in diesem Augenblick schrie ein Offizier hinter ihm wütend: »Worauf wartet ihr noch, ihr Idioten? Schießt doch in Gottes Namen!«

Capitaine Dupont und sein Adjutant, der Sous-Lieutenant Marcel Christen, die die längs der Gefängnismauer vorrückenden Infanteristen anführten, hörten den Abschuß der 8,8er. Fast gleichzeitig wurde der erste der französischen Panzer, der aus der Avenue de la République auf den Platz vor dem Gefängnis einbog, wie von einer Gigantenfaust hochgeworfen, um lichterloh brennend auf das Straßenpflaster zurückzufallen. Christen sah, wie ein Mann, dem beide Beine weggerissen waren, aus dem Flammenmeer stürzte; ihm folgte eine zweite Gestalt, deren Uniform in Flammen stand.

Dieser zweite Mann, Pierre Sarre, wälzte sich auf dem Pflaster, um die Flammen zu löschen. Als ihm dies gelungen war, sprang er auf und rannte zusammen mit dem Infanteristen José Molina über den Platz, um Deckung zu suchen. Zweimal begann seine Uniform, von Leuchtspurmunition gestreift, erneut zu brennen, aber schließlich kamen die beiden Soldaten in einen Hauseingang. In diesem Moment wurde das Haus von einer Sprenggranate getroffen; ein Splitter riß Molina den

Kopf ab, während Sarre unter herabstürzendem Gebälk begraben wurde[1].

Jetzt aber nahmen Duponts Panzer den Gefängniseingang von allen Seiten unter Feuer. Pierre Chauvet, dem Kanonier des »Vieil Armand«, gelang es, einen Munitionswagen zu treffen, der hinter der 8,8er stand und mit fürchterlichem Getöse in die Luft flog. Wunderbarerweise blieb Wagenknecht unverletzt. »Nun aber nichts wie raus!« dachte er und stürzte durch Rauch und Trümmer auf den Platz vor dem Gefängnis hinaus. Er rannte an den Panzern vorbei, auf die er eben noch geschossen hatte, und gelangte schließlich, sich immer dicht an den Hausmauern haltend, zum Friedhof, wo er sich erschöpft in einen Graben warf. Während er nach Luft rang, ging ihm plötzlich ein Gedanke durch den Kopf: »Mein Gott, jetzt bin ich ja endlich frei!«

Aber seine Kameraden gaben sich noch keineswegs geschlagen. Den vorrückenden Franzosen schlug ein wahrer Geschoßhagel entgegen. Dupont und Christen hatten sich inzwischen bis auf 50 Meter an den Gefängniseingang herangearbeitet. Auf einmal tauchte aus dem Qualm vor ihnen wie ein Gespenst ein deutscher Soldat mit zerrissener Uniform und rußgeschwärztem, blutverschmiertem Gesicht auf, hob seine Maschinenpistole und drückte ab. Christen hörte neben sich ein leises »Oh«, und als er sich umwandte, sah er, wie Dupont langsam zusammensank. Im selben Augenblick jagte einer der Panzer, aus allen Rohren feuernd, auf den Gefängniseingang zu, überrollte die 8,8er, und deren Bedienungsmannschaft und fuhr in den Hof ein. Der Fahrer der »Notre-Dame de Lorette«, der Soldat Jacques Neal, kannte sich im Gefängnis von Fresnes ausge-

[1] Wenig später wurde Sarre mit schweren Brandwunden aus den Trümmern des Hauses herausgezogen und in das Krankenhaus Val-de-Grâce gebracht. Als er drei Monate später zum erstenmal das Krankenhaus verlassen durfte, besuchte er den kleinen Friedhof von Fresnes, in dem mehrere seiner Kameraden begraben lagen. Zu seinem großen Erstaunen las er auf einem der Grabkreuze seinen eigenen Namen. Als er verschüttet worden war, hatte er seine Brieftasche verloren; man hatte sie dann bei Molinas Leiche gefunden, und da dieser keine Papiere bei sich getragen hatte, war er als Pierre Sarre begraben worden.

zeichnet aus: dreizehn Monate lang war er hier Gefangener der Gestapo gewesen.

Die drei Panzer, die von der Kampfgruppe des Capitaine Dupont noch übrig waren, folgten der »Notre-Dame de Lorette«; wenig später ergaben sich die letzten Verteidiger des Gefängnisses.

Es war ein teuer bezahlter Sieg. Fünf ausgebrannte Sherman-Panzer lagen auf den Straßen vor dem Gefängnis. Unter den Toten war auch Georges Landrieux, zerfetzt von der ersten wohlgezielten Granate, die Willy Wagenknecht abgefeuert hatte. In einer Tasche seiner angesengten Uniform befand sich das ungeöffnete Päckchen Camel-Zigaretten, das er seiner Frau hatte mitbringen wollen.

Zwei Kilometer weiter weg, bei der Croix-de-Berny, schlich Lieutenant Jean Lacoste vom 501. Panzerregiment an der Mauer des Parks von Sceaux entlang auf eine Straßenkreuzung zu. An dieser Kreuzung stand eine 8,8er, deren mörderisches Feuer die auf der Straße Orléans-Paris vorrückenden französischen Panzerverbände zum Stehen gebracht hatte. Lacoste war eben dabei, zu erkunden, ob es eine Möglichkeit gab, sich dem Geschütz von der Flanke her zu nähern.

Vorsichtig robbte er bis ans Ende der Mauer. Deutlich hörte er das metallische Klicken des Geschützverschlusses, wenn eine neue Granate eingeschoben wurde. Als er um die Ecke spähte, sah er wenige Meter entfernt die Mündung der Kanone. So rasch er konnte, eilte er zu seinen Kameraden zurück, die ihn ungeduldig erwarteten. Nachdem er die Besatzung seines Panzers »Friedland« genau instruiert hatte, rollte der Sherman auf einer schmalen Seitenstraße langsam dem deutschen Geschütz entgegen. Ohne von den Deutschen bemerkt zu werden, gelangten sie in die Nähe der Kreuzung. Dann jagten sie, aus allen Rohren schießend, auf die 8,8er zu. Eine der ersten Granaten traf die aufgestapelte Munition. Eine Stichflamme schoß empor, zerfetzte Leiber wurden hochgeschleudert. Mein Gott! dachte Lacoste erschüttert. Krieg ist etwas Grausames.

Daraufhin schaltete er sein Mikrofon ein und meldete: »An alle Oscars! Hier spricht Oscar I. Wir haben sie erwischt; die Straße ist frei.«

Fast den ganzen Tag über war auf der Terrasse des Schlosses von Rambouillet eine einsame, unnahbare Gestalt auf und ab gegangen. Charles de Gaulle wartete. Als in der Morgenfrühe die Marschkolonnen der 2. Panzerdivision im Nieselregen aufgebrochen waren, hatte der General aus dem Fenster seines bescheidenen Mansardenzimmers hinabgeschaut und verbittert darüber nachgedacht, was Frankreich erspart geblieben wäre, wenn es 1940 eine aus sieben solchen Divisionen bestehende Panzerarmee gehabt hätte.

Stündlich waren Melder gekommen und hatten ihm über den schwierigen Vormarsch der Division berichtet. De Gaulle hatte gehofft, noch vor Einbruch der Nacht in Paris einziehen zu können. Allmählich hatte er jedoch einsehen müssen, daß dies infolge des erbitterten deutschen Widerstands unmöglich sein würde. Er mußte wohl oder übel noch eine weitere Nacht in Rambouillet verbringen.

Die ersten Zeitungen der Pariser Résistance, die ihm am Nachmittag gebracht worden waren, hatten ihm bestätigt, daß er die Absichten seiner politischen Gegner richtig erkannt hatte. Sie wollten ihn im Rathaus »empfangen«, um ihn dann als ihren »Schützling« der Pariser Bevölkerung vorzustellen. De Gaulle ließ den Anführern des Aufstands mitteilen, er werde nach seiner Ankunft sofort ins Kriegsministerium fahren und sie dort zu gegebener Zeit empfangen. Der General wußte genau, was er wollte: nach der Befreiung der Hauptstadt sollten die Führer des Aufstands, das CNR, das COMAC und die übrigen von den Kommunisten unterwanderten Organisationen möglichst rasch in Vergessenheit geraten und aus dem politischen Leben völlig ausgeschaltet werden.

Auch der amerikanische General Leonard T. Gerow, Oberbefehlshaber des 5. amerikanischen Armeekorps, dem die 2. französische Panzerdivision unterstellt war, war ungeduldig. Er befand sich 20 Kilometer von den stolzen Schloßtürmen von Rambouillet entfernt auf einer Wiese bei dem Dörfchen Maintenon. Verärgert wandte er sich an seinen G 3, den Colonel John Hill, und meinte: »Wenn dieser Leclerc Amerikaner wäre, hätte ich ihn schon längst zum Teufel gejagt!« Gerows Zorn war verständlich, hatte er doch seit genau siebzehn Stunden nichts mehr von dem französischen General gehört. Am Morgen hatte er zufällig erfahren, daß Leclerc entgegen dem ausdrücklichen Befehl des Oberkommandos etwa zwanzig Kilometer weiter südöstlich vorstieß, doch hatte es der Franzose nicht für nötig erachtet, Gerow oder die an seiner rechten Flanke vorrückende 4. amerikanische Division über diese Änderung des Angriffsplans zu informieren.

Da Gerow fälschlicherweise glaubte, die Deutschen würden keinen ernsthaften Widerstand leisten, nahm er an, daß Leclercs Truppen schon um die Mittagszeit in Paris einziehen würden. Zudem war er ständig von Bradley bedrängt worden, den Vormarsch zu beschleunigen und die Stadt einzunehmen, ehe von Choltitz die Hitlerbefehle durchführen konnte. Wütend war Gerow selbst aufgebrochen, um Leclerc zu suchen, hatte ihn aber nicht finden können. Und nun war ihm noch zu guter Letzt durch ein Kurierflugzeug der Befehl des Oberkommandos überbracht worden, die Franzosen zu größerer Eile anzutreiben und die 4. amerikanische Infanteriedivision unverzüglich nach Paris zu schicken, »ob nun die Franzosen bereits dort eingezogen sind oder nicht«. Anders gesagt: Wenn die Franzosen nicht imstande waren, als erste in Paris einzuziehen, dann sollten ihnen Gerows GIs den Weg dorthin zeigen.

Gerow gab sofort seiner 4. Division telefonisch den Befehl, auf Paris zu marschieren. Dann verfaßte er eine kurze scharfe Nachricht für Leclerc, in der er ihn aufforderte, am Nachmittag mit größerem Druck anzugreifen und auch am Abend weiter vorzustoßen. Diese Nachricht gab er dem Colonel John Hill, der sie Leclerc überbringen sollte. Als der Colonel in seinen Jeep stieg, meinte der General trocken: »Von mir aus können Sie bis in die Hölle hinunterfahren, um diesen verfluchten Franzosen zu suchen; aber kommen Sie mir nicht zurück, ehe Sie ihn gefunden haben!«

Inzwischen ging Philippe Leclerc etwa 600 Meter von der Croix-de-Berny entfernt ungeduldig auf und ab. Dumpf dröhnte das Geschützfeuer seiner Panzer, die versuchten, den Weg nach Paris freizukämpfen. Die Ermahnungen seiner Vorgesetzten waren vollkommen überflüssig; den ganzen Tag über hatte der französische General seine Offiziere zu größerer Eile gedrängt. Er wußte genau, was auf dem Spiel stand. Aber noch war es nicht gelungen, den deutschen Sperriegel an der Straße Paris—Orléans zu durchstoßen.

Nicht weniger ungeduldig war der rotbärtige Capitaine, der eine Schützenpanzerabteilung befehligte. Zweimal innerhalb einer halben Stunde war Raymond Dronne felsenfest davon überzeugt gewesen, daß die Straße nach Paris frei sei, und er hatte seinen Vorgesetzten gebeten, auf die Hauptstadt vorstoßen zu dürfen. Doch jedesmal war ihm befohlen worden, sich wieder den wartenden Kolonnen anzuschließen. Als er nun Leclerc erblickte, sprang er aus seinem Jeep, eilte auf den General zu und salutierte.

»Was zum Teufel machen Sie denn hier?« fragte Leclerc. Als Dronne ihm von seinen Schwierigkeiten berichtete, meinte der General: »Sie wissen doch, daß man törichte Befehle nicht auszuführen braucht! Fahren Sie sofort los und sehen Sie zu, daß Sie ins Zentrum von Paris kommen. Nehmen Sie mit, was Sie brauchen, und stoßen Sie durch, ohne sich um die Deutschen zu kümmern. Sagen Sie den Parisern, sie sollen durchhalten. Morgen kommen wir nach . . .«

Wenige Minuten später hatte Dronne eine kleine Kampfgruppe zusammengestellt, mit der er den Durchbruch wagen wollte. Sie bestand aus drei Sherman-Panzern, die nach drei Siegen Napoleons »Romilly«, »Montmirail« und »Champaubert« genannt waren, sowie aus sechs Schützenpanzerwagen. Dann eilte der Capitaine zu seinem Jeep zurück. Während er den Motor anließ, fragte er die kleine Gruppe von neugierigen Zivilisten, die sich inzwischen um sein Fahrzeug versammelt hatte: »Kann mir einer von euch sagen, wie ich auf dem kürzesten Weg nach Paris komme?«

39

In Paris war das dumpfe Donnern der Geschütze von Stunde zu Stunde deutlicher zu vernehmen gewesen. Von Rols Leuten hart bedrängt, hatten sich die deutschen Verteidiger in ihren Stützpunkten eingeigelt und erwarteten den Angriff. Die Kommandanten der 36 Stützpunkte hatten strikte Anweisung erhalten, »bis zur letzten Patrone« zu kämpfen, wie es die Verteidiger von Saint-Malo getan hatten, die nach heldenhaftem Kampf mit der blanken Waffe in den Ruinen der Stadt untergegangen waren.

Hinter den hohen Mauern der Prinz-Eugen-Kaserne an der Place de la République versammelte ein SS-Offizier seine Männer und teilte ihnen mit, daß zwei SS-Panzerdivisionen zu ihnen unterwegs seien. »Wir müssen auf jeden Fall aushalten«, sagte er, »bis uns die beiden Divisionen entsetzen.« Im Hof der École Militaire mußte sich der Feldwebel Bernhard Blache eine ähnliche Rede des Majors Otto Müller anhören: »Wir werden, dem Befehl des Führers gehorsam, bis zum letzten kämpfen!« Dann erhielten die Männer der von Blache befehligten MG-Abteilung als letzte Mahlzeit vor dem Kampf einen riesigen westfälischen Schinken. Obwohl ansonsten kein Kostverächter, verging dem Feldwebel der Appetit, als er daran dachte, daß er möglicherweise für die militärisch sinnlose Verteidigung der École Militaire würde sterben müssen.

Im Palais du Luxembourg schauten der Konservator Marcel Macary und der Elektriker François Dalby zu, wie junge SS-Männer vor dem Hauptportal eine riesige Barrikade errichteten. Dalby wußte, daß es den Deutschen trotz all seiner Bemühungen gelungen war, die vorgesehenen Sprengladungen im Palast anzubringen. Hatten sie die Absicht, das Gebäude, ihre Gefangenen und sich selbst in die Luft zu jagen? Hunderte von Parisern stellten sich besorgt die gleiche Frage und räumten in aller Eile die in der Nähe gelegenen Häuserblocks.

Der wichtigste Stützpunkt in der Stadt, das Hotel Meurice, war notdürftig durch Sandsäcke befestigt worden. In der großen Empfangshalle hatte General von Choltitz die Offiziere seines Befehlsbereichs versammelt. Der General war äußerst erregt. Vor wenigen Minuten erst hatte ein Offizier der Feldgendarmerie in herausforderndem Ton verlangt, er, von Choltitz, solle die Besatzung abmarschieren lassen, solange es noch Zeit sei. Der General hielt es für angebracht, seine Offiziere mit aller Entschiedenheit zur Ordnung zu rufen: »Mich hat der Führer nach Paris geschickt, und ich allein trage hier die Verantwortung. Es wird genau das gemacht, was ich befehle. Wer sich weigert, wird von mir mit der Waffe in der Hand zum Gehorsam gezwungen werden. Jeder gehe auf seinen Platz und erwarte den Befehl . . .« Und leiser fügte er hinzu: »Sollte ich fallen, so tritt, das befehle ich hiermit, Oberst Jay an meine Stelle, und der Chef des Stabes, Oberst von Unger, wird ihn hierbei weiter unterstützen.«

In den folgenden Stunden suchten manche deutsche Soldaten ihre französischen Freundinnen auf, um sich von ihnen zu verabschieden. Eugen Hommens, dessen Pistole elf Tage zuvor von FFI-Leuten gestohlen worden war, schlich sich in ein kleines Hotel an der Rue de Tournon, wo ihn seine Geliebte, Annick, erwartete und nochmals anflehte, er solle desertieren. Hommens weigerte sich, denn in seinen Augen war es immer noch besser, zeitweise der FFI ausgeliefert zu sein als lebenslang einer eifersüchtigen Frau.

Am anderen Ende von Paris, hinter den dicken Mauern des Forts von Vincennes, war Georges Dubret wunderbarerweise immer noch am Leben. Im Laufe des Tages waren er und seine Kameraden fünfmal von SS-Leuten zum Erschießen geholt worden, aber jedesmal hatte man sie in die Zellen zurückgeschickt. Inzwischen war ein Großteil der Besatzung abgezogen. Beunruhigt fragten sich die Gefangenen, welches Schicksal sie erwartete.

Nach endlos erscheinenden Stunden wurde die Tür aufgerissen. Ein Unteroffizier bedeutete ihnen, in den Hof zu gehen. Dort wartete der Offizier auf sie, der den Polizeikommissar Antoine Silvestri erschossen hatte. Er befahl ihnen, in den Speisesaal zu gehen; dort könnten sie essen, soviel sie wollten. Die fünf Polizisten gingen langsam auf das Gebäude zu, aber als die letzten Deutschen den Hof verlassen hatten, machten sie kehrt und rannten ihnen nach. Kaum waren sie auf der Straße angelangt, als drei heftige Explosionen die Stille zerrissen. Der Speisesaal, in den die Deutschen sie geschickt hatten, war in die Luft geflogen.

In Naterre ging der Fliegerleutnant Bob Woodrum niedergeschlagen durch die Straßen, um sein Versteck im Hause von Louis Berty aufzusuchen. Seit der Verhaftung des Metzgers vor sechs Tagen war kein Lebenszeichen mehr gekommen. Fast hatte der Amerikaner die Hoffnung aufgegeben, daß sein Beschützer noch am Leben war.

Als er jedoch das Haus Bertys betrat, hörte er aus dem Laden aufgeregtes Stimmengewirr, und als er die Tür aufstieß, sah er inmitten lärmender Nachbarn den kleinen Metzger, bleich, aber lächelnd. Fast in letzter Minute war er dem Hinrichtungskommando entgangen: nach dreitägigen zähen Verhandlungen hatte der schwedische Konsul erreicht, daß die im Rathaus von Neuilly gefangenen Franzosen freigelassen wurden. Als Woodrum dem tapferen Mann gegenüberstand, der ihn wochenlang verborgen und dabei sein eigenes Leben aufs Spiel gesetzt hatte, rief er bewegt: »Well done, Louis!« Verblüfft sahen ihn Bertys Nachbarn an: dieser blonde Riese, der wochenlang im Haus des Metzgers ein und aus gegangen war, war also weder stumm noch taub – und erst recht kein Franzose.

40

Siebenundzwanzig Kilometer vor Paris, in dem von Menschen wimmelnden Longjumeau, war es dem Captain Bill Mills, G 3 eines Bataillons der 4. amerikanischen Division, endlich gelungen, das aufzutreiben, was er seit dem Vortag am dringendsten brauchte: einen Stadtplan von Paris. Er hatte ihn gegen zwei Päckchen Zigaretten von einem Zivilisten eingehandelt.

Die Verlegung der 4. Division aus der Normandie war so überraschend gekommen, daß die Stäbe keine Zeit mehr gehabt hatten, beim SHAEF die nötigen Karten der Hauptstadt und ihrer Umgebung anzufordern. Sogar der Divisionskommandeur, Generalmajor Raymond Barton, hatte seinen Offizieren gegenüber zugeben müssen, daß er keine Ahnung hatte, in welchem Teil von Paris die Polizeipräfektur lag, die er laut Operationsbefehl zu besetzen hatte. Deshalb war Mills losgeschickt worden, um einen Stadtplan zu besorgen.

Von der langen Fahrt in strömendem Regen erschöpft, warteten die Männer der 4. Division südlich der Stadt auf den Angriffsbefehl. Der Lieutenant-Colonel Dee Stone zog einen Brief aus der Tasche, den er als Talisman bei sich trug, seit er im November 1943 seine Heimatstadt Forest Hills im Staate New York verlassen hatte, um sich nach England einzuschiffen. Mit ihm in der Tasche war er an der normannischen Küste gelandet und hatte unversehrt die blutigen Kämpfe in der Normandie überstanden. Morgen würde er endlich das Versprechen einlösen können, das er vor fast einem Jahr dem Schreiber des Briefes gegeben hatte: morgen würde er den Brief in Paris seinem Empfänger übergeben können.

Lieutenant Jack Knowles, Zugführer im 22. Infanterieregiment, und sein Adjutant, Sergeant »Speedy« Stone, ärgerten sich maßlos. Ihr Kompanieführer hatte ihnen mitgeteilt, daß der Einmarsch in Paris eine »regelrechte Parade« sein würde und deshalb die ganze Kompanie Schlipse zu tragen hätte. Schlipse hatten Knowles und Stone nicht mehr gesehen, seit sie England verlassen hatten. Doch Stone war dafür bekannt, daß er ausgezeichnet zu »organisieren« verstand. Er versprach seinem Zugführer, bis zum kommenden Morgen den befohlenen Halsschmuck zu besorgen.

In der Nähe von Trappes lehnte sich der 42jährige Sergeant Larry Kelly an den regennassen Stamm einer Pappel. Der blonde Riese aus Pennsylvanien empfand für Frankreich eine fast mystische Liebe. Vor 27 Jahren hatte er sich unter Verschweigung seines wahren Alters freiwillig zum Militär gemeldet und war mit dem amerikanischen Expeditionskorps nach Frankreich gekommen. Acht Monate lang war er damals im Einsatz gestanden und war zweimal verwundet worden. Am Tag der Invasion war Kelly mit der 82. Luftlandedivision über der Normandie abgesprungen. Erneut verwundet, war er zu dem Feldartillerie-Regiment gekommen, das jetzt der Kampfgruppe Morel-Deville als Verstärkung beigegeben war. Kelly lächelte zufrieden. Als vorgeschobener Artilleriebeobachter hatte er die besten Aussichten, die Wette zu gewinnen, die er in der Nacht vom 5. auf den 6. Juni abgeschlossen hatte. Damals hatte er gewettet, daß er als erster amerikanischer Soldat die französische Hauptstadt betreten würde.

Larry Leseur, Kriegsberichterstatter der amerikanischen Rundfunkgesellschaft CBS, hatte es geschafft: er war noch rechtzeitig nach Frankreich zurückgekehrt, um die Befreiung der Hauptstadt miterleben zu können, nachdem ihm im Stuhl eines Londoner Zahnarztes die Falschmeldung seines Kollegen Charlie Collingwood einen gehörigen Schreck eingejagt hatte. Eben betrat er vergnügt das Hotel Le Grand Veneur im Rambouillet, das Hauptquartier der Kriegsberichterstatter. Als er Collingwood erblickte, stürzte er auf ihn zu und begrüßte ihn mit einem ironischen Lächeln und den Worten: »Eine ausgezeichnete Reportage, Charlie!« Gequält winkte der allzu clevere Reporter ab.

Von den Hügeln bei Sèvres am linken Flügel der Front bis zur Ebene von Orly machten die Männer der 2. Panzerdivision für die Nacht halt. Leclercs Truppen hatten schwere Verluste erlitten. Hubertus von Aulock hatte recht behalten: die Franzosen mußten für die Befreiung ihrer Hauptstadt teuer bezahlen. Zahlreiche ausgebrannte Fahrzeuge säumten den Weg, den die drei Kampfgruppen seit dem Morgen zurückgelegt hatten. Von den 16 Schützenpanzerwagen einer Kompanie des Tschad-Regiments war nur noch ein einziger übrig. Eine Abteilung des 501. Panzerregiments hatte allein beim Angriff auf Fresnes ein Drittel ihrer Fahrzeuge verloren. Die Soldaten waren völlig erschöpft, doch hielt sie die Gewißheit aufrecht, daß sie am nächsten Tag in Paris einziehen würden.

Mit hängendem Kopf wankte ein deutscher Gefangener durch die Straßen von Fresnes. Ein Dutzend FFI-Leute trieb ihn in den von Trümmern übersäten Gefängnishof. Willy Wagenknecht durchlebte die grausamsten Augenblicke seines Lebens: sein Pariser Aufenthalt endete dort, wo er begonnen hatte, in einer Zelle des Gefängnisses von Fresnes.

Ein Wiedersehen ganz anderer Art war dem 40jährigen Sous-Lieferant René Berth vom Taschad-Regiment beschieden. Auf einem vorbeifahrenden Schützenpanzerwagen der 97. Stabskompanie erkannte er plötzlich seinen Sohn Raymond, der, ohne sich von seiner Mutter zu verabschieden, vor zwei Jahren aufgebrochen war, um sich, dem Beispiel seines Vaters folgend, den Streitkräften de Gaulles anzuschließen. An diesem Augustabend wußte Louise Berth immer noch nicht, ob Mann und Sohn überhaupt noch am Leben waren. René lief ein Stück weit neben dem Schützenpanzer her und machte mit seinem Sohn aus, daß sie sich am kommenden Tag treffen und gemeinsam in die Wohnung zurückkehren wollten. »Mama wird sich wundern, wenn sie uns zusammen heimkommen sieht!« rief Raymond seinem Vater zu. Als René mit stolzgeschwellter Brust seinem Sohn nachsah, fiel ihm plötzlich etwas ein: »Mein Gott, morgen hat Louise ja Namenstag! Das wird für sie aber eine Überraschung sein!«

41

In einem aufgelassenen Steinbruch unmittelbar hinter Longjumeau stand Philippe Leclerc über eine Karte gebeugt, die auf der Motorenhaube seines Befehlswagens ausgebreitet war. Selten hatten der General und seine Stabsoffiziere während dieses Kriegs eine Karte mit größerer Sorge betrachtet als diese. Es war ein Stadtplan von Paris. Darauf waren zahlreiche rote Kreise eingezeichnet – die Stützpunkte, die von den deutschen Soldaten auf Befehl des OKW »bis zur letzten Patrone« zu verteidigen waren. Fast alle dieser roten Kreise umschlossen unersetzliche historische Bauten. Wenn die Deutschen in der Stadt ebenso erbittert kämpften, wie sie es während dieses Tages getan hatten, dachte Leclerc, dann konnte ihr Widerstand nur durch den Einsatz von Panzern und schwerer Artillerie gebrochen werden. Vielleicht würde Paris morgen seine Befreiung mit der Zerstörung der Place de la Concorde, der Deputiertenkammer, des Palais du Luxembourg und der Rue de Rivoli erkaufen müssen.

Den Offizieren, die ihn schweigend umstanden, erteilte Leclerc den strikten Befehl, ohne seine ausdrückliche Einwilligung keine schwere Artillerie einzusetzen. »Wir sind gekommen, um Paris zu befreien, nicht um es zu zerstören!«

Um die gleiche Zeit hatten sich im riesigen Speisesaal des Rathauses im Herzen von Paris die Anführer des Aufstands versammelt, um ihr einfaches Abendessen einzunehmen, das aus Nudeln und Linsen bestand. Dazu tranken sie Rotwein aus Zinnbechern, die sie im Gebäude vorgefunden hatten. Sie waren abgekämpft und niedergeschlagen. Seit Tagen mußten sie jeden Augenblick damit rechnen, von den Deutschen überrannt zu werden. Außerdem hatten auch sie erfahren, daß zwei SS-Panzerdivisionen nach der Stadt unterwegs waren. Sollten sie noch im letzten Augenblick um die Früchte ihrer fünfjährigen aufopfernden Arbeit gebracht werden?

Kaum anderthalb Kilometer entfernt, am anderen Ende der Rue de Rivoli, zog sich im Zimmer Nr. 238 des Hotel Meurice Dietrich von Choltitz ein weißseidenes Hemd an. Zum erstenmal seit seiner Ankunft in der Stadt trug er einen steifen Kragen. Auf dem Bett hinter ihm lag das frischgebügelte weiße Jackett, das er bislang nur ein einziges Mal getragen hatte – vor sieben Monaten bei Anzio anläßlich eines Empfangs, bei dem seine Beförderung zum Generalmajor gefeiert worden war. Der heutige Anlaß war weit weniger erfreulich: die Offiziere seines Stabs wollten ihm ein Abendessen geben.

Von den Offizieren im Hotel Meurice hatte kaum einer noch Illusionen. Unaufhaltsam rückten die Alliierten vor. Der am Abend eingegangene Lagebericht des OB West deutete darauf hin, daß die gesamte Westfront zusammenzubrechen drohte. Durch diesen Bericht hatte von Choltitz etwas erfahren, das »Bobby« Bender offenbar noch nicht wußte: die Amerikaner waren südlich von Melun über die Seine vorgestoßen und drangen nach Osten vor, ohne auf ernsthaften Widerstand zu treffen. Um sie aufzuhalten, waren zwei Divisionen nach Nogent-sur-Seine und Troyes beordert worden – ausgerechnet jene beiden Einheiten, die ursprünglich von Choltitz als Verstärkungen zugedacht waren: die 26. und 27. SS-Panzerdivision.

Während der General vor dem Badezimmerspiegel den Kragen zuknöpfte, dachte er daran, daß in wenigen Stunden schon die Alliierten den Verteidigern von Paris den Gnadenstoß geben würden. Mit Bitterkeit dachte er an Hitler, Jodl und Model. Wie hatte der Führer in Rastenburg gesagt? »Sie werden von hier aus jede Unterstützung haben.« Aber statt ihm Verstärkungen zu schicken, hatte man ihn mit leeren Worten und den Preßlufthämmern der 813. Pionierkompanie abgespeist. Da man einsah, daß Paris nicht zu verteidigen war, hatte das OKW beschlossen, die Stadt von der Landkarte auszuradieren. Von ihm erwartete man offenbar nur noch eines: er sollte den Männern des Hauptmanns Ebernach den Befehl erteilen, die vorbereiteten Sprengungen durchzuführen und Paris in einen Trümmerhaufen zu verwandeln.

Nachdem er seine Toilette beendet hatte, ging er ruhigen

Schrittes in den Raum, in dem sich die Offiziere seines Stabes und die Sekretärinnen Zita Krebben und Hildegard Grun sowie die Hausverwalterin des Stadtkommandanten, Annabella Waldner, versammelt hatten. Mitten während des Essens trat eine Ordonnanz ein und rief den General ans Telefon. Es meldete sich ein alter Waffenkamerad, der General Walter Krüger, der jetzt das 58. Panzerkorps kommandierte. Krüger ließ wissen, daß ihm Model befohlen habe, alle verfügbaren Panzer seines Korps unverzüglich nach Paris zu entsenden. Er müsse jedoch gestehen, daß er nicht einen einzigen Panzer mehr zur Verfügung habe; von den 120 000 Mann und den 800 Panzern, mit denen das Korps in die Normandieschlacht eingegriffen habe, sei praktisch nichts mehr übrig, von einigen versprengten Einheiten abgesehen, die südlich von Chantilly in voller Auflösung nach Osten zögen. Natürlich habe er sofort nach Erhalt des Befehls sämtliche Offiziere losgeschickt, um doch noch einige Panzer aufzutreiben, doch sei es sehr fraglich, ob diese rechtzeitig eintreffen würden.

Lange schwiegen die beiden Generale. Dann fragte Krüger seinen Freund, was er zu tun gedenke. »Ich weiß nicht«, entgegnete von Choltitz. »Es sieht sehr schlecht aus.« Wieder folgte ein langes Schweigen. Schließlich verabschiedeten sie sich mit »Hals- und Beinbruch« und legten die Hörer auf.

42

Es wurde rasch dunkel. Angestrengt starrte der rotbärtige Hauptmann über die Windschutzscheibe seines Jeeps. Ein Schild tauchte auf. Es trug die Inschrift: PARIS, PORTE D'ITALIE. Raymond Dronne fuhr als erster Offizier der französischen Befreiungsarmee in die Hauptstadt ein. Die Soldaten in den drei Panzern und sechs Schützenpanzerwagen, die ihm folgten, brachen in lauten Jubel aus.

Durch das Rasseln der Panzerketten erschreckt, wagten sich einige Bewohner der umliegenden Häuser an die Fenster. Jemand bemerkte, daß die Insassen dieser seltsamen Fahrzeuge keine Wehrmachtshelme trugen, riß das Fenster auf und schrie: »Die Amerikaner sind da!« Sekunden später stürzten Hunderte von Menschen auf die Place d'Italie und umringten Dronne und seine Männer. Man drückte ihnen die Hände, umarmte sie, küßte sie. Ein Mädchen in Elsässertracht schwang sich in Dronnes Jeep und setzte sich neben ihn. Mit dem lauthals singenden, eine Trikolore schwingenden Mädchen als »Maskottchen« setzte die kleine Kolonne die Fahrt fort, durch die Avenue d'Italie und kleine Nebenstraßen der Seine entgegen. Vor der Gare d'Austerlitz wurden sie von Deutschen beschossen, fuhren aber weiter, ohne das Feuer zu erwidern, rasten über den trotz aller Hitler-Befehle noch unzerstörten Pont d'Austerlitz und gelangten auf den Quai des Célestins. Bald tauchte die Silhouette von Notre-Dame auf. Dronnes Jeep, seine drei Panzer und die sechs Schützenpanzerwagen schwenkten nach rechts, und Sekunden später standen sie vor dem Rathaus. Erschüttert sahen die Soldaten die riesige Renaissance-Fassade, die mit Trikoloren geschmückt und von Granaten zerfetzt war. Die goldenen Zeiger der Turmuhr wiesen auf 22 Minuten nach neun. 1931 Tage, 16 Stunden und 52 Minuten, nachdem 1940 die ersten deutschen Truppen an der Porte de la Villette in Paris einmarschiert waren, war die französische Armee in die Hauptstadt zurückgekehrt.

Wenige Sekunden zuvor war der schmächtige Georges Bidault auf einen der wackligen Tische des Speisesaals gestiegen und hatte mit vor Rührung heiserer Stimme verkündet: »Soeben sind die ersten Panzer der französischen Armee über die Seine gekommen und im Herzen von Paris angelangt!« Noch klangen seine Worte in dem großen Saal nach, als man auch schon auf dem Platz vor dem Rathaus das Rasseln von Panzerketten hörte. Geschirr fiel klirrend zu Boden, Weinkrüge stürzten um: die Verteidiger des Gebäudes sprangen auf und stimmten die Marseillaise an. Dann stürzten sie aus dem Raum und fielen jubend über den erschöpften, völlig sprachlosen Capitaine Dronne her.

Der Rundfunkreporter Pierre Crénesse stieg, sein Mikrofon in der Hand, auf den vordersten Panzer und umarmte den ersten Soldaten, der aus der Turmluke stieg. »Pariser«, rief er dann in sein Mikrofon, »Sie hören jetzt die Stimme eines französischen Soldaten, des ersten einfachen Soldaten, der in Paris eingezogen ist!« Er hielt dem verblüfften Mann das Mikrofon vor die Nase und stellte die erstbeste Frage, die ihm einfiel: »Woher stammen Sie?« – »Aus Istanbul«, entgegnete der Soldat Firmin Pillan ...

Da die Männer in den Pariser Elektrizitätswerken unter Mißachtung der deutschen Vorschriften den Strom wieder eingeschaltet hatten, konnten Millionen von Parisern vor ihren Rundfunkempfängern diese großen Augenblicke miterleben. »Die Alliierten sind da! Pariser, wir werden befreit! Verbreitet diese Nachricht! Alle sollen sich freuen ...« klang es aus den Lautsprechern. Bei diesen Worten wurden überall in der Stadt die Fenster aufgerissen; jubelnde Menschen umarmten sich und sangen begeistert die Marseillaise mit, die von den Rundfunkstationen ausgestrahlt wurde. Als die letzten Takte verklungen waren, wurde ein Aufruf an die Geistlichkeit durchgegeben: »Wir bitten alle Pfarrer, die uns hören oder die von ihren Pfarrkindern benachrichtigt werden können, alle ihre Kirchenglocken läuten zu lassen, um den Einzug der Alliierten in Paris anzukündigen!«

Vier Jahre lang hatten die Glocken von Paris geschwiegen. Nicht ein einziges Mal hatten sie während dieser Zeit an Weihnachten oder Ostern oder auch nur bei einem Begräbnis erklingen dürfen. Doch wenige Minuten nach dem Aufruf begannen die Glocken wieder zu schwingen. Den Anfang machte die 13 Tonnen schwere Glocke im Südturm von Notre-Dame, die 1939 den Krieg eingeläutet hatte. Es folgte die 17 Tonnen schwere »Savoyarde« von Sacré-Cœur, und bald fielen in ganz Paris Hunderte von Glocken ein. Die Menschen lehnten aus den Fenstern und weinten vor Freude und Rührung.

Als die Krankenschwester Madeleine Brinet in einer Verbandsstation in der Rue de Naples die Glocken hörte, legte sie den Bleistift beiseite, mit dem sie soeben eine Tagebucheintragung gemacht hatte. Während des ganzen Abends hatte sie nichts anderes gehört als das Stöhnen der Verwundeten. Der heutigen Eintrag in ihrem Tagebuch lautete: »Fünf Tote. Habe mit ihren Angehörigen gesprochen. Schreckliche Szenen der Verzweiflung.« Doch jetzt wurde das nervenaufreibende Stöhnen vom mächtigen Klang der Glocken übertönt. Madeleine Brinet blätterte ihr Tagebuch um und schrieb: »Freitag, der 25. August – Tag des Ruhms.« Noch wußte sie nicht, daß dies der letzte Eintrag bleiben sollte. Am Freitag, dem 25. August 1944, fand sie während der letzten Kampfhandlungen den Tod.

Auch Pierre Pardou, der Widerstandskämpfer, der die Verpflegungslager der Miliz ausgeräumt hatte, hörte in der Küche des Palais du Luxembourg die Glocken. »Irgend etwas ist passiert«, dachte er. Zum erstenmal verzichtete der Feldwebel Franz, sein Wächter, auf die übliche Bemerkung, daß er morgen erschossen werde. Dieses Schweigen beunruhigte den Franzosen.

In dem kleinen Straßenbunker vor dem Hotel Majestic fragte sich der zum Infanteristen degradierte Panzersoldat Willy Krause verwundert, wer wohl zu so später Stunde beerdigt werde. Weniger begriffsstutzig war der Feldgendarm Rudolf Reis, der vor Tagen in den Straßen der Stadt den von Nordling vermittelten Waffenstillstand verkündet hatte. Zu seinem Freund, dem Unteroffizier Otto Westermann, sagte er trocken: »Jetzt sind wir dran!« Als der Feldwebel Werner Nix im Foyer des in einen Stützpunkt verwandelten Hotels Continental das Läuten hörte, dachte er: »Morgen ist für uns der Krieg zu Ende. Die Franzosen haben ihre Ketten zerbrochen.«

Der Leiter des Aufstands jedoch, durch den diese Ketten zerbrochen worden waren, Colonel Rol, vernahm in der Tiefe seines unterirdischen Befehlsstands den Glockenklang nicht. Als sie durch einen Telefonanruf erfuhren, daß die ersten Panzer Leclercs vor dem Rathaus eingetroffen waren, beschlossen Rol und sein Stab, den Sieg durch einen Umtrunk zu feiern. Da sie keinen Champagner hatten, mußten sie sich mit dem süßlichen Benediktiner begnügen, mit dem sie sich seit Tagen warm gehalten hatten.

Die Menschen im Hotel Meurice hingegen, die sich zum Abschiedsessen versammelt hatten, hörten durch das offene Fenster das Läuten, das immer mehr anschwoll. Stumm wandten sie sich dem Fenster zu.

»Warum läuten die Glocken, Herr General?« fragte die hübsche Zita Krebben. Dietrich von Choltitz lehnte sich schweigend in seinem Sessel zurück und lauschte. Dann entgegnete er: »Sie läuten unseretwegen, meine Liebe, sie verkünden, daß in diesem Augenblick die feindlichen Armeen in Paris einziehen.«

Als er die bestürzten Gesichter einiger seiner Offiziere sah, meinte er ärgerlich: »Sie scheinen erstaunt zu sein. Aber was haben Sie eigentlich erwartet? Jahrelang haben Sie in Ihrer kleinen Traumwelt gelebt; was wissen Sie schon über den Krieg? Haben Sie denn keine Ahnung, was in Rußland und in der Normandie geschehen ist?« Und mit schneidender Stimme fuhr er fort: »Meine Herren, ich muß Ihnen etwas sagen, das Sie bei Ihrem süßen Leben in Paris offenbar nicht gemerkt haben: Deutschland hat diesen Krieg verloren, und wir haben ihn mit verloren.«

Mit diesen harten Worten fand das zuvor so fröhliche Abschiedsmahl ein jähes Ende. Die Offiziere zogen sich zurück. Ehe Graf von Arnim sich schlafen legte, schlug er seine abendliche Lektüre auf, die »Geschichte Frankreichs«. Soeben hatte er ein neues Kapitel begonnen. Es trug die Überschrift: »Das Massaker der Bartholomäusnacht«. Dieses Massaker hatte vor 372 Jahren stattgefunden — ausgerechnet an einem 24. August.

Dietrich von Choltitz hatte sich in seinem Arbeitsraum hinter den Schreibtisch gesetzt. Er nahm den Telefonhörer ab und verlangte zum zweitenmal innerhalb von 24 Stunden die Heeresgruppe B zu sprechen. Soeben hatte ihm von Unger die Meldung gebracht, daß tatsächlich eine alliierte Vorausabteilung bis zum Rathaus vorgestoßen sei. Der General wußte, daß die feindliche Hauptmacht am frühen Morgen nachfolgen würde.

Am anderen Ende der Leitung meldete sich der Chef des Stabes, Generalleutnant Speidel. »Guten Abend, Speidel«, sagte von Choltitz. »Ich habe eine Überraschung für Sie. Bitte, hören Sie zu.« Mit diesen Worten hielt er den Hörer ins offene Fenster, hinaus in die Dunkelheit, die vom machtvollen Klang der Pariser Kirchenglocken erfüllt war.

»Haben Sie gehört?« fragte er dann.

»Jawohl, ich höre Glockenläuten.«

»Sie haben recht gehört; die amerikanisch-französische Armee zieht in Paris ein.«

Lange schwiegen die beiden Männer. Dann teilte von Choltitz dem Stabschef mit, daß er gemäß den ihm durch die Heeresgruppe B übermittelten Befehlen die Vorbereitungen für die Zerstörung der Brücken, Bahnhöfe, Versorgungseinrichtungen und der von den Deutschen besetzten Gebäude beendet habe.

Nun wolle er wissen, ob er auf die Unterstützung der Heeresgruppe B rechnen könne, wenn er sich mit seinen Truppen nach Durchführung der Sprengungen aus Paris zurückziehen werde. Nach längerer Pause entgegnete Speidel resigniert: »Nein, Herr General, ich fürchte, daß Sie damit nicht rechnen können.«

Von Choltitz seufzte und fragte, ob die Heeresgruppe oder Feldmarschall Model ihm noch einen Befehl zu geben hätten. Speidel verneinte. »Na, dann, lieber Speidel, habe ich euch nur noch adieu zu sagen«, schloß von Choltitz. »Kümmert euch um meine Frau und behütet sie und die Kinder.«

»Ja, das werden wir tun, Herr General, das versprechen wir Ihnen.«

Müde legte der Wehrmachtsbefehlshaber von Groß-Paris den Hörer auf.

43

Es war Mitternacht. Auf einem Balkon im ersten Stock des Hotels Meurice standen zwei Menschen und schauten hinaus in die Dunkelheit. Zum fünfzehnten und letzten Mal während seiner kurzen Zeit als Befehlshaber von Paris atmete von Choltitz die erfrischende Nachtluft der Hauptstadt ein. Neben ihm lehnte sich Annabella Waldner schweigend an das Balkongeländer. Da sie nicht in die Residenz des Stadtkommandanten in der Avenue Raphaël zurückkehren konnte, hatte sie von Choltitz gebeten, die Nacht über im Hotel Meurice bleiben zu dürfen.

Inzwischen waren die Glocken verstummt. Dafür fielen überall in der Stadt Schüsse. Die 20 000 Mann starke deutsche Garnison brachte den Einwohnern von Paris nachdrücklich zum Bewußtsein, daß die Stunde der Befreiung noch nicht geschlagen hatte und die drei Panzer und sechs Schützenpanzerwagen des Capitaine Dronne nur symbolische Bedeutung hatten. Eine Maschinengewehrsalve zertrümmerte die Fenster im Arbeitszimmer des Stadtratsvorsitzenden, zerschmetterte eine Marmorbürste Ludwigs XIV. und ließ einen Champagnerkelch zersplittern, den Georges Bidault in der Hand hielt. Die Polizeipräfektur wurde von den Panzern des Obersten Kayser beschossen. Aus den Rundfunkempfängern erscholl pausenlos die Warnung: »Pariser, kehrt in die Häuser zurück, schließt die

Fenster, laßt euch nicht sinnlos hinmetzeln. Noch ist es nicht überstanden . . .«

Annabella Waldner hörte, wie von Choltitz tief seufzte. Auf das Balkongeländer gestützt, sagte er leise, als befrage er sich selbst: »Was soll ich jetzt tun?« Annabella sah den todmüden kleinen Mann an und entgegnete: »Jetzt können Sie nichts mehr tun als an Ihre Kinder denken. Sie brauchen ihren Vater.« Nachdenklich meinte der kleine General: »Ja, vielleicht haben Sie recht.« Dann verabschiedete er sich mit einem Handkuß und ging in sein Zimmer, um sich noch einige Stunden auszuruhen.

Als er durch den dunklen Korridor ging, hörte er hinter sich Schritte. Er wandte sich um. Vor ihm stand Hauptmann Werner Ebernach. Auch er hatte die Glocken gehört und wußte, was das Läuten bedeutete. Nun war er herbeigeeilt, um den Wehrmachtsbefehlshaber von Groß-Paris zu fragen, ob er weitere Befehle für ihn habe. »Nein«, entgegnete von Choltitz trokken. »Ich habe keine Befehle mehr für Sie.« Dann fragte Ebernach, ob er seine nur vorübergehend nach Paris überstellte Kompanie wieder abziehen könne. Er wolle noch in dieser Nacht abrücken, werde aber einige Männer dalassen, die die vorbereiteten Sprengungen durchführen könnten. Von Choltitz sah den jungen Offizier lange an. Dann sagte er schroff: »Ja, Ebernach, Sie können abziehen.«

Im Hotel Meurice war es still geworden. Nur die schweren Schritte der Posten und das gelegentliche Rattern eines Fernschreibers waren zu hören. Annabella Waldner schlief auf dem Sofa im verlassenen Arbeitszimmer des Generals. Plötzlich schrillte das Telefon. Sie tastete sich zum Schreibtisch hin und nahm den Hörer ab. Eine ferne Stimme wünschte den Wehrmachtsbefehlshaber von Groß-Paris zu sprechen.

»Der General schläft«, entgegnete sie. »Soll ich ihn wecken lassen?«

Nach kurzem Zögern sagte der Anrufer: »Nein, lassen Sie ihn schlafen. Es ist sowieso zu spät . . . Richten Sie ihm bitte aus, daß General Krüger angerufen hat.« Wieder verstummte die ferne Stimme. Dann folgten die resignierten Worte: »Und sagen Sie ihm bitte, daß meine Panzer nicht kommen werden.«

DRITTER TEIL

DIE BEFREIUNG

»Le jour de gloire est arrivé – Der ruhmreiche Tag ist angebrochen.« Vier Jahre lang hatte Paris auf diesen Tag gewartet. Jetzt endlich, an einem atemberaubend schönen Sommermorgen, dämmerte er herauf. Kein Wölkchen trübte den strahlendblauen Himmel. Es war der 25. August 1944, der Tag des heiligen Ludwig, des Schutzpatrons von Frankreich. Es war, wie ein amerikanischer Soldat namens Irwin Shaw dachte, »der Tag, an dem der Krieg hätte enden müssen«.

Irgendwie wußte jedermann, daß »sie« an diesem Morgen kommen würden. Ein Volk, das die Jahre gezählt hatte, begann nun die Minuten zu zählen. Überall holten die Einwohner von Paris die Schätze hervor, die sie seit langem insgeheim für diesen Tag gehortet hatten: eine verstaubte Flasche Champagner, die im Winkel eines Schrankes versteckt gewesen war; ein Kleid, mühselig aus Stoffresten zusammengenäht, die man auf dem Schwarzen Markt erworben hatte; eine Trikolore, die man, säuberlich zusammengefaltet, vier Jahre lang verborgen gehalten hatte; ein amerikanisches Sternenbanner, das, ebenso rührend wie oft ungenau, aus der Erinnerung angefertigt war; Blumen, Obst, ein Kaninchen – jedes nur denkbare Geschenk, das dem Willkommen und der Dankbarkeit einer Stadt Ausdruck zu geben vermochte.

Georges Bailly, ein vierundzwanzigjähriger blonder Riese, hatte es eilig, die Wohnung seiner Eltern an der Rue Cambon nahe der Place Vendôme zu verlassen. Student der Pharmakologie und seit vier Jahren Mitglied der Widerstandsbewegung, hatte er in der Wohnung eine Verbandsstation eingerichtet. Seine Mutter und seine Schwester Christiane versorgten die Verwundeten; Verbandsmaterial und Medikamente lieferte die väterliche Apotheke. Auch Georges hatte während der ganzen Woche in der Verbandsstation gearbeitet, aber an diesem Morgen hielt er es nicht länger in der Wohnung aus. Die steigende Erregung, die sich auf den Straßen breitmachte, zog ihn unwiderstehlich an. Nachdem er sich mit einem Kuß von Mutter und Schwester verabschiedet hatte, eilte er davon, um die Ankunft der Befreier nicht zu versäumen.

Durch das Fenster ihrer Apotheke in der Vorstadt Saint-Cloud beobachtete Marcelle Thomas den Feuerwehrmann Jean David, der ein neues deutsches Mausergewehr in der Hand hielt. Er hatte es wenige Minuten zuvor im Rathaus von Saint-Cloud erhalten; es war das erste Gewehr, das er je besessen hatte. Es war seine traurige Pflicht, dieses Gewehr beim Begräbnis eines Kameraden von der FFI abzuschießen, der während der Kämpfe tags zuvor gefallen war. Mademoiselle Thomas kannte den Feuerwehrmann: er war nicht sonderlich intelligent und sehr dem »vin ordinaire« zugetan. Als sie ihn vorbeieilen sah, dachte sie bei sich: »Solchen Leuten sollte man keine Gewehre in die Hand geben.«

Vielen Menschen in Paris sollte dieser Tag die lange ersehnte Wiedervereinigung mit Gatten, Söhnen, Vätern und Liebhabern bringen. In einer Wohnung an der Rue de Penthièvre hatte Yvette Boverat während der ganzen Nacht kein Auge zugetan. Als die Sonne aufging, machten sie, ihr Mann und ihre Tochter Hélène sich auf Fahrrädern auf, um nach »einem Regiment mit schwarzen Baskenmützen« zu suchen. Nur wenn sie dieses Regiment gefunden hatte, konnte Madame Boverat Antwort auf die Frage erhalten, die sie sich immer wieder gestellt hatte: Welcher ihrer beiden Söhne kehrte nach Hause zurück?

In drei Jahren hatte die hübsche blonde Simone Aublanc einen einzigen Brief von ihrem Gatten Lucien erhalten. Er kam aus einem Gefangenenlager in Ostdeutschland und enthielt die kurze Mitteilung: »Ich werde versuchen, zu Datiko zu gelangen.« Datiko war Luciens russischer Onkel, der schon seit fünf Jahren tot war. Aber Simone hatte die Andeutung verstanden: Lucien wollte versuchen, aus dem Lager auszubrechen und nach Rußland zu entkommen. Dieser Brief und die felsenfeste Überzeugung, daß »Lucien nicht tot ist, denn das hätte ich bestimmt gefühlt«, waren das einzige, was Simone Aublanc die langen, einsamen Jahre des Wartens erleichtert hatte. Als sie sich an diesem Morgen anschickte, ihre Wohnung zu verlassen, um zu ihren Eltern zu gehen, spürte sie: Heute wird Lucien nach Hause kommen. Sie beschloß, ihm auf einem Zettel eine Nachricht zu hinterlassen. Sie faßte sich kurz, um, wie sie sich sagte, »das Schicksal nicht herauszufordern«. Die Nachricht lautete: »Bonhomme« — das war ihr Kosename für ihn —, »ich bin bei Papa. Poulet.«

Ganz in der Nähe, in einer Wohnung in Neuilly, betrachtete ein Mann das amerikanische Sternenbanner, das er seinen Freunden im Gesundheitsministerium an der Étoile zu bringen versprochen hatte. Diese Fahne hatte Norman Lewis 1917 als Infanterist in Frankreich getragen. Lewis, ein amerikanischer Bankier, und seine französische Frau waren in Paris vom Kriegseintritt der Vereinigten Staaten überrascht worden. Die erste Zeit hatten sie in einem Internierungslager verbracht, aber nachdem Lewis am Bein verletzt worden war, hatten sie in ihre Pariser Wohnung zurückkehren können. Lewis faltete die Fahne zusammen, legte sie in einen Beutel, den er sich um den Hals hängte, ergriff die Krücken, ohne die er sich nicht fortbewegen konnte, und machte sich auf den Weg.

Auch Pierre Lorrain und Raymond Sarniguet hatten an diesem Tag ein Versprechen zu erfüllen. Der vierundfünfzigjährige Lorrain, Maschinenmeister in den Renaultwerken in Boulogne-Billancourt, hatte gelobt, daß er am Tag der Befreiung auf dem Dach der größten Automobilwerke Frankreichs die Trikolore hissen würde. Die ganze Nacht über hatte er auf dem Fabrikgelände auf die Gelegenheit gewartet, sein Gelöbnis einzulösen. Endlich, kurz vor acht Uhr morgens, rief er seine Frau an. »Sie kommen!« frohlockte er. »Wir sind frei, hörst du, frei!« Er versprach ihr, zum Frühstück nach Hause zu kommen, sobald er die Fahne gehißt hätte.

Raymond Sarniguet, ein Angestellter der Pariser Feuerwehr, hatte ebenfalls versprochen, an diesem Tag eine Fahne zu hissen, und zwar eine ganz besondere Fahne. Sarniguet war fest entschlossen, als erster die Trikolore auf der Spitze des Eiffelturms zu hissen, wo er sie am 13. Juni 1940 hatte einholen müssen.

Auch auf der anderen Seite der Barrikaden, in den umzingelten Stützpunkten, zählte man die Minuten: die deutschen Verteidiger warteten auf den letzten Ansturm der Alliierten. Wie viele andere erhielt auch der 35jährige Unteroffizier Otto Kirschner in der Kommandantur nahe der Oper letzte Anweisungen für den Kampf. »Wir müssen unsere Pflicht erfüllen und bis zum Ende für den Führer kämpfen«, sagte der aus Wiesbaden stammende Oberst Hans Römer zu ihm. Allerdings mußte Kirschner später erkennen, daß der Oberst es mit der Pflichterfüllung offenbar nicht so genau nahm: als der Kampf am Nachmittag seinen Höhepunkt erreichte, war der Offizier plötzlich verschwunden.

Der Unteroffizier Hans Fritz, dessen Munitionswagen am Vortag in einen Hinterhalt geraten war, erhielt den Befehl, mit einem Spähtrupp den verschwundenen Lastwagen zu suchen. Kaum waren sie einige hundert Meter vorgedrungen, als sie erkennen mußten, daß die FFI Barrikaden auf Straßen errichtet hatten, die noch tags zuvor von der Wehrmacht kontrolliert worden waren. Der Spähtrupp wurde unter Kreuzfeuer genommen, und Fritz befahl seinen Männern, in Deckung zu gehen. Er eilte zum Gebäude der Abgeordnetenkammer zurück, um Verstärkung zu holen. Aber das große Tor war verschlossen. Vergeblich schlug Fritz mit den Fäusten dagegen. Inzwischen hatten einige Scharfschützen das Feuer eröffnet, und Fritz stürzte über die Straße, um in einem Hauseingang Deckung zu suchen. Als er dort stand und überlegte, was er nun anfangen sollte, trat eine ältere Frau zu ihm und forderte ihn auf: »Wenn Sie schießen wollen, suchen Sie sich bitte einen anderen Platz aus.« Fritz seufzte. »Für mich ist der Krieg vorbei«, sagte er zu der Frau. Und damit betrachtete er für seine Person die Kapitulation als vollzogen.

Unter all den 20 000 Deutschen, die noch in Paris waren, gab es vielleicht nur einen einzigen, der freiwillig das Stadtzentrum betrat. Niemand hatte Joachim von Knesebeck, den Direktor der Pariser Siemenswerke, davon unterrichtet, daß die französische Hauptstadt kurz vor der Einnahme durch die Alliierten stand. Von Knesebeck, ein fast 1,90 m langer, blonder Riese, kehrte eben von einem Besuch aus Berlin zurück. Ein Lastwagen der Luftwaffe brachte ihn bis in die Nähe seiner Wohnung; den Rest des Weges legte er zu Fuß zurück. Über die Warnung des Fahrers, daß »es in Paris verdammt unruhig ist«, machte er sich kaum Gedanken.

Als er vor seiner Wohnung anlangte, brach die französische Concierge in Tränen aus. »Sie sind ja verrückt!« schluchzte sie.

»Man wird Sie umbringen.« Dann führte sie ihn in den Keller, wo sie ein Fahrrad für ihn bereitgehalten hatte – vorsichtshalber an einen Stützbalken gekettet. Sie bat ihn, aufzusteigen und zu fliehen. Als von Knesebeck davonradelte, rief sie ihm nach: »Fahren Sie, so schnell Sie können!«

An einem Fenster im Hotel Meurice standen Hauptmann Otto Kayser, der Literaturprofessor aus Köln, und Dankwart von Arnim. Sie schauten hinaus auf das Dächermeer, über dem die Morgensonne emporstieg. »Paris«, sagte Kayser plötzlich, »wird sich für die vergangenen vier Jahre rächen.« Ich frage mich nur, ob wir jemals hierher werden zurückkehren können.« Diese Frage fand einige Stunden später ihre Antwort. Der Professor sollte Paris nie verlassen.

Unter ihnen, in den Tuileriengärten, inspizierten Dietrich von Choltitz und Oberst Hans Jay ein letztes Mal ihre Truppen, die sich in den dreihundert Jahre alten Parkanlagen verschanzt hatten. Heute spielten um das von Le Nôtre angelegte Wasserbecken keine Kinder. Soldaten in Unterhemden standen umher und wuschen sich; Rasierzeug und Handtücher hatten sie auf den Beckenrand gelegt. Als von Choltitz den Park, den blauen Himmel und die Sonne betrachtete, die über der Stadt emporstieg, dachte er ein wenig bitter: Die Pariser werden schönes Wetter für ihre Befreiung haben.

In der Fernmeldezentrale von Groß-Paris war der Unteroffizier Otto Vogel todunglücklich. Soeben hatte er versucht, ein letztes Mal mit seiner Familie in Bad Wimpfen zu sprechen, war aber nur bis Reims durchgekommen. Jetzt wurde die Zentrale alle Augenblicke angerufen, wie die Summtöne der Apparate verrieten. Anrufer waren die vorrückenden Alliierten. Und dann, kurz vor acht Uhr, begann plötzlich Vogels Fernschreiber zu rattern. Auf dem Streifen stand nichts als eine Anfrage des OKW. Sie bstand nur aus zwei Wörtern und war so einfach, daß sich das OKW nicht einmal die Mühe gemacht hatte, sie zu verschlüsseln.

Sie lautete: »Zerstörungen begonnen?«

2

Dem Technical Sergeant Milt Shenton war nicht sehr wohl in seiner Haut. Soeben war ihm mitgeteilt worden, daß er an der Spitze seiner Kompanie zu fahren habe und daß seiner Kompanie die Aufgabe zufiel, als Vorhut der 4. Division in Paris einzuziehen. Das bedeutete, daß er in seinem Jeep das erste verlockende Ziel sein würde, das die Division dem Feind in der vor ihr liegenden Stadt darbot. Die gleiche Aufgabe hatte Shenton schon früher einmal zu erfüllen gehabt, am 6. Juni, als er nach der Landung die Division über den »Utah Beach« geführt hatte. Damals war er ungeschoren davongekommen, aber ein zweites Mal, so glaubte er, würde es wohl nicht mehr so glimpflich abgehen. Als Shenton in der Nähe von Nozay eine zusätzliche Munitionskiste auf seinen Jeep schnallte, wünschte er, den Namen Paris nie gehört zu haben.

Wie Shenton bereiteten sich in Fresnes, an der Croix-de-Berny, am Pont de Sèvres und in den kleinen Ortschaften Orphin und Nozay die Männer der alliierten Einheiten auf den letzten Angriff vor, der sie ins Herz von Paris führen sollte. Vier Stoßkeile waren vorgesehen. Am Süwestrand der Stadt hatten die Truppen unter Colonel Paul de Langlade den Pont de Sèvres bereits überschritten; ihre Aufgabe war es, zwischen der Seine und dem Bois de Boulogne durch das vornehme 16. Arrondissement bis zur Place de l'Étoile vorzustoßen. Die Billotte unterstellten Truppen wurden in zwei Kampfgruppen aufgeteilt. Die erste unter Colonel Louis Dio sollte durch die Porte d'Orléans in die Stadt eindringen, an der Gare Montparnasse vorbei ins Zentrum der Rive Gauche und von dort über Les Invalides bis zur Abgeordnetenkammer und zum Quai d'Orsay vorrücken. Billotte selbst wollte mit der zweiten Gruppe über die drei Straßen weiter östlich gelegene Avenue de la Porte de Gentilly und die Rue Saint-Jacques mitten durch das Quartier Latin hindurch, am Santé-Gefängnis und dem Palais du Luxembourg vorbei, bis zur Polizeipräfektur und zu Notre-Dame vorstoßen. Das 12. Regiment der 4. Division, gedeckt von der 38. Kavallerie-Aufklärungsabteilung, sollte über die Porte d'Italie und die Avenue d'Italie die östlichen Viertel der Rive Gauche durchqueren und ebenfalls bis zur Polizeipräfektur vordringen. In ihrem Gefolge sollten das 22. und das 8. Regiment der Division bis zum nördlichen Stadtrand durchstoßen und dann nach Nordosten einschwenken, um die Stadt gegen deutsche Gegenangriffe abzuschirmen.

Die wichtige Information über die genaue Lage der deutschen Stützpunkte in der Stadt, die der Abwehragent »Bobby« Bender an Lorrain Cruse weitergegeben hatte, war Leclerc noch immer nicht zur Kenntnis gekommen. In aller Morgenfrühe hatte Cruse sich auf sein Fahrrad geschwungen, um selbst die Information zu überbringen. Zwar fand er Colonel de Langlade in der Nähe des Pont de Sèvres, doch inzwischen war der Offizier über die wohlmeinenden, aber oft schlecht informierten Widerstandskämpfer, die während der ganzen Nacht seinen Stab heimgesucht hatten, so verärgert, daß er Cruse zunächst überhaupt nicht beachtete. Erst als sich ein Schulkamerad Cruses einschaltete, schenkte ihm der Colonel Gehör. Doch nun war es schon zu spät, denn die Funkverbindung zu Leclerc war abgebrochen, und die drei anderen Marschkolonnen rückten bereits planmäßig vor.

3

Die Straße, auf der der Jeep des Sergeant Milt Shenton langsam dahinrollte, war völlig ausgestorben. Eine bedrohliche Spannung lag in der Luft. Die schmutziggrauen Fensterläden an den Gipfelfassaden, die sich zu beiden Seiten über schmalen Gehsteigen erhoben, waren geschlossen. Ein einziges Lebewesen war zu sehen – eine streunende Katze, die an einer Mauer entlang strich. Und nur ein einziges Geräusch vermochte der Sergeant zu hören – das Klopfen seines Herzens.

Vor ihm tauchte ein blau-weißes, T-förmiges Schild auf mit der Inschrift: PARIS, PORTE D'ITALIE, das gleiche Schild, das Dronne in der Nacht zuvor gesehen hatte. Plötzlich ein Knarren: ein Fenster ging auf. Shenton fuhr herum; blitzschnell entsicherte er seinen Karabiner. Ein zweites Fenster wurde geöffnet, ein drittes ... Und dann hörte der Sergeant, wie eine Frauenstimme rief: »Les Américains!« Als er sich vorsichtig umsah, erblickte er einen Mann in Hemdsärmeln und zwei

Frauen in Morgenröcken, die mit klatschenden Pantoffeln auf seinen Jeep zurannten. Der Mann schlang beide Arme um den Sergeanten aus Maryland und küßte ihn schmatzend auf beide Wangen.

Stunden später quollen aus jedem Haus Gruppen glücklicher, lärmender Pariser und Pariserinnen. Innerhalb weniger Minuten war die ganze Straße von einem einzig jubelnden Menschenknäuel verstopft. An ein Durchkommen mit dem Jeep war kaum noch zu denken; ein Meer von lärmenden, strahlenden Gesichtern versperrte den Weg.

Überall war es das gleiche. Längs der Straßen, auf denen die 2. Panzerdivision vorrückte, wurden die Menschen von einem Taumel der Begeisterung erfaßt. Als sie erkannten, daß diese Soldaten in amerikanischen Uniformen Franzosen waren, als sie das lothringische Kreuz auf den Sherman-Panzern sahen und Namen wie »Verdun« und »Saint-Cyr« auf den Panzertürmen lasen, steigerte sich ihr Jubel zu wilder Raserei. An jedem Panzer, Panzerspähwagen und Schützenpanzerwagen hingen Mädchen und Kinder wie Trauben. Von den Gehsteigen aus wurden die einziehenden Soldaten mit Blumen, reifen Tomaten, Mohrrüben, Rettichen und allem beworfen, was die Menschen hatten auftreiben können. Zu Fuß und auf Fahrrädern begleiteten sie die vorrückenden Truppen; immer wieder wogten brodelnde Menschenmassen heran.

Larry Leseur, der CBS-Reporter, fuhr in Langlades Kolonne mit. Als er sah, wie die französischen Panzer unwiderstehlich ins Zentrum von Paris rollten, traten ihm Tränen in die Augen. Er dachte an ein Erlebnis, das er 1940 gehabt hatte, als er auf der gleichen Straße Paris verlassen hatte: Eine Mutter, die mit wenigen Habseligkeiten auf der Flucht war, hatte einen Kinderwagen vor sich hergeschoben. Auf das Wagendach hatte sie einen Lindenzweig gesteckt, weil man ihr gesagt hatte, daß sie damit den Kinderwagen vor den todbringenden Stukas tarnen könne.

Nicht weniger begeistert wurden die Soldaten der amerikanischen 4. Division empfangen. Captain Ben Welles vom OSS, bis zu den Knöcheln in Blumen stehend, lehnte sich aus dem Wagen, um eine würdige grauhaarige Frau zu umarmen, die sich emporreckte und ihn küssen wollte. »Gott sei Dank, daß ihr hier seid«, sagte sie. »Jetzt wird Paris wieder Paris werden.« Drei Wochen später begegnete ihr der Diplomatensohn Welles bei einem offiziellen Anlaß wieder. Sie war die Enkelin von Ferdinand de Lesseps, dem Erbauer des Suezkanals. Colonel Barney Oldfield von der Presseabteilung von SHAEF sah eine alte Frau, die auf einer Bahre lag und einen Spiegel hochhielt, um auf diese Weise den Einzug der Befreier verfolgen zu können. »Paris ist frei, Paris ist frei!« rief sie immer wieder in den blauen Himmel hinein, der sich über den Dächern wölbte.

Überall, wo sich die amerikanischen Soldaten zeigten, steckten ihnen die dankbaren Franzosen alles zu, was sie hatten auftreiben können. Lieutenant Lee Lloyd sah neben seinem Schützenpanzerwagen eine Frau, die aus Leibeskräften rief: »Souvenir, souvenir!« Plötzlich wandte sie sich um und riß einem neben ihr stehenden Mann die Pfeife aus dem Mund, um sie mit einer freundlichen Geste Lloyd in die Hand zu drücken. Als sich der Mann aus Alabama von seiner Verblüffung erholt hatte und die Pfeife dem rechtmäßigen Eigentümer zurückgeben wollte, war der Wagen bereits wieder im Rollen; aber ehe das verdutzte Gesicht des Mannes in der Menge verschwand, sah der Lieutenant, wie er, wenn auch zögernd und resigniert, zu lächeln begann. Ein hübsches Mädchen eilte mit einer Schüssel voll kühler, frischer Trauben zu Lieutenant John Welch Morgan. Ein Deutscher, sagte sie, habe die Trauben in ihrem Laden stehenlassen. Als Morgan zu essen begann, bemerkte eine schöne Frau, die ihn beobachtete: »Dies sind die ersten Trauben, die ich seit vier Jahren sehe.« Beschämt bot Morgan ihr die Trauben an, aber sie entgegnete: »Nein, junger Mann, heute gehört alles euch.«

Auch viele der jubelnden Zivilisten längs der Einfallstraßen in die Stadt erlebten Denkwürdiges. Paul Bertrand, ein Bühnenbildner, starrte fassungslos auf die Jeeps der 2. Panzerdivision. Wenn die Amerikaner, so schoß es ihm durch den Kopf, ein solches Fahrzeug entwerfen können, »dann ist der Krieg ganz bestimmt gewonnen«. Wie in den östlichen Stadtvierteln die Franzosen auf die GIs eindrangen, um ihre Englischkenntnisse an den Mann zu bringen, so rannte Robert Miller, ein amerikanischer Rechtsanwalt, der seit dem Kriegseintritt der Vereinigten Staaten interniert gewesen war, auf eine vor seiner Wohnung an der Place de la Muette vorbeiziehende Abteilung der 2. Panzerdivision zu und stammelte auf französisch herzliche Worte des Willkommens. Verständnislos starrten ihn die Soldaten an. Die ganze Abteilung bestand aus spanischen Freiwilligen.

Aber es gab auch tragische Zwischenfälle, die die Freude des Einzugs überschatteten. General Eddie Siebert, der hinter dem Befehlspanzer von General Leclerc fuhr, mußte mit ansehen, wie der an der Spitze der Abteilung fahrende Panzer von einem deutschen Geschoß getroffen wurde und explodierte. Die französischen Panzersoldaten, die noch Sekunden zuvor lachend und glücklich ihren Landsleuten zugewinkt hatten, wurden in Stücke gerissen. Eine Gruppe von aufgebrachten Widerstandskämpfern stöberte die Deutschen auf, die das Geschoß abgefeuert hatten, metzelte sie nieder und »legte sie wie frisch geschlachtete Rinderhälften am Straßenrand zur Schau«. Brigadier Yves Ciampi, der in einem Schützenpanzer in der durch die Porte d'Orléans vorrückenden Marschkolonne fuhr, sah, wie plötzlich vor ihren rasch fahrenden Wagen ein älterer deutscher Soldat auftauchte. Seine Uniform war in Fetzen; er strampelte sich auf einem Fahrrad ab, und das klägliche Bild wurde durch einen Rucksack vervollständigt, in den er seine Habe hineingestopft hatte. Er wurde einfach überfahren. Als Ciampi zurückschaute, erblickte er »einen auf dem Straßenpflaster breitgequetschten roten Fleck; mehr war nicht übrig von dem, was Sekunden zuvor ein Mensch gewesen war«.

Im großen und ganzen stieß der Vormarsch der Alliierten anfänglich auf wenig Widerstand. In ihren Stützpunkten von den französischen Widerstandskämpfern umzingelt, blieben die Deutschen in der Defensive und warteten auf den Angriff. Gelegentlich eröffneten einzelne Widerstandsnester das Feuer; dann stoben die aufgeregten Pariser auseinander und ließen die Befreier allein auf den Straßen zurück.

Um acht Uhr hatten die ersten alliierten Abteilungen das Zentrum der Stadt erreicht. Capitaine Georges Buis, der erschöpft im Turm seines Panzers eingeschlafen war, fuhr auf, als die Motoren plötzlich verstummten. Mechanisch hob er den Kopf und schaute hinaus. Was er sah, gab ihm »den denkwürdigsten Schock« seines Lebens: vor ihm erhob sich im warmen Licht der Sonne Notre-Dame. Captain Billy Buenzle von der 38. Aufklärungsschwadron war in einer kleinen Nebenstraße am anderen Ufer der Seine auf die Panzerabteilung von Buis gestoßen. Unter lärmendem Jubel hatten sich die beiden Abteilungen, Franzosen und Amerikaner, die Ehre streitig gemacht, wer als erster auf dem Platz vor Notre-Dame anlangen würde. Es war ein totes Rennen gewesen. Jetzt teilte Buenzle seinem Kommandeur, Colonel Cyrus A. Dolph, per Funk mit, daß er sich im Mittelpunkt von Paris befinde. »Wie zum Teufel wissen Sie das?« fragte der alte Berufsoffizier Dolph. »Weil ich direkt vor Notre-Dame stehe«, entgegnente Buenzle.

Erschütternder noch als die Begeisterung der Massen waren für die Männer der 2. Panzerdivision plötzliche Wiederbegegnungen mit Angehörigen und Freunden. Von seinem Schützenpanzer »Larche« aus beobachtete Georges Bouchet auf der Avenue de la Bourdonnais eine Frau, die trotz des Gewehrfeuers über die Straße stürzte und einen vorrückenden Infanteristen umarmte. »Mein Sohn, mein Sohn«, schluchzte sie. In der Nähe der Place du Châtelet sah der Brigadier Georges Thiollat unversehens zwei vertraute Gesichter vor seinem Panzer auftauchen: fünfzig Meter vor ihm radelten ihm auf einem Tandem seine Eltern entgegen. Als der Capitaine André Gribius seine Eltern in Versailles wiedersah, dankte er Gott, daß er zufällig in seinem Jeep eine Verpflegungskiste hatte. Kaum kannte er seine Eltern wieder: seine Mutter hatte fast 20, sein Vater 15 Kilogramm abgenommen.

In der Nähe der Porte d'Orléans fuhr eine aufgeregte Frau mit dem Rad an einer Kolonne von Sherman-Panzern entlang. Jeder Panzerbesatzung stellte sie die gleiche Frage: Wo konnte sie »ein Regiment mit schwarzen Baskenmützen« finden? Es war Madame Boverat, die einen ihrer beiden Söhne suchte.

Das ergreifendste Wiedersehen erlebte der Caporal Lucien Davanture. Er wußte, daß sich sein Bruder in Paris verborgen hielt, um nicht nach Deutschland verschleppt zu werden. Während die Panzerkolonne durch die Straßen fuhr, verteilte der Fahrer des »Viking« Handzettel, auf die er eine Nachricht für seinen Bruder geschrieben hatte. Im Zentrum von Paris, vor dem Pont Neuf, bemerkte Davanture einen Mann, der sich vom

Ende der Kolonne her langsam bis zu seinem Panzer vorarbeitete. Als er sich auf wenige Schritte genähert hatte, riß Davanture fassungslos die Augen auf: es war sein Bruder, den er seit drei Jahren nicht mehr gesehen hatte, »unglaublich mager, in einer für ihn viel zu weiten Polizeiuniform, die Armbinde der FFI am Arm«. Erschüttert fielen sich die beiden Brüder in die Arme. Aber sie konnten nur kurze Zeit zusammenbleiben; schon nach wenigen Minuten erhielt der »Viking« den Befehl, weiter vorzurücken. Davantures Bruder versuchte, sich in den Panzer zu zwängen, mußte aber erkennen, daß kein Platz mehr für ihn war. Er schloß sich den Infanteristen an, die sich im Schutze des Panzers vorarbeiteten.

Nicht allen war ein so freudiges Wiedersehen mit ihren Angehörigen beschieden. Robert Perbal aus dem lothringischen Dorf Rombas erfuhr von einer Landsmännin, der er im 16. Arrondissement begegnete, daß sein Vater vor zwei Jahren nach Buchenwald verschleppt worden war. Als der Schützenpanzerwagen von Lieutenant Henri Karcher auf der Fahrt in das Stadtinnere kurz anhielt, trat ein bleicher junger Mann zu den Soldaten. »Entschuldigen Sie«, sagte er, »aber kennen Sie zufällig meinen Bruder Lucien Loiseau? Wir haben von ihm nichts mehr gehört, seit er sich vor drei Jahren de Gaulle angeschlossen hat.« Schweigend sah Karcher den Jüngling an. »Ja«, antwortete er schließlich, »ich habe Lucien Loiseau gekannt. Er war mein bester Freund.« Leiser fuhr er fort: »Er ist bei Bir Hakeim gefallen.« Ein Zucken ging über das Gesicht des jungen Mannes; wortlos wandte er sich ab.

Auch einige wenige amerikanische Soldaten erlebten an diesem Tag ein denkwürdiges Wiedersehen. Der Lieutenant Dan Hunter vom OSS war unter den ersten Amerikanern, die das Stadtzentrum betraten. Er hatte den Auftrag, den Petit Palais zu requirieren, in dem eine Dienststelle zur Vernehmung von Kollaborateuren eingerichtet werden sollte. Der Kurator des Museums an den Champs-Élysées sagte jedoch, daß das Gebäude nicht zur Verfügung gestellt werden könne, da in ihm eine kostbare Kunstsammlung untergebracht sei, die sich nicht wegtransportieren lasse. Hunter befahl ihm trotzdem, die Sammlung wegzubringen; seine Truppeneinheit würde um fünf Uhr eintreffen und das Haus übernehmen. Das sei unmöglich, entgegnete der Kurator, so rasch könne das Gebäude nicht geräumt werden; bei der Sammlung handele es sich um ein ganz besonderes Geschenk, das einer von Hunters Landsleuten, ein Mann namens Edward Tuck, dem französischen Staat vermacht habe. Hunter lachte und befahl dem Kurator, die Sammlung dennoch fortzuschaffen; er wolle die Verantwortung dafür übernehmen. Edward Tuck war sein Vetter.

»Jade Amicol«, der Chef der britischen Abwehr, der zusammen mit Nordlings Gruppe Paris verlassen hatte, kehrte mit den ersten alliierten Truppen zurück. Mit dem Lieutenant-Colonel Ken Downes vom OSS und dem Lieutenant John Mowinckle, einem bärtigen Offizier des Marinekorps, fuhr er vor der Klosterpforte vor, an der Alain Perpezat 22 Tage früher geläutet hatte. Die Superiorin Jean öffnete das Guckfenster einen Spaltbreit und schaute vorsichtig hinaus. Als sie sah, wer draußen stand, brach sie in ein lautes Kichern aus, so daß ihre ganze rundliche Gestalt wackelte, riß das Tor auf und hieß sie herzlich willkommen. Ihr Kichern verstummte jedoch, als sie sah, welchen Namen Downes, der vor dem Krieg als Reporter in Paris tätig gewesen war, auf den ersten amerikanischen Jeep gemalt hatte, der vor ihr Kloster kam. Er lautete ausgerechnet »Pet de Nonne[1]«. Dennoch war sie bereit, Downes und Mowinckle die Information zu geben, um derentwillen sie gekommen waren: eine genaue Aufstellung der deutschen Truppen, die im Norden und Osten von Paris auf dem Rückzug waren.

Nicht allen Soldaten war es vergönnt, den Empfang in Paris zu erleben. In Corbeil, zwanzig Kilometer südlich der Hauptstadt, stand ein amerikanischer Offizier hinter den geschlossenen Fensterläden eines Hauses, fünfzig Meter vom Ufer der Seine entfernt, und schaute durch die Ritzen in den Nebel hinaus. Es war der Lieutenant Jack Knowels, jener Offizier, dem befohlen worden war, für die »Parade« durch Paris für seine Soldaten Schlipse zu besorgen. Nun war er mit seiner Kompanie in Corbeil gelandet, wo er die Möglichkeit einer Überquerung der Seine auskundschaften sollte. Da nichts zu sehen war,

[1] »Pet de Nonne«, wörtlich »Nonnenfurz«, heißt im Volksmund ein beliebtes französisches Gebäck.

verließen Knowels und Sergeant »Speedy« Stone das Haus und nährten sich vorsichtig dem Ufer. Kaum hatten sie es erreicht, als die Deutschen das Feuer eröffneten. Knoweles, an den Schultern und am Gesäß getroffen, suchte hinter einem Baum Deckung. Plötzlich hörte er eine leise Stimme rufen: »Sanitäter, Sanitäter!« Es war »Speedy« Stone. Er verblutete am Ufer der Seine.

Zu dieser Zeit raste in Saint-Cloud ein Jeep über die steile Rue Dailly zur Seinebrücke hinab. Als Max Giraud vom 12. Afrikanischen Jägerregiment den Jeep sah, dachte er: »Der hat es ja eilig, nach Paris hineinzukommen.« Und tatsächlich, der Sergeant Larry Kelly, der Ire aus Pennsylvanien, hatte es eilig, wollte er doch seine Wette gewinnen und als erster amerikanischer Soldat in Paris einziehen. Kaum hatte er die Brücke erreicht, als auf der anderen Seite der Feuerwehrmann Jean David auftauchte, dessen neues Gewehr der Apothekerin Marcelle Thomas einige Stunden früher aufgefallen war. Als David das seltsame Fahrzeug und die ihm unbekannte Uniform des Fahrers sah, fuhr es ihm durch den Kopf: »Ein Boche!« Er riß sein Gewehr hoch und schoß auf den Jeep, bis das Magazin leer war. Von sechs Kugeln getroffen, brach Sergeant Kelly am Steuer des Wagens zusammen, der gegen das Brückengeländer prallte und dann zum Stehen kam. Das geschah nur fünfzig Meter vor der Stadtgrenze, die der Sergeant als erster amerikanischer Soldat hatte überschreiten wollen[1].

[1] Kelly ist nie nach Paris gekommen. Man brachte ihn in die Apotheke von Mademoiselle Thomas, die ihm Erste Hilfe leistete. Obwohl er starke Schmerzen hatte, bat der Sergeant die Umstehenden, den Feuerwehrmann, der irrtümlich auf ihn geschossen hatte, nicht zur Rechenschaft zu ziehen. Dann wurde er in ein nahe gelegenes Krankenhaus überführt, wo ihn drei Tage später der verzweifelte David besuchte und ihm eine Flasche Wein mitbrachte. Es stellte sich heraus, daß Kelly durch die Verletzungen gelähmt worden war. Er wurde in die Vereinigten Staaten zurückgebracht, blieb aber weiterhin mit Mademoiselle Thomas in Verbindung. In dem letzten der über zwanzig Briefe, die er ihr sandte, schrieb er: »Ich weiß noch nicht, wann ich wieder werde aufstehen können. Die Wunden schmerzen noch stark, aber das macht nichts, denn wir haben zur Befreiung eines prächtigen Volkes beigetragen, und ich werde im-

Einige hundert Meter von der Brücke entfernt, vor der Kellys Fahrt ein so jähes Ende gefunden hatte, saß in einer kleinen Wohnung in Boulogne-Billancourt eine Frau weinend am Tisch, auf dem, noch unberührt, das liebevoll hergerichtete Frühstück stand. Pierre Lorrain, ihr Gatte war nicht zurückgekommen. Im gleichen Augenblick, da er den seit vier Jahren gehegten Traum verwirklicht und auf den Renault-Werken die Trikolore gehißt hatte, war ein Lastwagen mit deutschen Soldaten unten auf der Straße vorbeigefahren. Sie hatten sofort das Feuer eröffnet. Von sieben Kugeln durchbohrt, war Lorrain unter der Fahne zusammengebrochen.

Als sich die alliierten Truppen den deutschen Stützpunkten näherten, mischte sich Gewehr- und Geschützfeuer in den Jubel der Massen. Die aufflammende Gefechtstätigkeit erinnerte plötzlich daran, daß sich in Paris noch fast 20 000 deutsche Soldaten befanden (die alliierten Truppen zählten nur wenig mehr), bereit, ihr Leben möglichst teuer zu verkaufen.

Erstaunt sah sich Lieutenant Pierre de la Fouchardière vom 501. Regiment um, als er an der Spitze seiner Panzerabteilung auf der Place de l'Observatoire anlangte. Eben noch war er durch jubelnde Menschenmengen gefahren, doch der Platz war völlig ausgestorben. Plötzlich hörte er Schüsse. Er sprang vom Panzer herab und rannte auf den einzigen Menschen zu, der weit und breit zu sehen war – einen alten Mann, der in einem Hauseingang kauerte.

»Monsieur«, stieß er hervor, »wo sind die Deutschen?«

mer an Sie denken.« Erschüttert durch den tragischen Vorfall, stellte Mademoiselle Thomas zur Erinnerung an Kelly und alle bei der Befreiung von Paris gefallenen amerikanischen Soldaten einen prächtigen Band mit Gedichten, Aufsätzen und Illustrationen Pariser Schriftsteller und Künstler zusammen, der den Titel »Nous nous souvenons« (Wir erinnern uns) trug. Kelly hat diesen Band allerdings nie erhalten; drei Tage, bevor ein Exemplar in Amerika eintraf, am 1. Oktober 1946, starb er im Militärkrankenhaus von Pennsylvanien an den Folgen seiner Verletzungen.

Die Deutschen waren nur eine Straßenlänge entfernt. Unter der achteckigen Kuppel des Palais du Luxembourg und im großen Park vor dem Palast hatten sich siebenhundert Mann verschanzt, um »bis zur letzten Patrone« zu kämpfen. Bei Tagesanbruch hatte Oberst Kayser an jeden seiner Soldaten eine »eiserne Ration« von einem halben Liter Cognac und einem Päckchen Zigaretten ausgeben lassen. Eugen Hommens, der Zahnarzt, der in der Nacht zuvor sich geweigert hatte zu desertieren, hatte ein Päckchen seiner Lieblingsmarke R 6 bekommen. An der Ostseite des Parks, in einem Bunker gegenüber der grauen Fassade der École des Mines, saß der 27jährige Feldwebel Martin Herrholz vom 190. Sicherungsregiment und betrachtete zuversichtlich die vor ihm liegende Panzerfaust. Mit dieser Waffe hatte er bei Rostow am Don das EK I erworben, als er mit vier Schüssen vier russische T 34 »erledigt« hatte. Heute würde er erstmals Gelegenheit haben, auf einen amerikanischen Panzer zu feuern.

In ihren Schützengräben zwischen den Geranien und Begonien, die Feldmarschall Hugo Sperrle in den vier Jahren der Besetzung so sorgfältig hatte pflegen lassen, beobachteten der Obergefreite Hans Georg Ludwigs und seine Kameraden von der 6. Fallschirmjägerdivision die Parkeingänge, die im Feuerbereich ihrer Maschinengewehre lagen. Über ihnen, auf dem Dach des Palastes, saß ein Beobachter mit einem Fernglas und verfolgte jede Bewegung auf den Straßen, die zum Palast führten. Bei der Annäherung alliierter Truppen sollte er Oberst von Berg informieren, der sich zehn Meter unter der Erde in Sperrles altem Luftschutzbunker eingerichtet hatte, um von dort aus den Kampf zu leiten. Das Rückgrat seiner Streitmacht waren die Panzer des 5. Sicherungsregiments, die rings um den Palast postiert waren. In einem dieser Panzer, dessen Kanone auf die Rue de Vaugirard gerichtet war, saß der Unteroffizier Willy Linke, der vor fünf Tagen den ersten Angriff auf die Polizeipräfektur unternommen hatte. Durch sein Periskop konnte er die Säulen des Odéon-Theaters und die Dächer der Sorbonne sehen. Die Straßen waren verlassen, die Fensterläden geschlossen.

Der riesige Gebäudekomplex, den die Soldaten des Oberst von Berg verteidigen sollten, war fast so groß wie ein ganzes Stadtviertel. Den Mittelpunkt bildete der Palast, an den sich im Westen der »Petit Luxembourg« anschließt, der frühere Sitz des Senatspräsidenten. Südlich des Parks befindet sich ein langgestrecktes Gebäude, das Lycée Montaigne, und daneben erhebt sich die hohe Fassade der École des Mines.

Kaum sechzig Meter von den Bunkern zu beiden Seiten der École entfernt, in einem Raum im Hause Rue de l'Abbé-de-l'Épée Nr. 12, in dem Hunderte von Gymnasiasten vor dem Krieg ihre Prüfungen abgelegt hatten, traf ein junger Mann mit struppigem Haar, der nicht viel älter als ein Oberschüler war, die letzten Vorbereitungen für den Angriff auf Park und Palast. Er hieß Pierre Fabien, war 25 Jahre alt, aber in Spanien und in der Tschechoslowakei, wo er als Freiwilliger gegen die Faschisten gekämpft hatte, schon dreimal verwundet worden. Zweimal war er aus den Kerkern der Gestapo entflohen, das eine Mal wenige Minuten, bevor er hingerichtet werden sollte. Vor zwei Jahren hatte der junge kommunistische Oberst in der Métro-Station Barbés den ersten deutschen Offizier niedergeschossen, der im besetzten Paris getötet worden war.

Seit 36 Stunden hatten Fabien und seine nur mit leichten Waffen ausgerüsteten Männer die Deutschen in der Umgebung des Luxembourg-Palastes bedrängt und sie gezwungen, sich in die Parkanlagen und den Palast zurückzuziehen. Jetzt, da die 2. Panzerdivision bereits in der Stadt war, konnte er endlich ausführen, worauf er schon seit einer Woche brannte: Er befahl seinen Leuten, den Palast zu stürmen.

Mit weit offenem Hemd, blau-weiß-roter Armbinde und einem alten Mausergewehr in der Hand schlich auf der Rue de l'Odéon ein junger Mann an den Hauswänden entlang dem Palais du Luxembourg zu. Er gehörte zu Fabiens Abteilung und hieß Jacques Guierre. An diesem Tag war er zwanzig Jahre alt geworden. Er hatte den Befehl, die Zufahrtswege zum Palast zu beobachten. Auf der Place de l'Odéon angelangt, betrat er das Café Arbeuf, von wo aus er die deutschen Panzer in den Parkanlagen der Luxembourg hören und hinter dem Théâtre de l'Odéon die behelmten Verteidiger des Palastes sehen konnte. Der weißhaarigen Besitzerin des Cafés, Madame Arbeuf, vertraute Guierre an, daß er ins Theater müsse, um von dort aus die Stellungen der deutschen Posten auszukundschaften.

»Hast du wenigstens schon etwas gegessen?« fragte Madame Arbeuf. Als Guierre verneinte, schob sie ihm ein riesiges belegtes Brot und ein Gläschen Sancerre zu: »Dann iß das! Es kämpft sich besser mit vollem Magen.« Der junge Widerstandskämpfer aß hastig, bedankte sich, nahm sein altes Mausergewehr in die Hand und eilte mit dem Ruf: »Vive la France!« wieder auf den Platz hinaus. Einige Sekunden später fielen Schüsse. Madame Arbeuf sah, wie der junge Mann zu Boden stürzte, während sich sein weißes Hemd rot verfärbte. Jacques Guierre starb an seinem Geburtstag.

Mehrere Detonationen ließen die Häuser erzittern. Zwei Panzer des Obersten Kayser hatten einen Ausfall gemacht, um eine Gruppe von Widerstandskämpfern unter Beschuß zu nehmen, die sich in einem kleinen Hotel an der Ecke der Rue de Vaugirard und der Rue Monsieur-le-Prince versteckt hatte. Von den Fenstern aus warfen die Männer Handgranaten auf die Panzer, aber sie prallten wirkungslos ab. In einem der Zimmer explodierte eine Granate und setzte das Mobiliar in Brand. Schwarzer, beißender Rauch wälzte sich durch die Räume. Zwei Mädchen in bunten Sommerkleidern eilten von Raum zu Raum und schleppten die Verwundeten in den Speisesaal. Hinter der Tür im Erdgeschoß stand ein Mann im Unterhemd, ein blitzendes Messer in der Hand. Es war ein Metzger aus der Nachbarschaft, der sich vorgenommen hatte, dem ersten Deutschen, der in das Gebäude einzudringen versuchte, die Kehle durchzuschneiden. Plötzlich sahen die bedrängten Widerstandskämpfer, daß die deutschen Panzer mit aufheulenden Motoren in das Parkgelände des Luxembourg zurückrasten, und gleich darauf hörten sie auf dem Boulevard Saint-Michel andere Panzer heranrattern.

Es waren die Sherman-Panzer unter der Führung von Lieutenant Pierre de la Fouchardière. Endlich war der Offizier auf die Deutschen gestoßen. Vom Turm seines Panzers aus beobachtete er die Fassade der École des Mines, der sich die Gruppe näherte.

Der Feldwebel Martin Herrholz, der Panzerfaust-Spezialist,

visierte den anrollenden Panzer an. Aber noch ehe er abdrükken konnte, hatte de la Fouchardière den Bunker erspäht und rief seinem Fahrer, Lucien Kerbrat, zu: »Nach rechts, schnell!« Während der Panzer in die Rue de l'Abbé-de-l'Épée raste, um sich in Sicherheit zu bringen, feuerte Herrholz seine Panzerfaust ab. Zu spät. Das Geschoß flog wenige Zentimeter hinter dem Panzer vorbei und explodierte in einem Hauseingang. Fluchend sah Herrholz, wie sein Ziel hinter der Straßenecke verschwand.

De la Fouchardière sprang auf die Straße und forderte drei von Fabiens Leuten auf, mit ihm die Stellungen der Deutschen in der École des Mines auszukundschaften. Sie drangen in ein Haus ein, das der Schule gegenüberlag, und eilten in den vierten Stock hinauf. Dort läuteten sie an der ersten Tür, die sie fanden. Eine alte, in Schwarz gekleidete Dame öffnete ihnen. »Lieutenant de la Fouchardière von der Division Leclerc«, stellte sich der Offizier vor, salutierte und ergriff die Hand der Dame, um sich mit einem formvollendeten Handkuß für ihr Eindringen zu entschuldigen. Dann zog er seine Begleiter ohne weitere Umstände in den Salon, von wo aus sie in die Fenster der kaum 30 Meter entfernten École hineinschauen konnten. Die Fenster waren durch Sandsäcke verbarrikadiert; dahinter waren die Stahlhelme der deutschen Verteidiger sichtbar. In den vierzig Monaten, die der Leutnant im aktiven Dienst verbracht hatte, war er dem Feind noch nie so nahe gewesen. Ein merkwürdiges Gefühl überkam ihn. Wie ein Held aus einem Wildwestfilm riß er den schweren Colt aus der Pistolentasche, stellte sich neben dem Fenster auf und feuerte auf die überraschten Deutschen. Sofort wurde das Feuer erwidert, und bald erfüllte beißender Pulverdampf den eleganten Salon der alten Dame, die erstaunt, aber würdevoll in einem Lehnstuhl in der Ecke saß und zusah, wie sich der Raum in ein kleines Schlachtfeld verwandelte. Als de la Fouchardière seine ganze Munition verschossen hatte, legte er die rauchende Pistole auf die polierte Platte eines Louis-Seize-Tisches und ließ sich glücklich und erschöpft auf ein rotes Plüschsofa fallen.

Inzwischen hatten die Panzer des 501. Regimentes, dem de la Fouchardière angehörte, das Palais du Luxembourg eingekreist. Der Panzerkommandant Willy Linke vernahm im Kopfhörer die scharfe, trockene Stimme von Oberleutnant Klaus Kuhn: »Vier Feindpanzer nähern sich auf der Rue Gay-Lussac!« Wo zum Teufel ist diese Rue Gay-Lussac? fragte sich Linke. Endlich entdeckte er im Periskop 50 Meter rechts ein Sturmgeschütz, das langsam auf ihn zurollte. Aber im gleichen Augenblick hatte auch Lieutenant Philippe Duplay, der Kommandant der Haubitze, Linkes Panzer erspäht und seinem Fahrer befohlen, in eine Nebenstraße einzubiegen, noch ehe Linke das Feuer eröffnen konnte. Was nun? Zuerst wollte Duplay mit seiner Abteilung durch den Park auf den Luxembourg-Palast vorstoßen, aber noch rechtzeitig fiel ihm ein, daß das ein verhängnisvoller Fehler sein könnte, da die Parkanlagen sicherlich vermint waren. Er beschloß, mit einer Infanterieabteilung und einigen von Fabiens Leuten zuerst das Gelände zu erkunden. Mit gewaltigen Sätzen rasten sie über den Boulevard Saint-Michel. Zum Glück hatte eine Granate in das Eisengitter, das den Park umgab, ein Loch gerissen, durch das ein Mann sich hindurchzwängen konnte. Kaum war der erste der Gruppe auf der anderen Seite des Gitters, als die deutschen Maschinengewehre das Feuer eröffneten. In die Brust getroffen, brach der Kürassier Marcel Portier zusammen. Halb bewußtlos, die Hände in die blutende Wunde verkrallt, stöhnte er: »Mama, Mama ...«, während seine Kameraden versuchten, ihn an den Füßen zurückzuziehen. Mit Hilfe eines von den Deutschen zurückgelassenen Pickels gelang es ihnen schließlich, das Loch in der Umzäunung so zu erweitern, daß der Verwundete hindurchgebracht werden konnte.

Währenddessen gelangte 300 Meter weiter südlich der Capitaine Alain de Boissieu, Kommandant der Schutzstaffel des Generals Leclerc, mit seinem Jeep auf die Place de l'Observatoire. Entschlossen, die Deutschen unter allen Umständen aus dem Palais du Luxembourg zu verjagen, befahl er seinen Panzern, das Senatsgebäude unter Beschuß zu nehmen. Der auf dem Dach des Palastes eingerichtete Beobachtungsstand wurde durch einen Volltreffer zerfetzt; Boissieu sah, wie der Körper des dort postierten Feldgendarmen in einer Fontäne von Balken und Ziegeln emporgeschleudert wurde.

In erster Linie mußten jedoch die deutschen Panzer ausgeschaltet werden. Wegen des unerwarteten Widerstandes der

Verteidiger des Senatsgebäudes konnte General Leclerc sein Hauptquartier nicht, wie vorgesehen, im Hôtel Crillon einrichten, sondern mußte sich mit der Gare Montparnasse begnügen. Wenn die im Park aufgestellten deutschen Panzer einen Ausfall machten, um den Bahnhof anzugreifen, konnten sie durch nichts aufgehalten werden. Deshalb mußten sie unbedingt außer Gefecht gesetzt werden.

Die im Palast eingeschlossenen Deutschen machten keine Anstalten, sich zurückzuziehen oder zu ergeben. Im prächtigen getäfelten Speisesaal, in dem einst Napoleon und Josephine ihre Gäste empfangen hatten, war eine Verbandsstation eingerichtet worden, geleitet von dem 28jährigen Stabsarzt Heinrich Draber. Ihm zur Seite stand der Zahnarzt Eugen Hommens, der den zu Dutzenden auf dem dreihundert Jahre alten Teppich liegenden Verwundeten Verbände anlegte. Zwischendurch mußte er oft einen Schluck Cognac trinken, denn der Geruch von Äther und Blut schlug ihm auf den Magen.

In der im ersten Stock gelegenen Küche wurde der Gefangene Paul Pardou immer noch von dem dicken Koch Franz bewacht, aber dieser hatte sich über Nacht völlig verändert. »Alles kaputt, alles kaputt«, murmelte er unaufhörlich verzweifelt vor sich hin.

Im Bunker neben der École des Mines hatte der Feldwebel Martin Herrholz wieder einen Sherman-Panzer im Visier seiner Panzerfaust. Diesmal verfehlte er sein Ziel nicht. Breitseits getroffen, stand der Panzer sofort in Flammen. Im gleichen Augenblick aber hatte der Caporal Claude Hadey, dessen Panzer sich an der Ecke der Rue Soufflot postiert hatte, den Bunker erspäht, sein Geschütz abgefeuert und den Bunker zerstört. Als Herrholz unter den Trümmern hervorkletterte, sah er, daß die beiden Soldaten neben ihm tot waren; er selbst war jedoch unverletzt.

Der Lieutenant Philippe Duplay war eben mit dem verwundeten Marcel Portier zu seinem Panzer zurückgekehrt, als aus dem Funkgerät die zornige Stimme von Capitaine de Boissieu ertönte: »Die Panzer, in Gottes Namen, erledigt die Panzer!« Im gleichen Augenblick hielt ein amerikanischer Schützenpanzerwagen neben ihm; ein schweißüberströmter Soldat sprang heraus. Duplay kratzte alle seine Englischkenntnisse zusammen und fragte den Amerikaner: »Excuse me, sir, do you have a bazooka?« (Entschuldigen Sie, mein Herr, haben Sie eine Panzerfaust?)

Wenige Minuten später sah man zwei junge Männer, die in aller Seelenruhe den Boulevard Saint-Michel überquerten, als ob sie sich auf dem Weg zu ihrem Klub befänden. Ohne sich um die Geschosse zu kümmern, die das Straßenpflaster aufspritzen ließen, gingen sie mit geschulterter Panzerfaust entschlossenen Schrittes auf den Palast zu, um mit dem Panzer von Willy Linke abzurechnen.

5

Während der Lieutenant Duplay und der unbekannte amerikanische Soldat sich dem Luxembourg-Palast näherten, beendeten die Soldaten der 2. Panzerdivision die Einkreisung der übrigen deutschen Stützpunkte: der Abgeordnetenkammer, des Außenministeriums am Quai d'Orsay, des riesigen Gebäudekomplexes der École Militaire, des Hotels Majestic, des Gebietes rings um den Triumphbogen, der Place de la République, des Hôtel Crillon, des Gebäudes der Kriegsmarine, und der gesamten Rue de Rivoli, in der General von Choltitz sein Hauptquartier hatte.

Inzwischen hatte Colonel Pierre Billotte endlich die Informationen in Händen, die »Bobby« Bender in der Nacht zuvor Lorrain Cruse anvertraut hatte. Da Billotte wußte, wie verlustreich ein Angriff auf die deutschen Stützpunkte werden konnte, beschloß er, von Choltitz ein Ultimatum zu stellen. Cruse war auf Grund von Benders Äußerungen fest überzeugt, daß allein schon die Tatsache, daß sich die 2. Panzerdivision in der Stadt befand, Choltitz zur Kapitulation veranlassen würde. Billotte verfaßte also eine in scharfem Ton gehaltene Erklärung für den deutschen General, und um ihr mehr Gewicht zu verleihen, beförderte er sich kurzerhand zum Brigadegeneral; er forderte den deutschen Befehlshaber auf, binnen einer halben Stunde »jeglichen Widerstand einzustellen«, widrigenfalls würden seine Truppen »restlos vernichtet« werden. Dieses Ultimatum ließ er durch einen seiner Offiziere zum schwedischen Konsulat bringen, wo Bender sich aufhielt. Bender war über den scharfen

Ton Billottes sehr unglücklich, denn wie er von Choltitz kannte, würde sich dieser auf ein solches Ultimatum hin nicht ergeben. Da Nordling ihn drängte, fand er sich jedoch schließlich bereit, die Aufforderung ins Hotel Meurice zu bringen. Nachdem er die deutschen Sperren glücklich hinter sich gebracht hatte, überreichte er das Ultimatum dem Grafen von Arnim, der es unverzüglich an von Unger weitergab. Der kühle, stramme Stabschef las es durch und sagte, es sei ganz und gar unannehmbar. Dann ging er ins Arbeitszimmer des Befehlshabers von Groß-Paris, zeigte aber das Schreiben nicht vor, sondern meldete nur: »Die Franzosen haben Ihnen ein Ultimatum gestellt.« Von Choltitz entgegnete trocken: »Ultimaten akzeptiere ich nicht.« Das Schreiben wurde an Bender zurückgegeben.

Wenige Minuten später teilte Bender völlig niedergeschlagen dem Verbindungsmann der Division Leclerc mit, daß das Ultimatum abgelehnt worden sei. Er fügte jedoch hinzu, daß er den Eindruck habe, der General werde nur symbolischen Widerstand leisten und die Kapitulation seiner Truppen befehlen, wenn er durch eine ausreichend starke alliierte Streitmacht angegriffen und gefangengenommen würde, so daß seiner Soldatenehre Genüge getan sei. Nachdenklich sah er den französischen Offizier an und schloß: »Konzentrieren Sie Ihren Angriff zuerst auf das Hotel Meurice. Auf diese Weise ist es vielleicht möglich, daß die anderen Gebäude, in denen sich die Wehrmacht verschanzt hat, verschont bleiben.«

Im Führerhauptquartier in Ostpreußen wollte Adolf Hitler es einfach nicht wahrhaben, daß er nun auch noch das letzte außerdeutsche Kleinod eines Reiches verlieren sollte, das tausend Jahre hätte dauern sollen. In der Nacht zuvor hatte der durch den plötzlichen Vormarsch der 2. Panzerdivision völlig überraschte Feldmarschall Model dem OKW mitgeteilt, daß die Lage in Paris »kritisch« geworden sei. Es war ihm nicht gelungen, den alliierten Vormarsch noch vor der französischen Hauptstadt zum Stehen zu bringen; seine Gegenmaßnahmen waren um knappe 24 Stunden zu spät gekommen. Er mußte das OKW davon in Kenntnis setzen, daß die 47. Infanteriedivision, die er, um die Garnison bis zum Eintreffen der 26. und 27. Panzerdivision zu verstärken, in Marsch gesetzt hatte, frühestens am Mittag des 25. August den Stadtrand erreichen konnte. Verzweifelt hatte der Feldmarschall in der ganzen Umgebung von Paris kleinere Einheiten zusammentrommeln lassen – ein Schützenpanzer-Bataillon, ein Infanterieregiment und die kläglichen Reste einer in der Normandie zerschlagenen Panzerdivision –, damit von Choltitz bis zum Eintreffen der Verstärkungen die Stadt halten konnte. Aber die Verstärkungen waren zu schwach, und sie kamen zu spät.

Als die Führerbesprechung im OKW begann, hatte Hitler den am Mittag abgesandten Operationsbericht der Heeresgruppe B vor sich, der wenige Minuten zuvor in Rastenburg eingegangen war. Darin wurde gemeldet, daß sich die alliierten Truppen im Herzen von Paris befänden, wo sie »unsere Stützpunkte mit Artillerie und Infanterie angreifen«. Diese unerwartete Nachricht führte bei Hitler zu einem seiner immer häufiger werdenden Wutausbrüche. Zornbebend wandte er sich an Jodl und schrie ihn an, daß er seit einer Woche befohlen habe, die französische Hauptstadt bis zum letzten Mann zu verteidigen. Und nun müsse er ganz plötzlich erfahren, daß ihm Paris, das Symbol seiner überwältigenden Siege, entrissen werde. Aber das werde er niemals zulassen. Wenn Paris falle, werde die ganze Seine-Front zusammenbrechen. Ferner müsse man die Raketenabschußbasen zurückverlegen, von denen aus der Kampf gegen England geführt werde.

Dann verstummte Hitler, um erst nach längerer Pause fortzufahren: Wenn Paris trotz aller Anstrengungen falle, dürfe der Feind nur noch ein »Trümmerfeld« vorfinden. Plötzlich übermannte ihn wieder der Zorn. Er habe, so brüllte er, bereits die nötigen Befehle zur völligen Vernichtung der Stadt gegeben, habe selbst Sondereinheiten ausgewählt, die die Zerstörungen vorbereiten sollten. Und an den Chef des Generalstabs gewandt, fragte er mit heiserer Stimme, ob seine Befehle ausgeführt worden seien. »Jodl«, schrie er, »brennt Paris?«

Ein lähmendes Schweigen breitete sich im Führerbunker aus. General Walter Warlimont, der Protokollführer, sah ringsum die erstarrten Gesichter der Generale. Sogar der unerschütterliche Jodl schien entsetzt zu sein. Steif und regungslos saß er auf seinem Stuhl.

»Jodl«, wiederholte Hitler, »sagen Sie mir: brennt Paris? Brennt Paris in diesem Augenblick, Jodl?« Als der General immer noch keine Antwort gab, befahl ihm Hitler, einen seiner Offiziere unverzüglich das Oberkommando West anrufen und sich über den derzeitigen Stand der Zerstörungsarbeiten in Paris berichten zu lassen. Dann forderte Hitler Jodl auf, den OB West, Model, selbst anzurufen und nochmals den Befehl durchzugeben, daß Paris »bis zum letzten Mann« verteidigt und »in einen Trümmerhaufen verwandelt« werden müsse. Ehe er sich der Lage an der Ostfront zuwandte, verkündete der Führer noch einen »letzten Entschluß«. Falls es den Alliierten gelingen sollte, Paris einzunehmen, würden die dadurch unhaltbar gewordenen V-Basen noch ein letztes Mal spektakulär eingesetzt werden: Paris sollte unter massiven V-Waffen-Beschuß genommen und die Zerstörung der Stadt durch alle verfügbaren Luftstreitkräfte vollendet werden.

In der französischen Hauptstadt, die unaufhaltsam Hitlers Zugriff entglitt, waren Freude und Trauer dicht nebeneinander. An einer Straßenecke wurden die einrückenden Alliierten von den aus ihren Häusern geeilten Menschen in einem wahren Taumel der Begeisterung begrüßt; aber schon an der nächsten Ecke wurden die Befreier von einem Geschoßhagel und beißendem Qualm empfangen und mußten sich Meter für Meter mühsam an die deutschen Stützpunkte heranarbeiten. In der Nähe des Palais du Luxembourg lag, von Blumen bedeckt, die Leiche des unbekannten amerikanischen Soldaten, der zusammen mit Philippe Duplay losgezogen war, um mit dem Panzer von Willy Linke »abzurechnen«. Wenige Minuten vor ihrem Ziel hatte ihm eine wohlgezielte Kugel den Kopf zerschmettert.

Vom Balkon ihrer Wohnung aus, die sie so oft Jacques Chaban-Delmas für die heimlichen Zusammenkünfte seiner Widerstandsgruppe zur Verfügung gestellt hatte, beobachtete Madame Solange Pécaud, wie Leclercs Soldaten auf die von den Deutschen verteidigte École Militaire vorrückten. Vielleicht bemerkte sie auch die beiden Panzerspähwagen, die mit aufheulenden Motoren über das Marsfeld dem Eiffelturm zurasten. Als sie in die Stadt einfuhren, hatte der Fahrer des einen Wagens, der Brigadier Pierre Lefèvre, mit dem Fahrer des anderen Spähwagens, Étienne Kraft, gewettet, daß er als erster den Eiffelturm erreichen werde; der Verlierer sollte dem Gewinner ein Essen im Maxim bezahlen. In der Nähe des Marsfeldes hatten beide Fahrer für einen Augenblick den Krieg vergessen und waren unter dem Jubel der Besatzungen losgebraust. Als Kraft mit mehr als 60 Stundenkilometer zwischen die Pfeiler des Turms raste, wurde ihm plötzlich siedend heiß: »Mein Gott, und wenn sie nun das Gelände vermint haben?« Aber schon hielt er mit kreischenden Bremsen direkt unter dem Turm. Es war nichts passiert. Er hatte die Wette gewonnen.

Fast im gleichen Augenblick sank auf ihrem sonnigen Balkon Madame Solange Pécaud zusammen. Eine verirrte Kugel hatte sie getroffen. Die junge Frau war sofort tot.

Hoch über dem Kopf des jauchzenden Étienne Kraft fand ein anderer Wettlauf statt. Keuchend arbeitete sich ein Mann die zahllosen Stufen des Eiffelturms empor, ein flüchtig zusammengeschnürtes Paket unter dem Arm. Es war der Feuerwehrhauptmann Raymond Sarniguet mit seiner Trikolore. Zwischen den Eisenträgern des Turms konnte er über sich den Mann sehen, den er einholen wollte. Sarniguet wußte, daß auch dieser Mann eine Trikolore trug und entschlossen war, sie als erster auf dem Eiffelturm zu hissen. Das letzte Mal war der Feuerwehrhauptmann die 1750 Stufen bis zur Turmspitze am 13. Juni 1940 emporgestiegen, um 7.30 Uhr morgens; damals hatte er, wie ein Kind weinend, die Trikolore einholen müssen, an deren Stelle dann vier Jahre lang die Hakenkreuzfahne geweht hatte.

Obwohl er vor Erschöpfung fast zusammenbrach, beschleunigte Sarniguet seinen Aufstieg, und 200 Stufen unterhalb der Turmspitze konnte er seinen Rivalen endlich einholen. Eine Weile schleppten sich die beiden Männer, einander argwöhnisch beobachtend, nebeneinander her, aber kurz vor der obersten Plattform stürzte Sarniguet mit letzter Kraft voran und erreichte als erster den Fahnenmast. Er hatte gewonnen. Dann schnürte er sein Paket auf und hißte die französische Fahne auf dem Wahrzeichen von Paris.

Es war eine armselige Fahne. Der Feuerwehrhauptmann hatte sie drei Wochen früher aus drei Bettüchern zusammengenäht; das Rot war rosa, das Weiß grau und das Blau violett. Aber es war die französische Trikolore. Am Mittag des 25. August 1944 wehte sie wieder über der französischen Hauptstadt.

6

»Achtung!«

Die Offiziere, die sich unter den Leuchtern des Speisesaals versammelt hatten, knallten die Hacken zusammen. In der gleichen enganliegenden Uniform, die Dietrich von Choltitz neunzehn Tage früher bei der Begegnung mit Hitler getragen hatte, das Eiserne Kreuz an die Brust geheftet, betrat der General den Raum. Er verzog keine Miene, als er die Offiziere mit einem leichten Kopfnicken begrüßte und dann auf seinen Tisch zuschritt, der sich in der Nähe der Fenster befand. Obwohl sein Gesicht Müdigkeit verriet, ging er in straffer Haltung.

Als er an seinen Tisch trat, bat ihn der Oberst Hans Jay, sich nicht an seinen üblichen Platz mit dem Rücken zum Fenster zu setzen, da eine verirrte Kugel ihn gefährden könne. »Sie haben recht«, entgegnete von Choltitz leise, »aber gerade heute werde ich mich dorthin setzen, wo ich immer gesessen bin.« Mit diesen Worten rückte der General seinen Stuhl zurecht und ließ sich nieder.

Der 29jährige Capitaine Jacques Branet und seine 200 Soldaten, die, kaum einen Kilometer vom Hotel Meurice entfernt, auf der Place du Châtelet in Bereitschaft standen, hatten den Befehl, den deutschen General gefangenzunehmen. Branet teilte seine Kampfgruppe in drei Abteilungen. Die erste sollte über den Quai de la Mégisserie und durch die anmutigen Bogengänge des Louvre in die Tuileriengärten vorstoßen, die zweite an den eleganten Geschäften in der Rue Saint-Honoré vorbei zur Place Vendôme marschieren und das Hotel Meurice von hinten angreifen. Mit der dritten Abteilung, die er selbst befehligte, wollte Branet unter den 130 Jahre alten Arkaden der Rue de Rivoli direkt zur Kommandantur vordringen.

Der Angriff begann wie ein Sonntagsspaziergang. Als Henri Karcher, der Leutnant, der tags zuvor in Orsay nach seinem Sohn gesucht hatte, mit seinen Infanteristen und einer Abteilung von Rols Widerstandskämpfern in die Rue de Rivoli einbog, wurde er von einer jubelnden Menschenmenge begrüßt, die so begeistert war, daß die Polizei alle Mühe hatte, sie zurückzuhalten. Die prächtige Straße bot einen erstaunlichen Anblick: bis hin zum Palais-Royal und bis zu den Tuilerien wehte aus jedem Fenster die Trikolore. Aber von den Tuilerien bis zur Place de la Concorde beherrschten andere Fahnen das Straßenbild: die roten Hakenkreuzfahnen des nazistischen Deutschland.

Den langsam vorrückenden Infanteristen Karchers folgten die Sherman-Panzer des 501. Regiments. Bei jedem kurzen Aufenthalt kletterten Frauen und Mädchen auf die Fahrzeuge und überhäuften die Soldaten mit Blumen und Küssen. An der Ecke der ihrer vielen Bordelle wegen einst weltbekannten Rue des Lavandières sah Jacques d'Estienne, Kanonier des Panzers »Laffaux«, plötzlich ein rothaariges Mädchen, das sich ihm in die Arme warf; die stürmische Umarmung brachte ihn zu Fall, und alsbald kletterte das Mädchen zu ihm in den Panzerturm. Im gleichen Augenblick hörte er im Kopfhörer den Befehl: »Vorwärts!« Der Panzer fuhr an, und als sich d'Estienne wieder aufgerappelt hatte, sah er aus der Luke seines Fahrers, Jacques Nudd, einen zweiten weiblichen Blondschopf ragen. Mit diesen neuen »Besatzungsmitgliedern«, zwei lachenden jungen Pariserinnen, begann der »Laffaux« den Angriff auf das Hotel Meurice.

Inzwischen war die jubelnde Menschenmenge zurückgeblieben. Die Straße, die sich vor Karchers Infanteristen erstreckte, war völlig ausgestorben. Gelegentlich hörten sie, wie über ihnen ein Fenster geöffnet wurde. Bei diesem Geräusch richteten sie sofort die Gewehre empor. Aber noch hatten sie die Tuilerien nicht erreicht. In den Fenstern erschienen nur die verängstigten Gesichter ihrer Landsleute, die sie durch Handzeichen auf Gefahren aufmerksam machten.

Durch die Schießscharten seines Bunkers am Rande der Tuilerien beobachtete Hauptmann Otto Nietzki die vorrückenden französischen Soldaten. Ihn erinnerte der Anblick dieser Gestalten an eine »Karfreitagsprozession«.

In den Tuileriengärten hatte Feldwebel Werner Nix keine Zeit, sich nach dem herannahenden Feind umzusehen. Er eilte von einem Panzer zum anderen, warf jeder Mannschaft ein paar Zigarettenpäckchen zu und wünschte allen »Hals- und Beinbruch«. Beim letzten Panzer angelangt, hörte er plötzlich hinter einem Kinderkarussell ein merkwürdiges Grunzen. Es kam von den Überlebenden einer Schweineherde, die der Oberfeldwebel Heinrich Obermüsserl drei Tage zuvor aus der Rue Marbeuf hergebracht hatte. Aber noch erstaunlicher war das Schauspiel, das sich dem Feldwebel am Rand eines Wasserbekkens bot: seelenruhig stand ein Offizier da und pinselte sich das Gesicht mit Rasierseife ein. Der will wohl ordentlich aussehen, wenn es ans Sterben geht, dachte der verblüffte Werner Nix.

Von einem Fenster des Hotels Meurice aus konnten jetzt auch Fritz Gottschalk und Hubert Kausser vom 1. Sicherungsregiment die Soldaten der Abteilung Karcher sehen, die sich vorsichtig von Pfeiler zu Pfeiler vorarbeiteten. Hinter ihnen rollten langsam die Panzer heran. Zu Füßen der beiden Deutschen, auf dem roten Teppich des Hotelzimmers, lagen die Munitionsgurte für ihr MG 42. Im Erdgeschoß betrat der Gefreite Helmut Mayer leise den Speisesaal, neigte sich zu General von Choltitz herab und murmelte: »Sie kommen, Herr General!«

Vor dem Hotel, auf der Rue de Rivoli, tauchte plötzlich ein deutscher Panzer auf. Sofort eröffnete der an der Spitze der französischen Kolonne fahrende Panzer, der »Douaumont«, das Feuer. Schon die erste Granate saß im Ziel. Das deutsche Fahrzeug ging in Flammen auf.

Das war das Zeichen zum Kampf. Durch die Wucht der auf der Straße explodierenden Granaten wurden die Fenster des Speisesaals zertrümmert, aber von Choltitz aß ungerührt weiter. Dann stand er ruhig auf und richtete einige Worte an seine Offiziere, die bereits ungeduldig darauf warteten, den gefährdeten Raum verlassen zu können. »Meine Herren«, sagte er, »unser letzter Kampf hat begonnen. Gott schütze Sie.« Und er fügte hinzu: »Ich hoffe nur, daß die Überlebenden regulären Truppen, nicht aber der Bevölkerung in die Hände fallen.« Dann verließ er den Raum, um sein Arbeitszimmer im ersten Stock aufzusuchen. Neben den Sandsäcken, die auf dem Treppenabsatz aufgeschichtet waren, hielt er inne und sprach zu dem grauhaarigen Soldaten hinter dem Maschinengewehr, dessen Mündung auf den Hoteleingang gerichtet war, einige aufmunternde Worte. »In Münster warten seit fünf Jahren mein Hof und meine Frau auf mich«, seufzte der Soldat. Während von Choltitz seinen Weg fortsetzte, schaute von Arnim traurig auf den alten Mann herab und fragte sich, ob er je seine Heimat wiedersehen würde.

In seinem Bunker an der Ecke der Rue de Rivoli eröffnete Hauptmann Otto Nietzki mit seinem Maschinengewehr das Feuer auf die vorrückenden französischen Soldaten. Er schoß mit Leuchtspurmunition, so daß er die Geschosse gut verfolgen konnte. Er begann die getroffenen Franzosen zu zählen, die einer nach dem anderen auf dem Gehsteig zusammenbrachen. Gleich darauf ratterte das Maschinengewehr des Oberleutnants Heinrich Thiergartner los, das hinter Sandsäcken auf der Place des Pyramides postiert war, so daß auch Karchers Gruppe auf der anderen Straßenseite nicht weiter vorrücken konnte. Jetzt gab es für die Franzosen weder Küsse noch Blumen mehr. »Das Maschinengewehr, schnell!« schrie Karcher.

Als Branet sah, daß die Infanterie nicht mehr weiterkam, schickte er seine Panzer nach vorn, um den deutschen Widerstand zu brechen. Langsam rollten die fünf Panzer an Karchers Leuten vorbei, voraus der »Douaumont« mit Sergent Marcel Bizien. Als sie auf die Place des Pyramides einfuhren, sah Jacques d'Estienne, der Kanonier des »Laffaux«, daß drei deutsche Soldaten im Begriff waren, vor dem Standbild der Jeanne d'Arc, kaum 20 Meter entfernt, ein weiteres MG in Stellung zu bringen. Sofort eröffnete er das Feuer und beobachtete fasziniert, wie die Leiber der Deutschen buchstäblich in Fetzen gerissen wurden.

Inzwischen diktierte Dietrich von Choltitz in seinem Arbeitsraum, der vom Gefechtslärm widerhallte, einen letzten Brief an den schwedischen Konsul Nordling. Da die hübsche Zita Krebben und ihre Gefährtinnen am frühen Morgen das Hotel Meurice verlassen und sich unter den Schutz des Roten Kreuzes gestellt hatten, war der General ohne Sekretärin und mußte das Schreiben seinem getreuen Gefreiten Mayer diktieren. »Mein lieber Herr Nordling«, begann er, »ich möchte Ihnen meine tiefempfundene Dankbarkeit zum Ausdruck bringen ...« Von Choltitz unterbrach sich und trat ans Fenster. Er fuhr zusammen: der Feind war da. Unmittelbar unter dem Balkon, auf dem er in den vergangenen zwei Wochen mit so vielen Zweifeln gekämpft und so viel nachgedacht hatte, stand ein Sherman-Panzer mit offenem Turm, die Kanone auf den Hoteleingang gerichtet. Fasziniert beobachtete der General die schwarze

Mütze des Panzerkommandanten, dessen Oberkörper aus der Turmluke ragte. Er fragte sich, ob es wohl ein Franzose oder ein Amerikaner sei. Auf jeden Fall, dachte er, nimmt dieser Soldat den Kampf offenbar nicht sehr ernst, wenn er die Turmluke offen läßt. Neben dem General schaute von Arnim auf den Panzer herab. »Mein Gott!« fragte er, »was wird er jetzt tun?«

Choltitz entgegnete ruhig: »Er wird die Kanone abfeuern. Es wird eine kleine Explosion geben, und dann wird es für uns brenzlig werden.« Darauf wandten sich beide ins Zimmer zurück. Im gleichen Augenblick warf von einem Fenster aus ein deutscher Soldat eine Handgranate in die offene Turmluke des Panzers.

Der Sous-Lieutenant Albert Bénard — er war es, der im Turm des »Mort-Homme«, des Panzers vor dem Hotel Meurice, stand — spürte, wie die Handgranate auf seine Mütze und dann an seinem Rücken entlang in den Turm fiel. Rasch bückte er sich, um sie wieder nach außen zu werfen. Zu spät. Die Granate explodierte. Von den Splittern verwundet, stürzten der Offizier und sein Kanonier mit brennenden Uniformen aus dem Turm und wälzten sich auf der Straße, um die Flammen zu löschen. In eine Qualmwolke gehüllt, blieb der Fahrer des Panzers, Jean-René Champion, allein zurück. Er raste sofort los, um das Fahrzeug in Sicherheit zu bringen.

Als die Deutschen die beiden lebenden Fackeln auf dem Straßenpflaster sahen, stellten sie für einen Augenblick das Feuer ein. Korvettenkapitän Harry Leithold, der sich auf dem Dach des Kriegsmarine-Gebäudes postiert hatte, befahl seinen Soldaten, nicht auf die beiden Verletzten zu schießen. Als sich der aus dem »Mort-Homme« dringende Qualm ein wenig verzogen hatte, sah Leithold plötzlich die übrigen Sherman-Panzer Branets auftauchen. Ihm war klar, daß sie in wenigen Sekunden dem deutschen »Panther«, der auf der Place de la Concorde stand, in die Flanke fallen würden. Verzweifelt versuchte er, dem Panzerkommandanten Zeichen zu geben, aber dieser sah den Korvettenkapitän nicht, hatte er doch ein anderes Ziel im Visier, das auf den Champs-Élysées heranrollte: einen Panzerzerstörer. Das Geschütz des »Panthers« begann Feuer und Eisen zu spucken.

Der erste Schuß traf die letzte Gaslaterne, die noch an der

Einmündung der Champs-Élysées in die Place de l'Etoile gestanden war. Ein Regen von Glassplittern prasselte auf den Panzerzerstörer, der eben vor dem Triumphbogen auftauchte. Zwei weitere Geschosse fegten über ihn hinweg. Das erste zerschmetterte den Sockel der »Marseillaise« am Triumphbogen, das zweite pfiff unter dem Bogen hindurch, wo eben Colonel Paul de Langlade und Commandant Henri de Mirambeau ans Grab des Unbekannten Soldaten getreten waren, um sich vor dem Angriff auf das benachbarte Hotel Majestic kurz zu verschnaufen.

Eine vierte Granate traf einen Baum, und ein Splitter riß einem französischen Kameramann, der von einem Lastwagen aus das Geschehen filmen wollte, ein Bein ab. Man brachte den Verwundeten ins Büro des Bühnenbildners Paul Betrand. Wenige Sekunden später stürzte ein großes blondes Mädchen in den Raum, im Arm ein Stück blutiges Fleisch. »Ich bringe das Bein«, keuchte sie.

Der Kommandant des Panzerzerstörers, Paul Quinion, beobachtete inzwischen den »Panther« durch sein Fernglas. Dann befahl er dem Kanonier Robert Mady, eine Sprenggranate abzufeuern; Entfernung: fünfzehnhundert Meter. Mady richtete das Geschütz, aber dann stellte er die Reichweite auf 1800 Meter ein, ohne Quinion davon in Kenntnis zu setzen, denn plötzlich war ihm etwas eingefallen: im Almanach Vermont hatte er einmal gelesen, daß die Champs-Élysées vom Triumphbogen bis zum Obelisken 1800 Meter lang sind. Mady feuerte. Die Angabe im Almanach war richtig: schon der erste Schuß saß im Ziel. Während er sah, wie aus dem getroffenen »Panther« grauer Qualm aufstieg, überkam es Mady plötzlich siedend heiß: »Mein Gott, zwei Meter weiter rechts, und ich hätte den Obelisken zusammengeschossen!«

Von seinem mit Sandsäcken verbarrikadierten Fenster im Hôtel Crillon an der Place de la Concorde aus hatte der Quartiermeister Erich Vandam beobachtet, wie die Granate des Panzerzerstörers eine Raupenkette des »Panthers« zerfetzt hatte. Fast gleichzeitig tauchte aus der Rue de Rivoli ein Sherman-Panzer auf und fuhr auf den getroffenen deutschen Panzer zu. Es war der »Douaumont« mit Sergent Marcel Bizien. Eben hatte dieser den »Panther« erblickt. »Feindpanzer links!« schrie er dem Kanonier zu. »Feuer!« Eine Sprenggranate prallte wirkungslos an der Panzerung des »Panthers« ab. Plötzlich sah Bizien, wie das todbringende Geschütz des deutschen Panzers langsam in seine Richtung geschwenkt wurde. Die deutsche Panzerbesatzung mußte den schweren Turm von Hand drehen, da Madys Treffer die elektrische Drehanlage vernichtet hatte. »Um Gottes willen, eine Panzersprenggranate her!« schrie Bizien. Unter ihm tastete der Kanonier im beißenden Pulverdampf nach einer Grante. »Feuer!« rief Bizien.

Das Geschoß explodierte am Turm des »Panthers« und hüllte ihn sofort in eine dichte Rauchwolke ein. Biziens Kanonier hatte versehentlich eine Rauchgranate erwischt. Inzwischen waren die beiden Panzer nur noch dreißig Meter voneinander entfernt. Bizien wurde klar, daß ihm keine Zeit mehr blieb, einen weiteren Schuß abzufeuern, ehe der »Panther« das Feuer eröffnete. Blitzschnell faßte er einen tollkühnen Entschluß: »Rammen!« schrie er seinem Fahrer Georges Campillo zu. Mit aufheulendem Motor raste der »Douaumont« vorwärts. Vom Dach des Marineministeriums aus sah Korvettenkapitän Leithold, wie der französische Panzer wie eine Lokomotive in die Rauchwolke hineinstieß, die den »Panther« umgab; ein Anblick, der ihn an »ein mittelalterliches Turnier« erinnerte.

Mit zusammengebissenen Zähnen stand Bizien im Turm seines Panzers, während unter ihm der Fahrer Campillo sich weit zurücklehnte, um die Wucht des Zusammenpralls abfangen zu können. Wie Turnierlanzen stießen die Geschützrohre der beiden Panzer zusammen, und dann krachten auf dem schönsten Platz der Welt siebzig Tonnen Stahl funkensprühend aufeinander. Als das mächtige Getöse verebbt war, herrschte Totenstille.

Betäubt vom Zusammenprall, halb erstickt im beißenden Qualm, blieb die Panzerbesatzung einige Sekunden lang reglos sitzen. Als erster kam Bizien wieder zu sich. Er riß seine Pistole aus dem Gürtel, sprang aus dem Turm und verschwand im Rauch. Fast gleichzeitig hörte Campillo die dumpfe Explosion einer Granate und das Fluchen Biziens der wütend zurückkam: »Die verdammten Hunde sind alle abgehauen!«[1]

[1] Quartiermeister Erich Vandam sah vom Fenster des Hôtel Crillon

Fasziniert verfolgte Leithold durch seinen Feldstecher, wie der Sherman aus eigener Kraft zurückrollte. Im gleichen Moment begann ein MG zu rattern, und die Gestalt im Panzerturm brach zusammen. Eine Kugel aus einem anderen Fenster des Hôtel Crillon hatte Bizien in den Hals getroffen. Der kleine Bretone hatte seinen Sieg nicht lange auskosten können.

Als sie zwei gespenstische Gestalten sahen, die durch den Qualm auf der Rue de Rivoli auf sie zustolperten, eröffneten Leutnant Karchers Männer das Feuer. Im gleichen Augenblick schrie jemand: »Nicht schießen! Das ist ja Bénard!« Wie zwei Betrunkene sich gegenseitig stützend, schleppten sich der Kanonier Louis Campani, dessen Rücken von Granatsplittern zerfetzt war, und der Lieutenant Albert Bénard, der Kommandant des »Mort-Homme«, dessen Gesicht blutverschmiert war, zu den Infanteristen, die langsam unter den Arkaden vorrückten. In der allgemeinen Verwirrung waren die beiden Verwundeten direkt vor dem Haupteingang des Hotels Meurice vorbeigewankt; aber das wußten sie nicht.

In seinem Arbeitszimmer hatte inzwischen General von Choltitz jenen Entschluß gefaßt, den der Abwehragent Bender

aus, daß die vierköpfige Besatzung des deutschen Panzers fast unmittelbar nach dem Zusammenstoß aus dem Rauch auftauchte und in die Tuilerien floh. Zehn Monate später lag der »Douaumont« mit Motorschaden am Rand einer deutschen Autobahn fest, als aus einer vorüberziehenden Kolonne deutscher Kriegsgefangener ein Panzersoldat auf die Besatzung zutrat. Er hatte den Namen des Panzers am Turm gelesen und berichtete, daß er zur Besatzung des Panthers gehört habe, der am 25. August von den »Douaumont« auf der Place de la Concorde gerammt worden war. Es sei ihm und seinen Kameraden gelungen, im Schutze des Rauches in die Tuilerien zu entkommen, wo sie ihre Panzermützen weggeworfen und die Abzeichen von den Uniformen gerissen hätten. In der Verwirrung des Kampfes sei es ihnen möglich gewesen, sich gegenüber den Leuten von den FFI als Angehörige der 2. Panzerdivision auszugeben. Bei Einbruch der Nacht habe er allein zu Fuß Paris durchquert und sich schließlich zu den deutschen Linien durchgeschlagen. Was aus seinen Kameraden geworden war, wußte er nicht.

schon Stunden früher vorausgesagt hatte, als er dem französischen Verbindungsoffizier das abgelehnte Ultimatum zurückbrachte. Bender hatte die Ansicht geäußert, daß der General die Kapitulation seiner Truppen anordnen werde, sobald er selbst gefangengenommen sei. Kurz zuvor hatte Oberst Hans Jay seinen alten Freund aufgesucht. »Sie müssen sich jetzt entscheiden. Wollen Sie den ganzen Tag hier sitzen bleiben und mit den Amerikanern Verstecken spielen, oder wollen Sie nicht lieber endgültig Schluß machen und sich ergeben?«

Von Choltitz dachte nach. Traurig und müde beschloß er, seine Soldaten nicht in einem sinnlosen Kampf zu opfern. Er ließ Oberst von Unger kommen und erteilte den Befehl, daß bei einem Angriff der »Terroristen oder des Pöbels« der Kampf fortgesetzt werden solle; wenn jedoch reguläre Truppen das Gebäude erreichten, wolle er sich nach einem kurzen Schußwechsel ergeben. Fener befahl er von Unger, die Flagge einholen zu lassen, sobald alliierte Soldaten das Haus beträten. Dann verließ er seinen Arbeitsraum und zog sich in ein kleines, geschützteres Zimmer zurück, um die Sieger zu erwarten.

Im Schlafzimmer des Generals packte der Gefreite Mayer sorgfältig den letzten Koffer für den Kommandanten von Groß-Paris. Etwas Leibwäsche, drei Hemden, Socken, eine Uniformjacke und eine Hose mit roten Generalsstreifen legte er hinein. In einem anderen Raum stopfte Graf von Arnim zwei Tafeln Schokolade, einen schweren Pullover und zwei Bücher in einen Tragsack. Das eine der Bücher war die »Geschichte Frankreichs« von Jacques Bainville, das zweite Tolstois »Krieg und Frieden«.

Unten auf der Straße rückten die Franzosen immer näher an das Hotel heran. Im Schutze einer Rauchwolke überquerten drei Männer mit großen Sätzen die Rue de Rivoli und warfen sich vor dem Eingangstor zu den Tuilerien auf den Boden. Als einer der drei, der Lieutenant Henri Riquebush, den Kopf hob, sah er entsetzt, daß er direkt vor der Schießscharte eines deutschen Bunkers lag. Er streckte die Hand aus, zog sie aber sofort zurück, denn er hatte sich an heißem Metall die Finger verbrannt: am Lauf eines Maschinengewehrs, dessen Mannschaft Sekunden zuvor den Bunker verlassen hatte.

Auf der anderen Seite der Tuilerien sah der Sergent Georges

Thiollat, Kommandant des Sherman-Panzers »Francheville«, wie die von ihm abgefeuerte Sprenggranate die Raupenkette eines »Panthers« zerriß, der unmittelbar vor der Orangerie am Ufer der Seine postiert war. Sofort kam der Geschützturm in Bewegung; langsam schwenkte das Geschütz auf Thiollats Panzer zu. Thiollat feuerte einen zweiten Schuß ab, traf aber nicht. Nun war die Lage der Franzosen fast aussichtslos, denn ehe sie erneut schießen konnten, mußte das Geschoß des »Panthers« kommen. Aber plötzlich bemerkte Thiollat, daß sich dessen Geschützturm nicht weiterdrehte: das Geschützrohr war gegen einen Baumstamm gestoßen.

Von den fünf französischen Panzern, die auf der Rue de Rivoli in den Kampf eingegriffen hatten, waren bereits drei durch den wütenden Geschoßhagel der Deutschen außer Gefecht gesetzt. Der amerikanische Schriftsteller Irwin Shaw, als einfacher Soldat Fotoberichterstatter der amerikanischen Armee, sah einen dieser Panzer mit brennendem Motor an sich vorüberrollen. Zornentbrannt über den Tod ihrer Kameraden, überschütteten die Männer des »Laffaux« jedes Ziel, das in Schußweite kam, mit einem wahren Kugelregen. Capitaine Branet tobte: »Laffaux, um Himmels willen, paßt doch auf! Ihr legt ja den schönsten Platz der Welt in Trümmer!« Kaum war seine wütende Stimme in den Kopfhörern der Panzerbesatzung verklungen, als eine andere Stimme die Meldung durchgab, daß Pierre Laigle im zweiten noch übrigen Sherman, dem »Villers-Cotterêts«, gefallen und der Panzer kampfunfähig sei.

»Merde!« schrie der Kanonier des »Laffaux«, Jaques d'Estienne, »jetzt sind nur noch wir übrig!«

7

Auf der anderen Seite des Hotels Meurice betrachtete der Lieutenant Marcel Christen die lange Reihe von Fahrzeugen, die längs der Rue de Castiglione und der Rue Saint-Honoré wie Fackeln brannten. Mein Gott, dachte er, so muß es in Stalingrad ausgesehen haben! Das Hotel Continental vor ihm war ein wüstes Trümmerfeld; die Fenster waren zersplittert, die Mauern von Granaten zerfetzt, und auf der Straße davor lagen die Leichen deutscher Soldaten. Der junge Panzeroffizier, der am Vortag an der Befreiung des Gefängnisses von Fresnes beteiligt gewesen war, zog seine Pistole und sprang vom Panzer herab. Begleitet von seinem Fahrer, dem Caporal Henri Villette, arbeitete er sich an der Mauer entlang bis zum Hoteleingang vor. Plötzlich tauchte vor den beiden Franzosen ein kleiner Hauptmann der Wehrmacht auf, der, den Helm in der Hand, aus dem Hotel stürzte. »Ergeben Sie sich!« schrie der Elsässer Christen auf Deutsch. »Ja«, murmelte der Hauptmann niedergeschlagen und hob die Hände. Die beiden Franzosen stießen ihren Gefangenen vor sich her in die Eingangshalle des Hotels, und sofort kamen von allen Seiten deutsche Offiziere und Soldaten mit erhobenen Händen auf sie zu. Jedesmal, wenn Villette einen Deutschen mit einem Eisernen Kreuz sah, riß er es ihm von der Uniform; er sammelte deutsche Kriegsauszeichnungen, seit er in Libyen im Einsatz war. An seinem Gürtel trug er siebzehn Eiserne Kreuze, deren Träger er eigenhändig erdolcht hatte. Aber so reiche Beute wie hier im Hotel Continental hatte er noch nie gemacht.

Stockwerk für Stockwerk säuberten die beiden Franzosen das Hotel von zurückgebliebenen Verteidigern. Im fünften Stock hörte Christen hinter einer Tür leises Stöhnen. Als er sie mit dem Fuß aufgestoßen hatte, entdeckte er, an die Wand angekettet, eine Gruppe völlig erschöpfter amerikanischer Soldaten, die den Deutschen in die Hände gefallen waren. »In Ordnung, Kumpels, ihr seid frei!« rief der verblüffte Leutnant.

Inzwischen waren auch französische Infanteristen und Widerstandskämpfer in das Hotel eingedrungen und hatten die letzten Deutschen gefangengenommen. Es war genau 14.30 Uhr. Der erste deutsche Stützpunkt war gefallen.

Vor dem Hotel Meurice dauerten jedoch die Kämpfe mit unverminderter Heftigkeit an. Der Sous-Lieutenant Yves Brécard hatte so viel Mühe, dem Maschinengewehrfeuer des Hauptmanns Nietzki zu entgehen, daß er einem deutschen Offizier, der mit erhobenen Händen aus einem Gebüsch auftauchte, über die Schulter zurief: »Warten Sie ein wenig, ich nehme Sie später gefangen!« Von der Ecke der Rue Saint-Roche aus sah der Kanonier d'Estienne von »Laffaux«, dem letzten der fünf Panzer, die neunzig Minuten früher zum Angriff angetreten waren, wie ein französischer Offizier unter den Arkaden zusammenbrach. Capitaine Branet sollte das Hotel Meurice nie betreten. Fünfzig Meter vor dem Ziel zerfetzte ihm ein deutsches Geschoß den Rücken. Sekunden später explodierte in d'Estiennes Panzer eine Granate, der Kanonier wurde schwer verwundet. Damit war auch der »Laffaux« außer Gefecht gesetzt. So schnell er konnte, raste der Fahrer zur Verbandsstation in der Comédie-Française, wo sich bereits der »Montfaucon« und der »Villers-Cotterêts« eingefunden hatten. Der »Douaumont« mit der Leiche Marcel Biziens stand verlassen auf der Place de la Concorde, der ausgebrannte »Mort-Homme« auf der Rue Royale.

Nachdem sich der »Laffaux« zurückgezogen hatte, war es für Sekunden auf der Rue de Rivoli völlig still. Aber dann rückte der Capitaine Georges Buis mit seinen Panzern an, um den Angriff fortzuführen. Als Buis mit seinem Panzer, dem »Norvège«, über die Place de la Concorde fuhr, sah er hinter dem Petit-Palais die rußgeschwärzte Fassade des Grand-Palais. Zu seinem Kanonier, dem Caporal Henri Jacques, gewandt, murmelte er: »Schade, daß dieser Kitsch nicht ganz draufgegangen ist.« Jacques nickte. »Sollen wir ihm den Rest geben?« fragte Buis. Jacques war einverstanden und suchte nach einer Phosphorgranate, konnte aber keine finden. »Und mit einer Sprenggranate richten wir nicht viel aus«, meinte er. »Schade«, entgegnete Buis enttäuscht und gab Befehl, zum Hotel Meurice zu fahren.

Vom Dach des Kriegsmarine-Gebäudes aus sah der Obergefreite Karl Fröhlich die Panzer heranrollen. Er saß zwischen Bergen von leeren Patronenhülsen; der Lauf seines Maschinengewehrs glühte, hatte er doch vierzig Minuten lang fast ununterbrochen geschossen. Plötzlich bemerkte der Obergefreite drei weißgekleidete Gestalten, die, eine kleine Rotkreuzfahne schwenkend, auf einen verwundeten Franzosen zuliefen, der vor dem Eingang zur Métrostation an der Ecke der Rue de Rivoli lag. Während die Krankenschwester Madeleine Brinet die Fahne hielt, luden der Student der Pharmakologie Georges Bailly und der junge Pianist Claude Touche den Verwundeten auf eine Tragbahre. Im selben Augenblick ratterte neben Fröhlich ein Maschinengewehr los. Wutentbrannt feuerte ein 19jähriger Marinesoldat einen ganzen MG-Gurt in die kleine Gruppe. Fröhlich warf sich auf ihn, aber es war zu spät. Die drei Rotkreuzhelfer lagen zerfetzt auf dem Pflaster.

Der Lieutenant Henri Karcher betrachtete das ovale Schild an dem vor ihm liegenden Gebäude. »Hôtel Meurice — Thé — Restaurant« stand darauf. Eben erst war der junge Leutnant knapp dem Tod entgangen: Als er den Kopf zurückwandte, um dem Soldaten hinter ihm einen Befehl zu erteilen, hatte ein Leuchtspurgeschoß seine Augenbraue versengt. Wenn er nicht zurückgeschaut hätte, wäre die Kugel ihm durch das Auge ins Gehirn eingedrungen.

Die Maschinenpistole in der Faust, sprang Karcher durch die Eingangstür, gefolgt von drei Soldaten. Das erste, worauf Karchers Blick in der Hotelhalle fiel, war ein riesiges Hitlerbild in einer Vitrine mit Handtaschen, Puderdosen und Schmuck. Die Vitrine zersplitterte in tausend Scherben; die erste Geste des Leutnants war es gewesen, das verhaßte Bildnis zu durchsieben. Inzwischen eröffnete jedoch der alte Landsturmmann aus Münster hinter seinen Sandsäcken das Feuer. Mit einem Satz verschwand Karcher hinter dem Empfangspult und riß eine kleine schwarze Kugel vom Gürtel: eine Phosphorgranate. Mit den Zähnen zog er die Zündnadel heraus und schleuderte die Granate auf die Treppe. Hinter Karcher richtete der elsässische Soldat Walter Herreman seinen Flammenwerfer auf den Lift. Im gleichen Augenblick sah er einen deutschen Stahlhelm die Treppe herabrollen. Der alte Soldat aus Münster sollte Frau und Hof nie wiedersehen. Karchers Phosphorgranate hatte ihn getötet.

Aus dem beißenden Qualm, der die Hotelhalle verdunkelte, tauchte ein deutscher Offizier mit erhobenen Händen auf. Karcher sprang auf ihn zu und stieß ihm die Mündung seiner Maschinenpistole in den Leib. »Alle mit erhobenen Händen und ohne Waffen herunterkommen!« befahl er. Herreman übersetzte den Befehl. Darauf rief der Deutsche etwas, und sofort hörte das Schießen im Erdgeschoß auf. Blut- und schweißverschmiert stolperten die Deutschen einer nach dem anderen durch den Rauch auf Karcher zu. Mit einem ironischen Lächeln betrachtete der Franzose die einstigen Herren von Paris, die, halb blind durch die Phosphordämpfe, keuchend und hustend, schmutzbedeckt und mit zerfetzten Uniformen an ihm vorbeizogen. Wenig später kam ein Offizier in den rotgestreiften Hosen eines Generalstabsoffiziers die Treppen herunter. Karcher trat auf ihn zu und fragte: »Wo ist der General?«

Der General saß in diesem Augenblick hinter einem langen Tisch in einer Ecke des Zimmerchens, in das er sich zurückgezogen hatte. Den Kopf auf die Hände gestützt, schien Dietrich von Choltitz in Gedanken versunken. Vor sich hatte er seine Mütze und in einer braunen Pistolentasche eine 6,35 liegen, die er den Siegern als Zeichen der Kapitulation übergeben wollte. Er hatte die Pistole von einem seiner Offiziere leihen müssen, denn er selbst trug nie eine Waffe. Neben von Choltitz saßen Unger, Jay, Bressendorf und Arnim. Auch sie hatten ihre Pistolen vor sich auf den Tisch gelegt. Für die letzten Vertreter der Macht, die vier Jahre lang eine der schönsten Städte der Welt beherrscht hatte, war der Augenblick der Abrechnung gekommen. Dietrich von Choltitz war völlig ruhig. Er hatte, so glaubte er, sich nichts vorzuwerfen. Seine Soldaten gehorchten dem Befehl des Führers, »bis zur letzten Patrone zu kämpfen«. Also hatte er als Soldat seine Pflicht erfüllt. Und als Gefangener konnte er ehrenvoll seine Soldaten zur Übergabe auffordern. Er brauchte sich vor dem Urteil der Geschichte weder zu fürchten noch zu schämen. Er hatte nicht zugelassen, daß Hitlers Rache diese Stadt traf, in die er vor sechzehn Tagen gekommen war, um seine lange militärische Laufbahn zu beenden. Der General war ehrlich überzeugt davon, daß er seinem Namen und seinem Land in Paris keine Schande gemacht habe.

Ebenso in Gedanken verloren war der Offizier zu seiner Linken, der zynische, weltgewandte Oberst Hans Jay. Er machte in Gedanken eine Reise. Wenn Deutschland zusammengebrochen ist und sich die Alliierten in die Trümmer seiner Heimat geteilt haben, so dachte er, wird für Leute wie mich kein Platz mehr sein. Aber wohin sollte er sich wenden[1]?

Für den jungen Ernst von Bressendorf schien dieses Ende

[1] Als Jay aus der Gefangenschaft zurückkehrte, setzte er seinen Entschluß in die Tat um und wanderte nach Irland aus. Dort führt er heute ein ruhiges Leben als Gutsbesitzer und Pferdezüchter.

»das wunderbare Versprechen eines Neubeginns« in sich zu bergen. Sein Freund, der Graf von Arnim, dachte, daß nun zumindest der Krieg vorbei sei, »der uns die besten Jahre unseres Lebens genommen hat«. Aber eigenartigerweise schien niemand das herannahende Ende mit größerer Gelassenheit zu erwarten als der kühle, strenge Oberst von Unger. Arnim bemerkte erstaunt, daß die Gesichtszüge des Generalstabschefs plötzlich weich geworden und die Steifheit seiner früheren Körperhaltung verschwunden war. Er hatte eine Brieftasche in der Hand und betrachtete liebevoll die Bilder seiner Kinder.

Unvermittelt wurde die Tür aufgerissen. Dietrich von Choltitz hob den Kopf. Der Gefreite Mayer erschien, salutierte und meldete zum zweitenmal innerhalb von zwei Stunden: »Sie kommen, Herr General!«

Diesmal waren »sie« bereits auf dem Gang vor dem Zimmer. Auf der Treppe war Karcher auf eine schweigsame Gruppe deutscher Offiziere gestoßen, die ihn mit erhobenen Händen erwarteten. Als er auf sie zuging, brach einer der Offiziere plötzlich in ein hysterisches Gelächter aus. Es war ein kleiner, vollkommen kahler Leutnant, der in tadellosem Französisch rief: »Das ist der schönste Tag meines Lebens! Ich bin Österreicher. Ich hasse die Nazis. Während des ganzen Krieges ist es mir gelungen, nicht an die Front zu kommen. Vor drei Tagen wurde ich hierher abgestellt. Sie können sich gar nicht denken, wie froh ich bin, Sie zu sehen!« Damit warf sich der kleine Leutnant zu Karchers Füßen und begann seine Stiefel zu küssen.

Als Karcher durch den raucherfüllten Gang auf das Zimmer zuschritt, in dem ihn der Kommandant von Groß-Paris erwartete, überkam ihn ein leichter Schwindel. »Reiß dich jetzt zusammen!« sagte er zu sich selbst. Bei diesem Gedanken zogen viele Bilder vor seinem Geist vorüber: die Gesichter der Freunde, die er auf dem langen Weg nach Paris hatte zurücklassen müssen: Loiseau, der bei Bir Hakeim gefallen war, Bessonier, den in der Normandie eine Granate zerfetzt hatte und dessen Pistole er in diesem Augenblick in der Hand trug, all die Toten, die die Befreiung von Paris ermöglicht hatten.

Dann war er vor dem Zimmer des Generals angelangt. Er stieß die Tür auf und trat ein. Von Choltitz erhob sich. Karcher nahm Haltung an und salutierte: »Lieutenant Henri Karcher von der Armee des Generals de Gaulle.«

»General von Choltitz, Kommandant von Groß-Paris«, entgegnete der Deutsche.

Karcher fragte den General, ob er bereit sei, sich zu ergeben.

»Ja«, erwiderte von Choltitz.

»Dann sind sie mein Gefangener«, sagte Karcher.

»Ja«, wiederholte der General.

In diesem Augenblick betrat ein zweiter französischer Offizier den Raum. Als Oberst Jay den hereinkommenden Commandant Pierre de la Horie sah, hob er leicht die Augenbrauen. Die beiden Offiziere kannten sich aus der Zeit vor dem Krieg, als sie auf den Rennplätzen Europas für ihre Militärmannschaften geritten waren. Als sich ihre Augen trafen, nickten beide fast unmerklich. Dann wandte sich La Horie an den deutschen General und ließ ihm durch einen Dolmetscher sagen: »Herr General, Sie haben den Kampf gewollt. Sie haben gekämpft und uns große Verluste zugefügt. Ich fordere Sie auf, allen Ihren Stützpunkten in der Stadt, die noch nicht gefallen sind, die sofortige Kapitulation zu befehlen.«

Dann wandte er sich höflich an Karcher: »Mein lieber Kamerad, seien Sie doch so freundlich und nehmen Sie sich der übrigen Gefangenen an.« Von Choltitz forderte er auf, mit ihm zu kommen. Der General schüttelte seinen Offizieren die Hand, murmelte »Hals- und Beinbruch«, setzte seine Mütze auf und verließ den Raum.

Als sie gegangen waren, befahl Karcher den Gefangenen, ihn durch die Platzkommandantur von Groß-Paris zu führen. Von Unger bot sich als Begleiter an. Im Arbeitszimmer des Generals bemerkte Karcher ein sorgfältig zusammengelegtes Stoffbündel. »Was ist das?« fragte er Unger. »Das ist die Fahne des Generalstabs von Groß-Paris«, entgegnete der Oberst. »Sie wurde eingeholt, als Sie das Gebäude betraten.« »Ausgezeichnet«, meinte der Franzose. »Dann werden Sie sie mir jetzt offiziell übergeben.«

Die beiden Offiziere befanden sich allein in dem raucherfüllten Raum. Von den Tuilerien und der Place de la Concorde hörte man noch immer vereinzelte Schüsse. Ein bedrohlicheres

Geräusch jedoch drang vom gegenüberliegenden Gehsteig empor: die aufgebrachte Volksmenge rückte auf das Hotel Meurice vor. Die beiden Offiziere nahmen Haltung an und salutierten. Dann nahm der weißhaarige Oberst die Reichskriegsflagge vom Tisch, die vier Jahre, zwei Monate und zehn Tage lang auf dem Gebäude in der Rue de Rivoli geweht hatte, und überreichte sie dem jungen französischen Leutnant.

Darauf nahm Karcher den Hörer von dem auf Choltitz' Schreibtisch stehenden Telefon ab und wählte eine Nummer.

»Auteuil 04 21?« fragte er, als es im Hörer knackte. »Papa, ich wollte dich nur begrüßen«, sagte er zu seinem Schwiegervater, einem General im Ruhestand. »Hier Lieutenant Henri Karcher. Trotz deiner ungünstigen Voraussagen hinsichtlich meiner militärischen Laufbahn habe ich die Ehre, dir zu melden, daß ich soeben den deutschen General, den Stadtkommandanten von Paris, seinen Generalstab und seine Fahne gefangengenommen habe!«

Auf der Straße vor dem Hotel hatte der Commandant la Horie alle Mühe, seinen Gefangenen mit dem Revolver in der Hand vor den wütenden Zivilisten zu schützen. Aufrecht und unbewegt betrachtete Dietrich von Choltitz die ihn umringenden Pariser. Frauen stürzten mit haßerfüllten Gesichtern auf ihn, rissen ihm die Achselklappen ab und spuckten ihm ins Gesicht. Männer schüttelten die Fäuste und überhäuften ihn mit Schmähungen. Die Menschen, die vier Jahre lang die nationalsozialistische Gewaltherrschaft erduldet hatten, ließen angesichts des mit erhobenen Händen durch ihre Mitte gehenden deutschen Generals ihren aufgespeicherten Haß- und Rachegefühlen freien Lauf.

»Sie werden mich lynchen«, dachte von Choltitz. Hinter sich hörte er das angestrengte Keuchen seines treuen Burschen, des Gefreiten Mayer. Dieser schleppte den Koffer, den er für den Gang in die Gefangenschaft so sorgfältig gepackt hatte. Der erschöpfte von Choltitz merkte, wie mit jedem Schritt seine erhobenen Arme tiefer sanken. »Höher, höher, Herr General!« flüsterte Mayer ängstlich. »Wenn Sie die Arme nicht oben behalten, wird man Sie umbringen!« Vor ihnen, längs der Rue de Rivoli, ging ein Triumphschrei von Mund zu Mund: »Der General der Boches, der General der Boches!« Auf der Place des

Pyramides warf sich eine etwa vierzigjährige Frau in den Weg des Generals und spuckte ihm ins Gesicht. Ihr Speichel traf ihn genau unterhalb des Monokels. Da schob sich, entrüstet und zornig, eine Rotkreuzhelferin zwischen den General und die Menge, um ihn mit ihrem Körper zu beschützen. Gerührt über dieses unerwartete Zeichen von Mitleid, murmelte von Choltitz, der eben an der vergoldeten Statue der Jeanne d'Arc vorbeigeführt wurde, auf französisch: »Madame, comme Jeanne d'Arc!«

Endlich erblickte La Horie einen Schützenpanzerwagen, zu dem er seinen Gefangenen führte. Im Gedränge vergaß der Franzose den Gefreiten Mayer. Entsetzt hörte dieser, wie der Fahrer des Wagens bereits den Motor anließ; wenn es ihm nicht gelang, dem General zu folgen, dann war er mit seinem Koffer wehrlos den rachsüchtigen Parisern ausgeliefert. Schon trat ein FFI-Mann an ihn heran und schlug ihm mit dem Gewehrkolben den Koffer aus der Hand. Im gleichen Augenblick gelang es Mayer, die Menschen abzuschütteln, die bereits an seiner Uniform zerrten, und mit einem gewaltigen Satz die Rückwand des anfahrenden Schützenpanzerwagens zu erreichen. Verzweifelt klammerte er sich fest. Als er emporblickte, sah er über sich die Gestalt eines Generals.

Aber von Choltitz dachte in diesem Augenblick nicht an seinen Burschen. Fasziniert beobachtete er ein Schauspiel, das er nie mehr vergessen sollte: eine ältere Pariserin führte auf dem Straßenpflaster hinter dem Wagen unter schrillem Freudengeschrei einen wilden Tanz auf. Dabei schwenkte sie über ihrem Kopf die wohl außergewöhnlichste Trophäe dieses denkwürdigen Tages – die rotgestreifte Generalshose des Kommandanten von Groß-Paris.

8

Im Herzen von Paris, im getäfelten Speisesaal der Polizeipräfektur gegenüber der altehrwürdigen Fassade von Notre-Dame, setzte sich um dieselbe Zeit ein anderer General zu einem verspäteten Mahl nieder. Seine zerknitterte Uniform war staubbedeckt, aber über sein hartes Gesicht huschte ein Lächeln. Philippe Leclerc hatte das Versprechen gehalten, das er in der Libyschen Wüste gegeben hatte: er hatte Paris befreit. Durch einen jener eigenartigen Zufälle, denen man in der Geschichte immer wieder begegnet, erlebte er diesen großen Augenblick fast auf die Stunde genau vier Jahre, nachdem er in Afrika aufgebrochen war, um in die Hauptstadt Frankreichs zurückzukehren. Begonnen hatte seine abenteuerliche Odyssee am 25. August 1940 unter der glühenden Mittagssonne an den Ufern des Wouri, der die Grenze zwischen Nigeria und Kamerun bildet. Seine ganze »Streitmacht« hatte damals in einer Piroge Platz gefunden. Siebzehn Mann waren es gewesen: drei Offiziere, zwei Missionare, sieben Pflanzer und fünf Zivilbeamte. Vier Jahre später befehligte Leclerc 16 000 Mann, die modernste Einheit der neuerstandenen französischen Armee.

Auf der anderen Seite des blumengeschmückten Tisches saß ihm in seiner abgewetzten Uniform aus dem spanischen Bürgerkrieg der junge kommunistische Oberst gegenüber, der durch seinen Aufstand den Marsch des Generals auf Paris beschleunigt hatte. Um die politischen Machtkämpfe innerhalb der Widerstandsbewegung hatte sich Leclerc nie gekümmert; bis vor wenigen Minuten, als die beiden Männer einander vorgestellt wurden, hatte er den Namen Rol Tanguy noch nie gehört.

Allerdings kam der Kommandeur der 2. Panzerdivision bei diesem ersten Mittagessen im befreiten Paris nur bis zum Hors d'œuvre. Einer seiner Offiziere trat hinter seinen Stuhl und flüsterte ihm etwas ins Ohr. Leclerc erhob sich und trat in den anstoßenden Raum. Es war das Billardzimmer. Dort wartete Philippe Leclerc, um die Kapitulation des letzten deutschen Stadtkommandanten der französischen Hauptstadt entgegenzunehmen.

Durch das Fenster hörte er das wütende Schreien und Pfeifen der Volksmenge, die sich im Hof des riesigen Gebäudes eingefunden hatte – eines Gebäudes, das von Choltitz vor fünf Tagen dem Erdboden hatte gleichmachen wollen. Dann wurde die Tür geöffnet, und der deutsche General trat ein. Sein Gesicht war rot angelaufen, er war völlig außer Atem. Er ging auf Leclerc zu. »General von Choltitz«, stellte er sich vor. »Ich bin General Leclerc«, entgegnete der Franzose auf deutsch; er hatte diese Sprache in Saint-Cyr gelernt. Der Lieutenant Alfred

Betz, der als offizieller Dolmetscher mitgekommen war, war erstaunt, wie gepflegt und achtunggebietend der kleine deutsche General in seiner Paradeuniform trotz der auf dem Weg zur Präfektur erduldeten Übergriffe aussah. Von Choltitz wiederum, der zum erstenmal einem französischen General gegenüberstand, wunderte sich über Leclercs »unglaublich formloses« Aussehen. Der Franzose war bei dieser historischen Begegnung in seinen üblichen Kampfanzug gekleidet: ein schmutziges Uniformhemd und gewöhnliche amerikanische Soldatenstiefel. Er trug keine Kriegsauszeichnungen und als einziges Rangabzeichen zwei kleine Sterne auf den Achselklappen.

Die beiden Generale besprachen kurz die von Betz bereits in Maschine geschriebenen Kapitulationsbedingungen; dann reichte der junge Leutnant dem deutschen General seinen Füllfederhalter zur Unterschrift. Im gleichen Augenblick betrat Rol den Raum. Wütend, weil man ihn, der sechs Tage lang für die Befreiung der Stadt gekämpft hatte, zu den Verhandlungen nicht eingeladen hatte, verlangte er, daß sein Name auf der Kapitulationsurkunde stehen müsse. Leclerc war zwar aufgebracht, willigte aber schließlich ein. Dann kamen die beiden Generale überein, den noch kämpfenden deutschen Stützpunkten durch einen deutschen und einen französischen Offizier den von Choltitz unterzeichneten Befehl zur Kapitulation überbringen zu lassen; die entsprechenden Anordnungen sollten in Leclercs Hauptquartier in der Gare Montparnasse erlassen werden.

Als Dietrich von Choltitz zu dem Schützenpanzerwagen geführt wurde, der ihn zum Bahnhof bringen sollte, drängte sich die tobende Menge so bedrohlich heran, daß Betz seinen Gefangenen mit gezückter Pistole vor Übergriffen bewahren mußte. Der Fahrer des Wagens starrte den General haßerfüllt an und rief, während er die Tür hinter von Choltitz zuschlug: »Ei, das fette Schwein rührt sich ja noch!«

Als sich die Nachricht von der Kapitulation des deutschen Generals in den Straßen von Paris verbreitete, kannte der Jubel der Menschen keine Grenzen. Wohl noch nie war eine ganze Stadt von einem derartigen Taumel der Begeisterung erfaßt worden. Für den amerikanischen Kriegsberichterstatter Ernie Pyle war diese überschäumende Fröhlichkeit »der schönste, glanzvollste Augenblick unserer Zeit«. Sein Kollege Ed Ball schrieb: »Mit Worten läßt sich das Paris dieses Tages ebensowenig beschreiben, wie man einen Sonnenuntergang in der Wüste in Schwarz-Weiß malen kann.«

Paris war nach vier Jahren zu einem neuen Leben erwacht. Die Menschen jubelten und schrien, tanzten und sangen, küßten und liebten, und manche starben auch in einem Rausch der Begeisterung. Überall holten die Menschen die Sektflaschen hervor, die sie für diesen Tag der Befreiung sorgfältig gehütet hatten. Als Colonel David Bruce auf der Avenue de la Grande Armée unter einem Lastwagen lag, während auf allen Seiten Gewehrkugeln durch die Luft pfiffen, sah er plötzlich zu seinem Erstaunen einen wohlgekleideten Pariser auf sich zukriechen. Bruce, Leiter der Europa-Abteilung des OSS, der zusammen mit Hemingway in Rambouillet eingezogen war, glaubte seinen Ohren nicht trauen zu können, als der elegante Unbekannte ihn ansprach: »Entschuldigen Sie, Colonel, darf ich mir erlauben, Sie zu einem Glas Champagner in meine Wohnung einzuladen?«

Lieber als jedes Geschenk war jedoch den meisten der erschöpften und schmutzüberkrusteten Soldaten der 2. Französischen Panzerdivision und der 4. amerikanischen Division ein heißes Bad. Soldat Charley Haley vom 4. Pionierbataillon kam in einer Wohnung im Haus Nr. 2, Avenue Léon-Bollée, in diesen Genuß. Eine energische Französin, ihre beiden Töchter und ihr Sohn schrubbten den seit der Landung in der Normandie angesammelten Schmutz vom Körper des Amerikaners, der, in Unterhosen in der Badewanne stehend, diese Prozedur ebenso erfreut wie verblüfft über sich ergehen ließ. Captain Jim Smith von der Panzerjägerkompanie des 12. Regiments wurde auf der Avenue d'Orléans von einer hübschen Blondine eingeladen, in ihrer Wohnung ein Bad zu nehmen. Sie hatte allerdings in ihrem kleinen Appartement weder Badewanne noch Dusche; deshalb stellte sie ihren Gast einfach in der Küche in einen Holzzuber, und während der Captain eine Flasche Champagner leerte, wusch sie ihn von Kopf bis Fuß.

In ihrer Zweizimmerwohnung im Haus 102, Rue de Richelieu,

lauschte Madame Jacques Jugeat dem Jubel der Menge auf den Straßen. Ein trauriges Lächeln überzog das Gesicht der einundsiebzigjährigen Witwe. Sie war ganz allein; sie tat an diesem Tag, was sie an fast allen Tagen während der Besetzung getan hatte: sie wartete auf eine Nachricht von ihrem Sohn, der sie vor vier Jahren verlassen hatte. In Gedanken verloren, hörte sie nicht das Klopfen an ihrer Tür. Als es ein zweites Mal klopfte, schrak sie zusammen, überzeugt, daß jemand sich in der Tür geirrt habe. Beim dritten Klopfen erhob sie sich ein wenig beunruhigt, um zu öffnen.

Vor der Tür stand ein lächelnder Riese in einer ihr unbekannten Uniform. Er zog einen Brief aus der Tasche und reichte ihn ihr. Als die alte Dame ihn geöffnet und gelesen hatte, begann sie lautlos zu weinen. Der Brief war von ihrem Sohn. Und der Überbringer war der Lieutenant Colonel Dee Stone, der in Forest Hill, N. Y., unmittelbar neben ihrem Sohn gewohnt hatte. Dieser hatte dem Offizier den Brief an dem Abend übergeben, als Stone nach Europa gefahren war. Das war vor zwei Jahren gewesen. Seither hatte Stone das Schreiben stets bei sich getragen, bis er es nun endlich abliefern konnte.

Auf den Straßen von Paris, auf denen eine wahre Karnevalsstimmung herrschte, spielten sich die merkwürdigsten Szenen ab. In der einen Hand eine Flasche, in der anderen ein Gewehr, verfolgten lärmende FFI-Angehörige deutsche Scharfschützen auf den Dächern der Stadt. Auf den Champs-Élysées spielte der Musikzug der Feuerwehr abwechselnd die »Marseillaise« und »God bless America«. Vor den deutschen Stützpunkten, die noch verteidigt wurden, kämpften und starben die Männer von der 2. Panzerdivision und den FFI gemeinsam, während einige Straßen weiter ihre Kameraden bereits den Sieg feierten. Schon waren die ersten Gruppen erschöpfter deutscher Gefangener zu den Sammelstellen unterwegs. Französische und amerikanische Soldaten, die lautstark den Tag der Befreiung feierten, wurden immer wieder gebeten, »zur nächsten Straßenecke« zu kommen und die Kapitulation deutscher Soldaten entgegenzunehmen, die nicht in die Hände der Widerstandskämpfer fallen wollten.

Lieutenant-Colonel Ken Downes und Lieutenant John Mowinckle, die beiden Offiziere, die Jade Amicol in sein Kloster zurückgebracht hatten, faßten den Entschluß, sich ebenfalls ein Gläschen zur Feier des Tages zu genehmigen. Für Downes gab es nur einen Ort, der ihrer würdig war – das Hotel Crillon. Als sie jedoch in die Hotelhalle kamen, fuhr ihnen ein mächtiger Schreck in die Glieder: vor ihnen stand eine dichtgedrängte Gruppe deutscher Soldaten, den Tornister auf dem Rücken, das Bajonett an der Seite. Die Deutschen waren offensichtlich ebenso erstaunt. Schließlich trat einer von ihnen an die beiden Offiziere heran und fragte: »Sind Sie Amerikaner?«

Downes bejahte.

Daraufhin sagte der Deutsche: »Dann ergeben wir uns Ihnen, aber nur Ihnen und nicht dem Pöbel draußen.« Und damit zeigte er auf die Volksmenge, die sich vor dem Hotel angesammelt hatte.

»Wie viele seid ihr?« fragte Downes.

»Einhundertsechsundsiebzig«, entgegnete der Deutsche.

Downes dachte kurz nach. Dann wandte er sich an Mowinckle und befahl: »Lieutenant, übernehmen Sie die Gefangenen.«

Mit diesen Worten drehte er sich um und eilte davon, um eine ruhigere Bar zu suchen.

Mit seinen 176 Gefangenen allein gelassen, beschloß Mowinckle, sie als erstes zu entwaffnen; er befahl ihnen, alle Waffen in der Hotelgarderobe niederzulegen. Währenddessen fand der Leutnant einen Helfer, einen riesigen französischen Offizier in der Uniform des Spahi-Regiments. Wie Mowinckle hatte auch er geglaubt, daß das Hotel schon »befreit« wäre. Er war der Meinung gewesen, dort Leclerc vorzufinden. Ohne sich lange in der Hotelhalle aufzuhalten, beschloß der Franzose, das Haus zu durchsuchen. Der Amerikaner folgte ihm. Im ersten Stock gelangte Mowinckle in einen Speisesaal, in dem noch die Reste der letzten Mahlzeit der Deutschen herumstanden. Im gleichen Augenblick trat durch eine andere Tür der Franzose ein. Fast gleichzeitig entdeckten die beiden Offiziere in der Mitte des Raumes eine von den Deutschen zurückgelassene Kostbarkeit: eine Kiste Champagner. Jeder versuchte, möglichst rasch zur Kiste zu gelangen, um sie als Beute entführen zu können, aber es war ein totes Rennen. Zugleich langten sie bei der Kiste an, musterten sich grimmig, salutierten und stellten sich vor.

»Lieutenant Jean Biehlmann vom französischen Nachrichtendienst«, sagte der Franzose.

»Lieutenant John Mowinckle vom amerikanischen Nachrichtendienst«, entgegnete der Amerikaner.

»Ich schlage vor, daß wir teilen«, meinte der Franzose. »Sechs für Sie und sechs für mich.« Mowinckle nickte zustimmend. Wenig später sah man die beiden jungen Offiziere feierlich die große Treppe des Hotels herabschreiten, die Arme voller Champagnerflaschen. Lachend gingen sie an den verblüfften Gefangenen vorbei und traten auf die Straße hinaus.

Wenige Straßenzüge weiter hielten zwei Lastwagen mit FFI-Leuten vor einem ebenso berühmten Pariser Hotel, dem Ritz. Verschwitzt und schmutzig, in Baskenmützen, Unterhemden und schmieriger blauer Arbeitskleidung wie einst die Arbeiterbataillone, die zur Verteidigung Madrids ausgezogen waren, marschierten die Männer in die prachtvolle Hotelhalle, an ihrer Spitze Ernest Hemingway und seine beiden freiwilligen Adjudanten, der distinguierte Colonel David Bruce und »Moutarde«, früher Ingenieur der äthiopischen Eisenbahngesellschaft.

In der Hotelhalle fanden sie nur einen einzigen Menschen vor, den reichlich verstörten Stellvertreter des Direktors. Er erkannte sofort die bärtige Gestalt des Anführers, der vor dem Krieg oft ein Gast des Hotels gewesen war.

»Monsieur Hemingway!« rief er verblüfft. »Was tun denn Sie hier?«

Der unerwartete Besucher teilte ihm mit, daß er sich mit »seinen Leuten« für kurze Zeit im Hotel niederlassen werde. Als sich der stellvertretende Direktor von seiner Überraschung erholt hatte, fragte er Hemingway höflich, ob die Hotelleitung ihm zum Willkommen etwas anbieten könne. Der Amerikaner schaute sich nach den fröhlich lärmenden FFI-Leuten um, die bereits die ehrwürdigen Räume des Ritz durchstreiften. »Nun ja«, sagte er mit einem etwas boshaften Lächeln, »bringen Sie doch bitte 73 Martinis!«

Während des ganzen Vormittags waren Yvette Boverat, ihr

Mann und ihre Tochter Hélène mit den Fahrrädern durch die fröhliche Menge geeilt, um nach einem Regiment mit schwarzen Mützen Ausschau zu halten. Zuerst hatten sie an der Porte d'Orléans die einziehenden Truppe beobachtet, dann waren sie am Palais du Luxembourg vorbei über den Boulevard Saint-Michel zum Rathaus gefahren. Jetzt wußten sie zumindest den Namen des Regiments, das sie suchten: es war das 501. Panzerregiment, jene Einheit, die den Angriff auf das Hotel Meurice geführt hatte.

Auf der Place du Châtelet fanden die Boverats schließlich die ersten Soldaten in schwarzen Mützen. Leider kannte keiner von ihnen einen Raymond oder einen Maurice Boverat. Aber auf der Ile Saint-Louis seien andere Einheiten ihres Regiments; wenn sie dort vielleicht einmal nachfragten . . .?

Eine Stunde lang eilten die Boverats durch die Straßen und Gassen auf der kleinen Insel hinter Notre-Dame. Jeden, der ihnen begegnete, fragten sie nach den »Soldaten mit den schwarzen Mützen«, aber niemand hatte solche Soldaten gesehen. Als sie schon ganz verzweifelt waren, wurde ihnen endlich von zwei FFI-Männern, die vor einem kleinen Café einen Jeep bewachten, der Hinweis gegeben, daß im Hof des Cafés ein Soldat mit einer schwarzen Mütze liege und schlafe.

Hélène kam als erste in den Hof. Tatsächlich lag in einem von der Sonne beschienenen Eckchen ein Soldat in tiefem Schlaf. Einer meiner Brüder kann es nicht sein, dachte das Mädchen, dafür ist er zu groß. Inzwischen traten auch ihre Eltern zu ihr. Mit angehaltenem Atem betrachteten sie die schmutzige, unrasierte Gestalt zu ihren Füßen. Dann neigte sich Madame Boverat herab, und mit derselben zärtlichen Geste, mit der sie ihren Sohn als Kind geweckt hatte, berührte sie die Schulter des Schlafenden. Es war ihr Sohn Maurice.

Mit heulendem Motor schaukelte ein uralter Omnibus über die Rue Lafayette; auf der hinteren Plattform standen fröhliche Menschen und sangen aus vollem Hals die »Marseillaise«. Hinter dem Steuerrad saß der Caporal Lucien Aublanc, der Gatte der kleinen Simone, die vier Jahre lang die Gewißheit bewahrt hatte, daß er lebte, denn »wenn er tot wäre, hätte ich das gespürt«.

Aublanc hatte den Omnibus in den Tuileriengärten gefunden, unmittelbar nachdem die Kämpfe um das Hotel Meurice beendet waren. Er hatte sich sofort ans Lenkrad gesetzt, um auf schnellstem Wege zu Simone zu gelangen. Als er, ununterbrochen hupend, in die enge Rue Baudin fuhr, wo seine Schwiegereltern wohnten, stürzten die Leute ans Fenster. Vom Balkon aus sah Simone den Soldaten, der aus dem Fahrzeug sprang. »Ein Soldat von Leclerc!« rief jemand. Bei diesen Worten dachte Simone nur: Es ist Lucien. Sie eilte über die Treppen und stürzte auf die Straße. Vor ihr stand im schmutzigen Kampfanzug und schwarzer Mütze ihr Mann, der nach fünf Jahren zurückkehrte. Lucien starrte sie sprachlos an. Schließlich lächelte er scheu und sagte leise: »Ach, du benützt jetzt einen Lippenstift!« Simone erwiderte sein Lächeln und entgegnete: »Warum hast du dir deinen Bart abrasiert?« Dann standen sich die so viele Jahre getrennten Ehegatten wieder schweigend gegenüber, umringt von den gerührten Nachbarn. Endlich griff Lucien in die Tasche und holte ein riesiges Stück Seife hervor. »Schau«, sagte er, »es hat zwar einige Zeit gedauert . . . Aber ich habe dir Seife mitgebracht.« Bei diesen Worten begannen sie gleichzeitig zu lachen und sanken sich in die Arme.

In einem anderen Stadtviertel, im 4. Stock eines Mietshauses in der Avenue Mozart, stand eine andere Pariserin am Fenster und schaute auf die Kolonnen der einrückenden Befreier hinab. Aber als sie die Schützenpanzerwagen des Commandant Massu sah, die unter ihrem Fenster vorbeirollten, weinte sie herzzerreißend. Für sie bedeutete die Befreiung der französischen Hauptstadt »das Ende einer Welt«, das Ende ihres Lebens mit dem deutschen Hauptmann Hans Werner, dem attraktiven Sieger des Jahres 1940, mit dem sie die schönste Zeit ihres Lebens, die Besatzungszeit, verbracht hatte. Plötzlich konnte sie den Anblick der Straße nicht mehr ertragen; sie schloß die Fensterläden und warf sich aufs Bett, um die siegreichen französischen Soldaten zu vergessen und mit ihren Erinnerungen allein zu sein.

Im Halbdunkel des vertrauten Raumes, den Antoinette Charbonnier zusammen mit Hans Werner eingerichtet hatte, ließ sie ihren Tränen freien Lauf und hoffte wider alle Vernunft, daß der deutsche Hauptmann sie anrufen würde.

Aber heute konnte Hans Werner nicht anrufen. Er lag auf einem Bett in dem schäbigen Hotel in der Rue Henri-Rocheford, in dem Antoinette ihn unter dem Vorwand, er sei ein von den Nazis verfolgter polnischer Widerstandskämpfer, für einige Tage untergebracht hatte. Eine Zigarette rauchend, betrachtete er die Fliegen, die um die von der Decke herabhängende schmutzige Glühbirne tanzten. Dann vernahm auch er das Geräusch, das für ihn »das Ende der Welt« bedeutete: das Rasseln alliierter Panzer, die unter seinem Fenster vorbeifuhren[1].

Auch Zita Krebben, die hübsche Sekretärin aus München, die zusammen mit den anderen in Paris zurückgebliebenen deutschen Frauen in einer Wohnung am Faubourg Saint-Honoré eingeschlossen war, hörte die alliierten Panzer heranrollen. Für ihre kurze Gefangenschaft, die mit der Überführung nach Deutschland unter dem Schutz des Roten Kreuzes enden sollte, hatte Zita ihr schönstes Kostüm angezogen. Zuerst hatten sich Angestellte des schwedischen Konsulats ihrer und ihrer Landsmänninnen angenommen und sie ins Hotel Bristol gebracht, aber dann waren sie von FFI-Männern gefangengenommen und durchsucht worden. Dabei waren in den Koffern mancher Mädchen Silberwaren, Hotelwäsche und sogar Pistolen gefunden worden.

Auf dem Weg zu dem provisorischen Gefängnis, in dem sie sich jetzt befanden, waren die Mädchen durch eine Menschenmenge geführt worden, die fast ebenso feindselig war wie jene Menschen, welche den General von Choltitz bedroht hatten. Unter all den Beleidigungen und Schmähungen, denen Zita Krebben ausgesetzt war, traf sie eine ganz besonders schmerzlich: an der Ecke der Rue Jean-Mermoz stürzte eine Frau mit haßverzerrtem Gesicht auf sie zu und bespuckte ihr schönes

[1] Drei Monate nach der Befreiung von Paris wurden Antoinette Charbonnier und Hans Werner denunziert und verhaftet. Antoinette verbrachte ein halbes Jahr im Gefängnis von Fresnes, Werner fast zwei Jahre in einem Kriegsgefangenenlager. Ende 1946 wurde er entlassen, und wenig später heirateten sie. Ihrer Ehe entsprossen zwei Kinder, die jetzt achtzehn und fünfzehn Jahre alt sind. Heute leben sie beide in Paris, aber ihre Ehe wurde geschieden.

Kostüm. Es war Zitas Schneiderin, die das Kostüm genäht hatte.

9

An verschiedenen Stellen der Stadt tobte der Kampf weiter. Die Besatzungen der deutschen Stützpunkte, die noch nicht wußten, daß von Choltitz kapituliert hatte, leisteten erbitterten Widerstand. Die Einheiten der 2. Panzerdivision, die wenige Stunden zuvor triumphierend in die Stadt eingezogen waren, und die an ihrer Seite kämpfenden Gruppen der FFI erlitten schwere Verluste.

Rings um die Place de l'Étoile vernichteten die Panzer des Commandant Jacques Massu nacheinander die Widerstandsnester vor dem Hotel Majestic, das vier Jahre lang den Militärbefehlshaber Frankreichs beherbergt hatte. Einem würdigen Herrn im schwarzen Homburg, der sich zusammen mit Massus Soldaten gegen das Hotel vorarbeitete, wurde von einer deutschen Granate ein Fuß abgerissen. Bei dem mutigen Zivilisten handelte es sich um einen Schweizer Geschäftsmann namens Fernand Zacker. Am frühen Morgen hatte er zu seiner Frau gesagt: »Marthe, ich werde mich an der Befreiung von Paris beteiligen.« Einige Stunden später fuhr Marthe mit dem Fahrrad zur Avenue Kléber, um zwischen den Trümmern und Leichen, die sich auf der Straße häuften, den Fuß ihres Mannes zu suchen. Als sie ihn endlich gefunden hatte, wickelte sie ihn sorgfältig in ein Tuch und steckte ihn in eine Tragtasche. In der Sohle des Schuhs, in dem der Fuß noch steckte, war das ganze Vermögen des Ehepaars versteckt: zwanzig Goldstücke.

Auf der Place de l'Étoile erschien ein deutscher SS-Offizier, eine weiße Fahne in der Hand, und ließ sich zu Commandant Henri de Mirambeau bringen, um wegen der Übergabe des Majestic zu verhandeln. Wenige Minuten später sammelten sich die überlebenden deutschen Verteidiger des Hotels, die Hände über den Kopf verschränkt, auf der Avenue Kleber. Um die Gefangenen vor Übergriffen der aufgebrachten Bevölkerung zu schützen, beschloß der französische Offizier, sie in ein Kino an der Avenue de Wagram zu bringen. Mirambeau setzte sich an die Spitze der Kolonne, einige Infanteristen des Tschad-Regiments bildeten die Bewachung. Hinter dem Commandant marschierte mit erhobenen Händen der SS-Offizier, der die Kapitulation angeboten hatte. Als sich Mirambeau umschaute, sah er plötzlich, wie der Deutsche eine Handgranate aus dem Ärmel holte und ihm vor die Füße warf.

Von einem Fenster des Gesundheitsministeriums aus beobachtete ein Mann entsetzt diese Szene. Es war der Amerikaner Norman Lewis, der auf seinen Krücken herbeigeeilt war, um seinen Freunden das versteckt gehaltene Sternenbanner zu bringen. Er sah, wie der französische Offizier blutüberströmt zusammenbrach, während die den Trupp begleitenden Infanteristen die Maschinenpistolen hochrissen und sämtliche Gefangenen niedermähten. Nun eröffneten auch die in den Häusern rings um den Platz verborgenen Deutschen erneut das Feuer. Lewis, der Fahnenträger von 1917, mußte seinen Wunsch, die Befreiung der Hauptstadt mitzuerleben, teuer bezahlen. Ein Feuerstoß aus einem Maschinengewehr zerschmetterte das Fenster und tötete ihn auf der Stelle.

Am anderen Ufer der Seine, auf dem Quai d'Orsay, war, dem Außenministerium gegenüber, Léandre Médori postiert, ein korsischer Bauernbursche. Dicht preßte er sich an den Stamm einer Platane. Sobald er sich auch nur ein bißchen bewegte, pfiffen die Kugeln der deutschen Verteidiger um ihn und zerfetzten die Rinde des Baumstamms. Dicht an Médori gepreßt stand hinter dem gleichen Baum der Soldat Jean Ferracci. Das mörderische Feuer der Deutschen hatte den Angriff der Kompanie zum Stehen gebracht. Sobald einer der Soldaten seine Deckung verließ, brach er, von vielen Kugeln durchbohrt, zusammen. Plötzlich hörte der kleine Korse einen dumpfen Fall: Jean Ferracci sank, tödlich getroffen, zu Boden.

Endlich rückten zur Verstärkung einige Panzer heran. Médori sah, wie einer der Panzer auf das Außenministerium zurollte. Es war der »Saint-Cyr« des Lieutenant Jean Bureau. Wenige Minuten früher hatte Bureau von einer nahe gelegenen Wohnung aus seinen Vater angerufen und ihm stolz mitgeteilt, daß er das Außenministerium angreifen werde. Als der Panzer vor dem Tor des Gebäudes angelangt war, sah Médori plötzlich einen Feuerstrahl, der aus einem der Fenster kam. Es war das Geschoß einer Panzerfaust, das den Turm des Panzers durchbohrte. Jean Bureau und seiner vierköpfigen Panzerbesatzung gelang es nicht mehr, den Flammen zu entkommen.

Hinter einem sandsackbewehrten Fenster des Außenministeriums stand Willy Werner und überschüttete die Angreifer mit einem Geschoßhagel aus seinem Maschinengewehr. Da hörte er den Kommandanten des Stützpunktes, einen Major der Luftwaffe, sagen, daß er soeben eine Aufforderung zur Einstellung des Kampfes abgelehnt habe; er sei überzeugt, in ihrer aller Namen gesprochen zu haben. Nun, im Namen von Willy Werner hatte er jedenfalls nicht gesprochen. Sobald der Offizier den Raum wieder verlassen hatte, schlich sich Werner in den Keller, zog eine Flasche Cognac aus der Tasche und setzte sich in eine Ecke, um »in aller Ruhe das Kriegsende zu erwarten«.

Auf der anderen Seite des Außenministeriums, vor der Abgeordnetenkammer, beschloß ein einfacher Brigadier von der 2. Panzerdivision, auf eigene Faust zu handeln. Es war Serge Geoffroy, dessen Haubitze »Marie Jill« vor zwei Tagen mit Motorenschaden in der Normandie liegengeblieben war. Er hatte das seinen Männern gegebene Versprechen eingelöst und war nach Behebung des Schadens auf »Abkürzungen« so schnell nach Paris gelangt, daß die »Marie Jill« noch vor den alliierten Angriffsspitzen in die Hauptstadt eingedrungen war. Jetzt marschierte Geoffroy, eine Pistole in der Hand, zu Fuß über den Pont de la Concorde auf die Abgeordnetenkammer zu, um »ein paar Deutsche umzulegen«.

Der erste Deutsche, der ihm begegnete, war ein Offizier der Wehrmacht mit einem großen weißen Taschentuch in der Hand. In gebrochenem Französisch bedeutete er dem Franzosen, ihm zu folgen; in der Abgeordnetenkammer befänden sich viele Deutsche, die sich ergeben wollten. Bald waren sie an der hohen Mauer angelangt, die an der Rue de Bourgogne die Abgeordnetenkammer umgibt. Einem Concierge, der sich in einem nahen Hauseingang verborgen hielt, bot sich nun ein seltsames Schauspiel. Zuerst beugte sich der Franzose mit verschränkten Händen und hob den Deutschen auf die Mauer empor, dann drehte sich der Deutsche um und zog den Franzosen zu sich hinauf. Darauf sprangen beide in den kleinen Garten und eilten auf eine Tür zu, vor der ein toter deutscher Soldat lag. Als Geoffroy, die Pistole in der einen, eine Handgranate in der anderen Hand, die Tür aufstieß, sah er dreißig deutsche Offiziere, die es sich im Erfrischungsraum der Abgeordnetenkammer bequem gemacht hatten. Beim Anblick des Franzosen hoben neunundzwanzig Deutsche die Arme. Der dreißigste, ein Oberst, trat lächend auf Geoffroy zu und bot ihm, korrekt salutierend, ein randvolles Glas Martini an.

Vor der École Militaire hatten Pierre Lefèvre und Étienne Kraft, die Fahrer der beiden Panzerspähwagen, die kurz zuvor ein Wettrennen zum Eiffelturm veranstaltet hatten, eine gefährlichere Aufgabe zu lösen. Direkt im Haupteingang des Gebäudes stand ein schweres deutsches Geschütz, den Lauf auf Champ-de-Mars und Eiffelturm gerichtet. Von entgegengesetzten Richtungen her näherten sich die beiden französischen Fahrzeuge vorsichtig dem Eingang, rasten dann mit voller Geschwindigkeit auf die Place Joffre und eröffneten aus allen Rohren das Feuer. Bald war das Geschütz zum Schweigen gebracht. Wenig später rollten die ersten Sherman-Panzer an.

Im ersten Stock der École Militaire hatte Feldwebel Bernhard Blache den Feuerüberfall der beiden Panzerspähwagen beobachtet. Er lag auf einer Matratze hinter seinem Maschinengewehr; neben sich hörte er das leise Stöhnen eines Kameraden, eines Bäckers aus München, dem ein Geschoß den Arm zerschmettert hatte. Plötzlich sah er auf dem Champ-de-Mars die langsam vorrückenden Panzer. Er begann sie zu zählen, aber als er bis siebzehn gekommen war, gab er es auf. Nun eröffneten die Panzer das Feuer. Der Explosionsdruck einer im anstoßenden Zimmer berstenden Granate riß Blache den Helm vom Kopf.

Im Postministerium hinter der École Militaire versammelte der Gefreite Walter Hollesch seine Soldaten um sich und teilte ihnen seinen Entschluß mit, sich zu ergeben. Um seine Absicht durchzuführen, wählte er eine recht originelle Methode: er schlug einen Feuermelder im Keller des Gebäudes ein, und als sich die Feuerwehrzentrale meldete, teilte er dem diensthabenden Beamten mit, daß die Besatzung des Postministeriums zur Kapitulation bereit sei.

Bernhard Blache verschoß seinen letzten Munitionsgurt, aber die Geschosse prallten wirkungslos an dem Panzer ab, der vor dem Eingangstor des Gebäudes haltgemacht hatte. Entmutigt erhob sich der Feldwebel und verließ das Zimmer. Im Gang angelangt, spürte er plötzlich, wie das ganze Gebäude erbebte. Der Kommandant des Sherman-Panzers »Verdun«, auf den Blache soeben geschossen hatte, wollte den Widerstand des deutschen Stützpunktes endgültig brechen und war mit seinem Panzer geradewegs über das zusammengeschossene deutsche Geschütz und durch den Haupteingang der École Militaire gefahren. Als Blache das sah, eilte er ins Erdgeschoß, um sich zu ergeben.

Minuten später wurden Blache und einige andere Deutsche in ein kleines Zimmer getrieben, dessen Fenster auf den Platz hinaus ging. Darauf betrat ein riesiger Soldat mit einer Maschinenpistole den Raum und stieß unter dem Ruf: »Hitler kaputt« einen Gefangenen nach dem anderen durch das Fenster auf den darunterliegenden Gehsteig. Jedesmal, wenn ein Deutscher über den Fenstersims sprang, hörte Blache einen kurzen Feuerstoß aus einem Maschinengewehr. Er erbleichte und wartete zitternd, bis er an die Reihe kam.

Vom gegenüberliegenden Gehsteig aus sah der Soldat Étienne Kraft, der neben seinem Panzerspähwagen stand, wie jeder der aus dem Fenster springenden deutschen Gefangenen von französischen Widerstandskämpfern in Zivil sofort an die Wand gestellt und erschossen wurde. Schon lagen acht der Gefangenen tot auf dem Pflaster. Mit großen Sätzen sprang Kraft über die Straße und rief: »Sofort aufhören! Das sind meine Gefangenen!«

Inzwischen war Bernhard Blache ans Fenster getrieben worden. Als er die Leichen seiner Kameraden erblickte, wußte er, daß es jetzt ans Sterben ging. Im gleichen Augenblick hörte er jedoch »einen Soldaten, der den FFI-Leuten etwas zurief«. Er benützte geistesgegenwärtig die entstehende Verwirrung, versetzte dem Soldaten mit der Maschinenpistole, der ihn eben aus dem Fenster stoßen wollte, einen Schlag und stürzte aus dem Raum. Erleichtert ließ er sich im Gang von regulären französischen Soldaten ein zweites Mal gefangennehmen.

Langsam verebbte der Kampflärm in den sonnigen Straßen von Paris. Nun begann für die gefangengenommenen deutschen Soldaten der letzte Marsch durch die Stadt, die sie vier Jahre lang beherrscht hatten. Als die auf den Straßen lärmenden Menschenmengen der erschöpften, blut- und schmutzverkrusteten Herren von gestern ansichtig wurden, brach mit einem Schlag der ganze in vier Jahren aufgestaute Haß durch. Männer und Frauen schlugen auf die wehrlosen Gefangenen ein, spuckten sie an, rissen ihnen die Uniformen vom Leib, und nicht wenige der Unglücklichen wurden erschossen, zu Tode geprügelt, zertrampelt oder auf andere Weise umgebracht.

Manche der Soldaten zogen es vor, in letzter Minute vor dem Marsch in die Gefangenschaft Selbstmord zu begehen, um nicht dem tobenden Volk in die Hände zu fallen. So jagte sich ein Panzerleutnant in der Kaserne an der Place de la République eine Kugel durch den Kopf. Anderen gelang es, im allgemeinen Durcheinander unterzutauchen. Der Soldat Georg Kilber vom 3. Sicherungsregiment zog Zivilkleidung an und mischte sich unter die Pariser Bevölkerung. Hauptmann von Zigesar-Beines, der vor zwei Tagen von Leuten der FFI im Grand-Palais gefangengehalten worden war, schlug sich zum amerikanischen Krankenhaus in Neuilly durch, zog einen Schlafanzug an und legte sich in ein Krankenzimmer, »um in aller Ruhe die Ankunft der Amerikaner abzuwarten«.

Allerdings gelang es nur sehr wenigen deutschen Soldaten, auf diese Weise der Rache der Pariser zu entgehen. Für den Feldwebel Erwin Conrad und den Soldaten Fritz Gottschalk, die in den vergangenen Monaten täglich hinter der Hakenkreuzfahne über die Champs-Élysées marschiert waren, bedeutete dieser letzte Marsch »eine grausame Verkehrung der Verhältnisse«. Geprügelt, geohrfeigt, mit zerfetzter Uniform wankte Gottschalk durch die Rue de Rivoli, wie seine Kameraden unaufhörlich von der rasenden Menge bespuckt.

Einige Meter hinter ihm befand sich, die Hände im Nacken verschränkt, das Gesicht blutüberströmt, der Feldwebel Werner Nix, der sich so sehr gegen die letzte von Choltitz angesetzte Parade gesträubt hatte. Wie ein Betrunkener taumelte er unter den Schlägen, die auf ihn herabregneten. Hans Fritz, der Unteroffizier, dessen mit Torpedos beladener Lastwagen in einen Hinterhalt geraten war, verteilte in der Hoffnung, dadurch glimpflicher davonzukommen, seine Zigaretten unter die den Zug begleitenden FFI-Leute und schrie aus Leibeskräften: »Ich bin kein Deutscher, ich bin ein Bayer!« Rudolf Ries, der Feldgendarm, der fünf Tage zuvor auf den Straßen von Paris den vorläufigen Waffenstillstand ausgerufen hatte, wurde auf der Pritsche eines Lastwagens zusammen mit anderen Gefangenen zur Polizeipräfektur gebracht. Die rasende Menge erinnerte ihn an ein Bild, das er als Gymnasiast in seinem Geschichtsbuch gesehen hatte; es zeigte »die Karren mit den zum Tod Verurteilten während der Französischen Revolution«.

Auf einem anderen Lastwagen, der »wie ein Leichenwagen« am Luna-Park vorbeifuhr, stand der Feldwebel Paul Schehl und betrachtete melancholisch die Schubladen, in denen er zusammen mit seiner französischen Verlobten so viele schöne Stunden verbracht hatte. Plötzlich fiel ein Schuß. Schehl spürte im Bein einen stechenden Schmerz, und gleich darauf merkte er, wie sich sein Stiefel mit einer klebrigen Flüssigkeit füllte. Er blickte hinab. Seine Hose war rot von Blut. Auf der Avenue de Neuilly hörte der Feldgendarm Ernst Ebner, der vor fünf Tagen seinen 38. Geburtstag gefeiert hatte, seinen Nachbarn murmeln: »Zumindest ist jetzt dieser dreckige Krieg vorbei.« Im gleichen Augenblick bemerkte er, wie der Soldat sich an die Brust griff und zusammenbrach. Jemand aus der Menge hatte ihn erschossen. Auf der Place du Châtelet sah der Gefreite Paul Seidel von der Stabsstafette etwas, das ihn noch mehr schmerzte als die eigene Demütigung: aus einer kleinen Seitenstraße wurde eine Gruppe weinender Frauen geführt. Ihre nackten Oberkörper hatte man mit Hakenkreuzen vollgeschmiert, das Haar hatte man ihnen abgeschnitten. Jeder der Frauen hatte ein Schild um den Hals, auf dem geschrieben stand: »Ich habe mit den Boches gehurt.«

Selbst vor verwundeten Deutschen machte der Haß nicht halt. Jacques d'Estienne, der Kanonier der »Laffaux«, wurde in einem Krankenwagen zum Saint-Antoine-Krankenhaus gebracht. Als er sah, daß neben ihm ein schwerverwundeter deutscher Offizier lag, erdrosselte er ihn, riß dann dem Toten das

Eiserne Kreuz von der Uniform und schob es sich in die Tasche. Wenig später hätte er allerdings für die Trophäe fast mit dem eigenen Leben bezahlt. Im Verbandszimmer des Krankenhauses leerte eine Krankenschwester seine Taschen und legte ihm Brieftasche und EK auf die Brust. Da so viele Verwundete eingeliefert wurden, beschlossen die Ärzte, sich zuerst um ihre Landsleute zu kümmern. Ein Chirurg ging an den Bahren entlang, um die französischen Verwundeten herauszusuchen. D'Estienne hörte ihn murmeln: »Boche ..., Boche ..., Boche ...« Als der Arzt das EK auf d'Estiennes Brust sah, sagte er wieder »Boche« und wollte weitergehen. Mit letzter Kraft richtete sich der Kanonier auf und rief: »Ich ein Boche? Sie sind ja verrückt!« Wenige Minuten später operierten die Ärzte 25 Granatsplitter aus seinem Rücken.

Unter den Tausenden deutscher Soldaten, die an diesem Tag durch die Straßen von Paris getrieben wurden, hatten die Offiziere des Generalstabs am meisten zu leiden. Diese Männer, die in den Augen der Pariser die nazistische Gewaltherrschaft verkörperten, wurden von der Bevölkerung besonders grausam mißhandelt. Frauen schoben die den Offizieren zur Bewachung beigegebenen Soldaten und FFI-Leute zur Seite, stürzten sich auf die Gefangenen, zerkratzten ihnen das Gesicht, spuckten sie an, zerfetzten ihre Uniformen. Männer schlugen mit den Fäusten, mit Prügeln und Gewehrkolben auf sie ein, traktierten sie mit Fußtritten. Viele der Offiziere brachen zusammen und wurden von der rasenden Menge zu Tode getrampelt.

Inmitten der langen Marschkolonne, die zwischen johlenden, prügelnden und mordenden Menschen über die Rue de Rivoli zog, befand sich Graf Dankwart von Arnim. Schaudernd blickte er in die haßverzerrten Gesichter und erinnerte sich an die Schilderung der Bartholomäusnacht, die er am Abend zuvor gelesen hatte. Er war sicher, daß er diesen Tag nicht überleben würde. Resigniert dachte er: »Ich werde für die Verbrechen meiner Landsleute bezahlen müssen.

Als der traurige Zug vor der grauen Fassade des Finanzministeriums angelangt war, sprang plötzlich ein Zivilist auf von Arnim zu und fuchtelte schreiend mit einer Pistole umher. Dann stürzte er sich auf einen anderen Offizier, der vor dem Grafen neben Ernst von Bressendorf marschierte. Es war der

Hauptmann Otto Kayser, der Professor aus Köln, der, die Arme im Genick verschränkt, den Angreifer abzuwehren versuchte. Aber mit haßverzerrtem Gesicht packte ihn der Zivilist an der Uniform, setzte ihm die Pistole an die Schläfe und drückte ab. Kayser brach zusammen. Entsetzt beugte sich von Arnim zu dem Sterbenden herab, der ihn mit flehendem Blick ansah, aber sofort stieß ein FFI-Mann dem Grafen den Gewehrkolben in die Seite und bedeutete ihm, weiterzugehen. Vorsichtig stieg von Arnim über den Körper seines Freundes hinweg. Ich werde wohl der nächste sein, dachte er.

Auch für manche Franzosen war dies ein Tag der Abrechnung. Den Frauen, die sich mit deutschen Soldaten eingelassen hatten, wurden die Haare abgeschnitten. Die Kollaborateure, die nicht rechtzeitig geflohen waren, wurden verhaftet und oft ohne lange Umstände hingerichtet. Die Vichy-Miliz hatte fanatische französische Nazis als Heckenschützen zurückgelassen, um die Bevölkerung in Panik zu versetzen. Man machte Jagd auf sie, und wenn man sie erwischte, prügelte man sie unbarmherzig zu Tode. Der Lieutenant-Colonel Stone, der von seinem Besuch bei Madame Jugeat ins Divisionshauptquartier zurückkehrte, wurde Augenzeuge einer solchen »Hinrichtung«: er sah, wie man vor dem Hotel Crillon einen gefangenen Scharfschützen buchstäblich zu einer blutigen Masse zusammenschlug. Frauen und Kinder sahen dem grausigen Schauspiel johlend zu.

Leider führte diese überstürzte »Selbstjustiz« auch zu einer Anzahl tragischer Mißverständnisse und Fehlgriffe. Während des ganzen Vormittags hatte Max Goa, der Zahnarzt, der so mutig Juden und alliierte Flieger versteckt gehalten hatte, vom Balkon seiner Wohnung an der Avenue d'Italie aus beobachtet, wie die Panzer Leclercs durch die Straße rollten. Inzwischen hatte seine Frau Madeleine ein Mahl bereitet, um zusammen mit einigen Freunden den großen Tag zu feiern. Während Goa und seine Frau eine jahrelang sorgsam gehütete Champagnerflasche entkorkten, fielen vom Dach des gegenüberliegenden Hauses einige Schüsse. Der Zahnarzt stürzte, ein Fernglas in der Hand, auf den Balkon und suchte die umliegenden Dächer ab. Jemand auf der Straße hielt sein schwarzes Fernglas für eine Pistole, deutete mit dem Finger auf den Balkon und schrie aus Leibeskräften: »Dort steht er, dort steht er!« Sofort stürzten drei FFI-Männer in das Haus und brachen in die Wohnung des Ehepaars ein. Noch ehe der Zahnarzt eine Erklärung abgeben konnte, wurden er und seine Frau von den FFI-Leuten die Treppe hinabgestoßen. Unten wurden die Unglücklichen von einer tobenden Menschenmenge in Empfang genommen und geschlagen und getreten. Blutüberströmt wurden sie schließlich ins Rathaus des 13. Arrondissements gebracht, um »von einem Volksgericht abgeurteilt zu werden«. Als sie beide entschieden leugneten, die Schüsse abgegeben zu haben, wurde Max Goa ohne weitere Umstände der rasenden Menge übergeben, die ihn nach weiteren Mißhandlungen unter einen vorüberollenden Panzer warf. Seine Frau wurde von einem rasch zusammengestellten Hinrichtungskommando im Hof des Rathauses erschossen. Am nächsten Tag wurde der zerschlagene, ausgeblutete Körper der kleinen Frau, die sich jahrelang so tapfer für zahlreiche Juden und alliierte Flieger eingesetzt hatte, vor die Tür ihrer Wohnung geworfen. Um den Hals hatte man ihr ein Schild mit der Aufschrift »Landesverräter« gehängt[1].

[1] Später stellte sich heraus, daß es sich bei den drei angeblichen FFI-Leuten, die die Goas verhaftet hatten, um aus dem Santé-Gefängnis entflohene Verbrecher handelte. Sie wurden ihrerseits verhaftet und abgeurteilt. Der tragische Tod der Goas ist nur ein Beispiel unter vielen für die Rachsucht und die bedenkenlose »Volksjustiz«, die am Tage der Befreiung und in den Wochen danach wüteten. Oft wurden summarische Todesurteile gefällt und Massenhinrichtungen vollzogen. Zwar ist es verständlich, daß die Pariser jene ihrer Landsleute besonders haßten, die mit der Besatzungsmacht zusammengearbeitet und sie an die Nazis verraten hatten, aber leider benützten viele Menschen das Durcheinander jener Tage, um persönliche oder politische Racheakte auszuführen, die mit der deutschen Besetzung nichts zu tun hatten. Oft war es die kommunistische Partei, die Volkstribunale einsetzte und ungerechtfertigte Hinrichtungen veranlaßte, doch muß andererseits auch gesagt werden, daß zahlreiche »im Namen der Partei« ausgeführte Greueltaten ohne deren Wissen und Billigung verübt wurden.

Schweigend und ernst fuhr Charles de Gaulle in einem offenen Hotchkiss seiner Begegnung mit der Geschichte entgegen. Als der schwarze Wagen die letzten Kilometer zurücklegte, die ihn noch von der Hauptstadt trennten, fühlte sich der General »gleichzeitig von innerer Bewegung und einer großen Ruhe erfüllt«. In einem französischen Fahrzeug, gesteuert von einem französischen Fahrer, kehrte de Gaulle ohne Wissen und Billigung seiner Alliierten in die Stadt zurück, auf derselben Straße, auf der er nach dem Zusammenbruch am 10. Juni 1940 Paris verlassen hatte. Er kam, um den Höhepunkt der Befreiung der Hauptstadt zu erleben, die, genau wie er gewünscht hatte, »weitgehend eine französische Angelegenheit« war.

Geführt von einem Spähwagen der 2. Panzerdivision rollte der schwarze Hotchkiss kurz vor 16.30 Uhr über die Avenue d'Orléans. Eine begeisterte Menschenmenge säumte die Straße, um endlich von Angesicht zu Angesicht den Mann zu sehen, der in ihnen vier dunkle Jahre lang den Glauben an Frankreich lebendig erhalten hatte.

Im Herzen von Paris, vor der hohen, von Statuen gekrönten Fassade des Rathauses, bereiteten sich im gleichen Augenblick die Anführer des Aufstandes darauf vor, General de Gaulle offiziell »im befreiten Paris zu empfangen«. Sie sollten jedoch vergeblich warten. De Gaulle befahl seinem Fahrer, nicht zum Rathaus, sondern über die Avenue de Maine zum Hauptquartier Leclercs zu fahren. Vor der Gare Montparnasse hielt der Wagen. Als der General unter dem Jubel der Menge das Bahnhofsgebäude betrat, ging eine vertraute Gestalt an ihm vorüber. Es war sein Sohn Philippe, der zusammen mit einem deutschen Major zur Abgeordnetenkammer eilte, um den immer noch kämpfenden deutschen Verteidigern den von Choltitz erlassenen Kapitulationsbefehl zu überbringen.

Auf dem Bahnsteig 21 wurde de Gaulle von Leclerc erwartet, der ihm sofort die von Choltitz unterzeichnete Kapitulationsurkunde überreichte. Als der General die ersten Zeilen überflogen hatte, nahm sein Gesicht plötzlich einen harten Ausdruck an. Mit schneidender Stimme stellte er fest, daß Rols Name auf diesem Dokument nichts zu suchen habe. Leclerc als ranghöherer Offizier und als Befehlshaber sämtlicher französischer Militärstreitkräfte habe allein das Recht gehabt, die Urkunde zu unterschreiben. Für de Gaulle stand fest, was die Kommunisten mit diesem Schachzug bezweckten: sie wollten sich als die Befreier der Hauptstadt hinstellen. Das aber wollte er auf keinen Fall zulassen.

Ehe er den Bahnhof wieder verließ, drückte de Gaulle einigen anwesenden Stabsoffizieren Leclercs die Hand. Plötzlich sah er sich Rol gegenüber, der seine Uniform aus dem spanischen Bürgerkrieg trug. De Gaulle sah den kleingewachsenen Mann lange an, schien zu zögern, reichte ihm aber doch die Hand und begrüßte ihn freundlich[1].

Dann durchschritt de Gaulle ein Tor mit der Aufschrift: »Bagages — Arrivée«, um in das Gebäude zurückzukehren, von dem aus er am 10. Juni 1940 seine lange Reise angetreten hatte: das Kriegsministerium. Wieder fuhr seinem Hotchkiss ein Panzerspähwagen voran.

Vor der Kirche Saint-François-Xavier wurden die beiden Fahrzeuge plötzlich beschossen. Sie hielten an, um das Feuer zu erwidern. Während die Kugeln durch die Luft pfiffen, stieg der General ruhig aus, um, eine Zigarette im Mundwinkel, das Ende des Gefechts abzuwarten. Als ein Geschoß in den Kofferraum des Autos einschlug, wandte er sich an Geoffroy de Courcel, der zusammen mit ihm 1940 die Stadt verlassen hatte, und meinte ironisch: »Nun ja, Courcel, zumindest sind die Bedingungen bei unserer Rückkehr günstiger als damals!«

Vor dem Kriegsministerium angelangt, schritt er langsam und ernst die Treppe hinauf und betrat dann die Räume, aus denen kurz zuvor seine Vorhut die Bildnisse Marschall Pétains entfernt und einige Mitglieder des COMAC vertrieben hatte,

[1] Von der Erwähnung Rols abgesehen, konnte de Gaulle mit der Kapitulationsurkunde durchaus zufrieden sein. Leclerc hatte seine Anweisungen getreu befolgt und die Kapitulation von Choltitz nicht im Namen des alliierten Oberkommandos angenommen, dem er unterstellt war, sondern im Namen der provisorischen Regierung der französischen Republik. Dies war nach der Landung die einzige bedeutungsvolle Kapitulation, die von nur einem der Alliierten ausgehandelt und entgegengenommen wurde.

die versucht hatten, sich des Gebäudes noch vor seiner Ankunft zu bemächtigen.

De Gaulle fand alles genau so wieder, wie er es vor vier Jahren verlassen hatte. Der gleiche Türhüter begrüßte ihn, von dem er sich damals verabschiedet hatte. Jeder Tisch, jeder Schrank, jeder Teppich und jeder Vorhang war noch am alten Platz. Selbst die sauber geschriebenen Namen unter den Schaltknöpfen des Telefons waren noch die gleichen. Und doch hatten in den dazwischenliegenden Jahren »gewaltige Ereignisse die Welt erschüttert. Unsere Armee war vernichtet worden. Frankreich wäre beinahe untergegangen[2]«. In dem Ministerium hingegen, das 1940 eine unvorbereitete und unzureichend ausgebildete Armee in die Katastrophe hineingejagt hatte, »war nichts verändert«.

12

Inzwischen waren zu den noch Widerstand leistenden deutschen Stützpunkten je ein deutscher und ein französischer Offizier unterwegs, um den von Choltitz unterzeichneten Kapitulationsbefehl zu überbringen. Der elegante Oberst Jay wurde in eine Gegend geschickt, die er kaum je besucht hatte: zur Prinz-Eugen-Kaserne an der Place de la République. Er mußte seinem französischen Begleiter, der den Jeep lenkte, den Weg zeigen, denn der Franzose, obwohl Pariser, hatte rundheraus erklärt, er sei »lange nicht mehr hiergewesen«. Jay hatte alle Mühe, inmitten der Ströme von Speichel, die auf den Jeep niedergingen, Haltung zu bewahren, doch hatte er einen Trost: die Pariser zielten schlecht, und so bekam sein Begleiter fast ebensoviel ab wie er selbst.

Vor der Kaserne angelangt, ergriff Jay ein weißes Tischtuch und zog allein los, um den Befehlshaber des Stützpunkts zur Niederlegung der Waffen zu veranlassen. Das war gar nicht einfach, denn der Offizier erklärte anfänglich, er wolle die Ankunft der versprochenen SS-Verstärkungen abwarten. Erst als Jay ihm eindringlich erklärte, daß diese Verstärkungen nie an-

2 »Mémoires du Général de Gaulle«, Bd. II »L'Unité«, S. 306.

kommen, dafür aber Einheiten der FFI die Kaserne stürmen und »ein Blutbad anrichten« würden, gab sein Gegenüber den Befehl zur Einstellung des Feuers.

Vor der Abgeordnetenkammer fuhren Philippe de Gaulle und sein deutscher Gefangener vor, um die 500 Verteidiger des Gebäudes zur Übergabe aufzufordern. Als de Gaulle seinen Begleiter im Gedränge verlor, schloß sich ihm ein amerikanischer Soldat an, der Fotograf Phil Drell aus Chicago, und übersetzte dem eleganten Kommandanten des Stützpunktes die Worte des Franzosen in der einzigen dem Deutschen verwandten Sprache, die er beherrschte – in Jiddisch.

Bald hatten die meisten der Stützpunkte ihren Widerstand eingestellt; zum erstenmal seit fünf Tagen schwiegen fast überall in der Hauptstadt die Waffen.

Im halbdunklen Salon des schwedischen Konsulats an der Rue d'Anjou ließ sich ein Mann erschöpft in einen Sessel fallen. Es war »Bobby« Bender, der geheimnisvolle Agent der Abwehr. Als Lorrain Cruse, der junge Adjutant von Chaban-Delmas, den Raum betrat, erhob sich Bender, holte aus seinem Mantel in der Garderobe seine Pistole hervor, schlug vor dem Franzosen die Hacken zusammen und bat zum zweitenmal innerhalb von 24 Stunden um seine Gefangennahme. Diesmal nahm Cruse den Revolver entgegen.

Als der Tag zu Ende ging, war nur noch ein Stützpunkt in den Händen der Deutschen: das Palais du Luxembourg, von wo aus zuerst das Feuer eröffnet worden war. In dem rußgeschwärzten, von Granaten durchsiebten Gebäude wichen die Soldaten des Obersten Kayser und die zu seiner Verstärkung hinzugezogenen SS-Männer nicht um einen Fußbreit. Schließlich sandte von Choltitz seinen Stabschef, Oberst von Unger, den zwei französische Offiziere begleiteten: Colonel Jean Crépin, der Artilleriekommandant der 2. Panzerdivision, und Capitaine André Righini.

Die Offiziere wurden von zwei SS-Männern in den großen Kuppelsaal geführt. Dort bot sich ihnen ein Bild, das sie nie mehr vergessen haben: Stahlhelme, Patronen und aufgerissene Munitionskästen bedeckten den Boden, Tote und Sterbende lagen auf den kostbaren Perserteppichen in ihrem Blut. Die schweren Vorhänge waren heruntergerissen, die Wandbehänge zerfetzt. Inmitten der trostlosen Szene stand Oberst Kayser, das Monokel im Auge, das Ritterkreuz am Kragen. Schweigend hörte er an, was von Unger zu sagen hatte. In diesem Augenblick drangen einige junge SS-Offiziere mit Maschinenpistolen in den Raum und drohten dem Oberst, sie würden ihn, die Unterhändler und alle Soldaten erschießen, die die Waffen niederlegen wollten.

Crépin erkannte, daß lange Verhandlungen zwecklos waren. Energisch trat er auf den Obersten und die SS-Offiziere zu und teilte ihnen mit, daß sie sich binnen einer Stunde zu ergeben hätten; andernfalls würde »man sie nicht als Kriegsgefangene behandeln«. Nachdem von Unger diese Worte übersetzt hatte, herrschte einige Sekunden Schweigen. Plötzlich lief das Gesicht des Obersten Kayser »knallrot an«, und mit schneidender Stimme erklärte er den SS-Leuten, daß er »im Namen des Führers« die Feuereinstellung befehle. Die SS-Leute erbleichten, rissen sich Rangabzeichen und Auszeichnungen von den Uniformen, schrien »Heil Hitler!« und stampften aus dem Raum.

Bald darauf wurde auf dem Senatsgebäude die weiße Fahne gehißt, aber noch war der Kampf nicht zu Ende, denn die SS-Männer verschossen in der ihnen gewährten Frist von einer Stunde noch sämtliche Munition, deren sie habhaft werden konnten. Lediglich einige Patronen behielten sie zurück, um der tobenden Menge nicht lebend in die Hände zu fallen.

Während die ersten entwaffneten Deutschen sich im trümmerübersäten Hof sammelten, stürzte eine Gruppe von Zivilisten unter Freudenschreien aus dem Gebäude. Es waren die Franzosen, die im Senatsgebäude gefangen gewesen waren. Paul Pardou, der kleine Widerstandskämpfer, sah erfreut unter den Deutschen seinen früheren Wärter Franz mit hoch erhobenen Händen. Mit einer Kopfbewegung winkte dieser ihn zu sich, griff in die Tasche und reichte ihm einen Brief. »Pour ma femme«, flüsterte er.

Auch François Dalby, der Elektriker, der im Keller des Gebäudes unermüdlich Kurzschlüsse fabriziert hatte, tauchte endlich aus der Versenkung auf, um sich des Schauspiels zu erfreuen. Aber er durfte den Palast noch nicht verlassen: zwei weitere Tage mußte er bleiben, um die Entminung des Gebäudes zu überwachen, dessen völlige Zerstörung er durch sein mutiges Handeln verhindert hatte.

Pünktlich um 19.35 Uhr, genau eine Stunde, nachdem Crépin sein Ultimatum gestellt hatte, wurden die schweren Hoftore geöffnet. Das Monokel im Auge, die Kriegsauszeichnungen an der Brust, trat Oberst Kayser heraus, um den letzten Stützpunkt in Paris zu übergeben. Damit war Paris endgültig befreit. Hinter ihm marschierten in einer langen Kolonne die erschöpften Verteidiger des Gebäudes. Unter ihnen befand sich Eugen Hommens, der Zahnarzt; er hatte seine Armbanduhr im Stiefel verborgen und starrte entmutigt auf die jubelnden Zivilisten, die die Straßen säumten. Plötzlich zuckte er zusammen. Auf einem Sherman-Panzer sah er Annick, seine junge Geliebte, wie sie zärtlich einen französischen Soldaten umarmte. Es war noch keinen ganzen Tag her, seit sie ihn gebeten hatte, um ihretwillen zu desertieren. Auch Oberfeldwebel Walter Hoffmann mußte erfahren, wie wankelmütig die Frauen sind. Als er mit Kolbenschlägen aus der École Militaire getrieben wurde, erkannte er unter den Frauen, die die Gefangenen verhöhnten und bespuckten, eine der Kellnerinnen, die ihn oft im Soldatenheim freundlich bedient hatte. Am ärgsten aber wurde der Koch aus dem Marineministerium enttäuscht, der auf der Avenue Victor-Hugo neben dem Leutnant Johannes Schmiegel marschierte. Immer wieder versicherte er dem Leutnant mit stumpfer Beharrlichkeit: »Wenn meine Freundin Jeannette mich sehen könnte, würde sie mich hier herausholen.« Vor einer Schule in der Avenue Raymond-Poincaré sah Jeannette ihren Koch: sie stürzte auf ihn zu — und spuckte ihm ins Gesicht.

Viele deutsche Soldaten verdankten es den sie bewachenden FFI-Leuten oder den Soldaten der 2. Panzerdivision, daß sie den Marsch in die Gefangenschaft lebend überstanden. Zu ihnen gehörte auch Schmiegel. Ein rasender Zivilist warf sich auf den Leutnant und schlug ihn mit einer Keule nieder. Sofort stützten sich die Umstehenden auf den Unglücklichen und begannen auf ihm herumzutrampeln. Da näherte sich sofort ein riesiger marokkanischer Soldat und trieb die entfesselte Menge mit dem Gewehrkolben auseinander.

Roger Cadet, der junge Polizist, der zwei Tage zuvor beinahe erschossen worden wäre, brachte in einem erbeuteten Mercedes einige Gefangene zu dem nahen Gendarmeriegebäude. Plötzlich entdeckte er unter den Deutschen ein bekanntes Gesicht. Es war Hauptmann Otto Wagner, der den Gefangenenaustausch organisiert und dadurch Cadet das Leben gerettet hatte. Der Hauptmann fragte den Franzosen, ob es stimme, daß die deutschen Gefangenen allesamt von der FFI umgebracht würden. »Ich gebe Ihnen mein Wort, daß Sie als Kriegsgefangener behandelt werden«, versicherte ihm Cadet. Im Gendarmeriegebäude sagte er dem diensttuenden FFI-Mann, wer Wagner war. »Schaut auf ihn«, schloß er, »er hat mich anständig behandelt, als ich sein Gefangener war.« Dann verabschiedete er sich von dem Deutschen.

Zwei Tage später sah Cadet den FFI-Mann wieder. Dieser berichtete ihm, daß man als Vergeltung für die Hinrichtung von FFI-Leuten bei Le Bourget durch deutsche Truppen kurzerhand fünfzehn deutsche Gefangene erschossen habe. Wagners Name sei auf der Liste der zu Erschießenden gewesen, aber in letzter Sekunde seien ihm, dem Gendarmen, Cadets Worte eingefallen, und er habe anstelle des Hauptmanns einen anderen Gefangenen ausgewählt.

Als sich die Abenddämmerung auf die Stadt herabsenkte, hörte man nur noch vereinzelte Schüsse von Heckenschützen. Die deutschen Verteidiger hatten die Waffen gestreckt. Aber der Sieg war teuer bezahlt worden. 42 Tote und 77 Verwundete hatte die 2. Panzerdivision allein an diesem einen Tag verloren. Die Zivilbevölkerung hatte 127 Tote und 714 Verletzte zu beklagen. In vielen Familien wurden an diesem Tag der Freude bittere Tränen vergossen.

Auf dem Quai d'Orsay vor dem Außenministerium eilte ein freudig erregtes Mädchen auf eine Kompanie Soldaten zu, die von Capitaine Charles d'Orgeix befehligt wurde. Es war die Schwester des Soldaten Jean Ferracci. Aber sie kam zu spät. Von 34 Maschinengewehrkugeln zerfetzt, hatte Ferracci hinter seiner Platane den Tod gefunden.

Auf der Place du Châtelet lief ein anderes junges Mädchen von einem der rauchgeschwärzten Panzer zum anderen. Jeden Soldaten, den sie sah, fragte sie ängstlich: »Kennen Sie meinen

Verlobten, Pierre Laigle?« Die erschöpften Männer mit ihren schwarzen Mützen hoben nur stumm die Schultern. Keiner hatte den Mut, ihr zu sagen, daß ihr Verlobter vor zwei Stunden in der Rue de Rivoli gefallen war.

In dem kleinen Vorort Choisy-le-Roi betrachtete Louise Berth stolz den Mann in Uniform, der sich dem Haus näherte. Es war ihr Mann. Als aber René Berth in der Wohnung angelangt war, warf er sich schluchzend in die Arme seiner Frau. Die fröhliche Rückkehr seines Sohnes, auf die René so ungeduldig gewartet hatte, würde nie stattfinden. Der junge Raymond war, während er unterwegs war, um »der Mutter zu ihrem Festtag eine Überraschung zu bereiten«, von der Kugel eines Scharfschützen bei der Métrostation Dupleix unweit des Eiffelturms niedergestreckt worden.

13

Auf dem Platz vor dem Rathaus, auf dem 1870 die Dritte Republik und ein Jahr später die Kommune ausgerufen worden waren, drängte sich eine unübersehbare Menschenmenge. Vom Pont d'Arcole und der Uferstraße längs der Seine bis zu den ehrwürdigen Gebäuden in der Rue de Rivoli standen viele Tausende von Menschen, die seit mehr als zwei Stunden auf ein Ereignis von nicht geringerer historischer Bedeutung warteten: auf das erste offizielle Erscheinen des Generals de Gaulle.

Aber beinahe wäre de Gaulle nicht gekommen. Kurz zuvor hatte er in seinem Amtszimmer im Kriegsministerium zum erstenmal von Angesicht zu Angesicht dem Mann gegenübergestanden, der sein politischer Repräsentant in Paris gewesen war: Alexandre Parodi. Für den schmächtigen, sanften Parodi war diese Begegnung ein anstrengendes Erlebnis gewesen. Der General hatte kategorisch erklärt, er habe nicht die Absicht, vom CNR oder vom CPL »empfangen« zu werden. Überdies sehe er nicht ein, warum er ein Gebäude besuchen solle, das die Autorität der Stadtverwaltung verkörpere, denn schließlich sei er ja der Chef der französischen Regierung. In dieser Eigenschaft werde er, falls und wann er Zeit dafür habe, das CNR und das CPL empfangen, und zwar in einem Gebäude der Regierung.

Parodi war wegen dieser Haltung des Generals verzweifelt, wußte er doch, wie sehr die Weigerung, sich in der Öffentlichkeit zu zeigen, die Pariser verbittern würde. Er flehte de Gaulle an, seinen Entschluß zu ändern, aber dieser weigerte sich. Parodi sah, daß er nichts ausrichten konnte; aber vielleicht gelang es jemandem, der den General besser kannte, doch noch, ihn umzustimmen. Also ließ er den Polizeipräfekten Charles Luizet holen.

Auch Luizet wies darauf hin, daß de Gaulle die wartende Menge nicht enttäuschen dürfe. Nach einer langen Auseinandersetzung gab der General schließlich nach. Aber ehe er zum Rathaus aufbrach, teilte er dem Präfekten zwei Entschlüsse mit, die er inzwischen gefaßt hatte: Zum ersten wolle er, ehe er zum Rathaus fahre, die Polizeipräfektur besuchen, das Symbol des gaullistischen Widerstands. Und zum zweiten wolle er für den folgenden Tag den in seinen Augen einzig gültigen »Empfang« organisieren, den Empfang durch das Volk von Paris; er wolle »offiziell« in die Stadt einziehen und in einem Triumphzug vom Grab des Unbekannten Soldaten über die Champs-Élysées bis zur Notre-Dame marschieren.

Inzwischen waren die im Rathaus versammelten Leiter des Pariser Aufstands zuerst über das Nichterscheinen des Generals beunruhigt gewesen, doch bald schlug ihre Enttäuschung in Zorn um. Bleich und wütend ging Georges Bidault, der Präsident des CNR, im Arbeitszimmer des Stadtratsvorsitzenden auf und ab und murmelte: »So hat mich noch nie jemand warten lassen!« Vor allem waren, was de Gaulle vermutlich beabsichtigt hatte, die Mitglieder des Komitees darüber empört, daß der General zuerst die Polizeipräfektur besuchte. Fernand Moulier, der Journalist, dem es gelungen war, eine Woche vor den Alliierten nach Paris zu kommen, hörte ein Komiteemitglied schimpfen: »Diese Dreckfinken von der Polizei haben uns vier Jahre lang verhaftet, und jetzt geht de Gaulle hin und macht ihnen seine Aufwartung!« Bidault verlor schließlich die Geduld, wies auf die Menschenmenge vor dem Rathaus und rief: »Hier ist das Volk von Paris, und nicht im Haus der ›flics‹!

Wenn de Gaulle nicht kommt, dann feiern wir die Befreiung eben ohne ihn!«

Der General hatte die Absichten des CNR völlig richtig eingeschätzt. Für die meisten Komiteemitglieder waren die Ziele des Aufstands politischer Natur gewesen. Und nun wollten sie de Gaulle dem Volk von Paris offiziell »vorstellen«, wollten gleichsam zu erkennen geben, daß er ihr »Schützling« sei. Sie waren durchaus bereit, ihn zu ihren Versammlungen »einzuladen«, und hofften, hierzu ein bekanntes staatliches Palais zur Verfügung gestellt zu erhalten. Vor allem aber hatten sie eine feierliche »Proklamation der Republik« verfaßt, die de Gaulle vor dem versammelten Volk verlesen sollte. Bidault hatte das Manuskript in seiner Tasche. Mit diesem Schachzug wollten sie den General veranlassen, das Ende nicht nur des Vichy-Regimes, sondern auch der Regierung von Algier zu verkünden. Dadurch wäre der CNR zum Gründer einer neuen Republik geworden, in der de Gaulle mehr oder weniger die Rolle eines ausführenden Organs zu spielen gehabt hätte. Dies waren die ehrgeizigen, aber wirklichkeitsfremden Träume Bidaults und seiner politischen Freunde. Aber für sie alle gab es ein ebenso jähes wie unangenehmes Erwachen.

Schon waren sie am Fuß der weißen Marmortreppe des Rathauses angelangt, als die hohe Gestalt de Gaulles unter dem Jubel der Menge auf sie zuschritt. In einer einfachen khakifarbenen Uniform, die nur das lothringische Kreuz und das rotblaue Abzeichen der Forces Françaises Combattantes zierte, ging der General an der hemdsärmeligen Ehrenwache vorbei auf den wartenden Bidault zu. Als dieser ihm die übrigen Komiteemitglieder vorstellen wollte, winkte de Gaulle barsch ab und begann die Treppe emporzusteigen. Bidault mußte ihm wohl oder übel folgen.

Im Amtszimmer des Stadtratsvorsitzenden angelangt, hielten die beiden Männer kurze Ansprachen. Danach zog Bidault die vorbereitete Proklamation aus der Tasche und rief mit seiner heiseren Stimme: »Mein General, um Sie haben sich der Conseil National de la Résistance und das Comité Parisien de Libération versammelt. Wir bitten Sie, vor dem versammelten Volk feierlich die Republik auszurufen!«

De Gaulle maß den kleinen Mann vor sich mit einem eisigen

Blick. Dann erklärte er kühl: »Die Republik hat niemals aufgehört zu bestehen!«

Darauf trat er ans Fenster. Unter sich sah er ein Meer von Gesichtern, das den ganzen Rathausplatz und die anstoßenden Straßen erfüllte. Als die Menge seiner ansichtig wurde, brandete ein unerhörter Jubel auf. Sprechchöre erklangen: »De Gaulle ... de Gaulle ... de Gaulle ...« Als sein hinter ihm stehender Adjutant, Claude Guy, die niedere Balustrade sah, hinter der sich der General befand, faßte er diesen mit beiden Händen beim Gürtel, damit er, falls ihn die Kugel eines Heckenschützen traf, nicht in die Tiefe fiel. Unwillig darüber, bemerkte de Gaulle ohne sich umzudrehen, mit einer Stimme, die jedermann im Raum deutlich hörte: »Lassen Sie mich doch in Ruhe!«

Nachdem er die Menge lange mit den für ihn charakteristischen feierlichen Gesten begrüßt hatte, verließ er den Balkon wieder. Dabei nickte er Claude Guy zu und sagte leise: »Danke!«

Rasch schüttelte er einigen der Umstehenden die Hände und eilte mit großen Schritten die Treppe hinab. Nicht ein einziges Mal hatte er den CNR erwähnt oder das Wort »Widerstandsbewegung« ausgesprochen. Der im Nebenzimmer bereitgestellte Champagner blieb unberührt: de Gaulle hatte weder einen Trinkspruch auf die Befreiung ausgebracht noch sich bereitgefunden, sich offiziell den Mitgliedern des CNR vorstellen zu lassen. Und die von Georges Bidault so sorgfältig vorbereitete Proklamation hatte er immer noch in der Tasche.

Während de Gaulle das Rathaus verließ, bemühten sich die Mitglieder des CNR nicht mehr, ihre Verärgerung und Verbitterung über den General und die ihm zujubelnde Menge zu verbergen. Pierre Meunier, einer der beiden kommunistischen Sekretäre des CNR, hörte, wie neben ihm ein Kollege zornbebend hervorstieß: »Da haben wir's! Er hat uns hereingelegt!«

Dieser Erfolg im Rathaus sollte nicht der einzige Sieg de Gaulles an diesem Tag bleiben. In einem schnell hergerichteten Arbeitsraum in Les Invalides unterzeichneten zwei Männer ein 37 Seiten umfassendes Dokument, während auf den Straßen noch geschossen wurde. In der allgemeinen Begeisterung über die Befreiung der Hauptstadt blieb dieser bedeutungsvolle Vorgang fast völlig unbeachtet: die beiden Männer unterzeichneten das französisch-amerikanische Verwaltungsabkommen. Schon im Juli hatten sich Roosevelt und de Gaulle in Washington über die Grundzüge dieses Abkommens geeinigt, und in den darauffolgenden Wochen hatten Fachleute die Einzelheiten festgelegt. Obwohl sich Eisenhower für eine rasche Unterzeichnung eingesetzt hatte, war sie immer wieder hinausgeschoben worden. Endlich war am Tag der Befreiung von Paris der Brigadegeneral Julius Holmes in Eisenhowers Maschine vom SHAEF nach Paris geflogen, war in einem Weizenfeld in der Nähe gelandet und hatte das Dokument dem General Pierre Koenig zur Unterschrift überbracht. Aber selbst jetzt war das erste Dokument, in dem die amerikanische Regierung offiziell die Herrschaft de Gaulles anerkennen sollte, nicht eindeutig abgefaßt. Eisenhower hatte aus Washington die Weisung erhalten, den Franzosen zu verstehen zu geben, er sei »zum Abschluß dieser Vereinbarung ermächtigt unter der Bedingung, daß die französischen Behörden dem französischen Volk Gelegenheit geben, frei seine Regierung zu wählen«. Ein solcher Vorbehalt war natürlich nicht dazu angetan, die Beziehungen zwischen de Gaulle und Washington zu verbessern. Und während ein entsprechendes Übereinkommen zwischen Großbritannien und Frankreich von Beamten des Außenministeriums unterzeichnet worden war, bestand die amerikanische Regierung darauf, daß das Abkommen von Militärpersonen unterzeichnet wurde. Damit wollte Roosevelt deutlich machen, daß es sich hierbei nicht um eine De-jure-Anerkennung der Regierung de Gaulles handelte.

Als General Holmes, ein früherer Berufsdiplomat, seine Unterschrift unter das Dokument setzte, wußte er genau, daß angesichts der Lage in der befreiten Stadt der Text des Abkommens völlig wirklichkeitsfremd war. In Washington hatte jedermann erwartet, daß mehrere Wochen vergehen würden, bis die Regierung des Generals in Paris untergebracht und arbeitsfähig wäre. Obwohl er erst seit wenigen Stunden in der Hauptstadt weilte, hatte er erkannt, daß »de Gaulle jetzt nur noch mit Gewalt zu vertreiben ist«. Es war ihm klar, daß das State Department schon in allernächster Zeit vor der Aufgabe stehen würde, die Bedingungen des Abkommens, unter dem die Unterschriften noch nicht getrocknet waren, der Wirklichkeit entsprechend abzuändern.

Im Gebäude der Kriegsmarine an der Place de la Concorde war ein deutscher Offizier immer noch in Freiheit. Korvettenkapitän Harry Leithold kannte jede Ecke und jeden Schlupfwinkel in dem Palast. Nachdem die Kämpfe auf der Place de la Concorde ihr Ende gefunden hatten, war Leithold in ein kleines Eckzimmerchen im dritten Stock geeilt, um sich bis zum Einbruch der Dunkelheit zu verbergen; er hoffte, sich im Schutz der Nacht zu den deutschen Linien durchschlagen zu können. Als das Lärmen und Rufen der auf dem Platz versammelten Menge immer lauter wurde, näherte er sich vorsichtig dem Fenster, um hinauszuschauen. Er sah, wie eine schwarze Limousine langsam von der Rue de Rivoli heranrollte und unmittelbar unter seinem Fenster auf den Platz einbog. Er nahm seine Maschinenpistole in die Hand und legte an. »Diese Franzosen sind ja verrückt!« dachte er, als er, kaum 100 Meter entfernt, auf dem Rücksitz des Wagens die hohe Gestalt eines französischen Generals sah. Leithold war ein ausgezeichneter Schütze; er wußte, daß er sein Ziel nicht verfehlen würde. »Es ist eine recht verdienstvolle Tat, zum Schluß noch einen französischen General zu erschießen«, dachte er. Als er jedoch sah, wie die Menschen dem unbekannten General zujubelten, fiel ihm etwas anderes ein: Wenn er schoß, würde er von der aufgebrachten Menge sicherlich sofort umgebracht werden. Und da ihm sein eigenes Leben lieber war als das eines feindlichen Generals, legte er seine Maschinenpistole wieder weg.

Erst zwei Jahre später erfuhr der Berliner Korvettenkapitän in einem Kriegsgefangenenlager, wer der französische General war, den er damals im Visier gehabt hatte. Es war Charles de Gaulle.

14

Sanft senkte sich die Nacht auf die befreite Stadt herab. Auf die heftigen Erregungen und Freudenausbrüche des Tages folgten Besinnung und Zärtlichkeit.

Der Sergeant Armand Sorriero vom 12. Regiment betrat mit übergehängtem Karabiner leise Notre-Dame. Im Halbdunkel der Kathedrale kniete der Soldat aus Philadelphia nieder, um zu beten. Plötzlich fuhr ihm der Gedanke durch den Kopf, daß er »mit einer Waffe zum Töten im Haus Gottes nichts zu suchen habe«. Als er sich verwirrt erhob und dem Ausgang zueilte, bedeuteten ihm zwei Barmherzige Schestern, ihnen zu folgen. Sie führten ihn in einen benachbarten Hof, hießen ihn auf einem Schemel Platz nehmen und wuschen ihm dann mit warmem Wasser das Gesicht. Sorriero war ganz gerührt. Er dachte: »Sicherlich will der liebe Gott mir auf diese Weise dafür danken, daß ich in die Kirche gegangen bin.«

In der Nähe der Champs-Élysées wurde der Soldat George McIntyre von einem Priester angesprochen. Eines seiner Pfarrkinder, eine krebskranke alte Frau, die nicht mehr lange zu leben habe, wolle einen amerikanischen Soldaten sehen, damit sie ganz sicher wisse, daß die Stadt befreit sei und sie in Frieden sterben könne.

Einige Minuten später führte der Priester den Amerikaner in ein kleines Zimmer im dritten Stock eines bescheidenen Mietshauses. Ausgezehrt lag die alte Frau in den Kissen, »in ein spitzenbesetztes Bettjäckchen gekleidet, eine Nachthaube auf dem Kopf«. Als sie den Amerikaner erblickte, lautete ihre erste Frage: »Wann werdet ihr in Berlin sein?«

»Bald«, entgegnete McIntyre.

Obwohl das Sprechen sie offensichtlich sehr anstrengte, stellte sie zahlreiche Fragen. Sie erkundigte sich nach den Umständen der Landung, nach den Verwüstungen in der Normandie, fragte, ob »die Menschen ihnen gegenüber gastfreundlich waren«, und mit einer Heftigkeit, die den Amerikaner überraschte, schloß sie: »Wie viele Boches haben Sie getötet?«

Inzwischen waren zwei Nachbarinnen hinzugekommen, die eine Flasche Cognac mitgebracht hatten. Gläser wurden gefüllt, und die alte Sterbende murmelte: »Vive l'Amérique!«

»Vive la France!« entgegnete McIntyre. Dann griff er in seine Uniformtaschen und legte alles auf das Bett, was er finden konnte: zwei Tafeln Schokolade und ein Stück Seife. Die alte Französin nahm vom Tisch neben ihrem Bett ein kleines Kruzifix und reichte es ihm mit den Worten: »Es wird Sie bis zum

Ende des Krieges beschützen.« Der Soldat neigte sich zu ihr herab und küßte sie auf die eingefallenen Wangen. Er versprach ihr, am nächsten Tag wiederzukommen. Aber die Krebskranke sollte den nächsten Morgen nicht mehr erleben.

Graf Jean de Vogüé, ein bekannter Aristokrat und führender Angehöriger der Widerstandsbewegung, hielt die Zeit für gekommen, den Schnurrbart abzurasieren, den er sich zur »Tarnung« hatte wachsen lassen. Nachdem dies geschehen war, suchte er, einen riesigen Blumenstrauß in der Hand, das Stadthaus seiner Eltern am Quai d'Orsay auf.

Ein Dienstmädchen öffnete ihm die Tür. Als sie den Besucher erkannte, schlug sie die Hände zusammen und rief: »Monsieur Jean ist wieder da!« Vogüé eilte in den kleinen Salon, in dem er seine Mutter wußte. Diese erhob sich überrascht und ungläubig aus ihrem Sessel, während er ihr den Strauß überreichte.

»Wann bist du aus London zurückgekommen?« fragte sie.

»Aber, Mama, ich bin überhaupt nie in London gewesen!« entgegnete der junge Mann. »Ich war einer der Anführer der Widerstandsbewegung.«

Verblüfft sah ihn seine Mutter an. »Ach, Jean«, sagte sie dann, »wie hast du das nur tun können? Du hast dich also mit diesen Spitzbuben, diesen Kommunisten verbündet?« Damit ließ sie sich aufgebracht wieder in ihren Sessel sinken.

Niemand öffnete, als Sergeant André Aubry an das Tor des Leichenschauhauses des Hôtel-Dieu klopfte. Traurig machte Aubry kehrt. Er hatte sich von seinem besten Freund verabschieden wollen, von dem kleinen Bretonen Marcel Bizien, der auf der Place de la Concorde den deutschen Panther-Panzer gerammt hatte.

Der amerikanische Armeegeistliche George W. Knapp hatte sich vorgenommen, als erster Angehöriger der amerikanischen Truppen, die die Stadt befreit hatten, den Eiffelturm zu besteigen. Also begann er den anstrengenden Aufstieg, den einige Stunden zuvor Raymond Sarniguet mit seiner Trikolore bewältigt hatte. Als er, völlig außer Atem und mit zitternden Knien, nach einer Stunde die oberste Plattform erreicht hatte, zog er eine kleine amerikanische Fahne aus der Tasche und befestigte sie am Geländer. Plötzlich hörte er Gewehrkugeln um seinen Kopf pfeifen. »Verflixt«, murmelte er vor sich hin, »jetzt werde ich auch noch der erste Amerikaner sein, der auf dem Eiffelturm getötet wird!«

In Saint-Germain-des-Prés suchte der Colonel Jim Luckett eine Adresse, die er seit einem Jahr in seinem Notizbuch stehen hatte; damals hatte er bei einer Wette ein Appartement im Haus 10, Rue des Beaux-Arts, gewonnen. Nun wollte er seinen Gewinn erstmals besichtigen. Aber als er die Tür öffnete, erwartete ihn eine keineswegs unangenehme Überraschung: Das Appartement war von einer reizenden Blondine bewohnt, die sich ihm »wie aus einer Kanone geschossen in die Arme warf«.

Der Empfang, den der Lieutenant Philippe Duplay von der 2. Panzerdivision erlebte, war ein wenig anders, als er ihn sich vorgestellt hatte. Kaum hatte er seinen Wagen in der Avenue de Neuilly vor dem Haus seiner Vettern zum Halten gebracht, als er auch schon bemerkte, wie die Passanten nach allen Richtungen davonrannten und überall die Fensterläden zugeknallt wurden. Niemand antwortete auf sein Läuten. Schon wollte er wieder umkehren, als eine ängstliche Stimme hinter der Tür fragte:

»Wer ist da?«

»Ich bin's, Philippe!«

»Was für ein Philippe?«

»Philippe Duplay!«

Bei diesen Worten wurde die Tür aufgerissen. Seine Kusine erschien. »Du hast uns aber einen Schrecken eingejagt«, sagte sie. »Wir haben schon geglaubt, daß die Deutschen zurückkämen.«

Duplay hatte völlig vergessen, daß der Wagen, den er fuhr, deutscher Herkunft war. Es war ein Volkswagen der Wehrmacht, den er in der Normandie erbeutet hatte.

15

Die Aufgabe, die ihm bevorstand, war nach Meinung von Major Robert J. Levy die schwierigste, die er je zu lösen gehabt hatte.

Der New Yorker Börsenmakler war kurz zuvor als amerikanischer Verbindungsoffizier zu Charles de Gaulle abgeordnet worden. Drei Tage lang hatte er den General überall gesucht, und jetzt endlich, am Abend des Befreiungstages, hatte er ihn in Paris eingeholt. Nun stand er im Vorzimmer des Generals und wartete darauf, de Gaulle vorgestellt zu werden. Die Gesichter der Männer, die aus dessen Arbeitsraum herauskamen, verrieten nur allzu deutlich, daß der General schlechter Laune war. Der Amerikaner konnte das vollkommen verstehen, denn es war ganz offensichtlich, daß in den drei Stunden zuvor bezogenen Räumen des Kriegsministeriums alles drunter und drüber ging. Es gab keinen Strom, die Telefonapparate funktionierten nur in einigen wenigen Räumen, und zudem konnte man nur Ortsgespräche führen. Leute rannten aufgeregt hin und her, begrüßten sich lärmend, standen sich im Weg – kurz, es herrschte ein unglaubliches Durcheinander.

Schließlich erschien Lieutenant Guy, um Levy zu de Gaulle zu führen. Als der kleine amerikanische Offizier eintrat, erhob sich de Gaulle hinter seinem riesigen Schreibtisch und sah ihn prüfend an. »Nun, Levy«, sagte er dann, »ich hoffe, daß Sie Französisch können. Zwar kann ich Englisch, aber ich habe nicht die Absicht, mich dieser Sprache zu bedienen.«

Rasch waren die notwendigen Formalitäten erledigt. Daraufhin deutete de Gaulle mit einer ungeduldigen Geste auf die flackernden Lichter, den Lärm und das Durcheinander und stöhnte: »Wie soll ich inmitten eines solchen Chaos Frankreich regieren?«

Ohne den Amerikaner zu Wort kommen zu lassen, fuhr er zornig fort, daß er zuallererst dreierlei brauche, um an diesem Abend regieren zu können: Zigaretten, Verpflegungskisten und Sturmlaternen.

Levy sagte zu, diese Dinge zu besorgen, salutierte und eilte von dannen. Von der Wichtigkeit seiner Mission überzeugt, fuhr er mit seinem Jeep kreuz und quer durch die Hauptstadt, um dem General zu beschaffen, was dieser für unerläßlich hielt, um Frankreich regieren zu können.

Die Zigaretten (der General hatte ausdrücklich »Craven« gewünscht) trieb er bei einem englischen Kollegen auf, die Verpflegungskisten holte er von einem Lastwagen der 4. Division, der vor dem Hotel Crillon stand. Dagegen konnte er nirgendwo Sturmlaternen finden. Endlich stieß er in einem Vorort auf einige amerikanische Verpflegungslastwagen, von denen einer

Sturmlaternen geladen hatte. Der GI, der den Wagen bewachte, weigerte sich erst, auch nur eine einzige von seinen Lampen herauszurücken. Lange mußte Levy mit ihm verhandeln, bis er den wackeren Soldaten davon überzeugt hatte, daß die Zukunft der französisch-amerikanischen Beziehungen von seinen Laternen abhing. Schließlich konnte er den GI dazu bringen, »einmal kurz wegzusehen«, während er ein Dutzend Sturmlaternen »requirierte«, die de Gaulles erste Nacht in Paris erhellen sollten.

Fast zur gleichen Zeit, als Major Levy das Kriegsministerium verließ, stieg ein anderer Amerikaner in einem Haus in der nahen Rue de Grenelle die Treppen hinunter. Larry Leseur vom CBS hatte soeben, seinem Vorsatz getreu, die erste Rundfunkreportage aus dem befreiten Paris gesendet. Das war der größte »Coup« in seiner ganzen Laufbahn als Reporter. Um zum Ziel zu kommen, hatte er eine ebenso geniale wie einfache Methode verwendet: er war geradewegs in ein Studio der französischen Rundfunkgesellschaft gegangen und hatte durchgesetzt, daß seine Reportage unmittelbar ausgestrahlt wurde. Er war der einzige Reporter in ganz Paris, der auf diesen Gedanken gekommen war.

Sein unglücklicher Kollege Charlie Collingwood hatte indessen in einer kleinen Bar in der Nähe des Bal Tabarin bei den Dirnen und Spitzbuben des Montmartre Zuflucht gesucht, schienen das doch an diesem Abend die einzigen Menschen in Paris zu sein, die ihn noch nicht kannten. Den ganzen Tag über hatte er immer wieder erleben müssen, wie er bei Nennung seines Namens von allen möglichen Leuten wegen seiner voreiligen Reportage beschimpft und verhöhnt wurde. Am schlimmsten war es ihm in der Wohnung von Marie-Louise Bousquet ergangen. Die Französin, die vor dem Krieg den »charmanten Amerikaner« oft in ihrem Salon empfangen hatte, überschüttete ihn seines unverzeihlichen Leichtsinns wegen mit bitteren Vorwürfen.

Jetzt aber, in dieser kleinen Bar am Pigalle, konnte Collingwood endlich aufatmen. Während Roger, der Besitzer des Lokals, ihm zum drittenmal seine Liebesabenteuer in Hollywood erzählte, verfluchte der verbitterte Reporter innerlich »diesen elenden Marconi, der das Radio erfunden hat«.

Überall in der Stadt nahmen dreieinhalb Millionen Pariser und ihre 40 000 Befreier die erste Abendmahlzeit ein, die sie nach mehr als vier Jahren wieder in Freiheit genießen konnten. Die Soldaten der 2. Panzerdivision und der 4. amerikanischen Division verteilten freigebig, was sie hatten – Dinge, an die sich viele Pariser kaum noch erinnern konnten. Auf der Place de la Bastille bat ein kleines Mädchen einen amerikanischen Soldaten um »noch einen roten Ball«, wie sie eben einen erhalten hatte. Sie meinte damit eine Orange; noch nie in ihrem Leben hatte sie eine solche gesehen. Auch die Pariser teilten mit ihren Befreiern das Wenige, das sie noch besaßen oder das ihnen bei der Plünderung der deutschen Heeresverpflegungslager in die Hände gefallen war. Auch einige Schwarzmarkt-Lager wurden entdeckt und ausgeräumt, wodurch viele Pariser zu einem unerwarteten Festmahl kamen. Und Hunderte von amerikanischen Soldaten machten die erstaunliche Entdeckung, daß in den Händen französischer Hausfrauen sogar die eintönige Heeresverpflegung zu einem Festmahl werden konnte.

Im Kriegsministerium bereitete ein schleunigst herbeigeholter Koch die erste Abendmahlzeit, die de Gaulle im befreiten Paris einnahm. Auch der Koch war erst vor kurzem in der Hauptstadt angelangt. Er kam aus Vichy und war der Leibkoch des Marschalls Pétain.

Bleich und erschöpft stiegen Rols Männer zum erstenmal seit fünf Tagen aus ihrem unterirdischen Befehlsstand empor. Sie feierten den Sieg in jenem Restaurant an der Place Saint-Michel, das sie während der fünf Tage mit Speck und Likör versorgt hatte.

Im trümmerübersäten Speisesaal des Hotels Meurice, fast genau an der Stelle, wo General von Choltitz einige Stunden zuvor gespeist hatte, setzte sich ein junger Leutnant an eine reich beladene Tafel. Es war Henri Karcher, der das Hotel eingenommen hatte; das Festmahl spendierte der Geschäftsführer, weil Karcher »bei der Befreiung des Hotels nicht allzuviel Schaden angerichtet« hatte.

Ganz in der Nähe, im Speisesaal des Ritz, begann ein anderer Gast wütend zu schimpfen, als man ihm die Rechnung für das eben genossene Festmahl überreichte. »Ich bin bereit, Millionen für die Verteidigung Frankreichs oder für die Ehre Ihrer

Nation auszugeben«, tobte Ernest Hemingway, »aber für Vichy gebe ich nicht einen Sou her!« Nach jahrelanger Gewohnheit hatte nämlich der Oberkellner ganz mechanisch dem Rechnungsbetrag die von der Vichy-Regierung eingeführte Verzehrsteuer hinzugefügt.

Jean-René Champion, der Fahrer des vor dem Hotel Meurice ausgebrannten Panzers »Mort-Homme«, speiste an diesem Tag zweimal zu Abend. Zuerst aß er bei einer Pariser Familie, die ihn eingeladen hatte, und als er über die Tuilerien ging stieß er auf eine Gruppe von FFI-Leuten, die ihn nötigten, sich an ihrer kärglichen, aus Ölsardinen und Bohnen bestehenden Mahlzeit zu beteiligen.

In der Polizeipräfektur gab Charles Luizet ein Essen zu Ehren des amerikanischen Brigadegenerals Julius Holmes, der kurz zuvor das amerikanisch-französische Abkommen unterzeichnet hatte. Als sie nach Beendigung des Mahls bei einem Glas Cognac beisammen saßen, verriet Luizet dem Amerikaner, den er seit einigen Monaten kannte, daß »Paris jetzt in einer sehr großen Gefahr schwebt«. Diese Gefahr drohe weder von den Deutschen noch von den Vichy-Anhängern, sondern von den Kommunisten. »Wenn diese einen Gewaltstreich unternehmen, haben wir im Augenblick keine Möglichkeit, ihnen entgegenzutreten.« Er bat Holmes, möglichst rasch die Polizei und die Gendarmerie mit Waffen zu beliefern, »damit wir im Fall einer Gefahr mit allen Mitteln in Paris die Ordnung aufrechterhalten können«. Achtundvierzig Stunden später rollte eine Lastwagenkolonne in den Hof der Präfektur. Sie brachte achttausend Gewehre und Maschinenpistolen, Munition und für alle Fälle auch noch einige Panzerfäuste.

Aber mit solch ernsthaften Problemen befaßte sich in dieser Nacht kaum einer der 40 000 amerikanischen und französischen Soldaten. Die meisten von ihnen waren vollauf beschäftigt, das zu genießen, was John Holden aus Nordkarolina als die »schönste Nacht« bezeichnete, »die es jemals gegeben hat«. Fast aus jedem Panzer, Jeep oder Schützenpanzerwagen hörte man fröhliches Lachen von Soldaten und Pariser Mädchen. In Hunderten von Cafés, hinter verschlossenen Türen und verhängten Fenstern, wurde getrunken, getanzt, gelacht, geliebt.

Lucien Aublanc und seine Frau Simone verbrachten die Nacht in den Tuilerien neben Aublancs Schützenpanzerwagen. Mehdi, der algerische Fahrer, bereitete für die »Fatma« seines Vorgesetzten einen Kaffee aus einem bräunlichen Pulver zu, das Simone noch nie gesehen hatte. Es war Pulverkaffee.

Dann wickelte sich das Ehepaar in eine Decke ein und legte sich unter den Panzerwagen, zum erstenmal seit Jahren wieder vereint.

Auf der Rue de la Huchette, vor dem Hotel du Levant, in dem der Stab des 12. amerikanischen Regiments untergebracht war, spielte der Musikzug der Feuerwehr zu einem »Ball im Freien« auf. Jeder der Soldaten, eingeschlossen der Sergeant Thomas W. Lambero, der vor dem Hotel Wache stand, hielt ein Mädchen im Arm. Mitten im bunten Trubel wurde Lambero ans Telefon gerufen. Eine Frauenstimme fragte, ob »alle Soldaten ein Mädchen für die Nacht« hätten. Der Sergeant konnte versichern, daß sie in dieser Hinsicht bestens versorgt wären.

Im Bois de Vincennes hatte der gestrenge Kommandant eines dort liegenden Infanteriebataillons seinen Soldaten »zur Aufrechterhaltung der Disziplin« befohlen, ihre Ein-Mann-Zelte den Vorschriften entsprechend in regelmäßigen Reihen aufzuschlagen, und um für die Moral noch ein übriges zu tun, hatte er für sechs Uhr morgens einen Appell angesetzt. Als zum Appell geblasen wurde, konnte der Kommandant sich mit eigenen Augen von der Sinnlosigkeit seiner Maßnahmen überzeugen: fast aus jedem Zelt krochen ein schlaftrunkener Soldat – und ein müdes, meist nur dürftig bekleidetes Mädchen.

Im fröhlichen Trubel bemerkte niemand den geschlossenen Lieferwagen, der rasch über die Avenue d'Italie rollte. Im Inneren des Wagens warf einer der Insassen vorsichtig einen Blick auf die jubelnden, lärmenden Menschen draußen. Er sah, wie ein amerikanischer Soldat unter dem Beifall der Menge ein junges französisches Mädchen zu sich in den Panzer hob. Traurig wandte Dietrich von Choltitz sich ab und dachte: »Diesmal geht ein ganzer Abschnitt meines Lebens zu Ende.« Der neben ihm sitzende Oberst Hans Jay meinte tröstend: »In acht Wochen ist der Krieg vorbei.« – »Da bin ich nicht so sicher«, entgegnete der General nachdenklich. »Sie werden sehen, daß es in Deutschland Leute gibt, die verrückt genug sind, hinter jedem Baum vorzuschießen und bis zum letzten Widerstand zu leisten.«

Dann steckte er sich die erste amerikanische Zigarette seines Lebens an, lehnte sich zurück und schloß die Augen. Schweigend fuhren sie aus der Stadt, zu deren Rettung der deutsche General so viel beigetragen hatte. Zwei Jahre und acht Monate sollte die Gefangenschaft dauern[1].

Erschöpft von den Freuden und Aufregungen des großen Tages legten sich die FFI-Leute, die amerikanischen und französischen Soldaten und die Einwohner von Paris zum Schlaf nieder. In Aulnay-sous-Bois wurde der Sergeant Bryce Rhyne von einem freundlichen Ehepaar eingeladen, »in einem schneeweiß bezogenen Bett unter einer Satindecke zu schlafen«. Rhyne lehnte höflich ab, denn er war allzu schmutzig, aber die netten Franzosen ließen nicht locker. Doch kaum hatten sie ihn in dem Schlafzimmer allein gelassen, als er auf Zehenspitzen hinausschlich und seine Militärdecke holte. Er »brachte es nicht übers Herz, die blütenweißen Bettbezüge zu beschmutzen«.

Auch Léandre Médori lag zum erstenmal seit Monaten wieder in einem richtigen Bett: im Notlazarett im Hôtel des Invalides. Aber der Verwundete fand keinen Schlaf; er war die weichen Decken nicht mehr gewöhnt. Schließlich legte er sich auf den Boden, und sofort schlief er ein. Im nahen Marmottan-Krankenhaus wachte ein anderer Verwundeter der 2. Panzerdivision aus der Narkose auf. Mühselig richtete er sich halb auf und hob die Bettdecke. Mit einem erleichterten Seufzer ließ er sich dann wieder in die Kissen zurückfallen. Commandant Henri de Mirambeau, der auf der Place de l'Étoile durch die von einem deutschen Gefangenen hinterrücks geworfene Handgranate verletzt worden war, hatte noch seine beiden Beine.

Außerhalb der Stadt, weitab vom fröhlichen Trubel, schrieb ein einsamer GI in sein Tagebuch. Es war der Corporal Joe Ganna, der Sanitäter, der zwei Tage zuvor vermerkt hatte: »Es regnet auf unsere Uniformen, in unseren Kaffee und auf unsere Köpfe.« In dieser Nacht schrieb er: »Eigentlich hätten

[1] Heute lebt Dietrich von Choltitz in bescheidenen Verhältnissen in Baden-Baden. Bezeichnenderweise steht sein kleines Haus in der Frankreichstraße.

diese Zeilen in Paris geschrieben werden sollen, aber man war offenbar der Meinung, daß es für uns reiche, wenn wir durch Paris hindurchfahren dürften. Dort gab es Frauen und Kinder, die uns küßten, und Männer, die uns Tomaten und Wein schenkten. Es war ein prächtiger Tag, bis wir auf die Deutschen stießen. Dann war es wieder die alte Geschichte: Schießen, weitere Tote und Verwundete, Sicheingraben und Übernachtung in einem Schützenloch.« Unter den Toten war auch einer von Gannas Freunden: »Davey« Davison. Auf einem Feld in der Nähe einer Fabrik war er gefallen. Als Ganna wenig später zurückkehrte, um die Leiche zu holen, erfuhr er, daß FFI-Leute seinen Freund bereits begraben hatten. So ruhte nun der kleine »Davey« für immer am Rand der Stadt, in der er »endlich eine Nacht in einem richtigen Bett« hatte schlafen wollen.

16

Noch benommen vom turbulenten Geschehen des Vortags wachten die Menschen in Paris auf; viele konnten es kaum fassen, daß sie nun wieder frei waren. Die meisten der Befreier und der Befreiten waren immer noch erfüllt von der Begeisterung des vergangenen Tages, wenn auch oft reichlich erschöpft, und nicht wenige hatten einen schweren Kopf, als am Morgen des 26. August strahlend die Sonne über der Stadt emporstieg.

Der Lieutenant Bob Woodrum schnarchte noch selig im Schlafzimmer hinter Louis Bertys Küche, als er plötzlich unsanft wachgerüttelt wurde. Vom allzu reichlich genossenen Champagner noch benebelt, war sein erster Gedanken: Die Deutschen sind da! Er sprang aus dem Bett. Vor ihm stand ein junger, sorgfältig gekleideter Leutnant der amerikanischen Luftwaffe.

»O. K., Kumpel«, sagte der Unbekannte. »Der Urlaub ist vorbei!«

Allzu voreilig hatte sich Woodrum tags zuvor im provisorischen Hauptquartier der Luftwaffe im Hotel Windsor-Reynolds zurückgemeldet.

Im Hauptquartier des 5. amerikanischen Armeekorps in dem

kleinen Dorf Chilly-Mazarin, 24 Kilometer von Paris entfernt, übergab ein deutscher Oberst dem Colonel Arthur Campbell einen Umschlag. »Darin finden Sie den Schlüssel zum Zimmer des Generals von Choltitz im Hotel Meurice«, erklärte Hans Jay. »Der General hat ihn versehentlich mitgenommen, aber ich bin überzeugt, daß er ihn lange nicht mehr brauchen wird.«

Vierhundert Kilometer weiter östlich, in Baden-Baden, eilte Uberta von Choltitz zum Haus eines alten Freundes der Familie, der sie wenige Minuten zuvor angerufen und gebeten hatte, »möglichst rasch« zu ihm zu kommen. Als sie die Wohnung des Freundes betrat, begrüßte dieser sie herzlich und berichtete ihr dann, was er am Vorabend in den Nachrichten des BBC gehört hatte, die er trotz des strengen Verbots zu hören pflegte. Der Nachrichtensprecher hatte gemeldet, daß Paris gefallen und der Stadtkommandant von Paris gefangengenommen sei.

Dieser 26. August war der große Tag des Generals Charles de Gaulle. An diesem Tag wollte er »offiziell« in Paris einziehen. Während der ganzen Nacht hatte der Rundfunk den geplanten Marsch über die Champs-Élysées angekündigt. Und die ganze Nacht über hatten die Druckereien Tausende und Abertausende von Fähnchen mit dem Aufdruck »Vive de Gaulle« hergestellt. Nun war er da, der Tag der »Begegnung mit der Geschichte«, die Krönung des vierjährigen Kampfes. Nun sollte das Volk von Paris durch seinen Jubel den politischen Gegnern des Generals deutlich machen, wer die Macht im freien Frankreich in Händen hatte.

Nach Ansicht de Gaulles war es unbedingt notwendig, daß die Veranstaltung durch die 2. Panzerdivision abgesichert wurde. Aber die Panzer und Gewehre sollten nicht nur ihn beschützen, sondern auch den Parisern zeigen, daß seine Regierung auf starken Pfeilern ruhte. Wieder einmal kümmerte er sich nicht um die Zuständigkeit der ihm übergeordneten alliierten Stellen, sondern befahl Leclerc kurzerhand, seine Truppen für die Parade bereitzustellen. Er erklärte sich nur zu einer einzigen Konzession bereit: In Le Bourget, wo ein deutscher Gegenangriff drohte, beließ er eine kleine Kampfgruppe zur Sicherung des nordöstlichen Stadtrands.

Sein Vorhaben war äußerst gefährlich. Noch gab es in der

Stadt bewaffnete deutsche Versprengte, und nur ein einziges amerikanisches Regiment und die kleine Kampfgruppe in Le Bourget standen zwischen den Deutschen und der Hauptstadt. Dennoch sollten nach de Gaulles Plänen über eine Million Menschen und die führenden Vertreter seines Landes sich auf engstem Raum versammeln. Seit der Invasion hatte es für Görings Luftwaffe kein so verlockendes Ziel mehr gegeben. Und zudem war die Veranstaltung schon im voraus angekündigt worden.

Und doch war de Gaulle entschlossen, dieses Wagnis auf sich zu nehmen. Er war davon überzeugt, daß seine politische Zukunft und die Zukunft seines Landes von dieser Parade abhingen. Er mußte die durch die Befreiung der Hauptstadt geweckte Begeisterung ausnützen, um seine Macht zu etablieren.

Wie zu erwarten, führte sein kühner Entschluß alsbald zu Auseinandersetzungen mit den amerikanischen Verbündeten. Um zehn Uhr erschien im Hauptquartier der 2. Panzerdivision ein Offizier des 5. amerikanischen Armeekorps, dem die französische Division unterstand, um die Marschbefehle für den 26. August zu überbringen. General Leonard T. Gerow, der Korpskommandant, befahl der Division, zum Schutze der Hauptstadt im nördlichen Vorfeld Stellung zu beziehen. Von de Gaulles Befehl an Leclerc wußte Gerow nichts.

Als dem Korps mitgeteilt wurde, daß die 2. Panzerdivision. »nicht abkömmlich« sei, wurde unverzüglich an den Befehlshaber der 1. Armee folgende Meldung durchgegeben: »General de Gaulle hat Leclerc befohlen, heute eine vom Triumphbogen bis zur Notre-Dame führende Parade abzuhalten. Der französische Divisionsstab ist wütend darüber, aus der Front herausgezogen zu werden, sagt aber, daß Leclerc entsprechende Befehle erhalten habe und diese ausführen müsse. Dadurch wird die 2. Panzerdivision für einen eventuellen dringenden Einsatz während mindestens zwölf Stunden, vielleicht noch länger, nicht verfügbar sein.«

Gerow erfuhr von de Gaulles Vorhaben, als er von einer Truppeninspektion zurückkehrte. Aufgebracht ließ er Leclerc sofort folgenden handgeschriebenen Befehl übermitteln: »Sie stehen unter meinem Kommando und haben von niemandem außer von mir Befehle entgegenzunehmen. Ich habe gehört, daß General de Gaulle Ihnen befohlen hat, heute nachmittag um 14 Uhr mit Ihren Truppen eine Parade zu veranstalten. Sie werden diesen Befehl nicht ausführen und unverzüglich entsprechend den Ihnen erteilten Anweisungen die noch verbliebenen Widerstandsnester in Paris und Umgebung ausheben. Die Ihnen unterstellten Truppen werden weder heute nachmittag noch zu einem anderen Zeitpunkt an einer Parade teilnehmen, es sei denn, Sie erhalten einen von mir persönlich unterzeichneten Befehl.«

Der so von zwei Seiten aufs Korn genommene Leclerc war der Ansicht, daß er dem General de Gaulle gehorchen müsse. Dennoch wollte er den Befehlshaber des 5. Korps nicht direkt vor den Kopf stoßen, und deshalb verließ er sein Hauptquartier, damit ihn die Ordonnanzen Gerows nicht erreichen konnten. Aber es half ihm nichts: einer von Gerows Stabsoffizieren fand ihn in einem Restaurant in der Nähe des Hôtel des Invalides. Der Amerikaner überreichte ihm Gerows Befehl und fügte hinzu, daß der Korpskommandant eine Beteiligung der Division an der Parade als »ausgesprochenen Verstoß gegen die militärische Disziplin« betrachten werde. Leclerc blieb nun nichts mehr übrig, als den Offizier zu de Gaulle zu bringen.

»Ich habe Ihnen Leclerc geliehen«, erklärte de Gaulle von oben herab. »Da werde ich doch wohl noch das Recht haben, ihn für einige Stunden zurückzuverlangen!«

Während in Paris die letzten Vorbereitungen für die Parade getroffen wurden, läutete im unteriridischen Hauptquartier der Heeresgruppe B in Margival das Telefon. Ein Blitzgespräch für Feldmarschall Model wurde angemeldet. Aber der Feldmarschall war nicht aufzufinden. Er war unterwegs, um die in der Umgebung von Compiègne umgruppierten Verbände zu inspizieren.

Generaloberst Jodl am anderen Ende der Leitung war aufgebracht. Hitler hatte ausdrücklich gewünscht, er solle persönlich mit Model sprechen. Nach kurzer Überlegung ließ er Models Stellvertreter, Hans Speidel, den Stabschef der Heeresgruppe B, an den Apparat rufen. Der Führer habe befohlen, so teilte er ihm mit, daß die bereits am Vorabend angekündigte Beschießung von Paris mit V-Waffen unverzüglich in die Wege geleitet werde. Alle Abschußbasen im Pas-de-Calais, in Nordfrankreich und in Belgien sollten einen »Platzregen« von V-Waffen über Paris niedergehen lassen.

Dann teilte Jodl seinem Gesprächspartner mit, daß auch der nach Reims zurückgezogene Stab der Luftflotte 3 den Befehl erhalten habe, »mit allen verfügbaren Kräften« Paris aus der Luft anzugreifen. Speidel versicherte, daß er die Anweisungen des Führers sofort weiterleiten werde, und hängte ein. Während eine Million Menschen ins Herz der französischen Hauptstadt strömten, stellte sich ein deutscher General mit bleichem, erschöpftem Gesicht die quälendste Frage seines Lebens, eine Frage, von der das Schicksal einer Millionenstadt abhing. Er wußte genau: hätte Model den Anruf entgegengenommen, dann würden in spätestens einer Stunde V-Waffen auf Paris niedergehen. Aber Speidel zögerte nicht lange. Jetzt, da Paris gefallen war, konnte eine solche Maßnahme nichts mehr ändern. Er beschloß, den Befehl nicht weiterzuleiten. Sieben Tage später wurde er von der Gestapo verhaftet[1].

Indessen saßen sich in de Gaulles großem Arbeitszimmer im Kriegsministerium der General und der Major Norman Levy gegenüber. Der amerikanische Verbindungsoffizier hatte die heikle Aufgabe, Gerows Einwände gegen die Parade de Gaulles vorzutragen.

Dieser zog ruhig an einer Zigarette und versuchte, dem Major klarzumachen, warum die Parade so ungemein wichtig war. Vom militärischen Standpunkt, so sagte er, habe Gerow natürlich vollkommen recht; er müsse zugeben, daß er mit seinem Vorhaben ein großes Risiko eingehe. Und doch »ist diese Parade notwendig, denn das Ziel ist jeder Mühe wert«. Und nach einer kurzen Pause schloß er: »Die Parade wird Frankreich politisch einigen.«

1 Eigenartigerweise wußte weder Speidel noch das OKW etwas von der geplanten Parade in der französischen Hauptstadt. Man kann sich vorstellen, zu welch schrecklichem Massaker es hätte kommen können, wenn Speidel den Befehl weitergeleitet hätte und die Raketen in die dichtgedrängten Menschenmassen gefallen wären.

17

Aufrecht, gesammelt, seine Umgebung um einen ganzen Kopf überragend, salutierte de Gaulle vor dem Grab des Unbekannten Soldaten, auf dem er eben einen Kranz aus roten Gladiolen niedergelegt hatte. Dann entzündete er unter den Klängen des Totenmarsches und der Marseillaise die ewige Flamme über dem Grab.

Nachdem er einige Minuten schweigend dagestanden war, wandte er sich um und inspizierte die Panzer und Schützenpanzerwagen, die rings um die Place de l'Étoile Aufstellung genommen hatten. Tausende jubelten ihm zu, von den Gehsteigen, von Balkonen, Dächern und Fenstern. Schließlich kehrte der General wieder unter den Triumphbogen zurück. Vor ihm lagen die Champs-Élysées. Bis zum 1800 Meter entfernten Obelisken drängte sich auf beiden Seiten der Prachtstraße eine unübersehbare Menschenmenge. Vom wolkenlosen Himmel brannte heiß die Augustsonne herab. Die zahllosen Fahnen und Fähnchen und die bunten Sommerkleider der Frauen boten einen farbenprächtigen Anblick. Ein Triumphzug, wie ihn nur wenige Männer in der Geschichte erleben durften, nahm seinen Anfang.

Dennoch wußte de Gaulle, daß diese große Stunde durch einen überraschenden deutschen Luftangriff von einer Sekunde auf die andere in eine blutige Tragödie verwandelt werden konnte, für die seine Gegner ihn verantwortlich machen würden. Aber als er die jubelnden Menschen vor sich sah, erfüllte ihn ein tiefer Glaube an die Zukunft Frankreichs — und an seine eigene große Zukunft.

Langsam fuhr ein Lautsprecherwagen der Polizei über die Champs-Élysées und verkündete der wartenden Menge, de Gaulle vertraue »die Sorge um seine Sicherheit dem Volk von Paris an«. Vier Panzerwagen der 2. Panzerdivision eröffneten kettenrasselnd den Zug. Auf beiden Seiten der Straße bildeten FFI-Leute, Polizisten und Feuerwehrleute mit eingehakten Armen eine Absperrkette. Um de Gaulle hatten sich die leitenden Persönlichkeiten des neuen Frankreich versammelt: Leclerc, Juin, Koenig, die Leiter der Widerstandsbewegung, des CNR, des CLP, des COMAC, Parodi, Chaban-Delmas.

De Gaulle wandte sich ihnen zu und befahl: »Meine Herren, bitte einen Schritt hinter mir!« Dann machte er sich auf, um zu Fuß die schönste Straße von Paris hinabzuschreiten, während tosender Jubel aufbrandete. Ganz allein ging er an der Spitze des Zuges, der ihm ohne feste Ordnung folgte. De Gaulle hatte es so gewollt: er wünschte keine streng reglementierte militärische Parade, keine trennenden protokollarischen Schranken zwischen sich und dem Volk von Paris.

Aber leider blieb die Freude nicht ungetrübt. Als de Gaulle auf die Place de la Concorde einbog, peitschte plötzlich ein Schuß über die Köpfe der Menge. Sofort ließen sich Tausende auf das Pflaster fallen oder suchten hinter den Fahrzeugen der 2. Panzerdivision Schutz. Der amerikanische Sergeant Armand Sorriero, der tags zuvor mit dem Gewehr in der Hand in Notre-Dame gebetet hatte, warf sich hinter seinen Jeep, aber als er aufsah, schämte er sich plötzlich »unsäglich«: fast unmittelbar vor ihm schritt de Gaulle, »sehr aufrecht und sehr groß«, ungerührt weiter.

Auf der anderen Seite des Platzes hatte der Lieutenant Yves Ciampi instinktiv ebenso reagiert wie Sorriero: er war hinter einen Panzer gesprungen und hatte sich niedergeduckt. Plötzlich fühlte er die Spitze eines Spazierstocks in seinem Rücken. Ein würdiger älterer Herr sah ihn vorwurfsvoll an und sagte: »Monsieur l'officier, in Ihrem Alter sollten Sie aufstehen und diesem lächerlichen Geknalle ein Ende machen.«

Fast zur gleichen Zeit stand ein amerikanischer Offizier vor der Tür des Nordturms von Notre Dame und klopfte ungeduldig an das Holz. Ein Geistlicher der Kathedrale hatte Burt Kalisch versprochen, daß er vom Turm aus das feierliche Tedeum fotografieren dürfe. Hinter der verschlossenen Tür hörte Kalisch Stimmen. Er klopfte nochmals. Plötzlich wurde die Tür einen Spaltbreit geöffnet, und ein unrasierter Zivilist in weißem Hemd schaute heraus. Wütend schrie er Kalisch etwas auf französisch zu und schlug die Tür zu. Gleich darauf verriet der Jubel der Menge, daß de Gaulle vor der Kathedrale angelangt war. Im selben Augenblick fielen einige Schüsse. Instinktiv schaute Kalisch zum Turm empor. Über den Rand des Balkons zu seinen Häupten ragten drei Gewehrläufe, die auf die Menge gerichtet waren. Noch während er hinaufsah, wurden die Gewehre zurückgezogen. »Bei Gott!« murmelte Kalisch. »Jetzt werden sie de Gaulle ermorden!«

Inzwischen hatte der offene Wagen, den de Gaulle auf der Place de la Concorde bestiegen hatte, vor der Kirche haltgemacht. Ruhig stieg der General aus, um von zwei in Elsässertracht gekleideten Mädchen einen blau-weiß-roten Blumenstrauß entgegenzunehmen. Dann schritt er auf das Hauptportal zu. Im gleichen Augenblick fielen wieder Schüsse. Die FFI-Leute und die Soldaten der 2. Panzerdivision erwiderten das Feuer; Maschinengewehrsalven prasselten auf die umliegenden Dächer und die Türme von Notre-Dame. Querschläger pfiffen durch die Luft; Granitsplitter fielen auf die dichtgedrängten Menschen. Offiziere eilten nach allen Richtungen, um dem Schießen ein Ende zu machen. Leclerc selbst schlug ungeduldig einem Soldaten, der ziellos in die Luft schoß, mit seinem Spazierstock die Maschinenpistole aus der Hand.

De Gaulle jedoch setzte ungerührt seinen Weg fort. In der Kirche hatten sich zahlreiche Menschen eingefunden, um dem Dankgottesdienst beizuwohnen. Sie hörten den Jubel der Menge und die peitschenden Schüsse. Als der General das Innere der Kirche betrat, wurde plötzlich auch hier das Feuer eröffnet. Die Menschen warfen ihre Stühle und Betschemel um und legten sich auf den Boden, doch ruhigen Schrittes durchmaß de Gaulle die 60 Meter vom Hauptportal bis zum Hochaltar, immer noch gefolgt von seinen Begleitern, deren Zahl sich allerdings ein wenig verringert hatte. Als der General im Querschiff angelangt war, nahm er den Ehrenplatz auf der linken Seite des Schiffes ein. Der hinter ihm stehende General Koenig wandte sich um, und als er die immer noch auf den Steinfliesen der Kirche liegenden Menschen sah, rief er aufgebracht: »Schämt ihr euch denn gar nicht? Los, steht auf!« Ein Gebetbuch in der Hand, sang de Gaulle mit lauter Stimme das Magnificat, während das Gewehrfeuer der unsichtbaren Schützen in den hohen Gewölben widerhallte.

Indessen mußte er einsehen, daß eine Fortsetzung des geplanten Gottesdienstes unter diesen Umständen sinnlos war. Ebenso ruhig und aufrecht, wie er gekommen war, verließ er nach dem Magnificat die Kathedrale.

Mehr als alle Worte oder Gesten brachte diese mutige Haltung dem General die Bewunderung seiner Landsleute ein. Ein amerikanischer Nachrichtenkorrespondent, der die ganzen Vorgänge aufmerksam beobachtet hatte, meinte: »Jetzt hat de Gaulle Frankreich in seiner Hand.«

Eine Frage jedoch bewegte die Menschen, — eine Frage, die bis heute nicht beantwortet werden konnte: Wer war für die Schießerei in und vor Notre-Dame verantwortlich[2]? Viele Anhänger de Gaulles waren der festen Überzeugung, daß nicht

2 Zuerst nahm man an, daß Angehörige der Vichy-Miliz und deutsche Versprengte auf diese Weise unter der Pariser Bevölkerung eine Panik erzeugen wollten. Dafür sprach die Tatsache, daß es zur gleichen Zeit auch in anderen Stadtteilen zu Schießereien kam. Es gelang jedoch nicht, auch nur einen einzigen dieser Heckenschützen mit der Waffe in der Hand gefangenzunehmen. Drei Männer, die sich in verdächtiger Weise hinter Notre-Dame herumtrieben, wurden verhaftet; einer von ihnen wurde unverzüglich zu Tode geprügelt, den beiden anderen konnte eine Beteiligung an dieser Schießerei nicht nachgewiesen werden. Einige an anderen Stellen der Stadt gefangene Heckenschützen wurden von der Menge gelyncht, noch ehe ein Verhör möglich war. Bemerkenswert ist, daß de Gaulle während des Feuerwechsels zu seinem Sicherheitschef, Achille Peretti, sagte: »Diese Idioten schießen ja in die Luft!« Tatsächlich fiel auch vielen anderen der Anwesenden auf, daß man keine Kugeln pfeifen hören konnte. Allerdings wurden an diesem 26. August etwa 300 Verwundete in die Pariser Krankenhäuser eingeliefert, viele mit Schußverletzungen (die übrigen hatten sich im Gedränge Brüche und Quetschungen zugezogen). Fest steht jedenfalls, daß die durch die ersten Schüsse ausgelöste wilde Schießerei der FFI-Leute und der Soldaten der 2. Panzerdivision viel dazu beitrug, die Menge in eine Panikstimmung zu versetzen und den Eindruck zu erwecken, als handle es sich um einen regelrechten Feuerüberfall.

Später wurde die Meinung laut, daß die Schüsse in Notre-Dame lediglich zwischen übereifrigen Sicherheitspolizisten gewechselt wurden. Das Erlebnis von Kalisch vor dem Nordturm der Kathedrale läßt es jedoch zumindest möglich erscheinen, daß Zivilisten beteiligt waren. Eine dritte Hypothese schließlich besagt, daß die Schüsse auf Veranlassung der kommunistischen Partei abgegeben wurden; danach wollten die Kommunisten ein Gefühl der Unsicherheit wekken, um das Weiterbestehen der weitgehend von ihnen kontrollierten Milizverbände der FFI zu rechtfertigen.

deutsche Heckenschützen oder Vichy-Miliz für diesen Zwischenfall verantwortlich seien.

Auf dem Pont au Double standen zwei junge Obersten und beobachteten, wie die Soldaten der 2. Panzerdivision die Dächer rings um die Kathedrale unter Feuer nahmen. »Ich habe den Eindruck«, sagte der kommunistische Oberst Rol zu dem Obersten Jacques de Guillebon von der regulären Armee, »daß Ihre Leute nicht an Straßenkämpfe gewöhnt sind.«

»Allerdings«, entgegnete Guillebon und sah den Leiter des Pariser Aufstands fest an. »Aber glauben Sie mir, sie werden es rasch lernen!«

18

Wenn auch viele Männer aus seiner Umgebung daran zweifelten, de Gaulle war felsenfest davon überzeugt, daß die Schießerei das Werk der Kommunisten war. Als er zum Kriegsministerium zurückfuhr, sagte er zu seiner Begleitung: »Nun, meine Herren, in diesem Land gibt es Kräfte, die bereit sind, mich zu beseitigen, um an die Macht zu gelangen.« Seiner Meinung nach hatten die Schüsse ihm gegolten; bestenfalls hatten seine Gegner ein ihren Absichten förderliches Chaos schaffen wollen.

Als der Wagen vor dem Kriegsministerium anlangte, hatte de Gaulle einen Entschluß gefaßt. Der Jubel der Menge hatte bewiesen, wie populär er war, die Schießerei hatte gezeigt, in welcher Gefahr er schwebte. Also mußte er sofort handeln, mußte die Begeisterung der Massen ausnützen, um seine politischen Gegner zu entmachten. Als erstes beschloß er, die FFI-Verbände zu entwaffnen, sie in kleine Einheiten aufzuteilen und in die reguläre Armee einzugliedern, um sie unter Kontrolle zu halten.

Wenige Stunden später vertraute General Koenig dem Colonel Richard Vissering vom SHAEF an: »Die bedrohlichste Gefahr sind im Augenblick die FFI-Verbände.« De Gaulle, fuhr er fort, wolle »Abhilfe schaffen, indem er die gefährlichsten Elemente in Uniformen steckt und ihnen militärische Disziplin aufzwingt«. Deshalb brauche er »unverzüglich« 15 000 Uniformen. Um dieser Forderung des Generals Nachdruck zu verleihen, ergänzte Vissering seinen Bericht an SHAEF durch eigene Beobachtungen: »Was die öffentliche Sicherheit angeht, ist die Lage alarmierend. Bürger aller Schichten leben in der beständigen Angst, von irgendeiner Gruppe verhaftet zu werden. Offensichtlich haben die meisten dieser Gruppen einen politischen Charakter; am mächtigsten sind die Kommunisten. Es besteht die unmittelbare Gefahr, daß im (Pariser) Gebiet eine Schreckensherrschaft ausbricht; allgemein befürchtet man, daß von einem Tag auf den anderen ein Bürgerkrieg ausbrechen kann.«

De Gaulle schrieb an Eisenhower, es sei unbedingt notwendig, die 2. Panzerdivision in Paris zu belassen, bis die Ordnung völlig wiederhergestellt sei. Einen Tag später bat er Eisenhower, eine amerikanische Division durch die Stadt marschieren zu lassen, um der Bevölkerung zu zeigen, mit welcher Streitmacht die Alliierten ihn unterstützten[1].

Zwei Tage später verkündete de Gaulle, daß die höheren Kommandostellen der FFI in Paris aufgelöst seien. »Die verwendungsfähigen Elemente der FFI« würden in die reguläre Armee eingegliedert. Waffen und Ausrüstung seien vollzählig dem General Koenig auszuliefern.

Der CNR erhielt keinen »staatlichen Palast« zugewiesen, sondern lediglich ein requiriertes kleines Haus, das einem englischen Lord gehörte. Dort fanden nur einige wenige Zusammenkünfte statt; dann geriet die Organisation rasch in Vergessenheit. Selbstverständlich nahm de Gaulle an keiner dieser Zusammenkünfte teil. Die Miliz wurde unverzüglich aufgelöst, ebenso der COMAC, dessen Vertreter zu empfangen de Gaulle nicht für notwendig hielt. Als er einige Tage später zwanzig führende Vertreter der Pariser Widerstandsbewegung empfing, begnügte er sich mit einigen lobenden Worten über ihren Mut.

»Das Eisen«, sollte der General später rückschauend schreiben, »war heiß, ich habe es geschmiedet.«

[1] Eisenhower bestimmte für diese Parade die 29. Infanteriedivision; die Parade fand am 29. August auf dem Champs-Élysées statt. Noch am gleichen Tag griff die Division in die nördlich der Stadt entbrannten Kämpfe ein.

19

Dumpf dröhnte Motorenlärm durch die Nacht. Die Flugzeuge kamen aus Nordosten, flogen das Marne-Tal entlang. In dem Dorf May-en-Multien, 75 Kilometer von Paris entfernt, zitterten die Fensterscheiben der kleinen Häuser. Von seinem Beobachtungsstand im romanischen Kirchturm von Notre-Dame-de-l'Assomption aus sah der alte Feldwebel die Maschinen, die kaum dreihundert Meter über seinen Kopf hinwegflogen. Sie flogen geradewegs auf Paris zu.

Auch der Hauptmann Theo Wulff sah die Flugzeuge. Er stand im Park eines alten Schlosses nordöstlich von Paris, in dem der General Hubertus von Aulock sein neues Hauptquartier eingerichtet hatte. Als er das Motorengeräusch hörte, stieg er rasch in einen der vor kurzem erst angelegten Splittergräben, wußte er doch, daß seit der Landung in der Normandie die Alliierten unumschränkte Herren des Himmels über Frankreich waren. Aber was war das? Die Motoren der über ihn hinwegdonnernden Maschinen klangen ganz anders als die der Marauders und der B 21, die er in der Normandie so oft gehört hatte! Fast konnte man meinen, daß es sich um deutsche Bomber handelte!

Die 3. deutsche Luftflotte flog ihren letzten massiven Einsatz über der Ile-de-France. Endlich, dreizehn Tage nach Erlaß der ersten Befehle zur Verteidigung der französischen Hauptstadt, vierundzwanzig Stunden, nachdem sie den Alliierten in die Hände gefallen war, konnte Hitler den Einwohnern von Paris eine kleine Kostprobe dessen geben, was er ihnen zugedacht hatte. Zwar hatte Speidel den Einsatz von V-Waffen vereitelt, aber die Luftwaffe führte den befohlenen Angriff durch.

Wulff hörte, wie die 50 Flugzeuge über dem Bois de Vincennes nach Süden einschwenkten. Wenige Minuten später erschollen dumpf die ersten Bombenexplosionen. Und bald sah der Hauptmann am Horizont den flackernden Widerschein der von den Brandbomben entfachten Feuersbrünste. Wulff war verblüfft. »Wohl nie mehr«, dachte er, »werde ich so viele deutsche Flugzeuge gleichzeitig am Himmel sehen.«

In Paris hatten auch an diesem Abend die Menschen gejubelt und gefeiert, als ob der Krieg bereits zu Ende sei. Kein Mensch dachte an Verdunkelung; in der ganzen Stadt brannten die Lichter. Die Menschen sangen und tanzten auf den Straßen, aus allen Lokalen erscholl fröhliches Gelächter. Als die Sirenen aufheulten, dachte zuerst niemand an eine wirkliche Gefahr. Aber noch ehe das warnende Geheul verklungen war, fielen die ersten Bomben.

In der Nähe des Schlosses von Vincennes fand ein großer Tanz im Freien statt. Der Caporal Bill Mattern vom 20. Feldartillerie-Regiment führte eben ein entzückendes rothaariges Mädchen zum Tanz. Als das Donnern der Flugzeugmotoren hörbar wurde, waren seine Partnerin und alle übrigen Mädchen mit einem Schlag verschwunden, »und etwa fünfzig fluchende GIs blieben allein auf dem Platz zurück«. Captain Bill Mills, der Offizier, der in Longjumeau gegen zwei Päckchen Camel einen Stadtplan von Paris eingetauscht hatte, befand sich im Bataillonsbefehlsstand, als die Sirenen erschollen. Er hatte den Befehlsstand in einem Tanzcafé in der Nähe des Daumesnil-Sees eingerichtet, aber einige Stunden zuvor hatte er entdeckt, daß in diesem Lokal vor der Ankunft seines Stabes nicht nur getanzt worden war: in Wirklichkeit war es ein Bordell. Mills erinnert sich noch, wie er damals, als ringsum die Bomben explodierten, unter einem Tisch kauerte und halb im Ernst, halb ironisch betete: »Lieber Gott, wenn ich lebend hier herauskomme, werde ich das nächstemal bei der Wahl meines Befehlsstandes vorsichtiger sein.«

Eine halbe Stunde lang flogen die deutschen Bomber in niedriger Höhe über Paris und warfen ihre todbringende Last ab. Sie konnten unbehelligt ihr Vernichtungswerk vollenden, denn wohl gab es in Paris zahllose Waffen und Militärfahrzeuge aller Art, aber nicht ein einziges Flakgeschütz. Innerhalb von zwanzig Minuten entstanden ein Dutzend Großbrände, deren Flammen zum Nachthimmel emporloderten. Der größte dieser Brände wurde von einem ohrenbetäubenden Knallen und Klirren platzender Flaschen begleitet: die Bomben hatten die Lagerhäuser des Weinmarkts getroffen. Bei diesem schwersten Luftangriff, den Paris während des ganzen Krieges erlitt, wurden 213 Menschen getötet und 914 verwundet; insgesamt wurden 593 Gebäude zerstört oder beschädigt.

In der Feuerwehrstation am Boulevard de Port-Royal, wo er

zusammen mit zahlreichen anderen deutschen Gefangenen untergebracht war, hörte Graf von Arnim etwas, das ihm mehr Entsetzen einjagte als das Bersten der Bomben: eine aufgebrachte Menschenmenge wälzte sich auf das Gebäude zu und tobte: »Schlagt sie tot, die Boches! Liefert uns die Boches aus!« Bald darauf erbebte das hölzerne Tor der Einfahrt unter schweren Schlägen. Arnim wußte, daß die wenigen zu ihrer Bewachung vorhandenen Feuerwehrleute ihren wütenden Landsleuten keinen Widerstand entgegensetzen würden. Er trat an das Treppengeländer und schaute in die Tiefe. Falls es dem rachsüchtigen Pöbel gelang, die Tür zu sprengen, würde er hinabspringen. Lieber wollte er vier Stockwerke tiefer auf dem Boden zerschellen, als von der tobenden Menge umgebracht werden.

Schweigend stand er da, während das haßerfüllte Geschrei auf der Straße zu einem wahren Orkan anschwoll. Doch plötzlich hörte er das Gerassel von Panzerketten. Er eilte ans Fenster. Auf der Straße rollten sechs Panzer heran. Es waren Amerikaner. Entschlossen trieben sie die murrende Menge zurück. Die deutschen Gefangenen konnten aufatmen.

Der Lieutenant Claude Guy stand am Fenster eines dunklen Vorzimmers im Kriegsministerium und schaute hinaus in die Nacht. Immer wieder zerriß das grelle Licht explodierender Bomben das Dunkel, während der Widerschein der Großbrände den Himmel am Horizont glutrot färbte. Aus einem benachbarten Gebäude erscholl sorgloses Lachen. Eine ausgelassene Gesellschaft feierte die Befreiung der Stadt, ohne sich im mindesten um den Luftangriff zu kümmern.

Mit einemmal fühlte Guy, wie im Dunkel jemand neben ihn trat. Es war de Gaulle. Mit sorgenvoller Miene betrachtete er schweigend den Flammenschein. Als er das nahe Gelächter hörte, wandte er sich um.

»Ach, Guy«, seufzte er, »diese Menschen glauben, der Krieg sei vorbei, weil Paris befreit ist. Nun, Sie sehen ja – der Krieg geht weiter. Die schwersten Tage stehen uns noch bevor. Unsere Arbeit hat eben erst begonnen.«

Dann verließ der General unbewegten Gesichts das Fenster und ging in seinen Arbeitsraum zurück, um beim Schein einer

Petroleumlampe seine Arbeit, die »eben erst begonnen« hatte, fortzusetzen.

Paris war zwei Wochen früher befreit worden, als die alliierten Pläne vorgesehen hatten. Früher als vom Oberkommando geplant, früher als seine Freunde gehofft und seine Feinde gefürchtet hatten, war Charles de Gaulle in die Hauptstadt zurückgekehrt, um an der Spitze seiner Regierung das Schicksal Frankreichs in die Hand zu nehmen.

Und jetzt, während Freunde und Feinde schliefen, arbeitete er. Es war Mitternacht. Ein neuer Tag brach an.

ZEITGESCHICHTE

In dieser Taschenbuchreihe erscheint als Band mit der Bestellnummer 65004:

Dominique Venner

Söldner ohne Sold

Ein verlorener Krieg. Die Reste der kaiserlichen Armee stehen vor der Auflösung. Das »Diktat von Versailles«, der Friedensschluß, der die Demobilisierung und Reduktion der Reichswehr von 550 000 auf 100 000 Mann fordert, läßt Unsicherheit und Chaos wachsen.
Unter den ehemaligen Soldaten finden sich Freiwillige zusammen, sie wollen den Staat gegen revolutionäre Kräfte verteidigen: es entstehen die ersten Freikorps. Als die Spartakisten Berlin zu stürmen versuchen, beruft der sozialdemokratische Reichskanzler Friedrich Ebert Gustav Noske zum Oberbefehlshaber. Der spätere Reichswehrminister schlägt mit Hilfe der Freikorps nach viertägigem Kampf den kommunistischen Aufstand nieder. Nun bilden sich Freikorps von München bis Königsberg; sie kämpfen gegen die Soldatenräte in Weimar und Norddeutschland ebenso wie gegen Kurt Eisners Räterepublik in München. Im Osten Deutschlands versucht die »Eiserne Division« das Baltikum zu kolonialisieren, doch es kommt zum Auflösungsbefehl, den Freikorps droht die Illegalität. Im Sog des heraufziehenden Nationalsozialismus finden viele eine neue politische Heimat.

BASTEI LÜBBE

ZEITGESCHICHTE

In der Taschenbuchreihe ZEITGESCHICHTE erschien als Band mit der Bestellnummer 65002:

Harry Wilde

Die Reichskanzlei 1933 – 1945

Mit Verwunderung und Furcht blickte die Welt 1939 auf die neue, monumentale Reichskanzlei. Am Ende des Krieges wird sie zur letzten Bastion des deutschen Reiches und zum letzten Schlupfwinkel Hitlers.

Nach jahrelangem Studium zahlreicher Dokumente und einer Fülle von Interviews mit den überlebenden Beteiligten untersucht der Autor die Hintergründe der politischen Entscheidungen Hitlers und seiner Gegenspieler. Im Mittelpunkt seiner ebenso spannenden wie informativen Schilderung steht die Reichskanzlei, die Schaltzentrale des nationalsozialistischen Regimes. Ihre Geschichte von 1933–1945 ist zugleich eine Geschichte des Dritten Reiches. Das damalige Geschehen wird mit Detailkenntnis, historischem Wissen und erzählerischem Können anschaulich dargestellt: Machtergreifung, Reichstagsbrand, Ermächtigungsgesetz, Röhm-Putsch, der Anschluß Österreichs, das Münchner Abkommen – bis zur Katastrophe des Zweiten Weltkriegs.

Der hilfreiche Anhang umfaßt eine Zeittafel, Kurzbiographien, die Reichskabinette von 1919 bis 1945 und die Wahlergebnisse von 1919–1933.

BASTEI LÜBBE

GESCHICHTE

In der Taschenbuchreihe GESCHICHTE erscheint als Band mit der Bestellnummer 64015:

Aubrey Menen

. . . UND SAND BEGRUB IHRE STÄDTE

Auf den Spuren der Phönikier rund um das Mittelmeer

»Aubrey Menen hat lange Zeit in Rom gelebt; in der Nähe von Kolosseum, Forum und Palatin. In den mittelmeerischen Provinzen des gewesenen Imperiums kennt er sich aus wie in einem Schrebergarten.

Er liebt vor allem die Phönikier, und so erzählt er zunächst von ihren großen Fahrten, die seiner Meinung nach ›genau so abenteuerlich waren wie die der Wikinger‹, ihren wirtschaftlichen Unternehmungen, ihren Kolonisationsversuchen, ihrer seemännischen Besessenheit. Die Phönikier bilden jedoch nur die Brücke, über die er dann zu den Römern und etlichen ihrer ›vom Sand begrabenen‹ Städte gelangt.

Und diese haben es ihm, dem engagierten Ruinensammler (wie er sich selber nennt), besonders angetan: Leptis Magna und Timgad, Palmyra und Petra nämlich. Er hat sie nicht nur mit den Augen des archäologisch und bauhistorisch geschulten Globetrotters gesehen und beschrieben, sondern auch mit einer Kohorte namhafter Akteure bevölkert, so daß aus seinem Phönikien-Buch unversehens ein Stück römischer Geschichte wird.«

Rudolf Pörtner

BASTEI LÜBBE

Strategie im Jahrhundert der Panzer und Flugzeuge

Der britische Historiker und Panzeroffizier Charles Messenger erzählt die Geschichte des »Blitzkriegs« von den Materialschlachten und Grabenkämpfen im Ersten Weltkrieg über Hitlers Feldzüge in Polen, Frankreich und Rußland bis zum israelisch-arabischen Krieg.
»Es gibt wohl keine Arbeit, die den Zweiten Weltkrieg so konsequent unter dem militärisch einzig relevanten Gesichtspunkt betrachtet.«
Wolf Heckmann

Charles Messenger
Blitzkrieg – Eine Strategie macht Geschichte
360 Seiten mit 62 s-w-Abb. und 8 Karten, Leinen

Gustav Lübbe Verlag GmbH, 5060 Bergisch Gladbach 2

Das »Erbe der Welt« - gerettet!

Das spektakulärste Abenteuer der Archäologie: Im Wettlauf gegen die Zeit versuchten Archäologen und Techniker aus 51 Ländern, die Tempel von Abu Simbel, Wadi es-Sebua, Philae – um nur einige zu nennen – in ihrer originalen Form zu bewahren. Sie erforschten und vermaßen die Bauten, trugen sie Stein für Stein ab, sägten sie zum Teil sogar aus den Felsen heraus, um sie an sicherem Ort neu aufzubauen.
In diesem packenden, reich bebilderten Bericht kann man miterleben, welche Schätze buchstäblich in letzter Minute den Fluten entrissen wurden.
Hier erfährt man mehr, als die meisten Touristen wissen.

Auke A. Tadema/ Bob Tadema Sporry
Unternehmen Pharao
Die Rettung der ägyptischen Tempel
172 Seiten mit 39 farbigen, 161 s-w-Abb., 31 Karten und Plänen, Leinen

Gustav Lübbe Verlag GmbH, 5060 Bergisch Gladbach 2

Peter Tompkins CHEOPS

Das Geheimnis der Grossen Pyramide
Zentrum allen Wissens der alten Ägypter

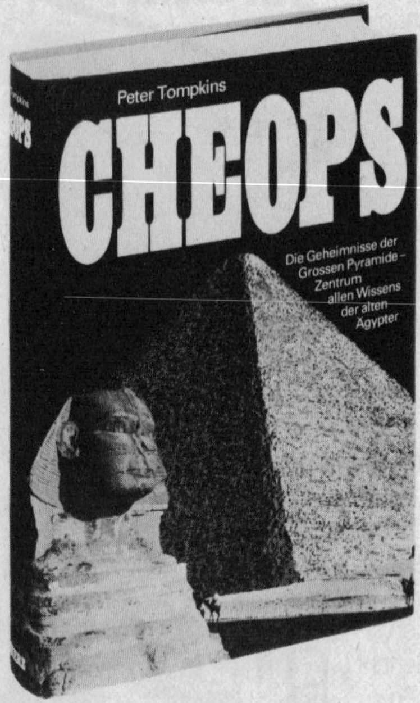

Dieses einzig erhaltene und älteste der Sieben Weltwunder war Mittelpunkt des Alls für eine vergangene Kultur und Grundstein für das Wissen des Abendlandes.

320 Seiten Scherz **Leinen**